ENERGY

처음에는 당신이 원하는 곳으로
갈 수는 없겠지만,
당신이 지금 있는 곳에서
출발할 수는 있을 것이다.

— 작자 미상

# 에듀윌 토익
## 기출 VOCA

# 여러분은 지금까지 **잘못된** 방식으로 토익 어휘를 **학습**해 왔습니다

하버드대학교 언어학자인 조지 킹슬리 지프(George Kingsley Zipf)의 이름을 딴 지프의 법칙(Zipf's law)이 있습니다. 이 법칙에 의하면 어떤 글에서 사용 빈도가 가장 높은 단어는 두 번째로 빈도가 높은 단어보다 빈도가 2배 높고, 세 번째로 많이 나오는 단어보다는 3배 가량 높다고 합니다. 즉, 단어의 사용 빈도는 균등한 것이 아니라 자주 쓰이는 단어와 그렇지 않은 단어가 따로 있다는 것입니다. 이 법칙은 토익에도 그대로 적용할 수 있습니다. 토익 시험에도 매번 나오는 단어가 있고 1년에 한 번 나올까 말까 하는 단어가 있습니다.

> employ    offer    statue    abandon    lax    procrastinate

위에 제시된 단어들의 차이점이 뭘까요?

employ와 offer는 토익 시험에 매번 10회 정도 나오는, 빈도가 매우 높은 어휘들입니다. 하지만 statue와 abandon은 1년에 1~2회 출제되는 어휘들이고, lax와 procrastinate는 최근 2년 동안 단 한 번도 출제되지 않았습니다. 그러나 lax와 procrastinate는 우리나라 수험생들이 가장 많이 구입한다는 토익 어휘책에 '핵심빈출단어'로 수록되어 있습니다. 출제 빈도가 높은 어휘를 먼저 공부하는 것이 당연한 이치지만, 많은 출판사들이 출제 빈도가 극히 낮거나 아예 출제되지 않는 어휘를 핵심 어휘로 제시하고 있고, 수험생들은 이 어려운 단어들을 외우기 위해 안간힘을 쓰고 있습니다.

그렇다면 출판사들은 왜 출제 빈도가 낮은 어려운 단어를 학습자들에게 강요하고 있는 걸까요? 이유는 두 가지입니다. 첫째, 토익 기출문제를 제대로 분석하지 않았기 때문이고, 둘째, 어려운 단어를 수록해야 교재가 그럴싸해 보이기 때문입니다.

# 에듀윌이 **토익 어휘 학습**의
# **패러다임**을 바꾸겠습니다

### ❶ 자주 출제되는 어휘를 먼저 학습하도록 구성했습니다

우리는 최근 5년간 실시된 토익 문제를 철저히 분석하여 데이터를 정리했습니다. 그리고 데이터에서 가장 빈도가 높은 어휘들을 교재의 앞쪽에 제시했습니다. 반면 출제 빈도는 다소 떨어지지만 학습할 가치가 있는 어휘는 교재의 뒤쪽에 제시했습니다. 뿐만 아니라 구와 콜로케이션(collocation)의 빈도를 분석하여 가장 자주 나오는 표현을 용례로 제시했습니다.

### ❷ 연관 어휘를 한꺼번에 학습하도록 구성했습니다

- apply(지원하다, 적용하다) - application(지원, 앱) - appliance(가전제품)
- firsthand(직접의) - secondhand(중고의, 간접의) - beforehand(사전에)

이 어휘들은 형태상, 의미상 공통점이 있는 연관 어휘들입니다. apply의 의미를 알면 나머지 2개 어휘의 의미도 어렵지 않게 파악할 수 있고, hand가 들어간 어휘들은 공통된 의미를 유추하는 것이 가능합니다. 이처럼 연관 관계가 있는 어휘들을 한꺼번에 제시하여 학습 효과를 극대화했습니다.

### ❸ 목표 점수별로 학습해야 할 어휘와 학습 기간을 구분했습니다

현재 경찰 공무원, 9급 군무원에 지원하기 위한 토익 점수는 550점이고, 7급 공무원에 지원하기 위한 점수는 700점입니다. 자신에게 필요한 점수를 최대한 빨리 획득하고 토익을 끝내는 것이 가장 좋습니다. 550~700점의 토익 점수를 원하는 수험자라면 20일 학습, 그보다 높은 점수를 얻어야 하는 수험생은 30일 학습으로 목표 점수를 얻을 수 있도록 구성했습니다.

## 고빈출 어휘  RANKING 0001~0600

**DAY 01** Ranking 0001~0060 ............................................. 15
Level up  Part 1 사진 묘사 빈출 표현 ①

**DAY 02** Ranking 0061~0120 ............................................. 33
Level up  Part 1 사진 묘사 빈출 표현 ②

**DAY 03** Ranking 0121~0180 ............................................. 51
Level up  Part 1 사진 묘사 빈출 표현 ③

**DAY 04** Ranking 0181~0240 ............................................. 69
Level up  Part 1 사진 묘사 빈출 표현 ④

**DAY 05** Ranking 0241~0300 ............................................. 85
Level up  Part 1 사진 묘사 빈출 표현 ⑤

**DAY 06** Ranking 0301~0360 ............................................. 101
Level up  [자동사+전치사] 필수 어휘 ①

**DAY 07** Ranking 0361~0420 ............................................. 117
Level up  [자동사+전치사] 필수 어휘 ②

**DAY 08** Ranking 0421~0480 ............................................. 133
Level up  [자동사+전치사] 필수 어휘 ③

**DAY 09** Ranking 0481~0540 ............................................. 149
Level up  [자동사+전치사] 필수 어휘 ④

**DAY 10** Ranking 0541~0600 ............................................. 165

**빈출 어휘**

# RANKING 0601~1200

**DAY 11** Ranking 0601~0660 ............................ 183
Level up [구동사] 필수 어휘 ①

**DAY 12** Ranking 0661~0720 ............................ 199
Level up [구동사] 필수 어휘 ②

**DAY 13** Ranking 0721~0780 ............................ 215
Level up [구동사] 필수 어휘 ③

**DAY 14** Ranking 0781~0840 ............................ 231
Level up [구동사] 필수 어휘 ④

**DAY 15** Ranking 0841~0900 ............................ 247
Level up [구동사] 필수 어휘 ⑤

**DAY 16** Ranking 0901~0960 ............................ 263
Level up 형태가 유사한 어휘 ①

**DAY 17** Ranking 0961~1020 ............................ 279
Level up 형태가 유사한 어휘 ②

**DAY 18** Ranking 1021~1080 ............................ 295
Level up 형태가 유사한 어휘 ③

**DAY 19** Ranking 1081~1140 ............................ 311
Level up 형태가 유사한 어휘 ④

**DAY 20** Ranking 1141~1200 ............................ 327

**고난도 어휘**

# RANKING 1201~1800

**DAY 21** Ranking 1201~1260 ......... 345
Level up 접속 부사 ①

**DAY 22** Ranking 1261~1320 ......... 361
Level up 접속 부사 ②

**DAY 23** Ranking 1321~1380 ......... 377
Level up 접속 부사 ③

**DAY 24** Ranking 1381~1440 ......... 393
Level up 접속 부사 ④

**DAY 25** Ranking 1441~1500 ......... 409
Level up 빈도를 나타내는 부사

**DAY 26** Ranking 1501~1560 ......... 423
Level up 정도를 나타내는 부사

**DAY 27** Ranking 1561~1620 ......... 437
Level up 필수 전치사

**DAY 28** Ranking 1621~1680 ......... 451
Level up 구전치사 ①

**DAY 29** Ranking 1681~1740 ......... 465
Level up 구전치사 ②

**DAY 30** Ranking 1741~1800 ......... 479

**INDEX** ......... 494

### 1 최신 DB로 추출한 최빈출 1800 단어

가장 최근에 실시된 5년치 분량의 토익 기출 데이터를 철저히 분석하여 토익 시험에 가장 빈번히 출제되는 1,800개의 어휘를 정선했습니다. 시험에 나오지 않는 어려운 어휘를 공부하려고 애쓰지 말고, 자주 출제되는 어휘부터 영리하게 학습하세요.

### 2 목표 점수대별 최단기 점수 획득 커리큘럼

저희 조사에 따르면 토익 600점을 받으려면 대략 1,200개의 어휘를 알아야 합니다. 초등학교 수준의 아주 쉬운 어휘를 제외한 수치입니다. 700점 이상을 목표로 한다면 1,800개 정도의 어휘를 알아야 합니다. 하루에 60개의 어휘만 착실히 학습하면 20일이나 30일 내에 원하는 토익 점수를 얻고 토익을 끝낼 수 있도록 교재를 구성했습니다.

### 3 연관어끼리 한번에 암기하는 시스템 러닝

sale과 wholesale, place와 misplace, tenant와 landlord와 같이 어원이 같거나, 의미가 상통하거나, 토익에서 짝꿍처럼 등장하는 반의어는 따로따로 공부하지 않고 한꺼번에 학습하는 것이 가장 효과적입니다. 한 단어를 공부하면 두 개, 세 개의 어휘를 자동으로 알게 되는 기적을 보여 드리겠습니다.

### 4 다양한 무료 학습 지원 서비스

스마트폰 어플리케이션으로 편리하게 음원을 학습할 수 있으며, 에듀윌 토익 사이트(toeic.eduwill.net)에서 학습에 필요한 풍부한 자료를 무료로 이용할 수 있습니다.

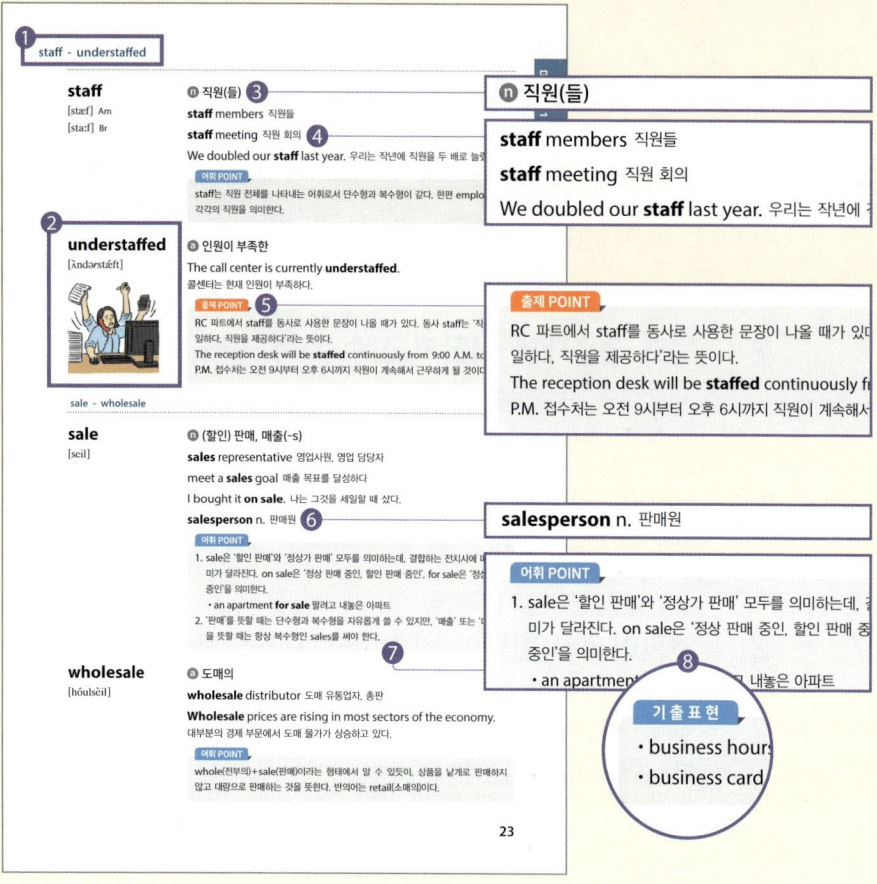

❶ 형태와 의미상 공통점이 있는 어휘들을 연관 어휘로 제시하여 학습 효과를 극대화했습니다.
❷ 출제 빈도순으로 표제어를 제시하고, 발음기호와 이해를 돕는 삽화를 제시했습니다.
❸ 품사 표시와 함께 토익에서 가장 잘 쓰이는 뜻 위주로 우리말을 정리했습니다.
❹ 해당 표제어에서 가장 출제 빈도가 높은 구용례와 문장 용례를 엄선했습니다.
❺ Part 5, 6 문제 풀이와 직결되는 정보를 '출제 POINT'로 정리했습니다.
❻ 표제어의 파생어는 시험에 자주 나오는 어휘만 엄선했습니다.
❼ 어휘의 쓰임새와 구문 정보를 '어휘 POINT'로 정리했습니다.
❽ 시험에 자주 나오는 필수 콜로케이션 정보를 '기출표현'으로 정리했습니다.

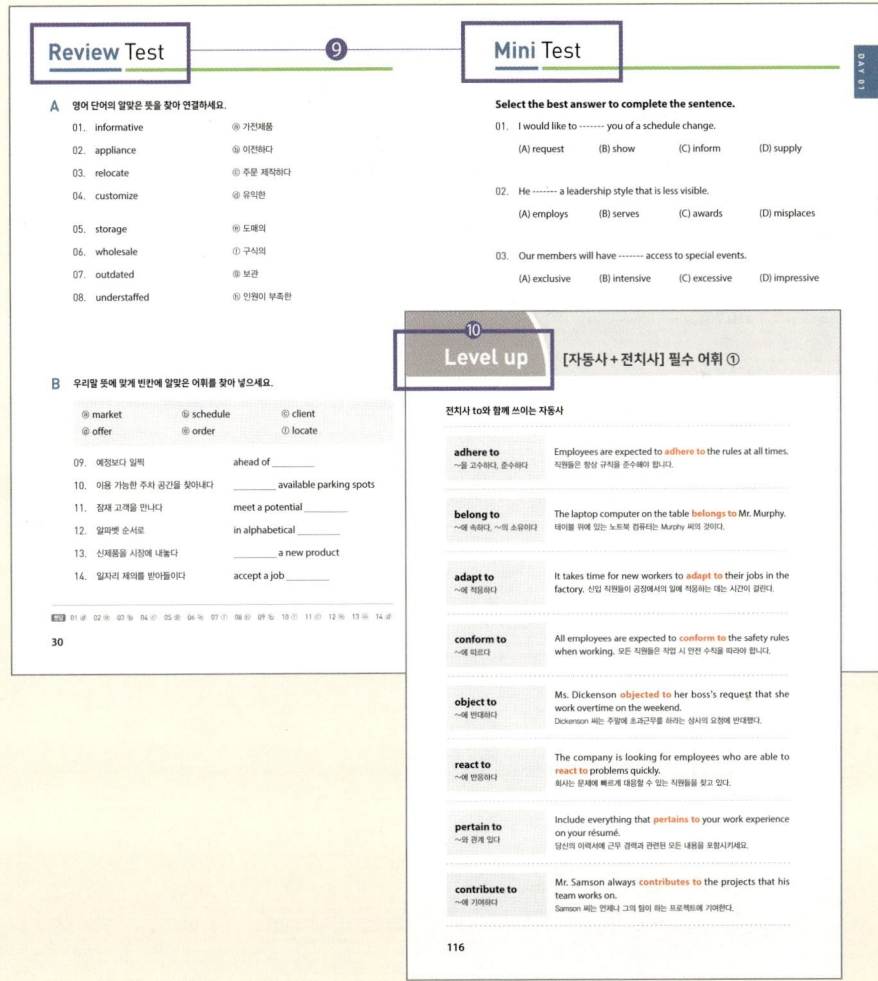

❾ 학습이 끝난 후 Review Test와 Mini Test로 학습 성과를 확인할 수 있도록 구성했습니다.
❿ 토익 실력을 한 단계 끌어올릴 수 있는 심화 표현들을 제시했습니다.

# 토익 550점~700점 목표

※회독 칸에 ☑를 표시해서 사용하세요.

| 목표 학습 스케줄 | 공부한 날 | 1회독 | 2회독 | 3회독 |
|---|---|---|---|---|
| DAY 01 | 월 일 | ✓ | ✓ | ✓ |
| DAY 02 | 월 일 | | | |
| DAY 03 | 월 일 | | | |
| DAY 04 | 월 일 | | | |
| DAY 05 | 월 일 | | | |
| DAY 06 | 월 일 | | | |
| DAY 07 | 월 일 | | | |
| DAY 08 | 월 일 | | | |
| DAY 09 | 월 일 | | | |
| DAY 10 | 월 일 | | | |
| DAY 11 | 월 일 | | | |
| DAY 12 | 월 일 | | | |
| DAY 13 | 월 일 | | | |
| DAY 14 | 월 일 | | | |
| DAY 15 | 월 일 | | | |
| DAY 16 | 월 일 | | | |
| DAY 17 | 월 일 | | | |
| DAY 18 | 월 일 | | | |
| DAY 19 | 월 일 | | | |
| DAY 20 | 월 일 | | | |

- 고빈출 어휘 (DAY 01~DAY 10)
- 빈출 어휘 (DAY 11~)

# 토익 700점~900점 목표

※회독 칸에 ☑를 표시해서 사용하세요.

| | 목표 학습 스케줄 | 공부한 날 | | 1회독 | 2회독 | 3회독 |
|---|---|---|---|---|---|---|
| 고빈출 어휘 | DAY 01 | 월 | 일 | ✓ | ✓ | ✓ |
| | DAY 02 | 월 | 일 | | | |
| | DAY 03 | 월 | 일 | | | |
| | DAY 04 | 월 | 일 | | | |
| | DAY 05 | 월 | 일 | | | |
| | DAY 06 | 월 | 일 | | | |
| | DAY 07 | 월 | 일 | | | |
| | DAY 08 | 월 | 일 | | | |
| | DAY 09 | 월 | 일 | | | |
| | DAY 10 | 월 | 일 | | | |
| 빈출 어휘 | DAY 11 | 월 | 일 | | | |
| | DAY 12 | 월 | 일 | | | |
| | DAY 13 | 월 | 일 | | | |
| | DAY 14 | 월 | 일 | | | |
| | DAY 15 | 월 | 일 | | | |
| | DAY 16 | 월 | 일 | | | |
| | DAY 17 | 월 | 일 | | | |
| | DAY 18 | 월 | 일 | | | |
| | DAY 19 | 월 | 일 | | | |
| | DAY 20 | 월 | 일 | | | |
| 고난도 어휘 | DAY 21 | 월 | 일 | | | |
| | DAY 22 | 월 | 일 | | | |
| | DAY 23 | 월 | 일 | | | |
| | DAY 24 | 월 | 일 | | | |
| | DAY 25 | 월 | 일 | | | |
| | DAY 26 | 월 | 일 | | | |
| | DAY 27 | 월 | 일 | | | |
| | DAY 28 | 월 | 일 | | | |
| | DAY 29 | 월 | 일 | | | |
| | DAY 30 | 월 | 일 | | | |

# DAY 01~DAY 10
# 고빈출 어휘

## order
[ɔ́ːrdər]

ⓝ 1. 주문(품) 2. 순서  ⓥ 주문하다

place an **order** 주문하다

in alphabetical **order** 알파벳 순서로

Your **order** will arrive in 3 to 6 business days.
당신이 주문하신 물품은 영업일 기준으로 3일에서 6일 후에 도착할 것입니다.

> 기출표현
> • large order 대량 주문 (= bulk order)   • rush order 급한 주문
> • cancel an order 주문을 취소하다   • receive an order 주문품을 받다

---

product - produce

## product
[prάdəkt] Am
[prɔ́dʌkt] Br

ⓝ 제품

**product** demonstration 제품 시연

Our **products** are available across the country.
저희 제품은 전국에서 구입하실 수 있습니다.

**production** n. 생산, 제작

## produce
[prədjúːs] v.
[prάdjuːs] n.

ⓥ 생산하다, 만들다  ⓝ 농산물

fresh **produce** 신선한 농산물

The advertising campaign has **produced** excellent financial results. 광고 캠페인은 훌륭한 재무 성과를 냈다.

**producer** n. 생산자, 제조업자

## business
[bíznis]

ⓝ 1. 사업, 장사 2. 사업체

family-owned **business** 가족 기업

do **business** with ~와 거래하다

Online payroll systems are helpful for small **businesses**.
온라인 급여 시스템은 소기업에 도움이 된다.

**businessperson** n. 사업가

> 기출표현
> • business hours 영업 시간   • business day 영업일, 평일
> • business card 명함   • business trip 출장

## market
[mάːrkit]

ⓝ 시장  ⓥ (상품을) 시장에 내놓다

**market** a new product 신제품을 시장에 내놓다

These products will be on the **market** in June.
이 제품들은 6월에 시판될 것이다.

**marketing** n. 마케팅

service - serve

## service
[sə́ːrvis]

**ⓝ** 서비스, 봉사　**ⓥ** 수리하다

customer **service** 고객 서비스

We have a car to **service** this weekend.
우리는 이번 주말에 수리해야 할 차가 있다.

> **어휘 POINT**
> out of service(사용할 수 없는)나 out of order(고장 난)처럼 out of가 붙으면 '정상이 아닌'이라는 의미가 된다.
> The lobby elevator is **out of service** for repairs. 로비의 승강기는 수리로 인해 사용할 수 없다.

## serve
[səːrv]

**ⓥ** 1. 일하다, 근무하다　2. (음식을) 제공하다

**serve** as temporary director 임시 이사로 근무하다

on a first-come, first-**served** basis 선착순으로

The café was able to **serve** over 150 customers yesterday.
그 카페는 어제 150명이 넘는 손님들을 받을 수 있었다.

**server** n. 1. (컴퓨터) 서버　2. 웨이터

> **어휘 POINT**
> serve는 '도움이 되다, 기여하다'라는 의미로도 쓰인다.
> We look forward to **serving** your dental needs. 우리는 당신의 치과 진료에 도움이 되기를 기대합니다.

employ - employee

## employ
[implɔ́i]

**ⓥ** 1. 고용하다, 채용하다　2. (방법을) 쓰다

**employ** 100 workers 100명의 근로자들을 채용하다

He **employs** a leadership style that is less visible.
그는 눈에 잘 띄지 않는 리더십 스타일을 사용한다.

**employment** n. 고용, 채용

> **기출 표현**
> • employment agreement 고용 계약　• employment contract 고용 계약(서)
> • employment agency 직업 소개소　• employment opportunity 취업 기회

## employee
[implɔ́iː]

**ⓝ** 직원, 종업원

full-time **employee** 정규직 직원

All **employees** must use the updated identification badge.
모든 직원들은 갱신된 신분증을 사용해야 합니다.

**employer** n. 고용주

## store - storage

### store
[stɔːr]

ⓝ 상점　ⓥ 보관하다, 저장하다

**store** manager 매장 책임자

Some boxes have been **stored** inside a vehicle.
상자 몇 개가 차량 안에 보관되어 있다.

**storeroom** n. 저장실, 창고

> 기출 표현
> - grocery store 식료품점
> - hardware store 철물점
> - online store 온라인 매장
> - office supply store 사무용품점
> - home improvement store 가정용품점
> - electronics store 전자 제품 매장

### storage
[stɔ́ːridʒ]

ⓝ 보관, 저장

**storage** room 창고

**storage** space 저장 공간 (= storage area)

A man is removing a box from a **storage** unit.
남자가 창고에서 상자를 꺼내고 있다.

## date - update - outdated

### date
[deit]

ⓝ 날짜

expiration **date** (식품의) 유통 기한

up-to-**date** 최신의, 현대식의

Any submissions received after this **date** will not be considered.
이 날짜 이후에 접수된 출품작은 심사하지 않을 것입니다.

### update
[ʌ́pdeit] n.
[ʌ̀pdéit] v.

ⓝ 1. 최신 정보　2. (컴퓨터) 업데이트　ⓥ 업데이트하다

software **update** 소프트웨어 업데이트

**update** a work schedule 업무 일정을 업데이트하다

We've recently **updated** our cancellation policy.
우리는 최근에 해약 규정을 갱신했습니다.

> 어휘 POINT
> 누군가에게 근황이나 최신 정보를 알려 준다는 의미를 나타낼 때 〈give 사람 an update on〉 또는 〈update 사람 on〉의 형태로 쓰인다.
> Can you **give** me **an update on** your newest project? 당신의 새로운 프로젝트에 대한 근황을 알려주시겠어요?

### outdated
[autdéitid]

ⓐ 구식의, 시대에 뒤떨어진

**outdated** technology 시대에 뒤떨어진 기술

Workers will replace our **outdated** phone system.
작업자들이 우리의 낡은 전화 시스템을 교체할 것이다.

## schedule
[skédʒuːl] Am
[ʃédʒuːl] Br

**ⓝ** 일정, 스케줄  **ⓥ** 일정을 잡다

on **schedule** 예정대로

ahead of **schedule** 예정보다 일찍 (↔ behind schedule 예정보다 늦게)

I **scheduled** a meeting with our clients at two o'clock.
나는 우리 고객들과 2시에 회의 일정을 잡았다.

**reschedule** v. 일정을 변경하다

> **어휘 POINT**
> 1. 미국 영어와 영국 영어의 발음이 크게 다르므로 주의하자. 미국 영어는 [스케줄], 영국 영어는 [셰줄]처럼 발음된다.
> 2. 동사 schedule은 ⟨be scheduled to V⟩(~할 예정이다) 또는 ⟨be scheduled for 시간/날짜⟩(~로 예정되어 있다)의 형태로 자주 쓰인다.
>    The program **is scheduled to** begin on May 29.
>    프로그램은 5월 29일에 시작될 예정이다.

---

customer - custom - customize

## customer
[kʌ́stəmər]

**ⓝ** 고객

potential **customer** 잠재 고객

frequent **customer** 단골 고객 (= repeat customer)

First-time **customers** will receive a 20 percent discount on all services. 신규 고객들은 모든 서비스에 대해 20% 할인을 받게 될 것입니다.

> **기출 표현**
> - customer service 고객 서비스
> - customer feedback 고객 의견
> - customer review 고객 후기
> - customer support 고객 지원
> - customer complaint 고객 불만
> - customer loyalty 고객 충성도
> - customer satisfaction 고객 만족
> - customer survey 고객 설문조사

## custom
[kʌ́stəm]

**ⓐ** 맞춤의

**custom** item 주문 제작 품목

**Custom** orders take extra time. 맞춤 주문은 추가 시간이 소요됩니다.

> **어휘 POINT**
> custom에 s를 붙인 customs는 '세관'이라는 전혀 다른 의미가 된다.
> **Customs** officials may ask you about your luggage's contents. 세관 공무원들이 당신 수하물의 내용물에 대해 물을 수 있습니다.

## customize
[kʌ́stəmàiz]

**ⓥ** 주문 제작하다

provide **customized** solutions 맞춤형 솔루션을 제공하다

Our staff can help you **customize** a variety of products.
저희 직원들은 고객님이 다양한 상품을 주문 제작하는 것을 도와드릴 수 있습니다.

19

## offer
[ɔ́ːfər]

**n** 제안, 제의  **v** 제공하다, 제안하다

accept a job **offer** 일자리 제의를 받아들이다

**offer** a discount 할인을 제공하다

We **offer** discounted prices on bulk orders.
우리는 대량 주문에 대해 할인 가격을 제공합니다.

> **출제 POINT**
>
> 주로 가격, 서비스, 조언 등의 명사를 목적어로 취한다.
> For years, Anderson Insurance has (**offered** / ~~shown~~) the lowest **rates** on commercial vehicle insurance. 수년간 Anderson 보험사는 상용차 보험에 대해 최저 요금을 제공해 왔습니다.

---

information - inform - informative

## information
[ìnfərméiʃən]

**n** 정보

personal **information** 개인 정보

For more **information**, visit our Web site.
보다 자세한 정보는 저희 웹 사이트를 방문하세요.

> **출제 POINT**
>
> more(더 많은), further(그 이상의), additional(추가적인)과 같은 형용사의 수식을 받는다.
> For **additional information**, please call 555-4567. 더 자세한 정보를 얻으려면 555-4567로 전화하세요.

## inform
[infɔ́ːrm]

**v** 알리다, 통지하다

Please be **informed** that inspectors from headquarters will visit our plant. 본사의 조사관들이 우리 공장을 방문할 것임을 알고 계시기 바랍니다.

> **어휘 POINT**
>
> ⟨inform 사람 that절⟩(~에게 …을 알리다), ⟨inform 사람 about/of⟩의 형태로 자주 출제된다.
> I would like to **inform** you **of** a schedule change. 여러분에게 일정 변경을 알려 드리고 싶습니다.

## informative
[infɔ́ːrmətiv]

**a** 유익한

**informative** speech 유익한 연설

The workshop was very **informative**. 그 워크숍은 매우 유익했다.

## manager - manage

### manager
[mǽnidʒər]

**n** 관리자

property **manager** 부동산 관리인

The department **manager** is responsible for all hiring decisions.
부서장이 모든 채용 결정에 책임을 진다.

> **기출표현**
> • assistant manager 대리, 부팀장  • department manager 부서장
> • general manager 총지배인  • office manager 사무실장

### manage
[mǽnidʒ]

**v** 1. 관리하다, 경영하다  2. 가까스로 ~하다

**managing** editor 편집장

**manage** a restaurant 식당을 경영하다

I **managed** to book a flight to New York.
나는 가까스로 뉴욕행 항공기를 예약했다.

**management** n. 경영(진), 관리

## available - availability

### available
[əvéiləbl]

**a** 1. 이용 가능한, 구할 수 있는  2. 시간이 되는

be **available** for purchase 구입할 수 있다

Free parking is **available** on-site. 현장에서 무료 주차가 가능하다.

**unavailable** a. 이용할 수 없는, 구할 수 없는

> **어휘 POINT**
> available, unavailable, availability 등은 문맥에 따라 다양한 해석이 가능하며, 그래서 정답 선택지로 자주 나온다. available은 주어가 사람이면 '시간이 있거나 만날 수 있는', 주어가 사물이면 '이용하거나 구할 수 있는'으로 해석한다.
> He is often **available** to work overtime. 그는 종종 야근을 할 수 있다.

### availability
[əvèiləbíləti]

**n** 이용할 수 있음, 입수 가능성

parking **availability** 주차 가능 여부

Let me know your **availability** for that period.
그 기간 동안 시간이 되시는지 알려 주세요.

> **출제 POINT**
> potential(잠재적인), limited(제한된)와 같은 형용사의 수식을 받는다.
> Canyon Corporation's prices are affected by the **potential** (**availability** / profitability) of resources. Canyon 사의 가격은 자원의 잠재적인 가용성에 의해 영향을 받는다.

## location
[loukéiʃən]

**n** 위치, 장소

meeting **location** 회의 장소

The company moved to a different **location**.
그 회사는 다른 곳으로 이사를 갔다.

> **어휘 POINT**
> location은 store(가게, 상점), retail(소매) 등의 단어와 함께 쓰일 때는 '지점'의 의미가 된다.
> The company plans to open its third **retail location**. 그 회사는 세 번째 소매점을 열 계획이다.

## locate
[lóukeit]

**v** 1. 위치시키다 2. (위치를) 찾아내다

a company **located** in Beijing 베이징에 위치한 회사

**locate** available parking spots 이용 가능한 주차 공간을 찾아내다

The hotel is conveniently **located** close to the airport.
그 호텔은 공항에서 가까운 곳에 편리하게 위치해 있다.

> **어휘 POINT**
> 주로 〈be located in/at/on/near〉(~에 있다, ~ 근처에 있다)의 수동태로 쓰인다.
> Her office **is located on** the seventh floor. 그 여자의 사무실은 7층에 있다.

## relocate
[rilóukéit]

**v** 이전하다, 옮기다

**relocate** one's headquarters to London 본사를 런던으로 이전하다

The city offers financial incentives to **relocating** businesses.
그 시는 이전하는 사업체에 재정적 인센티브를 제공한다.

**relocation** n. 이전

## site
[sait]

**n** 1. 부지, 현장 2. (인터넷) 사이트

on-**site** inspection 현장 점검

social media **site** 소셜 미디어 사이트

More than 100 people are working at the construction **site**.
공사 현장에서 100명이 넘는 사람들이 일하고 있다.

## job
[dʒab]

**n** 직업, 일자리

**job** fair 채용박람회

interview a **job** applicant 취업 지원자를 면접하다

He is looking for a **job** that pays well. 그는 보수가 좋은 직업을 찾고 있다.

## staff

[stæf] Am
[stɑːf] Br

**n** 직원(들)

**staff** members 직원들
**staff** meeting 직원 회의
We doubled our **staff** last year. 우리는 작년에 직원을 두 배로 늘렸다.

> **어휘 POINT**
> staff는 직원 전체를 나타내는 어휘로서 단수형과 복수형이 같다. 한편 employee는 각각의 직원을 의미한다.

## understaffed

[ʌ̀ndərstǽft]

**a** 인원이 부족한

The call center is currently **understaffed**.
콜센터는 현재 인원이 부족하다.

> **출제 POINT**
> RC 파트에서 staff를 동사로 사용한 문장이 나올 때가 있다. 동사 staff는 '직원으로 일하다, 직원을 제공하다'라는 뜻이다.
> The reception desk will be **staffed** continuously from 9:00 A.M. to 6:00 P.M. 접수처는 오전 9시부터 오후 6시까지 직원이 계속해서 근무하게 될 것이다.

## sale

[seil]

**n** (할인) 판매, 매출(-s)

**sales** representative 영업사원, 영업 담당자
meet a **sales** goal 매출 목표를 달성하다
I bought it **on sale**. 나는 그것을 세일할 때 샀다.
**salesperson** n. 판매원

> **어휘 POINT**
> 1. sale은 '할인 판매'와 '정상가 판매' 모두를 의미하는데, 결합하는 전치사에 따라 의미가 달라진다. on sale은 '정상 판매 중인, 할인 판매 중인', for sale은 '정상 판매 중인'을 의미한다.
>    • an apartment **for sale** 팔려고 내놓은 아파트
> 2. '판매'를 뜻할 때는 단수형과 복수형을 자유롭게 쓸 수 있지만, '매출' 또는 '매출액'을 뜻할 때는 항상 복수형인 sales를 써야 한다.

## wholesale

[hóulsèil]

**a** 도매의

**wholesale** distributor 도매 유통업자, 총판
**Wholesale** prices are rising in most sectors of the economy.
대부분의 경제 부문에서 도매 물가가 상승하고 있다.

> **어휘 POINT**
> whole(전부의)+sale(판매)이라는 형태에서 알 수 있듯이, 상품을 낱개로 판매하지 않고 대량으로 판매하는 것을 뜻한다. 반의어는 retail(소매의)이다.

## conference
[kánfərəns]

ⓝ 회의, 총회, 학회

press **conference** 기자 회견

She will attend a **conference** on September 27.
그녀는 9월 27일에 회의에 참석할 것이다.

> **어휘 POINT**
> **conference call**은 전화상으로 실시되는 원격 회의를 뜻하는데, 보통은 참가자들의 영상이 동시에 제공된다. 비슷한 표현으로는 **video conference**(화상 회의), **teleconference**(원격 회의) 등이 있다.

## last
[læst, lɑːst]

ⓥ 지속되다, 계속되다  ⓐ 지난, 마지막의

long-**lasting** 오래 지속되는

at the **last** minute 마지막 순간에, 막판에

These tires **last** a very long time. 이 타이어들은 매우 오래 간다.

> **어휘 POINT**
> **last-minute**는 '마지막 순간의, 막바지의'라는 의미의 형용사로 쓰인다.
> I made a **last-minute** change to the presentation slide. 나는 프레젠테이션 슬라이드를 마지막 순간에 변경했다.

## item
[áitəm]

ⓝ 물품, 품목, 항목

lost **item** 분실물

The final **item** on our meeting agenda is the upcoming training.
우리 회의 안건의 마지막 항목은 곧 있을 교육입니다.

**itemize** v. 항목별로 구분하다

## client
[kláiənt]

ⓝ 고객, 의뢰인

**client** meeting 고객 미팅

meet a potential **client** 잠재 고객을 만나다

I have an all-day meeting with **clients** on Monday.
나는 월요일에 고객들과 하루 종일 회의가 있다.

## contact
[kántækt]

ⓝ 1. 연락  2. 인맥, 연줄  ⓥ 연락하다

**contact** information 연락처

**contact** a supplier 공급업자에게 연락하다

Mary has several good **contacts** in government offices.
Mary는 관공서에 좋은 인맥이 몇 명 있다.

## apply - application - appliance

### apply
[əplái]

**v** 1. 지원하다, 신청하다  2. 적용하다

**apply** for a job 일자리에 지원하다

**apply** a discount 할인을 적용하다

Only one discount code can be **applied** per order.
할인 코드는 주문당 1개만 적용될 수 있습니다.

**applicant** n. 지원자, 신청자

### application
[ǽpləkéiʃən]

**n** 1. 지원(서), 신청(서)  2. 앱, 응용 프로그램

**application** form 신청서 양식

mobile **application** 휴대폰 응용 프로그램 (= mobile app)

Submit your résumé and a completed **application** via e-mail.
이력서와 완성된 지원서를 이메일로 제출하세요.

### appliance
[əpláiəns]

**n** 가전제품, 기기

kitchen **appliance** 주방 기기

**appliance** store 가전제품 매장

The electronics store has a large selection of **appliances**.
그 전자 제품 매장에는 다양한 가전제품이 구비되어 있다.


## project - projection

### project
[prάdʒekt] n.
[prədʒékt] v.

**n** 프로젝트, 과제  **v** 예상하다

construction **project** 건설 프로젝트, 건설 사업

research **project** 연구 과제

The new shopping center is **projected** to open next spring.
새 쇼핑 센터는 내년 봄에 문을 열 예정이다.

**projector** n. 프로젝터, 영사기

 어휘 POINT

파트 1에서 '투사하다'의 의미로 나온다.
Some presentation slides are being **projected** on a screen. 몇 개의 프레젠테이션 슬라이드가 화면에 투사되고 있다.

### projection
[prədʒékʃən]

**n** 전망, 예상(치)

Sales **projections** show that the company should focus on the European market.
매출 전망은 회사가 유럽 시장에 초점을 맞춰야 한다는 것을 보여 준다.

## place - misplace

### place
[pleis]

ⓝ 곳, 장소  ⓥ 1. 놓다, 두다  2. (주문 등을) 하다

find a **place** to live 살 곳을 찾다

**place** an order 주문하다

Which folder should I **place** this document in?
이 문서를 어느 폴더 안에 넣어야 하나요?

> **어휘 POINT**
> 1. 동사 place는 파트 1 빈출 어휘이며, 주로 현재완료시제로 표현된다.
>    Some books have been **placed** on shelves. 책 몇 권이 선반 위에 놓여 있다.
> 2. take place는 '발생하다, 일어나다'라는 뜻의 숙어로 쓰인다.
>    Our meetings **take place** on the first Monday of every month.
>    우리 회의는 매달 첫 번째 월요일에 열린다.

### misplace
[mispléis]

ⓥ 제자리에 두지 않다

I **misplace** my keys all the time. 나는 항상 열쇠를 (잘못 두어) 잃어버린다.

> **어휘 POINT**
> mis(잘못된)+place(놓다, 장소) → 잘못된 장소에 놓다 → 어디 두었는지 몰라 잃어버리다

## show - showcase

### show
[ʃou]

ⓝ 1. 전시회, 박람회  2. 방송 프로그램
ⓥ 1. 보여 주다  2. 안내하다

trade **show** 무역 박람회

radio **show** 라디오 프로그램

She will **show** you to your room. 그녀가 당신을 방으로 안내할 겁니다.

**showing** n. (영화) 상영, 전시회

**showroom** n. 전시실

> **어휘 POINT**
> '보여 주다'라는 의미의 동사 show는 방법을 나타내는 〈how to V〉 형태의 목적어와 자주 쓰인다.
> I'll **show** you **how to** use the library's databases. 도서관의 데이터베이스를 사용하는 방법을 보여 드릴게요.

### showcase
[ʃóukèis]

ⓝ 공개 행사  ⓥ 소개하다, 선보이다

local band **showcase** 지역 밴드의 공개 행사

A lot of companies will **showcase** their latest products.
많은 회사들이 그들의 최신 제품들을 선보일 것이다.

## attend
[əténd]

**ⓥ 참가하다, 참석하다**

**attend** a meeting 회의에 참석하다

He **attended** the seminar with a coworker.
그는 동료와 함께 세미나에 참석했다.

**attendance** n. 참석, 출석

**attendee** n. 참가자, 참석자

> **어휘 POINT**
> 1. attend는 뒤에 전치사가 필요 없는 타동사로서 전치사를 동반하는 participate in과 구별하는 문제가 자주 출제된다.
> 2. attend to는 '처리하다, 주의를 기울이다'라는 뜻이다.
>    All employees must report to work on Sunday to **attend to** the matter.
>    모든 직원들은 그 일을 처리하기 위해 일요일에 출근해야 한다.

## attendant
[əténdənt]

**ⓝ (사람들의 편의를 돌보는) 직원, 종업원**

flight **attendant** 항공기 승무원

The **attendants** in the concert hall will help you find your seats. 공연장 내의 직원들이 여러분이 좌석을 찾는 것을 도와드릴 겁니다.

> **어휘 POINT**
> 접사 ant가 붙어 사람을 나타내는 토익 어휘와 그 동사형에는 다음과 같은 것들이 있다.
> • participant(참가자) – participate(참가하다)
> • assistant(조수, 비서) – assist(돕다)
> • occupant(입주자) – occupy(차지하다)

## area
[έəriə]

**ⓝ 지역, 구역**

parking **area** 주차 구역

reception **area** (호텔 등의) 로비, 라운지

There is no public transportation in the **area**.
그 지역에는 대중교통이 없다.

> **기출 표현**
> • dining area 식사 공간 • picnic area 피크닉장
> • work area 작업 구역 • storage area 저장소

## suggest
[səgdʒést]

**ⓥ 제안하다**

**suggest** making a purchase later 나중에 구입할 것을 제안하다

I **suggest** that you reinstall your display driver.
디스플레이 드라이버를 다시 설치하는 것을 제안할게요.

**suggestion** n. 제안

## advertise - advertisement

**advertise**
[ǽdvərtàiz]

**ⓥ 광고하다**

**advertise** on social media 소셜 미디어에 광고하다

**advertise** a new product 신제품을 광고하다

We should **advertise** the open position on the Internet.
우리는 인터넷에 공석을 광고해야 한다.

**advertising** n. 광고(업)

**advertisement**
[ædvərtáizmənt] Am
[ədvə́:tismənt] Br

**ⓝ 광고 (= ad)**

television **advertisement** 텔레비전 광고

run an **advertisement** 광고하다

PLR, Inc., wants to use a star athlete in its television **ads**.
PLR 주식회사는 스타 운동선수를 자사의 텔레비전 광고에 사용하고 싶어한다.

**어휘 POINT**
1. **advertisement**는 미국 영어로는 [애드버타이즈먼트]로 발음하지만, 영국 영어로는 [어드버티스먼트]로 발음하며, 강세를 두는 곳도 다르기 때문에 주의해야 한다.
2. **ad**는 **advertisement**의 동의어로서 LC 파트에서는 ad의 출제 빈도가 **advertisement**만큼 높다.

---

**recent**
[rí:sənt]

**ⓐ 최근의**

in **recent** years 최근 몇 년 동안

Please direct all questions about your **recent** order to the customer service center.
귀하의 최근 주문에 대한 모든 문의는 고객 서비스 센터로 해주시기 바랍니다.

**recently** ad. 최근에

---

**request**
[rikwést]

**ⓝ 요청  ⓥ 요청하다**

fill out a **request** form 요청서를 작성하다

make a **request** 요청하다

Your vehicle will be ready by tomorrow afternoon, as you **requested**. 요청하신 대로 내일 오후까지는 귀하의 차량이 준비될 것입니다.

**출제 POINT**
at the request of는 '~의 요청에 따라'라는 의미의 표현이다. upon request(요청하는 즉시)라는 표현도 알아 두자.
**At the (request / necessity) of** the manager, Mr. Hooper met a representative from Newhaven Construction. 관리자의 요청으로 Hooper 씨는 Newhaven 건설사의 대표자를 만났다.

include - exclude - exclusive

## include
[inklú:d]

**ⓥ 포함하다**

The agenda will **include** a progress report on the employee survey. 안건에는 직원 설문조사에 대한 경과 보고가 포함될 것이다.

> **출제 POINT**
> including은 '~을 포함하여'라는 뜻의 전치사로 쓰이며, 파트 5 문법 문제에서 빈칸 앞에 콤마가 있다면 including이 정답일 가능성이 높다.
> The picnic invitation is for every company employee, (**including** / include) part-time staff. 야유회 초대장은 시간제 직원을 포함한 모든 회사 직원들을 위한 것입니다.

## exclude
[iksklú:d]

**ⓥ 제외하다**

20% off all accessories, **excluding** hats
모자를 제외한 모든 액세서리 20% 할인

Article submissions to the journal must not exceed 5,000 words, **excluding** references.
저널에 대한 기사 투고는 참고 문헌 목록을 제외하고 5천 단어를 초과할 수 없다.

> **어휘 POINT**
> 접두사 in은 '안으로', 그리고 ex는 '밖으로'를 의미한다. 따라서 include는 '안으로 끌어들여 포함하다', exclude는 '밖으로 내보내서 제외하다'라는 뜻이 된다. including과 마찬가지로 excluding도 '~을 제외하고'라는 의미의 전치사로 쓰이며, 앞에 종종 콤마를 동반한다.

## exclusive
[iksklú:siv]

**ⓐ 독점적인, 배타적인**

**exclusive** interview 독점 인터뷰

Our members will have **exclusive** access to special events.
오직 우리 회원들만 특별 행사에 입장할 수 있을 것입니다.

> **어휘 POINT**
> exclude에서 파생된 exclusive는 '자격이 안되는 모든 사람을 제외하고'라는 의미이므로 '독점적인'이라는 뜻을 갖는다.

# Review Test

**A** 영어 단어의 알맞은 뜻을 찾아 연결하세요.

01. informative  ⓐ 가전제품
02. appliance    ⓑ 이전하다
03. relocate     ⓒ 주문 제작하다
04. customize    ⓓ 유익한

05. storage      ⓔ 도매의
06. wholesale    ⓕ 구식의
07. outdated     ⓖ 보관
08. understaffed ⓗ 인원이 부족한

**B** 우리말 뜻에 맞게 빈칸에 알맞은 어휘를 찾아 넣으세요.

ⓐ market     ⓑ schedule   ⓒ client
ⓓ offer      ⓔ order      ⓕ locate

09. 예정보다 일찍              ahead of _____
10. 이용 가능한 주차 공간을 찾아내다   _____ available parking spots
11. 잠재 고객을 만나다          meet a potential _____
12. 알파벳 순서로              in alphabetical _____
13. 신제품을 시장에 내놓다        _____ a new product
14. 일자리 제의를 받아들이다      accept a job _____

정답  01 ⓓ  02 ⓐ  03 ⓑ  04 ⓒ  05 ⓖ  06 ⓔ  07 ⓕ  08 ⓗ  09 ⓑ  10 ⓕ  11 ⓒ  12 ⓔ  13 ⓐ  14 ⓓ

# Mini Test

**Select the best answer to complete the sentence.**

01. I would like to ------- you of a schedule change.

    (A) request    (B) show    (C) inform    (D) supply

02. He ------- a leadership style that is less visible.

    (A) employs    (B) serves    (C) awards    (D) misplaces

03. Our members will have ------- access to special events.

    (A) exclusive    (B) intensive    (C) excessive    (D) impressive

04. Free parking is ------- on-site.

    (A) updated    (B) comfortable    (C) available    (D) last

05. The advertising campaign has ------- excellent financial results.

    (A) projected    (B) placed    (C) attended    (D) produced

06. Only one discount code can be ------- per order.

    (A) stored    (B) customized    (C) advertised    (D) applied

07. I ------- to book a flight to New York.

    (A) revealed    (B) managed    (C) scheduled    (D) contacted

---

**정답** 01 (C)  02 (A)  03 (A)  04 (C)  05 (D)  06 (D)  07 (B)

**해석** 01 여러분에게 일정 변경을 알려 드리고 싶습니다.  02 그는 눈에 잘 띄지 않는 리더십 스타일을 사용합니다.  03 오직 우리 회원들만 특별 행사에 입장할 수 있을 것입니다.  04 현장에서 무료 주차가 가능하다.  05 광고 캠페인은 훌륭한 재무 성과를 냈다.  06 할인 코드는 주문당 1개만 적용될 수 있습니다.  07 나는 가까스로 뉴욕행 항공기를 예약했다.

# Level up    Part 1 사진 묘사 빈출 표현 ①

사진을 보며 Part 1에서 자주 나오는 표현들을 학습하세요.

**carry a ladder**
사다리를 나르다

**traffic cones = safety cones**
원뿔형 교통 표지

**pack a suitcase**
여행 가방을 싸다

**fold some laundry**
세탁물을 개다

**water some plants**
식물에 물을 주다

**push a wheelbarrow**
외바퀴 손수레를 밀다

RANKING 0061~0120

고빈출 어휘

DAY 02

## complete - completely

### complete
[kəmplíːt]

**ⓥ** 완료하다, 완성하다  **ⓐ** 완전한

**complete** a form 양식을 모두 작성하다

It was a **complete** success. 그것은 완전한 성공이었다.

**completion** n. 완료, 완성

> **기출표현**
> · complete a task 임무를 완수하다
> · complete a survey 설문조사를 완료하다
> · complete some paperwork 서류 작업을 마치다

### completely
[kəmplíːtli]

**ad** 완전히, 전적으로

**completely** forget 완전히 잊어버리다

You will be **completely** satisfied with the quality of this product.
이 제품의 품질에 완전히 만족하실 겁니다.

> **출제 POINT**
> 파트 5, 6에서 complete와 completely 중 적절한 품사를 고르는 문제가 출제된다.
> When processing a medical leave request, the attending physician must fill out the form (**completely** / ~~complete~~). 병가 요청을 처리할 때 주치의는 양식을 완전히 작성해야 합니다.

## according to - accordingly

### according to
[əkɔ́ːrdiŋ tu]

~에 따르면

**According to** a recent study, most people are not getting enough sleep.
최근 연구에 따르면, 대부분의 사람들은 충분한 수면을 취하고 있지 않다고 한다.

### accordingly
[əkɔ́ːrdiŋli]

**ad** 그에 따라

It will rain tomorrow, so please plan **accordingly**.
내일 비가 올 거니까, 그에 따라 계획을 짜 주세요.

### prepare
[pripέər]

**ⓥ** 준비하다, 대비하다

**prepare** for bad weather 악천후를 대비하다

**prepare** a list of contacts 연락처 목록을 준비하다

Please be **prepared** to share your ideas with the other attendees.
자신의 생각을 다른 참석자들과 공유할 수 있도록 준비하시기 바랍니다.

**preparation** n. 준비

## direct
[dirékt, dairékt]

**ⓐ** 직접적인, 직통의  **ⓥ** 1. 안내하다, 지시하다  2. 보내다

**direct** flight 직항편

I have sent it to your new address, as you **directed**.
지시하신 대로 그것을 당신의 새 주소로 보냈습니다.

**directly** ad. 직접, 곧바로

> **어휘 POINT**
> 1. direct는 [디렉트], [다이렉트]의 두 가지 발음을 가지고 있으며, 강세는 모두 2음절에 있다. 파생어인 directly, director, direction 등도 두 가지로 발음된다.
> 2. direct는 RC 파트에서 '보내다, 향하다'라는 의미의 동사로 쓰인다.
> Questions or comments may be **directed** to the management office.
> 질문이나 의견은 관리 사무소에 할 수 있습니다.

## director
[diréktər, dairéktər]

**ⓝ** 1. 책임자, 임원  2. (영화) 감독

board of **directors** 이사회

movie **director** 영화 감독

The company **director** called a meeting of all the department heads. 회사의 이사는 모든 부서장들을 회의에 소집했다.

## direction
[dirékʃən, dairékʃən]

**ⓝ** 1. 방향, 길  2. 지시(-s)

driving **directions** 운전 길 안내

We need employees who can follow **directions** given by supervisors. 우리는 상사의 지시를 따를 수 있는 직원들이 필요하다.

## subject
[sʌ́bdʒikt, sʌ́bdʒekt]

**ⓝ** 주제, 제목  **ⓐ** 당하기 쉬운, ~을 받기 쉬운

**subject** of an article 기사의 주제

Prices for clothing items on our Web site **are subject to** change without notice. 당사 웹 사이트의 의류 가격은 예고 없이 변경될 수 있습니다.

> **어휘 POINT**
> be subject to는 '~의 대상이다, ~의 적용을 받다'라는 뜻으로 전치사 to 뒤에는 명사가 나온다.
> Drivers who park in this lot after 10 P.M. **are subject to** a fine. 오후 10시 이후에 이 구역에 주차하는 운전자들은 벌금의 대상이다.

## sign - signature

### sign
[sain]

**n** 표지판, 간판, 게시물  **v** 서명하다

put up a **sign** 게시물을 내걸다 (= post a sign)

**sign** up for a membership 회원으로 등록하다

I just **signed** an important contract. 방금 중요한 계약서에 서명했다.

### signature
[sígnətʃər]

**n** 서명

electronic **signature** 전자 서명

They collected **signatures** from residents.
그들은 주민들로부터 서명을 모았다.

> **어휘 POINT**
> 흔히 음식점이나 카페의 대표 메뉴를 signature menu라고 하는데, 토익에서도 signature가 간혹 이런 뜻으로 출제된다.
> We're featuring our very own **signature** coffee blend. 우리만의 시그니처 커피 블렌드를 선보입니다.

## ship - shipping

### ship
[ʃip]

**n** 선박, 배  **v** 운송하다, 배송하다

board a **ship** 승선하다, 배에 오르다

We will **ship** your order right to your door.
주문하신 물건을 문 앞으로 배송해 드릴 것입니다.

**shipment** n. 운송(품), 배송(품)

### shipping
[ʃípiŋ]

**n** 운송, 배송

**shipping** company 운송회사, 택배회사

return **shipping** fee 반품 비용

Ms. Marino chose the express **shipping** option for her clothing order. Marino 씨는 자신의 의류 주문에 빠른 배송 옵션을 선택했다.

> **기출표현**
> • international shipping 국제 배송   • free shipping 무료 배송
> • express shipping 빠른 배송 (= expedited shipping)
> • shipping cost 배송비 (= shipping fee/charge/rate)

### purchase
[pə́:rtʃəs]

**n** 구입(품)  **v** 구입하다

bulk **purchase** 대량 구입

make a **purchase** 구입하다

Gift certificates can be **purchased** in stores.
상품권은 매장에서 구입할 수 있습니다.

## provide - provided (that)

### provide
[prəváid]

**v** 제공하다, 주다

**provide** customers **with** shipping information
고객에게 배송 정보를 제공하다

PS Dental **provides** a full range of dental services.
PS Dental은 폭넓은 치과 서비스를 제공합니다.

**provider** n. 제공자, 공급자

> **어휘 POINT**
> 〈provide 사람 with 사물〉이나 〈provide 사물 for 사람〉의 형태로 자주 쓰인다.
> This grant **provides** funding **for** low-income people who want to start their own business. 이 보조금은 창업을 원하는 저소득층에게 자금을 제공한다.

### provided (that)
[prəváidid]

**conj** 만약 ~라면

Employees may work from home **provided that** they have permission. 직원들은 허가를 받았다면 재택근무를 할 수 있다.

> **출제 POINT**
> provided는 조건절을 이끄는 접속사로 뒤에 that절을 취하는데 이때 that은 생략 가능하다.
> (**Provided** / Regarding) customers have sufficient funds in their checking accounts, they may withdraw $2,000 a day. 고객이 당좌예금 계좌에 충분한 자금을 보유하고 있다면 하루에 2천 달러를 인출할 수 있다.

## report - reportedly

### report
[ripɔ́:rt]

**n** 보고(서), 보도  **v** 보고하다, 알리다

sales **report** 판매 보고서
expense **report** 지출 보고서

I offer my apologies for the problem that you **reported**.
당신이 알려 주신 문제점에 대해 사과드립니다.

**reporter** n. 기자

> **어휘 POINT**
> 〈report to + 장소 명사〉는 '(공식적으로) ~에 도착 사실을 알리다'라는 의미이다.
> Employees should **report to work** as usual. 직원들은 평소와 같이 출근 사실을 알려야 한다.

### reportedly
[ripɔ́:rtidli]

**ad** 전하는 바에 의하면, 소문에 의하면

Peterman Manufacturing will **reportedly** open a new factory in Houston. 전하는 바에 의하면 Peterman Manufacturing은 휴스턴에 새로운 공장을 열 것이라고 한다.

pay - payroll - payable

## pay
[pei]

**n** 급여, 임금  **v** 지불하다

**pay** increase 임금 인상 (= pay raise)

Her employer will **pay** her moving expenses.
그녀의 고용주가 그녀의 이사 비용을 지불할 것이다.

**payment** n. 지불(금)

**paycheck** n. 급여, (급여로 지불되는) 수표

## payroll
[péiròul]

**n** 급여 대장, 급여 대상자 명단

**payroll** department 급여 지불 부서, 경리과

The money will be deposited in your **payroll** account within a week. 돈은 일주일 이내에 당신의 급여 계좌에 입금될 것입니다.

## payable
[péiəbl]

**a** 지급해야 하는

All receipts should be submitted to **accounts payable**.
모든 영수증은 미지급금 계정으로 제출되어야 한다.

> **어휘 POINT**
>
> accounts payable은 '외상 매입금', 또는 '미지급금'이라는 뜻의 회계 용어로서, 서비스나 물품을 제공받고 아직 대금을 납부하지 않은 단기의 미지급금을 의미한다. 형용사 payable이 명사 accounts를 뒤에서 수식하는 것이 특이점이다. 하나의 덩어리 표현으로 기억해 두자.

## department
[dipá:rtmənt]

**n** 부, 과, 부서

**department** head 부서장 (= department manager)

The sales **department** will be moving its offices to the third floor. 영업부는 사무실을 3층으로 옮길 예정이다.

> **기출 표현**
>
> • human resources department 인사부   • IT department IT부서
> • marketing department 마케팅부   • accounting department 경리부

## position
[pəzíʃən]

**n** 1. 일자리, 공석  2. 위치  **v** (특정한 위치에) 두다

open **position** 공석, 빈자리 (= vacant position)

full-time **position** 정규직 (= permanent position)

The speaker is **positioned** next to a podium. 연사는 연단 옆에 있다.

> **기출 표현**
>
> • offer a position 일자리를 제안하다   • accept a position 직위를 수락하다
> • apply for a position 일자리에 지원하다   • fill a position 자리를 채우다

check - check-in - checkout

## check
[tʃek]

Ⓥ 확인하다, 점검하다   Ⓝ 수표
**check** a budget 예산을 확인하다
payroll **check** 급여 수표
Let me **check**. 제가 확인해 볼게요.
**checkup** n. 건강검진

## check-in
[tʃékìn]

Ⓝ 1. (호텔) 체크인  2. (공항) 탑승 수속
**check-in** counter (공항의) 체크인 카운터
Reservations can be canceled for a full refund up to 24 hours before the **check-in** date.
체크인 날짜로부터 24시간 전까지 전액 환불 조건으로 예약을 취소할 수 있습니다.

> 어휘 POINT
> check in은 '체크인하다', check out은 '체크아웃하다, 책을 대출하다'라는 의미의 동사구가 된다.
> At Albert Hotel, customers must show a photo ID when they **check in**.
> Albert 호텔에서 고객들은 체크인 시 사진이 있는 신분증을 제시해야 합니다.

## checkout
[tʃékaut]

Ⓝ 1. (호텔) 체크아웃  2. 계산대
late **checkout** fee (호텔의) 레이트 체크아웃 요금
**checkout** page (온라인) 결제창
The people are waiting in a **checkout** line.
사람들이 계산대에서 줄을 서서 기다리고 있다.

> 어휘 POINT
> checkout counter는 상점의 계산대이고, checkout line은 계산대에 선 사람들의 줄을 의미한다. 둘 다 파트 1 빈출 표현이다.

## hire
[haiər]

Ⓥ 고용하다, 채용하다   Ⓝ 신입 사원
new-**hire** orientation 신입 사원 오리엔테이션
make a **hiring** decision 채용 결정을 내리다
We recently **hired** a new director of human resources.
우리는 최근에 새로운 인사부장을 채용했다.

> 어휘 POINT
> 동사 hire는 사람을 고용하는 것뿐만 아니라, 단체나 회사와 계약을 맺는 것도 의미한다.
> Which musical group should be **hired** for the event? 행사에 어떤 음악 그룹과 계약을 맺을까요?

## form
[fɔːrm]

**ⓝ** 양식, 서식  **ⓥ** 형성하다

fill out a **form** 양식을 작성하다

We hope to **form** a partnership with Mercury Metals.
우리는 Mercury Metals와 파트너 관계를 맺기를 희망한다.

> 기출표현
> - online form 온라인 양식
> - order form 주문서
> - complete a form 양식을 작성하다 (= fill out a form)

## formal
[fɔ́ːrməl]

**ⓐ** 공식적인, 격식을 갖춘

**formal** attire 정장

He received **formal** recognition at an event.
그는 행사에서 공식적인 인정을 받았다.

**informal** a. 비공식적인, 격식을 차리지 않은

## transform
[trænsfɔ́ːrm]

**ⓥ** (모양을) 바꾸다, 변모시키다

**transform** an idea into a nice-looking design
아이디어를 멋진 디자인으로 바꾸다

It was her job to **transform** the bare wall into something attractive. 텅 빈 벽을 매력적인 것으로 변모시키는 것이 그녀의 일이었다.

> 어휘 POINT
> 접두사 trans는 '가로질러, 초월하여'라는 뜻으로, 다른 곳으로 이동하거나 다른 것으로 바뀌는 것을 의미한다. trans가 쓰인 대표적인 토익 어휘들을 알아두자.
> - transportation 교통수단, 운송
> - transaction 거래
> - transfer 전근, 이동
> - transition 전환, 이동

## deliver
[dilívər]

**ⓥ** 1. 배달하다  2. (연설·강연 등을) 하다

**deliver** a speech 연설하다

The package was **delivered** to the wrong address.
소포는 잘못된 주소로 배달되었다.

**delivery** n. 배달(품)

## online
[ɔ́ːnlain]

**ⓐ** 온라인의  **ad** 온라인으로

**online** advertisement 온라인 광고

place an order **online** 온라인으로 주문하다 (= place an online order)

Customers can go **online** and view all the items.
고객들은 온라인으로 모든 제품을 볼 수 있습니다.

**offline** a. 오프라인의  ad. 오프라인으로

## review
[rivjú:]

**n** 평가, 후기  **v** 검토하다

performance **review** 성과 평가

read customer **reviews** 고객의 후기를 읽다

The board must **review** some documents related to the budget. 이사회는 예산과 관련된 몇 가지 서류를 검토해야 한다.

**reviewer** n. 평론가, 평가자

> **기출표현**
> - review a contract 계약서를 검토하다 • review a budget 예산을 검토하다
> - review some résumés 이력서들을 검토하다
> - review a document 문서를 검토하다

## announce
[ənáuns]

**v** 발표하다, 알리다

**announce** an office relocation 사무실 이전을 발표하다

Mr. Rogers **announced** that he is retiring from his position as vice president. Rogers 씨는 부회장직에서 물러난다고 발표했다.

**announcement** n. 발표, 공지

> **어휘 POINT**
> 회람(memo), 이메일(e-mail), 공지(notice)의 머리말에서 'I am pleased/happy/delighted/proud to announce that(~을 알리게 되어 기쁩니다)'의 형태로 쓰이며, that 뒤에 알리고자 하는 내용이 나온다.

## account
[əkáunt]

**n** 1. 계좌  2. 계정  3. 거래처, 장부

**account** number 계좌 번호, 고객 번호

social media **account** SNS 계정

Doug Peters was assigned the **account** with the client from Indonesia. Doug Peters는 인도네시아 고객과의 거래처를 배정받았다.

**accountant** n. 회계사, 경리 직원

**accounting** n. 회계

> **어휘 POINT**
> 1. account for는 '~을 설명하다, 차지하다'라는 숙어 표현이다.
>    Cotton **accounts for** the majority of the region's exports. 면화는 그 지역 수출의 대부분을 차지한다.
> 2. take ~ into account는 '~을 고려하다'라는 숙어 표현이다.
>    Mr. Wright always **takes** the budget **into account** when making purchasing decisions. Wright 씨는 구매 결정을 내릴 때 항상 예산을 고려한다.

## technology - technical - technique

### technology
[teknάlədʒi]

**n** 기술

information **technology** 정보 기술 (= IT)

Everest, Inc., uses state-of-the-art **technology** in all of its motor vehicles. Everest 주식회사는 자사의 모든 자동차에 최첨단 기술을 사용한다.

**technological** a. 기술의

### technical
[téknikəl]

**a** 기술의

have **technical** difficulties with ~에 기술적 어려움을 겪다

provide **technical** support 기술 지원을 제공하다

The train was held at the station because of a **technical** problem. 그 열차는 기술적인 문제로 인해 역에 멈춰 섰다.

**technician** n. 기술자, 기사

> **어휘 POINT**
> technological과 technical은 우리말로는 둘 다 '기술의'로 해석되는데, technological은 첨단 과학 기술과 관련된 어휘이고, technical은 기계 등을 작동시키기 위해 필요한 기술에 관련된 어휘이다.
> · **technological** innovation 기술 혁신
> · **technical** training 기술 훈련

### technique
[tekní:k]

**n** 기술, 기법

cooking **techniques** 조리 기술, 요리법

Mr. Collins will make a presentation on his most effective marketing **techniques**.
Collins 씨는 자신의 가장 효과적인 마케팅 기법에 대해 발표할 것이다.

## indicate - indicator

### indicate
[índəkèit]

**v** 나타내다, 보여 주다

**indicate** a preference 선호도를 나타내다

Please **indicate** your choice of main dish in your e-mail.
이메일에 당신이 선택한 메인 요리를 표시해 주세요.

### indicator
[índəkèitər]

**n** 지표

All the main economic **indicators** suggest that the economy is improving. 모든 주요 경제 지표가 경제가 나아지고 있다는 것을 암시한다.

> **출제 POINT**
> 파트 5의 명사 자리 문제에서 indication과 indicator가 선택지로 나오면 해석을 통해 풀어야만 한다. 통계와 관련된 내용이라면 indicator가 정답이다.
> One (**indicator** / ~~indication~~) of a company's stability is low employee turnover. 회사의 안정성을 보여 주는 한 가지 지표는 낮은 직원 이직률이다.

present - presence - presentation

## present
[préznt] n.
[prizént] v.

ⓝ 현재  ⓥ 1. 주다, 제시하다  2. 발표하다, 선보이다

at **present** 현재, 지금은 (= presently)

**present** a talk at a conference 회의에서 강연하다

They will **present** a performance of a historical play.
그들은 사극 공연을 선보일 것이다.

**presenter** n. 발표자

## presence
[prézəns]

ⓝ 1. 존재(감), 입지  2. 출석, 참석

increase one's online **presence** 온라인에서의 입지를 높이다

I would like to request your **presence** at the luncheon.
오찬에 귀하의 참석을 요청합니다.

> 출제 POINT
> online(온라인), social media(소셜 미디어) 등의 문맥에서 존재감이라는 의미로 쓰인다.
> Perkins Lumber hired a specialist to increase its (**presence** / tendency) on **social media**. Perkins Lumber는 SNS상에서 자사의 존재감을 높이기 위해 전문가를 고용했다.

## presentation
[prì:zentéiʃən]

ⓝ 발표(회), 프레젠테이션

give a **presentation** 발표하다 (= make/deliver a presentation)

Ms. Hamlyn's **presentation** about leadership was the highlight of the meeting. 리더십에 대한 Hamlyn 씨의 발표는 그 회의의 하이라이트였다.

---

equipment - equip

## equipment
[ikwípmənt]

ⓝ 장비, 기기

office **equipment** 사무기기

safety **equipment** 안전 장비

Please confirm that the audiovisual **equipment** is working properly. 시청각 장비가 제대로 작동하는지 확인해 주세요.

## equip
[ikwíp]

ⓥ (장비를) 갖추다, 설비하다

a building **equipped with** solar panels 태양 전지판이 설치된 건물

The mechanic **equipped** the car with a more efficient motor.
정비공은 자동차에 보다 효율적인 모터를 장착했다.

> 출제 POINT
> 〈be (well/fully) equipped with〉(~이 (잘/완전히) 갖추어져 있다)의 수동태 형태로 나온다.
> All of the guest rooms are (**equipped** / located) with a refrigerator.
> 모든 객실에는 냉장고가 갖추어져 있다.

## local
[lóukəl]

**ⓐ** 지역의, 현지의

**local** news 지역 뉴스

**local** business 지역 기업체

The dish is made from **local** ingredients.
그 음식은 현지의 식재료로 만들어진다.

**locally** ad. 지역에서, 근처에

> **출제 POINT**
>
> 식재료 관련 담화나 지문에서 재료의 신선도를 언급할 때 local이나 locally가 나온다.
> Sanderson Catering buys all its **fresh fruit and vegetables (locally / originally)**. Sanderson 출장 뷔페는 자사의 모든 신선한 과일과 채소를 현지에서 구매한다.

## supply
[səplái]

**ⓝ** 공급(품) **ⓥ** 공급하다

**supply** chain 공급망

office **supplies** 사무용품

All purchases must be made at an approved office **supply** store.
모든 구매는 승인된 사무용품점에서 해야 합니다.

**supplier** n. 공급업체, 납품업체

> **출제 POINT**
>
> supplier는 major(주요한), leading(선도적인)과 같은 형용사의 수식을 받으며, 뒤에는 구체적인 물품을 나타내는 of 전치사구가 이어진다.
> Granderson's is the **leading (supplier / authority) of** staff uniforms to major hotel chains in Canada. Granderson's는 캐나다의 주요 호텔 체인에 직원 유니폼을 공급하는 선두 업체이다.

## post
[poust]

**ⓝ** 1. 기둥 2. 우편 **ⓥ** 게시하다, 붙이다

metal **post** 금속 기둥

**post** office 우체국

Notices have been **posted** on a bulletin board.
게시판에 게시물들이 붙어 있다.

**poster** n. 벽보, 포스터

> **어휘 POINT**
>
> 〈keep 사람 posted〉는 '~에게 계속해서 최신 정보를 제공하다'라는 뜻의 숙어 표현으로, 파트 4의 교통 방송이나 파트 7 지문에 자주 등장한다.
> Mr. Moore wants everyone to **keep** him **posted** on the progress of their projects. Moore 씨는 모든 사람이 그에게 프로젝트의 진행 상황을 계속 보고하길 원한다.

## notice
[nóutis]

**n** 통지　**v** 알아차리다

on such short **notice** 갑작스러운 통보에도 불구하고

until further **notice** 추후 통지가 있을 때까지

The engineer **noticed** a problem with the wiring in the solar panel. 기술자는 태양 전지판의 배선에 문제가 있음을 알아차렸다.

> **출제 POINT**
> 명사 notice는 give notice(통지하다)의 형태로 쓰이며, notice 앞에 시간 관련 표현이 추가되기도 한다.
> Dr. Mason's patients are required to **give** 24 hours (**notice** / absence) when canceling an appointment. Mason 박사의 환자들은 예약을 취소할 때 24시간 전에 통지해야 한다.

## notify
[nóutəfài]

**v** 통지하다, 알리다

**notify** customers **of** price increases 고객들에게 가격 인상을 알리다

Please **notify** all customers **that** the store will be closed this coming Sunday.
오는 일요일에 상점이 문을 닫는다고 모든 손님들에게 알려 주세요.

**notification** n. 통지, 알림

> **어휘 POINT**
> 〈notify 사람 (of/about)〉, 〈notify 사람 that절〉, 〈notify 사람 to V〉 등의 다양한 형태로 쓰인다.
> The inspector **notified** Mr. Smith **that** she would arrive at the factory on Tuesday. 조사관은 Smith 씨에게 자신이 화요일에 공장에 도착한다고 알렸다.

## leave
[liːv]

**n** 휴가　**v** 1. 떠나다, 출발하다　2. 남기다, 두고 가다

annual **leave** 연차 휴가

**leave** a positive review on social media
SNS에 긍정적인 후기를 남기다

Please **leave** an hour early to arrive in time for your flight.
비행기 시간에 맞춰서 도착할 수 있도록 한 시간 일찍 출발하세요.

> **기출 표현**
> - paid leave 유급 휴가
> - leave of absence 휴가
> - be on leave 휴가 중이다
> - medical leave 병가
> - extended leave 장기 휴가

increase - increasingly - decrease

## increase
[ínkri:s] n.
[inkrí:s] v.

**n** 증가, 인상  **v** 증가하다, 인상하다

**increase** in traffic 교통량의 증가

request a pay **increase** 임금 인상을 요청하다

Customers using our app have **increased** by over 500 percent.
우리 어플리케이션을 사용하는 고객이 500% 넘게 증가했다.

> **출제 POINT**
> 동사 increase는 증가나 인상의 정도를 나타내는 부사인 greatly(굉장히), sharply(급격히), significantly(상당히), steadily(꾸준히) 등과 자주 쓰인다.
> Productivity at the Morehouse facility **increased (sharply** / ~~tightly~~**)** in February. Morehouse 시설의 생산성은 2월에 급격히 증가했다.

## increasingly
[inkrí:siŋli]

**ad** 점점 더, 더욱더

Experts are **increasingly** concerned about the high prices of imports. 전문가들은 수입품의 높은 가격에 대해 점점 더 우려하고 있다.

## decrease
[díkri:s] n.
[dikrí:s] v.

**n** 감소  **v** 감소하다, 줄어들다

**decrease in** sales 매출 감소

Laptop computer sales **decreased in** some parts of Europe.
유럽의 일부 지역에서 노트북 컴퓨터 판매가 감소했다.

> **어휘 POINT**
> 명사 increase(증가), decrease(감소), decline(감소), drop(하락) 등은 뒤에 전치사 in을 동반한다.
> • **decrease/decline/drop in** orders 주문의 감소

cost - costly

## cost
[kɔ:st]

**n** 비용  **v** 비용이 들다

total **cost** 합계 비용

at no **cost** 무료로

How much does it **cost** to attend the sales conference?
영업 회의에 참석하는 데 비용이 얼마나 드나요?

## costly
[kɔ́:stli]

**a** 값비싼, 대가가 큰

Failing to regularly check the factory's machines was a **costly** mistake. 공장의 기계를 정기적으로 점검하지 않은 것은 값비싼 실수였다.

## repair
[ripéər]

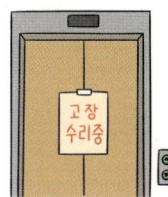

ⓝ 수리  ⓥ 수리하다

**repair** shop 수리점

The elevator needs some **repairs**.
엘리베이터는 수리를 필요로 한다.

> **어휘 POINT**
> re(다시)+pair(짝, 쌍)라는 형태에서 알 수 있듯이, 망가지거나 분해되어 분리된 것을 다시 하나로 합친다는 의미이다.

---

count - countless - discount

## count
[kaunt]

ⓝ 총수, 숫자  ⓥ 수를 세다

get a head **count** 인원 수를 세다

She **counted** the boxes stored in the warehouse.
그녀는 창고에 보관되어 있는 상자들을 세었다.

> **어휘 POINT**
> count on은 '~을 믿다, ~에게 의지하다'라는 숙어 표현이다.
> Can we **count on** their sponsorship for another five years? 우리가 앞으로 5년 더 그들의 후원에 의지할 수 있을까요?

## countless
[káuntlis]

ⓐ 셀 수 없이 많은

The editor found **countless** mistakes in the submitted document.
편집자는 제출된 문서에서 수없이 많은 오류를 발견했다.

> **어휘 POINT**
> 접미사 -less 때문에 '아주 적은'의 뜻으로 착각하기 쉬운데, 그 반대의 의미라는 것을 기억하자. 비슷한 예로 priceless(값을 매길 수 없을 정도로 아주 귀중한)가 있다.

## discount
[dískaunt] n.
[diskáunt] v.

ⓝ 할인  ⓥ 할인하다

**discount** coupon 할인 쿠폰

offer a **discount** 할인을 제공하다

Most books will be sold at **discounted** prices throughout the sale. 대부분의 도서가 세일 기간 내내 할인된 가격으로 판매될 것이다.

> **출제 POINT**
> 동사 discount는 할인율을 나타내는 숫자 표현과 함께 쓰인다.
> During Kyler Clothes' annual sale, prices are (**discounted** / taken) **by 30 percent**. Kyler 의류의 연례 세일 기간 동안 가격이 30% 할인됩니다.

# Review Test

**A** 영어 단어의 알맞은 뜻을 찾아 연결하세요.

01. purchase      ⓐ 기술의
02. transform     ⓑ 셀 수 없이 많은
03. countless     ⓒ 구입(품)
04. technical     ⓓ 변모시키다

05. costly        ⓔ 계좌
06. account       ⓕ 지표
07. equipment     ⓖ 대가가 큰
08. indicator     ⓗ 장비

**B** 우리말 뜻에 맞게 빈칸에 알맞은 어휘를 찾아 넣으세요.

| ⓐ sign | ⓑ presence | ⓒ review |
| ⓓ notice | ⓔ position | ⓕ complete |

09. 일자리에 지원하다          apply for a _____
10. 양식을 모두 작성하다        _____ a form
11. 갑작스러운 통보에도 불구하고  on such short _____
12. 회원으로 등록하다          _____ up for a membership
13. 온라인에서의 입지를 높이다   increase one's online _____
14. 이력서들을 검토하다         _____ some résumés

**정답** 01. ⓒ  02. ⓓ  03. ⓑ  04. ⓐ  05. ⓖ  06. ⓔ  07. ⓗ  08. ⓕ  09. ⓔ  10. ⓕ  11. ⓓ  12. ⓐ  13. ⓑ  14. ⓒ

# Mini Test

**Select the best answer to complete the sentence.**

01. All of the guest rooms are ------- with a refrigerator.

    (A) directed　　(B) delivered　　(C) hired　　(D) equipped

02. Prices for clothing items on our Web site are ------- to change without notice.

    (A) present　　(B) formal　　(C) subject　　(D) direct

03. You will be ------- satisfied with the quality of this product.

    (A) reportedly　　(B) recently　　(C) completely　　(D) directly

04. Please ------- all customers that the store will be closed this coming Sunday.

    (A) notify　　(B) leave　　(C) decrease　　(D) supply

05. Employees may work from home ------- they have permission.

    (A) suggested　　(B) provided　　(C) indicated　　(D) considered

06. The dish is made from ------- ingredients.

    (A) technical　　(B) informal　　(C) payable　　(D) local

07. It will rain tomorrow, so please plan -------.

    (A) accordingly　　(B) increasingly　　(C) formally　　(D) currently

---

**정답** 01 (D)　02 (C)　03 (C)　04 (A)　05 (B)　06 (D)　07 (A)

**해석** 01 모든 객실에는 냉장고가 갖추어져 있다.　02 당사 웹 사이트의 의류 가격은 예고 없이 변경될 수 있습니다. 03 이 제품의 품질에 완전히 만족하실 겁니다.　04 오는 일요일에 상점이 문을 닫는다고 모든 손님들에게 알려 주세요. 05 직원들은 허가를 받았다면 재택근무를 할 수 있다.　06 그 음식은 현지의 식재료로 만들어진다.　07 내일 비가 올 거니까, 그에 따라 계획을 짜 주세요.

# Level up

## Part 1 사진 묘사 빈출 표현 ②

사진을 보며 파트 1에서 자주 나오는 표현들을 학습하세요.

**sweep a patio**
테라스를 쓸다

**assemble some shelves**
선반을 조립하다

**be propped up against a wall**
벽에 기대어 있다

**float next to a dock**
부두 옆에 떠 있다

**plug in some equipment**
기기의 플러그를 콘센트에 꽂다

**be covered with fallen leaves**
낙엽으로 덮여 있다

## reserve - reservation

### reserve
[rizə́:rv]

**ⓥ** 예약하다, 지정하다  **ⓝ** 보호구역

**reserve** a conference room 회의실을 예약하다
wildlife **reserve** 야생동물 보호구역
There are parking spaces **reserved** for staff vehicles.
직원 차량용으로 지정된 주차 공간이 있다.

### reservation
[rèzərvéiʃən]

**ⓝ** 예약

confirm a **reservation** 예약을 확정하다
Mr. Baxter must make a restaurant **reservation** for next Tuesday's meeting. Baxter 씨는 다음 주 화요일 회의를 위해 음식점을 예약해야 한다.

## book - bookkeeping

### book
[buk]

**ⓝ** 책, 도서  **ⓥ** 예약하다

**book** signing 도서 사인회
**book** a flight 항공권을 예약하다
The Warner Hotel is fully **booked** until May 10.
Warner 호텔은 5월 10일까지 예약이 꽉 찼다.

**booking** n. 예약

> **출제 POINT**
>
> overbook은 한도를 초과하여 예약을 받는 것을 의미하며, 파트 3, 4에서 좌석이 초과 예약된 항공기에서 좌석을 양보해 줄 승객을 찾는 내용이 나온 바 있다.
> This flight is **overbooked**, so we're looking for three passengers who are willing to give up their seats. 이 비행기는 예약이 초과되었기에, 저희는 기꺼이 자리를 양보해 주실 3명의 승객을 찾고 있습니다.

### bookkeeping
[búkkì:piŋ]

**ⓝ** 부기

Mr. Grimes does **bookkeeping** tasks such as processing payments.
Grimes 씨는 결제 처리와 같은 부기 업무를 한다.

### rent
[rent]

**ⓝ** 임대료  **ⓥ** 빌리다

**rent** an office 사무실을 빌리다
A parking space is included in the **rent**.
주차 공간은 임대료에 포함되어 있다.

**renter** n. 임차인
**rental** a. 임대의  n. 임대

## experience
[ikspíəriəns]

ⓝ 경험, 경력  ⓥ 경험하다, 겪다

prior **experience** 이전 경력 (= previous experience)

work **experience** 근무 경력, 업무 경험

We've recently **experienced** a decrease in sales.
우리는 최근에 매출 감소를 겪었다.

**experienced** a. 경험이 많은, 노련한

> **어휘 POINT**
>
> 상품 및 서비스 관련 내용에서 dental experience(치과 치료 경험), dining experience(식사 경험) 등의 어구로 출제되기도 한다.
> Most people said they had a positive **dining experience** at La Mer. 대부분의 사람들은 La Mer에서 좋은 식사 경험을 했다고 말했다.

---

expect - expectation - unexpected

## expect
[ikspékt]

ⓥ 예상하다, 기대하다

be more expensive than **expected** 예상했던 것보다 더 비싸다

We **expect** the sales figures for March to be higher than normal.
우리는 3월 판매 실적이 평소보다 높을 것으로 기대한다.

> **출제 POINT**
>
> 능동태로는 〈expect 사람 to V〉, 수동태로는 〈사람 is expected to V〉의 형태로 자주 쓰인다. 또한 expect 뒤에 목적어로 to부정사가 나오는 구문도 종종 출제되므로 주의해야 한다.
> Ms. Powers **expects to negotiate** a new contract with Martin Steel.
> Powers 씨는 Martin Steel 사와 새로운 계약을 협상할 예정이다.

## expectation
[èkspektéiʃən]

ⓝ 기대

exceed **expectations** 기대를 능가하다

beyond one's **expectations** 기대 이상으로

The sales report failed to meet Mr. Roth's **expectations**.
판매 보고서는 Roth 씨의 기대에 미치지 못했다.

## unexpected
[ʌ̀nikspéktid]

ⓐ 예상치 못한, 뜻밖의

The customer's **unexpected** request for a refund surprised the clerk. 예상치 못한 고객의 환불 요청에 점원은 깜짝 놀랐다.

**unexpectedly** ad. 예상치 못하게, 뜻밖에

> **출제 POINT**
>
> 도로나 경로가 차단되거나 대중교통 서비스가 갑자기 중단되는 상황을 전하는 문맥에서 나온다.
> Trails on the mountain may be closed **unexpectedly** due to sudden storms. 갑작스런 폭풍으로 등산로가 예상치 못하게 폐쇄될 수 있다.

## require
[rikwáiər]

**v** 요구하다, 필요로 하다

**require** extra time 추가적인 시간을 필요로 하다

Our clothing policy **requires** employees **to** dress professionally.
우리의 복장 방침은 직원들이 전문 직업인답게 옷을 입을 것을 요구한다.

**requirement** n. 요건, 필요조건

> **어휘 POINT**
>
> require는 〈require 사람 to V〉의 형태로 쓰이는데, 수동태인 〈be required to V〉(~해야 한다)가 훨씬 더 자주 출제된다.
> Factory workers **are required to** wear hardhats at all times. 공장 근로자들은 항상 안전모를 써야 한다.

## package - pack - packet

### package
[pǽkidʒ]

**n** 1. 소포  2. 패키지 상품, 일괄 계약  **v** 포장하다

summer vacation **packages** 여름 휴가 패키지 상품

food **packaging** factory 식품 포장 공장

Greenfield Construction offers its employees a comprehensive benefits **package**.
Greenfield 건설사는 자사의 직원들에게 포괄적인 복지 혜택을 제공한다.

### pack
[pæk]

**v** 싸다, 포장하다

**packing** materials 포장재

**pack** glass jars in a box 상자 안에 유리병을 포장하다

A man is **packing** a suitcase. 남자가 여행 가방을 싸고 있다.

**unpack** v. (짐을) 풀다

### packet
[pǽkit]

**n** 자료집, 서류 묶음

information **packet** 안내 자료집

Successful candidates will receive an orientation **packet** by mail. 합격자들은 우편으로 오리엔테이션 자료집을 받게 됩니다.

## several
[sévərəl]

**a** 몇몇의, 여러

speak **several** languages 여러 개의 언어를 구사하다

Financial analysts speak with industry experts **several** times a week. 금융 분석가들은 일주일에 수 차례 업계 전문가들과 이야기를 나눈다.

> **어휘 POINT**
>
> several은 복수명사를 수식하는 수량형용사로, 토익에서는 several 뒤에 나오는 적절한 명사 형태를 묻거나, 복수명사 앞의 적절한 수량형용사를 묻는 문제가 출제된다. several과 비슷한 표현으로 a couple of가 있다.

## award - reward

### award
[əwɔ́:rd]

**n** 상  **v** (상을) 주다, 수여하다

win an **award** 상을 받다 (= receive an award)

The library has recently been **awarded** a large grant.
도서관은 최근에 거액의 보조금을 받았다.

### reward
[riwɔ́:rd]

**n** 보상  **v** 보상하다, 보답하다

join a **rewards** program 보상 프로그램에 가입하다

The company **rewards** employees for making valuable workplace suggestions.
그 회사는 유용한 직장 내 제안을 한 직원들에게 보상한다.

## promote - promotion

### promote
[prəmóut]

**v** 1. 홍보하다  2. 승진시키다  3. 촉진하다

use social media to **promote** a business
업체를 홍보하기 위해 SNS를 활용하다

**promote** a healthier lifestyle 보다 건강한 생활양식을 촉진하다

She was recently **promoted** to sales manager.
그녀는 최근에 영업부장으로 승진했다.

> **어휘 POINT**
> '승진하다'의 의미로 쓰일 때는 주로 수동태인 〈be promoted to〉로 쓰이며, to 뒤에는 직책 명사가 수반된다.
> He **was promoted to** regional director. 그는 지사장으로 승진했다.

### promotion
[prəmóuʃən]

**n** 1. 판촉, 홍보  2. 승진, 진급

sales **promotion** 판촉

Ms. Ames received **promotion** to senior manager at her firm.
Ames 씨는 회사에서 고위 관리자로 승진했다.

**promotional** a. 홍보의, 판촉의

### construct
[kənstrʌ́kt]

**v** 건설하다, 만들다

newly **constructed** building 신축 건물

They're **constructing** a brick walkway.
그들은 벽돌로 된 보도를 만들고 있다.

**construction** n. 건설, 건축

> **기출표현**
> • construction worker 공사장 인부   • construction site 공사 현장
> • construction project 건설 사업     • construction material 건축 자재

## perform
[pərfɔ́ːrm]

ⓥ 1. 공연하다, 연주하다  2. 수행하다, 해내다

**perform** at a festival 축제에서 공연하다

high-**performing** employees 높은 성과를 보이는 직원들

This maintenance work should be **performed** annually.
이 유지 보수 작업은 매년 수행되어야 한다.

**performer** n. 연주자, 연기자

> 출제 POINT
>
> '해내다'라는 의미의 perform은 부사 well의 수식을 받는다.
> While every programmer (**performed** / indicated) **well** in the interview, he stood out from the rest. 모든 프로그래머들이 면접을 잘 보았지만, 그 사람이 두각을 드러냈다.

## performance
[pərfɔ́ːrməns]

ⓝ 1. 공연, 연주  2. 실적, 성과

musical **performance** 음악 공연

Mr. Trent received a positive **performance** review.
Trent 씨는 긍정적인 성과 평가를 받았다.

> 기출표현
>
> perform - performance와 유사한 형태의 동사 - 명사
> • attend(참석하다) - attendance(참석)
> • assist(돕다) - assistance(도움)
> • maintain(유지하다) - maintenance(유지)
> • enter(들어가다) - entrance(입장)
> • allow(허용하다) - allowance(허용)
> • accept(받아들이다) - acceptance(수락)
> • clear(치우다) - clearance(제거)
> • appear(나타나다) - appearance(등장)

## current
[kə́ːrənt]

ⓐ 현재의, 지금의

**current** trends in the industry 업계의 현재 동향

Your **current** permit will expire in a few weeks.
당신의 현재 허가증은 몇 주 후에 만료됩니다.

**currently** ad. 현재, 지금

> 출제 POINT
>
> currently는 현재의 특정 조건이나 상황과 관련된 가능성을 언급하는 문맥에서 나온다.
> Only staff (**currently** / immediately) based in the Dublin office may reserve the conference room. 현재 더블린 사무소에 기반을 둔 직원들만이 회의실을 예약할 수 있다.

## lead
[liːd]

**v** 1. 이끌다 2. ~로 이어지다  **a** 가장 중요한, 수석의

**lead** a workshop 워크숍을 이끌다

work as a **lead** accountant 수석 회계사로 근무하다

Networking at professional events often **leads** to job offers.
전문가들이 참석한 행사에서 인맥을 형성하는 것은 종종 일자리 제의로 이어진다.

**leader** n. 지도자, 리더

> 기출표현
> - lead a workshop 워크숍을 이끌다
> - lead a training session 교육을 이끌다
> - lead a seminar 세미나를 이끌다
> - lead a meeting 회의를 이끌다

## leading
[líːdiŋ]

**a** 선도적인, 최고의

**leading** industry experts 업계의 최고 전문가들

Adrian Textiles is the **leading** provider of high-quality cotton cloth. Adrian Textiles는 고품질의 면직물을 공급하는 선도적인 업체입니다.

> 어휘 POINT
> leading은 producer(생산자), supplier(공급자), provider(제공자) 등의 명사와 함께 쓰인다.
> - a **leading producer** of medical equipment 의료 기기의 선도적인 생산자

## develop
[divéləp]

**v** 개발하다, 발전시키다

**develop** a marketing strategy 마케팅 전략을 개발하다

The book guides readers in **developing** their business plans into successful companies.
그 책은 독자들이 그들의 사업 계획을 성공적인 회사로 발전시키도록 안내한다.

**developer** n. 개발자

**development** n. 개발

## interview
[íntərvjùː]

**n** 면접, 인터뷰  **v** 면접을 보다, 인터뷰하다

conduct an **interview** 인터뷰를 실시하다

**interview** job applicants 취업 지원자들을 면접하다

I have a job **interview** in the sales department.
나는 영업부의 면접을 본다.

**interviewer** n. 면접관

**interviewee** n. 면접 대상자

## organization - organize

### organization
[ɔːrgənizéiʃən] Am
[ɔːrgənaizéiʃən] Br

**n** 조직, 단체, 기관

charitable **organization** 자선단체

establish an **organization** 단체를 설립하다 (= found an organization)

Our **organization** aims to raise awareness about environmental issues. 우리 단체는 환경 문제에 대한 인식을 높이는 것을 목표로 합니다.

> **기출표현**
> • nonprofit organization 비영리단체 • community organization 지역 단체

### organize
[ɔ́ːrgənàiz]

**v** 조직하다, 준비하다, 정리하다

**organize** a conference 회의를 조직하다

**organize** a storage room 창고를 정리하다

Mr. Thompson is **organizing** the office tour for the interns.
Thompson 씨가 인턴들을 위해 사무실 견학을 준비하고 있다.

**organizer** n. 조직자, 주최자

**organized** a. 정리된, 체계적인

## process - procedure

### process
[práses] Am
[próuses] Br

**n** 과정, 절차 **v** 처리하다

manufacturing **process** 제조 과정

**process** an order 주문을 처리하다

Please fill out the form to ensure prompt **processing** of your order. 주문이 신속하게 처리될 수 있도록 양식을 작성해 주십시오.

### procedure
[prəsíːdʒər]

**n** 절차

safety **procedures** 안전 절차

We'll review the **procedures** for answering customer calls.
우리는 고객 전화 응대에 대한 절차를 검토할 것입니다.

> **어휘 POINT**
> process와 procedure는 둘 다 '절차'라는 의미인데, process가 '(어떤 일을 진행하는) 일련의 과정이나 절차'라는 일반적인 의미로 사용되는 반면, procedure는 '격식을 따지는 공식적인 절차'의 의미가 강하다.

### article
[áːrtikl]

**n** 기사

publish an **article** 기사를 발행하다

Ms. Rose was asked to write an **article** on gardening.
Rose 씨는 원예에 관한 기사를 써달라는 요청을 받았다.

## participate - participant

### participate
[pɑːrtísəpèit]

**v** 참가하다, 참여하다

**participate in** a survey 설문조사에 참여하다

Restaurants **participating in** the sale event offer discounted meals. 세일 행사에 참여하는 식당들은 식사 할인을 제공한다.

**participation** n. 참가

> **어휘 POINT**
> participate는 ⟨participate in 목적어⟩의 형태로 쓰이는 반면, 유의어인 attend와 join은 전치사 없이 바로 목적어가 나오는 것이 차이점이다.
> All employees must (**participate** / attend) in the workshop. 전 직원은 워크숍에 참가해야 한다.

### participant
[pɑːrtísəpənt]

**n** 참가자

tour **participants** 투어 참가자들

All **participants** have confirmed their attendance.
모든 참가자가 참석을 확정했다.

## finance - financial

### finance
[fáinæns, finǽns]

**n** 재무, 금융  **v** 자금을 조달하다

**finance** department 경리부, 회계부

They will **finance** the project to develop a more advanced robot. 그들은 보다 진보된 로봇을 개발하기 위한 프로젝트에 자금을 댈 것이다.

> **출제 POINT**
> bank(은행), loan(대출)과 같은 금융 관련 어휘와 함께 쓰인다.
> **Loan** specialists at Newbury **Bank** can help your company (**finance** / reserve) equipment purchases. Newbury 은행의 대출 전문가들이 귀사가 장비 구입 자금을 조달하는 것을 도울 수 있습니다.

### financial
[fainǽnʃəl, fənǽnʃəl]

**a** 재정적인, 금융상의

**financial** advisor 재정 자문가

chief **financial** officer 최고재무책임자

We talked about **financial** planning for retirement.
우리는 은퇴를 대비한 재무 계획에 대해 이야기했다.

> **어휘 POINT**
> financial은 보통은 [파이낸셜]로 발음하지만 간혹 [퍼낸셜]처럼 발음되므로 주의해야 한다.

## address
[ǽdres] n.
[ədrés] v.

**n** 주소  **v** 처리하다, 다루다

e-mail **address** 이메일 주소

At this hotel, **addressing** customer feedback is of critical importance. 이 호텔에서는 고객의 의견을 처리하는 것이 매우 중요합니다.

> **어휘 POINT**
> 간혹 출제되는 address의 특이한 의미에는 다음과 같은 것들이 있다.
> ① 연설, 연설하다, 말하다
> keynote **address** 기조 연설
> Dr. Chambers **addressed** the attendees of the Annual Health Expo.
> Chambers 박사는 연례 건강 박람회 참석자들에게 연설했다.
> ② ~의 앞으로 우편물을 보내다
> Who is the package **addressed** to? 그 소포는 누구에게 온 건가요?

## main
[mein]

**a** 주된, 주요한

**main** office 본사

**main** entrance 정문, 주 출입구

One of your **main** responsibilities would be setting quarterly sales targets. 당신의 주요 책무 중 하나는 분기별 판매 목표를 설정하는 것입니다.

**mainly** ad. 주로, 대개

## assist
[əsíst]

**v** 돕다

**assist** with maintaining department records 부서 기록 관리를 돕다

I will be happy to **assist** you in finding a home.
당신이 집을 찾는 것을 기꺼이 도와드리겠습니다.

**assistance** n. 도움, 지원

**assistant** n. 비서, 조수, 부하 직원

## policy
[pɑ́ləsi] Am
[pɔ́ləsi] Br

**n** 1. 방침, 규정  2. 보험 증권

company **policy** 회사 방침

insurance **policy** 보험 증권

Please review these important updates to the company's Web site privacy **policy**. 회사의 웹 사이트 개인 정보 보호 정책에 대한 다음과 같은 중요 업데이트를 살펴보세요.

## feature
[fíːtʃər]

**ⓝ** 1. 특징, 기능  **ⓥ** 특징으로 삼다, 특별히 포함하다

**features** of a product 제품의 특징들

be **featured** in a magazine 잡지에 특집으로 실리다

The new exhibit **features** artwork from contemporary Korean artists. 새 전시회는 한국 현대 예술가들의 작품을 선보인다.

> **출제 POINT**
>
> 주로 광고 지문에서 상품이나 서비스의 특징을 언급할 때 쓰인다.
> Each apartment (**features** / ~~designs~~) French doors that open onto a private patio. 각 아파트는 개별 테라스로 통하는 프랑스식 문이 특징이다.

---

**board - aboard**

## board
[bɔːrd]

**ⓥ** 탑승하다, 승선하다  **ⓝ** 이사회

**boarding** pass (항공기) 탑승권

**board** members 임원, 이사진

Some passengers are **boarding** a boat.
몇몇 승객들이 승선하고 있다.

> **어휘 POINT**
>
> board는 기본적으로 '판자'의 의미를 가지고 있으며, board가 들어간 합성어도 마찬가지로 이 의미를 가지고 있다. 다음은 파트 1 빈출 어휘들이다.
> • bulletin board → bulletin(게시)+board → 게시판
> • clipboard → clip(클립)+board → (집게가 달린) 클립보드

## aboard
[əbɔ́ːrd]

**ⓐⓓ** **ⓟⓡⓔⓟ** 탑승한, 승선한

go **aboard** a ship 승선하다

Welcome **aboard** East Airlines Flight 1372.
East 항공 1372편에 탑승하신 것을 환영합니다.

> **어휘 POINT**
>
> aboard는 on board와 같은 의미이다.
> You can bring two pieces of luggage **aboard**[**on board**] our trains. 여러분은 저희 기차에 수하물 두 개를 들고 탑승할 수 있습니다.

---

## unit
[júːnit]

**ⓝ** 1. (가구·설비 등의) 개, 세트  2. (아파트·건물의) 호, 가구

air-conditioning **unit** 에어컨 (시설)

rental **unit** 임대 주택, 임대용 시설

More than half of the **units** in the apartment complex require renovations. 아파트 단지 가구의 절반 이상이 보수공사를 필요로 한다.

## industry
[índəstri]

**n** 산업, 업계

**industry** leader 업계의 선두 주자

He has experience with other **industries** as well.
그는 다른 업계에서의 경력도 있다.

**industrial** a. 산업의

---

### install - installment

## install
[instɔ́ːl]

**v** 설치하다

**install** a sign 간판을 달다

**install** new air conditioners 새 에어컨을 설치하다

A new security system will be **installed**.
새로운 보안 시스템이 설치될 것이다.

**installation** n. 설치

## installment
[instɔ́ːlmənt]

**n** 할부(금)

monthly **installment** 월부

**installment** plan 할부 요금제

The fee for the furniture can be paid in **installments**.
가구에 대한 비용은 할부로 지불하실 수 있습니다.

---

### agree - disagree - agreeable

## agree
[əgríː]

**v** 동의하다

**agree to** the terms of a lease 임대 조건에 동의하다

I completely **agree with** you. 당신에게 전적으로 동의합니다.

**agreement** n. 1. 동의, 합의  2. 계약

> **어휘 POINT**
>
> 〈agree to V〉 〈agree that절〉, 〈agree with/on/to 사람/사물〉 등의 다양한 문형으로 쓰인다.
> Mr. Birke **agreed to** update the operations manual. Birke 씨는 운영 매뉴얼을 업데이트하기로 동의했다.

## disagree
[dìsəgríː]

**v** 동의하지 않다, 의견을 달리하다

Dr. Martinson **disagreed** with the opinion of the presenter on climate. Martinson 박사는 기후에 대한 발표자의 의견에 동의하지 않았다.

**disagreement** n. 이견, 의견 불일치

## agreeable
[əgríːəbl]

**a** 동의할 만한, 마음에 드는

I am sure we can find a mutually **agreeable** solution.
저는 우리가 상호간에 동의할 수 있는 해결책을 찾을 수 있다고 확신합니다.

## fund - fundraiser - refund

**fund**
[fʌnd]

**n** 자금   **v** 자금을 제공하다

raise **funds** 자금을 모으다

The city council voted to **fund** the project to repair the city streets. 시의회는 시가지를 보수하기 위한 프로젝트에 자금을 지원하기로 의결했다.

**funding** n. 자금 (제공)

> **어휘 POINT**
> fund는 가산명사, funding은 불가산명사로 쓰인다는 차이점이 있다.
> City officials agreed to allocate more **funding** to community projects.
> 시 공무원들은 지역사회 프로젝트에 더 많은 자금을 할당하는 데 동의했다.

**fundraiser**
[fʌ́ndreizər]

**n** 기금 모금 행사

charity **fundraiser** 자선 기금 모금 행사

Have you found a sponsor for your annual **fundraiser**?
연례 기금 모금 행사의 후원자를 찾으셨나요?

**refund**
[ríːfʌnd] n.
[riːfʌ́nd] v.

**n** 환불(금)   **v** 환불하다

issue a **refund** 환불해 주다

receive a full **refund** 전액 환불을 받다

Your purchase will be fully **refunded** once we receive the package. 저희가 물품을 수령하면 귀하의 구매 대금은 전액 환불됩니다.

**contract**
[kántrækt] n.
[kəntrǽkt] v.

**n** 계약(서)   **v** 계약하다

sign a **contract** 계약서에 서명하다

produce from our **contracted** farms 우리와 계약한 농장에서 온 농산물

Mr. Grant hopes to secure a **contract** with a client in Singapore.
Grant 씨는 싱가포르에 있는 고객과의 계약을 따낼 수 있기를 희망하고 있다.

**contractor** n. 계약자, 도급업체, 하청업체

> **어휘 POINT**
> contact(연락, 연락하다)와의 철자 및 의미 차이를 확인하자.

**session**
[séʃən]

**n** (특정 활동을 위한) 시간

training **session** 교육 과정, 교육 시간

There will be a question-and-answer **session** following Mr. Anderson's speech. Anderson 씨의 연설 후에 질의응답 시간이 있을 것입니다.

## enter - entry

### enter
[éntər]

**ⓥ** 1. 들어가다  2. 참가하다  3. 입력하다

**enter** a building 건물에 들어가다

**enter** a contest 콘테스트에 참가하다

The woman is using a keyboard to **enter** data.
여자는 데이터를 입력하기 위해 키보드를 사용하고 있다.

**entrance** n. 입구

> **어휘 POINT**
>
> enter는 '~에 들어가다, ~에 참가하다'라는 우리말 뜻 때문에 enter to로 쓸 것 같지만 타동사이므로 전치사를 동반하지 않는다. 명사 entrance는 뒤에 ⟨to+장소 명사⟩를 동반해 '~로 이어지는 입구'라는 뜻을 나타낸다.
> The main **entrance to** the museum is closed for repairs. 박물관의 정문은 수리로 인해 폐쇄되었다.

### entry
[éntri]

**ⓝ** 1. 입장, 참가  2. 출품작  3. 입력

accept **entries** from artists 예술가들로부터 출품작을 접수하다

data **entry** 데이터 입력

Be sure to fill out an **entry** form when you pay at the register.
계산대에서 결제하실 때 참가 양식을 꼭 작성해 주세요.

**entryway** n. (입구의) 통로

---

## submit - submission

### submit
[səbmít]

**ⓥ** 제출하다, 제기하다

**submit** a complaint 민원을 제기하다

**submit** an application online 온라인으로 지원서를 제출하다

Please **submit** all earnings estimates to the CFO's office.
모든 수익 예상치를 최고재무책임자의 사무실에 제출해 주세요.

> **기출 표현**
>
> · submit a payment 결제하다     · submit an application 지원서를 제출하다
> · submit one's order 주문하다   · submit a proposal 제안서를 제출하다

### submission
[səbmíʃən]

**ⓝ** 제출(물)

judge contest **submissions** 대회 출품작을 심사하다

Proposals arriving after the **submission** deadline will not be considered. 제출 기한 이후에 도착하는 제안은 심사하지 않을 것입니다.

## register
[rédʒistər]

**v** 등록하다  **n** 금전 등록기

**register** online 온라인으로 등록하다
**registered** user 등록된 사용자
How do I **register for** the conference? 학회에 어떻게 등록할 수 있나요?
**registration** n. 등록, 접수

> **어휘 POINT**
> 동사 register는 주로 register for(~에 등록하다)의 형태로 training(교육), workshop(워크숍), session(교육 시간) 등의 명사와 어울려 쓰인다. 같은 의미로 쓰이는 enroll in, sign up for 등의 표현도 함께 기억하자.

## interest
[íntərəst]

**n** 1. 흥미, 관심  2. 이자  **v** 관심을 끌다

express **interest** in ~에 관심을 보이다
high **interest** rates 높은 이자율
We have various packages that may **interest** you.
우리는 당신의 관심을 끌 만한 다양한 패키지 상품이 있습니다.
**interesting** a. 재미있는, 흥미로운

# Review Test

**A** 영어 단어의 알맞은 뜻을 찾아 연결하세요.

01. performance  ⓐ 현재의
02. current  ⓑ 기금 모금 행사
03. fundraiser  ⓒ 상을 주다
04. award  ⓓ 성과

05. participant  ⓔ 단체
06. aboard  ⓕ 참가자
07. organization  ⓖ 탑승한
08. procedure  ⓗ 절차

**B** 우리말 뜻에 맞게 빈칸에 알맞은 어휘를 찾아 넣으세요.

| ⓐ refund | ⓑ survey | ⓒ expectations |
| ⓓ submissions | ⓔ rewards | ⓕ pack |

09. 기대 이상으로  beyond one's _____
10. 설문조사에 참여하다  participate in a _____
11. 전액 환불을 받다  receive a full _____
12. 상자 안에 유리병을 포장하다  _____ glass jars in a box
13. 보상 프로그램에 가입하다  join a _____ program
14. 대회 출품작을 심사하다  judge contest _____

정답  01 ⓓ  02 ⓐ  03 ⓑ  04 ⓒ  05 ⓕ  06 ⓖ  07 ⓔ  08 ⓗ  09 ⓒ  10 ⓑ  11 ⓐ  12 ⓕ  13 ⓔ  14 ⓓ

# Mini Test

**Select the best answer to complete the sentence.**

01. They will ------- the project to develop a more advanced robot.

    (A) participate    (B) interest    (C) board    (D) finance

02. Factory workers are ------- to wear hardhats at all times.

    (A) registered    (B) required    (C) experienced    (D) entered

03. The fee for the furniture can be paid in -------.

    (A) installments    (B) fund    (C) policies    (D) rent

04. There are parking spaces ------- for staff vehicles.

    (A) expected    (B) awarded    (C) reserved    (D) packaged

05. The new exhibit ------- artwork from contemporary Korean artists.

    (A) assists    (B) agrees    (C) features    (D) registers

06. She was recently ------- to sales manager.

    (A) rewarded    (B) constructed    (C) performed    (D) promoted

07. Networking at professional events often ------- to job offers.

    (A) leads    (B) submits    (C) interviews    (D) contracts

---

**정답** 01 (D)   02 (B)   03 (A)   04 (C)   05 (C)   06 (D)   07 (A)

**해석** 01 그들은 보다 진보된 로봇을 개발하기 위한 프로젝트에 자금을 댈 것이다.   02 공장 근로자들은 항상 안전모를 써야 한다.   03 가구에 대한 비용은 할부로 지불하실 수 있습니다.   04 직원 차량용으로 지정된 주차 공간이 있다.   05 새 전시회는 한국 현대 예술가들의 작품을 선보인다.   06 그녀는 최근에 영업부장으로 승진했다.   07 전문가들이 참석한 행사에서 인맥을 형성하는 것은 종종 일자리 제의로 이어진다.

# Level up

### Part 1 사진 묘사 빈출 표현 ③

사진을 보며 파트 1에서 자주 나오는 표현들을 학습하세요.

**trim branches off a tree**
나무의 가지치기를 하다

**pour a beverage into a glass**
유리잔에 음료를 따르다

**construct a brick walkway**
벽돌로 된 보도를 만들다

**pay at a cash register**
계산대에서 지불하다

**remove an item from a purse**
핸드백에서 물건을 꺼내다

**be arranged in a row**
한 줄로 배열되어 있다

## budget
[bʌ́dʒit]

🅝 예산  🅥 예산을 세우다

**budget** surplus 예산 흑자

create a **budget** 예산을 세우다

We have **budgeted** $1,000 for the year-end party.
우리는 연말 송년회를 위해 1천 달러의 예산을 책정했다.

> **어휘 POINT**
> 파트 5, 6에서 '저렴한, 저가의'라는 뜻의 형용사로 쓰이는 경우가 있다.
> • **budget** hotel chain 저가 호텔 체인  • **budge**t airline 저가 항공

---

public - publicity - publicize

## public
[pʌ́blik]

🅐 대중의, 공공의  🅝 대중

**public** relations 홍보 (= PR)

use **public** transportation 대중교통을 이용하다

The event will be open to the **public** for free.
그 행사는 대중에게 무료로 공개될 것이다.

> **기출 표현**
> • public speaking 대중 연설     • public meeting 공개 회의
> • public library 공공 도서관    • public health 공중 보건

## publicity
[pʌblísəti]

🅝 홍보, 언론의 관심

**publicity** manager 홍보부장

gain **publicity** 명성을 얻다, 유명해지다

Plessy Pharmaceuticals received negative **publicity** when it had to recall its newest medicine. Plessy 제약 회사는 자사의 신약을 리콜해야 했을 때 언론의 부정적인 관심을 받았다.

## publicize
[pʌ́blisàiz]

🅥 1. 홍보하다  2. 알리다, 공표하다

**publicize** the purchase of a company 회사 인수를 알리다

We should try something different to **publicize** the event.
우리는 행사를 홍보하기 위해 뭔가 색다른 시도를 해야 합니다.

---

## material
[mətíəriəl]

🅝 1. 자료  2. 재료

training **materials** 교육 자료

raw **materials** 원재료, 원자재

Several individuals are handing out promotional **materials** at the sales fair. 몇몇 사람들이 판매 박람회에서 홍보물을 나눠 주고 있다.

## success - succeed

**success**
[səksés]

n 성공

huge **success** 대성공

What would you say the key to your **success** has been?
당신의 성공 비결은 무엇이라고 하시겠습니까?

**successful** a. 성공한, 성공적인

**succeed**
[səksíːd]

v 성공하다

Ms. Lopez **succeeded** in getting Adrian Consulting to sign a contract with her firm. Lopez 씨는 Adrian Consulting이 자신의 회사와 계약을 체결하도록 하는 데 성공했다.

## fit - fitness

**fit**
[fit]

v (모양·크기 등이) 맞다, 적합하다   n 맞는 것

**fitting** room 탈의실

a good **fit** for the position 그 자리에 적합한 사람

I think the suit **fits** you perfectly. 정장이 당신에게 딱 맞는 것 같아요.

**fitness**
[fítnis]

n (신체적) 건강

**fitness** center 피트니스 센터, 헬스클럽

Erica attends a **fitness** class after work.
Erica는 퇴근 후에 피트니스 강습을 받는다.

**expand**
[ikspǽnd]

v 확장하다, 확대하다

**expand** an overseas market 해외 시장을 확대하다

We will soon be **expanding** our menu options.
우리는 조만간 메뉴를 늘릴 예정입니다.

**expansion** n. 확장, 확대

**fee**
[fiː]

n 요금, 수수료

registration **fee** 등록비

shipping **fee** 배송비, 운송료

Nonmembers may use the gym if they pay a daily admission **fee**. 비회원들은 일일 입장료를 내면 헬스장을 이용할 수 있다.

> **기출 표현**
> - annual fee 연회비
> - late fee 연체료
> - membership fee 회비
> - monthly fee 월 이용료

## instruction - instruct

### instruction
[instrʌ́kʃən]

**n** 설명(서), 지시

instruction manual 사용 설명서

Follow the assembly **instructions** written in the user's manual.
사용 설명서에 적힌 조립 지시를 따르세요.

### instruct
[instrʌ́kt]

**v** 1. 교육하다 2. 지시하다

unless **instructed** otherwise 달리 지시를 받지 않는 한

The trainer will **instruct** the employees on how to use the new accounting software.
강사는 직원들에게 새 회계 소프트웨어 사용법을 교육할 것이다.

**instructor** n. 강사

## purpose - repurpose

### purpose
[pə́ːrpəs]

**n** 목적, 용도, 의도

the **purpose** of the inspection 점검의 목적

Use all lab equipment only for its intended **purpose**.
모든 실험실 장비는 의도된 용도로만 사용하십시오.

### repurpose
[ripə́ːrpəs]

**v** 다른 용도에 맞게 고치다

If you **repurpose** a previously used box, remove all old labels. 전에 사용된 상자의 용도를 변경할 경우 예전 라벨을 모두 제거하세요.

> **어휘 POINT**
> purpose는 명사이지만 repurpose는 동사라는 점에 주의한다.

### agency
[éidʒənsi]

**n** 대행사, 대리점, 기관

travel **agency** 여행사

government **agency** 정부 기관

Ms. Green will use a real estate **agency** to sell her house.
Green 씨는 자신의 집을 팔기 위해 부동산 중개업소를 이용할 것이다.

**agent** n. 대리인, 대행인

> **기출표현**
> · advertising agency 광고 대행사 · employment agency 직업 소개소
> · insurance agency 보험 대리점 · rental agency 대여점

## consult
[kənsʌ́lt]

**ⓥ 상담하다, 컨설팅하다**

**consulting** firm 컨설팅 회사

Ms. Perkins was told to **consult** with a manager before applying for a transfer.
Perkins 씨는 전근을 신청하기 전에 관리자와 상담하라는 지시를 받았다.

**consultant** n. 컨설턴트, 상담가

**consultation** n. 상담

> **어휘 POINT**
> consult 뒤에 전치사 없이 사물 명사가 나오면 '보다, 참고하다'의 뜻이 된다. 그러한 명사에는 manual(사용 설명서), map(지도), Web site(웹 사이트) 등이 있다.
> • **consult** a manual 사용 설명서를 보다

---

copy - photocopy - copyright

## copy
[kápi]

**ⓥ 복사하다  ⓝ 1. 복사(본)  2. 1부**

**copy** machine 복사기

two **copies** of the contract 계약서 사본 2부

Ms. Williams can **copy** any documents you need.
Williams 씨는 당신이 필요로 하는 서류는 무엇이든 복사해 줄 수 있습니다.

**copier** n. 복사기

## photocopy
[fóutəkàpi]

**ⓥ (복사기로) 복사하다  ⓝ 복사(본)**

make a **photocopy** 복사하다

I need to **photocopy** some materials before the staff meeting begins. 직원 회의가 시작되기 전에 자료를 복사해야 합니다.

**photocopier** n. 복사기

> **어휘 POINT**
> copy는 복사기로 복사하는 것뿐만 아니라 베끼거나 옮겨 적는 것도 의미하기 때문에 의미를 명확히 하기 위해 photocopy라는 어휘를 사용하기도 한다. 글자 그대로 사진(photo)처럼 선명하게 복사한다는 뜻이다.

## copyright
[kápiràit]

**ⓝ 저작권  ⓥ 저작권으로 보호하다**

apply for a **copyright** 저작권을 신청하다

The writer **copyrights** the works that she creates.
그 작가는 자신이 창작하는 작품들을 저작권으로 보호한다.

## charge - overcharge - surcharge

### charge
[tʃɑːrdʒ]

**n** 1. 요금  2. 책임   **v** 1. 청구하다, 부과하다  2. 충전하다

at no **charge** 무료로 (= without charge)

**charge** a service fee 서비스 요금을 부과하다

He is in **charge** of the employee training program.
그는 직원 교육 프로그램을 책임지고 있다.

**charger** n. 충전기

### overcharge
[òuvərtʃɑ́ːrdʒ]

**v** 과다 청구하다

If you were **overcharged** for your purchase, you will be fully reimbursed.
만약 구매에 대해 과다 청구를 받으셨다면, 전액 변제를 받을 것입니다.

### surcharge
[sə́ːrtʃɑ̀ːrdʒ]

**n** 추가 요금

There may be a labor **surcharge** applied to the final bill.
최종 청구서에는 추가 인건비가 부과될 수 있습니다.

## secure - security

### secure
[sikjúər]

**a** 안전한  **v** 1. 확보하다  2. 안전하게 하다, 고정시키다

**secure** location 안전한 장소

**secure** a contract with a client 고객과의 계약을 확보하다

All bags must be **secured** before the airplane can take off.
모든 가방은 비행기가 이륙하기 전에 고정되어야 합니다.

**출제 POINT**

동사 secure가 funding(자금), financing(자금 조달), deal(계약) 등을 목적어로 취하면 '확보하다, 따내다'의 뜻이 된다.
To (**secure** / ~~withhold~~) **funding**, we must show there is a strong potential market for our products. 자금을 확보하기 위해 우리는 우리 제품에 강력한 잠재 시장이 있다는 것을 보여 줘야 합니다.

### security
[sikjúərəti]

**n** 보안

**security** office 경비실

A **security** guard is required to be on duty in the lobby at all times. 로비에는 항상 보안 요원이 근무해야 한다.

**기출 표현**

- security badge 보안 배지
- security desk 경비실, 보안 데스크
- security system 보안 시스템
- security deposit 보증금
- security measures 보안 대책
- security procedures 보안 절차

## firm
[fə:rm]

**n** 회사, 업체

law **firm** 법률 사무소 (= legal firm)

Grogan, Inc., is a leading manufacturing **firm** in Europe.
Grogan 주식회사는 유럽의 선도적인 제조업체이다.

---

note - notable

## note
[nout]

**n** 메모, 쪽지  **v** 1. 주목하다, 주의하다  2. 언급하다

make **notes** 메모하다

Mr. Taylor **noted that** his department needs another full-time employee. Taylor 씨는 그의 부서에 정규직 직원이 한 명 더 필요하다고 말했다.

> **어휘 POINT**
> note가 동사로 쓰일 때는 주로 뒤에 that절을 목적어로 취한다. 한편 중요한 사실을 알릴 때는 명령문의 형태로 〈Please note that〉 구문이 자주 쓰인다.
> **Please note that** we are closed on Saturdays. 저희는 토요일에는 문을 닫는다는 것을 유념하세요.

## notable
[nóutəbl]

**a** 주목할 만한, 두드러진

**notable** achievement 주목할 만한 성과

The prize recognizes research that is **notable** for its creativity and innovation. 그 상은 창의성과 혁신성이 돋보이는 연구에 주어진다.

## option
[ápʃən]

**n** 선택권, 옵션

menu **option** 메뉴 선택권

Their most popular **option** is the standard package.
그들의 옵션 중 가장 인기 있는 것은 기본 패키지 상품이다.

**optional** a. 선택적인

> **기출 표현**
> • transportation option 교통수단     • payment option 지불 방법
> • parking option 주차 옵션           • dining option 식사 선택권

## arrange
[əréindʒ]

**v** 1. 마련하다, 준비하다  2. 배열하다

**arrange** a meeting 회의를 마련하다

**arrange** a discount 할인을 해 주다

Have you **arranged** a ride to take us to the convention center?
우리를 컨벤션 센터까지 데려다 줄 차편을 마련했나요?

**arrangement** n. 준비, 배열

## research
[risə́:rtʃ, rí:sə:rtʃ]

**n** 연구, 조사  **v** 연구하다

market **research** 시장 조사

**research** and development 연구 개발 (= R&D)

She has done extensive **research** on the topic.
그녀는 그 주제에 대해 광범위한 연구를 해 왔다.

**researcher** n. 연구원

---

receipt - reception - recipient

## receipt
[risí:t]

**n** 1. 영수증  2. 수령, 받음

confirm **receipt** of an e-mail 이메일의 수신을 확인하다

Customers must submit an original **receipt** in order to return or exchange an item.
고객들은 물품을 반품하거나 교환하기 위해 원본 영수증을 제출해야 합니다.

> **어휘 POINT**
> 1. in/upon receipt of는 '~을 받자마자 즉시'라는 숙어 표현이다.
>    A full refund will be given **upon receipt of** the defective product.
>    불량품을 수령하는 즉시 전액 환불해 드릴 것입니다.
> 2. receipt는 p가 묵음이어서 [리시트]처럼 발음되므로 주의한다.

## reception
[risépʃən]

**n** 1. 접수처  2. 리셉션, 환영회

**reception** area (호텔 등의) 로비, 라운지

welcome **reception** for new employees
신입 사원들을 위한 환영 리셉션

Please report to the **reception** desk upon arrival.
도착하자마자 접수처에 도착 사실을 알려 주세요.

**receptionist** n. 접수 담당자, 안내 직원

## recipient
[risípiənt]

**n** 수령인, 수취인

The **recipient** of this year's award for Best Employee is Amanda Carter. 올해의 최우수 직원상 수상자는 Amanda Carter입니다.

---

## document
[dákjumənt] Am
[dɔ́kjumənt] Br

**n** 문서, 서류  **v** 기록하다

file some **documents** 서류를 철하다

Researchers in the labs must **document** all experiments in detail. 연구실의 연구원들은 모든 실험을 상세하게 기록해야 한다.

**documentation** n. (입증) 서류, 기록 문서

## maintain - maintenance

### maintain
[meintéin]

**ⓥ 유지하다**

**maintain** one's membership 회원 자격을 유지하다

Edgeware is committed to **maintaining** the highest level of customer satisfaction.
Edgeware는 최고 수준의 고객 만족을 유지하기 위해 전력을 다하고 있습니다.

> **어휘 POINT**
> maintain은 목적어로 that절을 취하면 '주장하다'의 뜻으로도 사용된다.
> The company executives **maintain that** no employees will be laid off this quarter. 회사 경영진은 이번 분기에 해고되는 직원은 없을 것이라고 주장한다.

### maintenance
[méintənəns]

**ⓝ 유지, 보수**

**maintenance** office 관리실

**maintenance** worker 유지 보수 직원

A work crew is doing routine **maintenance** on the elevators.
작업반이 승강기의 정기적인 유지 보수 작업을 하고 있다.

## professional - profession

### professional
[prəféʃənəl]

**ⓐ 전문적인, 직업의  ⓝ 전문가**

**professional** conference 전문가들이 참석한 회의

Our drivers are carefully trained **professionals**.
저희 운전 기사들은 세심하게 훈련된 전문가들입니다.

**professionally** ad. 전문적으로, 직업적으로

> **기출표현**
> - professional background 직장 경력
> - professional athlete 프로 선수
> - professional development 전문성 개발
> - professional experience 직업 경험

### profession
[prəféʃən]

**ⓝ 직업**

Ms. Lee wants to work in the accounting **profession**.
Lee 씨는 회계직에서 일하고 싶어한다.

### plant
[plænt]

**ⓝ 1. 식물  2. 공장  ⓥ 심다**

potted **plants** 화분에 심은 식물

power **plant** 발전소

A tree has been **planted** in a garden. 정원에 나무 한 그루가 심어져 있다.

## replace
[ripléis]

ⓥ 대신하다, 교체하다

**replace** a light bulb 전구를 교체하다

Mr. Redlaw was hired to **replace** Mr. Tang.
Redlaw 씨가 Tang 씨의 후임으로 채용되었다.

## replacement
[ripléismənt]

ⓝ 1. 대체, 교체  2. 후임자

order a **replacement** part 교체 부품을 주문하다

Ms. Kim trained her **replacement** before she left the company.
Kim 씨는 회사를 떠나기 전에 자신의 후임자를 교육했다.

> **출제 POINT**
>
> replacement는 find(찾다), select(선택하다)와 같은 동사의 목적어로 쓰인다.
> Until the committee can (**select** / ~~connect~~) a **replacement**, Karen Sanders will be the accounting director. 위원회가 후임자를 선정할 때까지 Karen Sanders가 경리 책임자가 될 것이다.

## operate
[ápərèit]

ⓥ 운영하다, 작동시키다

**operate** some equipment 장비를 작동시키다

**operating** costs 운영비 (= operating expenses)

Henry's Home **operates** in cities throughout the world.
Henry's Home은 전 세계의 도시에서 사업을 운영한다.

**operation** n. 운영, 작동

**operator** n. 1. (기계) 기사  2. 사업자

## quality
[kwáləti]

ⓝ 품질  ⓐ 양질의, 고급의

**quality** control 품질 관리

Stanton Retail provides **quality** goods at attractive prices.
Stanton 소매점은 양질의 상품을 매력적인 가격에 제공합니다.

> **출제 POINT**
>
> '품질이 좋다'라는 의미일 때는 high, top, excellent, outstanding, superior와 같은 형용사의 수식을 받고, '품질이 안 좋다'라는 의미일 때는 poor, inferior, low 등의 수식을 받는다.
> Bowman Builders uses construction materials of the (**highest** / ~~estimated~~) **quality**. Bowman Builders는 최고 품질의 건축 자재를 사용합니다.

## quantity
[kwántəti]

ⓝ 양, 수량

The seller can arrange a discount for customers that buy large **quantities** of items. 판매자는 대량 구매 고객들에게 할인을 해 줄 수 있다.

## select
[silékt]

**ⓥ** 선택하다, 고르다  **ⓐ** 엄선된

carefully **select** award recipients 신중하게 수상자들을 선정하다

get 20% off **select** new books 엄선된 신간 도서에 20% 할인을 받다

A woman is **selecting** fruit from a display.
여자가 진열대에서 과일을 고르고 있다.

**selection** n. 선택, 선정

> **어휘 POINT**
> selection은 a wide selection of, a large selection of 등의 형태로 '다양한'이라는 의미로 쓰인다.
> We offer **a wide selection of** rugs for use in your home. 저희는 가정에서 사용할 수 있는 다양한 러그를 제공합니다.

### appoint - appointment

## appoint
[əpɔ́int]

**ⓥ** 임명하다, 지명하다

**appoint** a new CEO 신임 최고경영자를 임명하다

He was recently **appointed** to the position of museum director.
그는 최근에 박물관 관장직에 임명되었다.

## appointment
[əpɔ́intmənt]

**ⓝ** 1. 약속, 예약  2. 임명

make an **appointment** 약속을 잡다 (= schedule an appointment)

announce the **appointment** of a new director
신임 이사의 임명을 발표하다

I have a doctor's **appointment** on Thursday morning.
저는 목요일 오전에 병원 예약이 있습니다.

## issue
[íʃuː]

**ⓝ** 1. 문제, 쟁점  2. (출판물의) 호  **ⓥ** 발급하다, 발행하다

address technological **issues** 기술적인 문제들을 다루다

the January **issue** of the magazine 잡지의 1월호

We will **issue** a refund to your credit card within five business days. 영업일 기준으로 5일 이내에 귀하의 신용카드로 환불해 드리겠습니다.

## inspect
[inspékt]

**ⓥ** 점검하다, 검사하다

**inspect** a facility 시설을 점검하다

All items are carefully **inspected** for possible defects.
모든 물품은 혹시 있을지 모를 결함을 찾기 위해 꼼꼼하게 점검된다.

**inspection** n. 점검, 검사

**inspector** n. 검사관, 조사관

## recommend - commend

### recommend
[rèkəménd]

**V** 추천하다, 권하다

**recommend** a restaurant 음식점을 추천하다

Advance reservations are **recommended**, as our seating is limited. 저희는 자리가 제한되어 있으므로 사전 예약을 권장합니다.

**recommendation** n. 추천(서)

> **어휘 POINT**
> recommend는 목적어로 동명사나 that절을 취한다. 또한 〈recommend 사람 to V〉(~에게 …할 것을 권하다)의 형태로도 쓰인다.
> I strongly **recommend that** you get insurance. 보험에 가입하실 것을 강력히 권합니다.

### commend
[kəménd]

**V** 칭찬하다, 추천하다

The director **commended** Ms. Weiss for increasing production in the bakery division.
이사는 베이커리 사업부의 생산량 증대에 대해 Weiss 씨를 칭찬했다.

## cover - coverage - discover

### cover
[kʌ́vər]

**V** 1. 덮다  2. 다루다  3. 취재하다

**cover** one's shift ~ 대신 교대 근무를 하다

**cover** a variety of topics 다양한 주제를 다루다

The walkway is **covered** in fallen leaves. 보도가 낙엽으로 덮여 있다.

### coverage
[kʌ́vəridʒ]

**N** 1. 보도  2. (보험) 보장

media **coverage** 언론 보도 (= news coverage)

Daytona Life provides full insurance **coverage** to customers with this policy.
Daytona Life는 이 보험을 가진 고객에게 완전한 보험 혜택을 제공합니다.

### discover
[diskʌ́vər]

**V** 발견하다, 알아내다

**discover** a problem 문제점을 발견하다

I want someone to help me **discover** the most interesting places in London.
제가 런던에서 가장 흥미로운 곳들을 찾는 것을 도와줄 사람이 있으면 좋겠어요.

**discovery** n. 발견

## health
[helθ]

**n** 건강

patients' **health** records 환자들의 건강 기록

**health**-conscious consumers 건강을 생각하는 소비자들

We are looking for suggestions on how to promote **health** around the office. 우리는 사무실 안팎에서 건강을 증진시킬 수 있는 방안에 대한 제안을 구하고 있습니다.

**healthy** a. 건강한, 건강에 좋은

## annual
[ǽnjuəl]

**a** 연례의, 연간의

**annual** evaluations of each staff member's performance
각 직원의 성과에 대한 연례 평가

The **annual** town parade has been postponed because of the weather. 연례 마을 퍼레이드가 날씨 때문에 연기되었다.

**annually** ad. 매년, 해마다

> **기출 표현**
> - annual conference 연례 회의
> - annual fundraiser 연례 모금 행사
> - annual report 연례 보고서
> - annual meeting 연례 회의
> - annual sale 연례 할인 행사
> - annual picnic 연례 야유회

## manufacture
[mænjufǽktʃər]

**v** 제조하다

**manufacturing** plant 제조 공장

Where are these tires **manufactured**? 이 타이어들은 어디서 제조됩니까?

**manufacturer** n. 제조업체

## flight
[flait]

**n** 비행, 항공편

**flight** attendant 항공기 승무원

in-**flight** meal 기내식

Susan must board her connecting **flight** in Denver after a three-hour layover.
Susan은 3시간을 경유한 후에 덴버에서 연결 항공편에 탑승해야 한다.

## mention
[ménʃən]

**v** 언급하다, 말하다

Please **mention** our new product when you speak to Ms. Wallis.
Wallis 씨와 통화하실 때 저희 신제품에 대해 말씀해 주세요.

# Review Test

**A** 영어 단어의 알맞은 뜻을 찾아 연결하세요.

01. manufacture     ⓐ 설명서
02. surcharge     ⓑ 제조하다
03. instruction     ⓒ 예산
04. budget     ⓓ 추가 요금

05. annual     ⓔ 복사하다
06. profession     ⓕ 임명하다
07. appoint     ⓖ 연례의
08. photocopy     ⓗ 직업

**B** 우리말 뜻에 맞게 빈칸에 알맞은 어휘를 찾아 넣으세요.

ⓐ secure     ⓑ cover     ⓒ operate
ⓓ fit     ⓔ issues     ⓕ expand

09. 그 자리에 적합한 사람     a good _____ for the position
10. 고객과의 계약을 확보하다     _____ a contract with a client
11. 기술적인 문제들을 다루다     address technological _____
12. 장비를 작동시키다     _____ some equipment
13. 다양한 주제를 다루다     _____ a variety of topics
14. 해외 시장을 확대하다     _____ an overseas market

정답   01. ⓑ   02. ⓓ   03. ⓐ   04. ⓒ   05. ⓖ   06. ⓗ   07. ⓕ   08. ⓔ   09. ⓓ   10. ⓐ   11. ⓔ   12. ⓒ   13. ⓑ   14. ⓕ

# Mini Test

**Select the best answer to complete the sentence.**

01. The prize recognizes research that is ------- for its creativity and innovation.

    (A) secure    (B) public    (C) professional    (D) notable

02. A full refund will be given upon ------- of the defective products.

    (A) receipt    (B) reception    (C) recipient    (D) receive

03. Edgeware is committed to ------- the highest level of customer satisfaction.

    (A) mentioning    (B) operating    (C) maintaining    (D) manufacturing

04. All items are carefully ------- for possible defects.

    (A) publicized    (B) inspected    (C) noted    (D) consulted

05. If you were ------- for your purchase, you will be fully reimbursed.

    (A) instructed    (B) overcharged    (C) commended    (D) covered

06. Ms. Kim trained her ------- before she left the company.

    (A) replacement    (B) selection    (C) appointment    (D) advice

07. Have you ------- a ride to take us to the convention center?

    (A) repurposed    (B) charged    (C) arranged    (D) appointed

---

정답  01 (D)  02 (A)  03 (C)  04 (B)  05 (B)  06 (A)  07 (C)

해석  01 그 상은 창의성과 혁신성이 돋보이는 연구에 주어진다.  02 불량품을 수령하는 즉시 전액 환불해 드릴 것입니다.  03 Edgeware는 최고 수준의 고객 만족을 유지하기 위해 전력을 다하고 있습니다.  04 모든 물품은 혹시 있을지 모를 결함을 찾기 위해 꼼꼼하게 점검된다.  05 만약 구매에 대해 과다 청구를 받으셨다면, 전액 변제를 받을 것입니다.  06 Kim 씨는 회사를 떠나기 전에 자신의 후임자를 교육했다.  07 우리를 컨벤션 센터까지 데려다 줄 차편을 마련했나요?

# Level up   Part 1 사진 묘사 빈출 표현 ④

사진을 보며 파트 1에서 자주 나오는 표현들을 학습하세요.

**hold onto a handrail**
난간을 잡다

**be parked alongside a road**
도로를 따라 주차되어 있다

**weigh some food on a scale**
저울에 음식의 무게를 달다

**be arranged on shelves**
선반에 진열되어 있다

**pull open a drawer**
서랍을 열다

**be seated in a circle**
원을 이루어 앉다

## access
[ǽksès]

**n** 접근, 출입, 접속  **v** 접근하다, 들어가다

Internet **access** 인터넷 접속

The manager can **access** an apartment when a tenant is not at home. 관리자는 세입자가 집에 없을 때 아파트에 들어갈 수 있다.

> **어휘 POINT**
> access가 명사로 쓰이면 뒤에 전치사 to가 나오고, 동사로 쓰이면 전치사 없이 바로 목적어가 나온다.
> 명사: **access** to the Web site 웹사이트 접속
> 동사: **access** the Internet 인터넷에 접속하다

## accessible
[əksésəbl]

**a** 접근할 수 있는, 이용 가능한

The location is easily **accessible** by public transportation.
그곳은 대중교통으로 쉽게 접근할 수 있다.

## detail
[ditéil, díːteil]

**n** 세부 사항  **v** 상세히 기술하다

give **details** about a contract 계약에 대한 상세한 정보를 제공하다
**detail** the major issues 주요 사안들을 상세히 기술하다
I'll give you more **details** later. 더 자세한 건 나중에 알려 드릴게요.
**detailed** a. 자세한, 상세한

> **어휘 POINT**
> 명사 detail은 more, further와 같은 형용사의 수식을 받으며, 다음과 같은 형태의 문장으로 출제된다.
> • For **more details**, visit 웹 사이트 주소. 보다 많은 세부 정보를 원한다면 웹 사이트를 방문하세요.

## result
[rizʎlt]

**n** 결과  **v** (~의 결과로) 발생하다, 일어나다

as a **result** 그 결과, 결과적으로
customer survey **results** 고객 설문조사 결과
Sitting for extended periods at a desk can **result** in a stiff neck.
책상에 오래 앉아 있으면 목이 뻣뻣해질 수 있다.

## opportunity
[àpərtjúːnəti]

**n** 기회

career **opportunities** 경력을 쌓을 기회
This conference will be a great **opportunity** to network with people. 이 회의는 인맥을 형성하는 좋은 기회가 될 것이다.

## share
[ʃeər]

- ⓥ 공유하다   ⓝ 주식, 지분

ride-**sharing** applications 승차 공유 앱, 카풀 앱

increase one's market **share** 시장 점유율을 늘리다

Do you want to **share** a taxi with me?
저와 택시를 같이 타시겠어요?

**shareholder** n. 주주

## display
[displéi]

- ⓝ 전시, 진열   ⓥ 전시하다, 진열하다

set up a product **display** 제품 전시대를 설치하다

His paintings are on **display** at an art gallery.
그의 그림들은 미술관에 전시되어 있다.

## approve
[əprúːv]

- ⓥ 승인하다, 찬성하다

**approve** a request 요청을 승인하다

My wife **approved** of my choice of a vacation spot.
아내는 나의 휴가지 선택에 찬성했다.

**approval** n. 승인

> **출제 POINT**
>
> plan(계획), report(보고서), request(요청) 등을 목적어로 취한다.
> Construction on the Primrose Concert Hall will begin once the board (**approves** / ~~allocates~~) the **plan**. 이사회가 계획을 승인하면 Primrose 콘서트홀의 공사가 시작될 것이다.

## support
[səpɔ́ːrt]

- ⓝ 지원, 지지   ⓥ 지원하다, 뒷받침하다

provide technical **support** 기술 지원을 제공하다

Send your application and **supporting** documents to our director of human resources.
당신의 지원서와 증빙 서류들을 저희 인사 담당 부장님께 보내 주십시오.

**supporter** n. 지지자, 후원자

## community
[kəmjúːnəti]

- ⓝ 지역 사회

**community** center 지역 문화 센터

**community** garden (지역사회의) 공동 정원

Ms. Tong hopes that more companies become engaged in their local **communities**.
Tong 씨는 더 많은 기업들이 그들의 지역 사회에 동참하기를 바라고 있다.

## survey
[sə́:rvei] n.
[sərvéi] v.

**n** (설문)조사  **v** 조사하다

customer **survey** 고객 설문조사

He's **surveying** articles published over the past 5 years.
그는 지난 5년간 출간된 기사들을 조사하고 있다.

> **출제 POINT**
>
> survey, questionnaire(설문지) 등의 어휘는 고객의 의견을 묻거나 설문조사의 결과를 알리는 문맥에서 나오며, indicate(나타내다, 보여 주다), reveal(드러내다), suggest(암시하다) 등의 동사와 함께 쓰인다.
> Our (**survey** / concept) **indicates** that consumers love our coconut ice cream. 우리의 설문조사는 소비자들이 우리의 코코넛 아이스크림을 좋아한다는 것을 보여 준다.

## explain
[ikspléin]

**v** 설명하다

**explain** a company policy 회사 방침을 설명하다

There is a user's guide with pictures that **explains** how to install the battery.
그림과 함께 배터리 설치 방법을 설명하는 사용 설명서가 있다.

**explanation** n. 설명

> **출제 POINT**
>
> explain을 수식하는 부사 어휘를 묻는 문제가 종종 출제된다. explain은 easily(쉽게), briefly(간략하게), clearly(명쾌하게), adequately(적절하게) 등과 자주 쓰인다.
> The volunteer manual (**adequately** / occasionally) **explains** the sign-in process. 자원봉사 매뉴얼은 참여 절차를 적절히 설명하고 있다.

## confirm
[kənfə́:rm]

**v** 확인하다, 확정하다

**confirm** a reservation 예약을 확인하다

The starting date for the project was **confirmed** as June 15.
프로젝트의 시작일은 6월 15일로 확정되었다.

**confirmation** n. 확인(서)

> **출제 POINT**
>
> confirmation은 book(예약하다), e-mail(이메일) 등의 어휘와 함께 출제된다.
> If you do not receive an e-mail (**confirmation** / admission) of your **booking**, please call us. 예약 확인 이메일을 받지 못하면 저희에게 전화하세요.

## vehicle
[ví:ikl]

**n** 탈것, 차량

get into a **vehicle** 차에 타다

A **vehicle** has been parked by a tree. 차량이 나무 옆에 주차되어 있다.

extend - extension - extensive

## extend
[iksténd]

**ⓥ** 1. 연장하다, 확장하다  2. (도움·친절 등을) 베풀다, 주다

**extend** a warranty 보증을 연장하다

**extend** an invitation 초대장을 보내다

Let us **extend** a warm welcome to our new vice president.
우리의 신임 부사장님께 따뜻한 환영 인사를 보냅시다.

> 기출표현
> · extend an apology 사과하다
> · extend a deadline 마감 기한을 연장하다
> · extend a lease 임대차계약을 연장하다
> · extend the business hours 영업시간을 연장하다

## extension
[iksténʃən]

**ⓝ** 1. 연장, 확장  2. 내선번호

request a deadline **extension** 마감 연장을 요청하다

You can reach me by dialing **extension** 4522.
내선 4522번으로 전화하시면 저에게 연락하실 수 있습니다.

## extensive
[iksténsiv]

**ⓐ** 광범위한, 대규모의

do **extensive** research on a topic 주제에 대해 광범위한 연구를 하다

The building sustained **extensive** water damage.
그 건물은 광범위한 수해를 입었다.

## propose
[prəpóuz]

**ⓥ** 제안하다, 제의하다

**propose** an advertising plan 광고 계획을 제안하다

The **proposed** marketing plan needs more details.
제안된 마케팅 계획은 보다 구체적인 내용이 필요하다.

**proposal** n. 제안, 제의

> 출제 POINT
> 명사 proposal은 review(검토하다), approve(승인하다), submit(제출하다), consider(고려하다), reject(거절하다) 등의 목적어로 자주 쓰인다.
> The mayor will **review** the (**proposal** / meaning) for next year's budget.
> 시장은 내년도 예산안을 검토할 예정이다.

## international
[ìntərnǽʃənəl]

**ⓐ** 국제적인

take an **international** flight 국제선 항공기를 타다

Our head chef's recipes have gained **international** attention.
저희 수석 요리사의 조리법은 세계적인 주목을 받았습니다.

## electronic - electronically

**electronic**
[ilektránik]

ⓐ 전자의

**electronic** devices 전자 기기 (= electronic equipment)

Consider using **electronic** copies when sending documents to clients. 고객에게 문서를 보낼 때는 전자 사본을 이용하는 것을 고려하세요.

**electronics** n. 전자 장치, 전자 기기

**electronically**
[ilektránikəli]

ad 전자적으로, 컴퓨터로

be submitted **electronically** 컴퓨터로 제출되다

Supervisors must communicate with their interns in person or **electronically**.
관리자들은 그들의 인턴과 직접 또는 온라인으로 소통해야 합니다.

> 출제 POINT
>
> **electronically**는 인터넷을 통해 파일이나 이메일을 보내는 상황에서 쓰인다.
> **Documents** are distributed to hospital board members (**electronically** / politically) prior to each meeting. 문서는 각각의 회의 이전에 병원의 이사진에게 온라인으로 배포됩니다.

## compete - competitive

**compete**
[kəmpí:t]

ⓥ 경쟁하다

**compete** with one's colleagues 동료들과 경쟁하다

A **competing** business has opened nearby.
경쟁업체가 근처에 문을 열었다.

**competition** n. 경쟁, 대회

**competitor** n. 경쟁자, 경쟁사

**competitive**
[kəmpétətiv]

ⓐ 경쟁력 있는, 경쟁적인

**competitive** price 경쟁력 있는 가격

The company offers its employees **competitive** salaries.
그 회사는 직원들에게 경쟁력 있는 급여를 제공한다.

> 어휘 POINT
>
> competitive salary, competitive pay, competitive wage 등은 모두 타사에 비해 상대적으로 후한 급여를 의미한다.

## cancel
[kǽnsəl]

ⓥ 취소하다

**cancel** an order 주문을 취소하다

You must **cancel** the reservation within 24 hours of purchase to avoid a fee. 수수료를 면하려면 구매 후 24시간 이내에 예약을 취소해야 합니다.

## improve
[imprúːv]

ⓥ 개선하다, 향상시키다

**improve** employee productivity 직원 생산성을 향상시키다

The human resources meeting will focus on **improving** teamwork. 인사팀 회의는 팀워크 향상에 초점을 맞출 것이다.

**improvement** n. 개선, 향상

> **어휘 POINT**
> improve는 '상당히'라는 뜻으로 정도를 나타내는 substantially, considerably, significantly, greatly 등의 부사 어휘와 자주 어울려 쓰인다.
> The work environment **substantially improved** after the new manager took over. 새로운 관리자가 부임한 후 업무 환경이 상당히 개선되었다.

### introduce - introductory

## introduce
[ìntrədjúːs]

ⓥ 1. 소개하다 2. 도입하다

**introduce** a guest speaker 초청 연사를 소개하다

Employee retention has increased since bonuses were **introduced**. 상여금이 도입된 이후 직원 유지율이 증가해 왔다.

**introduction** n. 소개, 도입

## introductory
[ìntrədʌ́ktəri]

ⓐ 1. 입문자를 위한 2. 발매 특가의

**introductory** martial arts class 무술 입문반

We are currently offering a special **introductory** rate.
저희는 현재 신입 회원 특별 요금을 제공하고 있습니다.

## renovate
[rénəvèit]

ⓥ 보수하다, 수선하다

recently **renovated** apartment building 최근에 수선된 아파트 건물

Gregor Construction will **renovate** a building in the theater district. Gregor 건설사는 극장가에 있는 건물을 보수할 것이다.

**renovation** n. 보수, 수선

> **어휘 POINT**
> renovate와 innovate(혁신하다)의 차이를 구분하자. renovate는 접사 re(다시)가 있으므로 기존에 있던 것을 다시 고치는 것이고, innovate는 in(안)이 있으므로 안에서부터 완전히 혁신하는 것을 의미한다.

## delay
[diléi]

ⓝ 지연 ⓥ 미루다, 지연시키다

apologize for a **delay** 지연에 대해 사과하다

The shipping schedule has been **delayed**. 배송 일정이 지연되었습니다.

## prefer - preferably

**prefer**
[prifə́:r]

ⓥ 선호하다

**prefer** a seat by the window 창가 자리를 선호하다
**prefer** to stay indoors 실내에 머무는 것을 선호하다
Prior experience is **preferred** for this position.
이 직책에는 사전 경력이 선호된다.

**preference** n. 선호, 선호도

**preferably**
[préfərəbli]

ⓐⓓ 가급적이면

The candidate must have worked for another marketing firm, **preferably** one similar in size to ours. 지원자는 다른 마케팅 회사, 가급적이면 우리와 규모가 비슷한 곳에서 근무한 경력이 있어야 한다.

## allow - allowance

**allow**
[əláu]

ⓥ 허용하다, 허락하다

**allow** employees to work from home 직원들에게 재택근무를 허용하다
Employees are only **allowed** to telecommute if they have symptoms of certain illnesses.
직원들은 특정 질병의 증상이 있는 경우에만 재택근무를 하는 것이 허용된다.

**allowance**
[əláuəns]

ⓝ 1. 허용량 2. 용돈, 수당

airline's baggage **allowance** 항공사의 수하물 허용치
Full-time employees are eligible to receive a housing **allowance**.
정규직 직원들은 주택 수당을 받을 자격이 있다.

**property**
[prápərti]

ⓝ 부동산, 재산

**property** management 부동산 관리, 자산 관리
intellectual **property** rights 지적 재산권
Are there any other commercial **properties** we could look at?
우리가 볼 수 있는 다른 상업용 부동산이 있나요?

> **어휘 POINT**
> properly(제대로)와의 철자 및 의미 차이를 확인하자.

**colleague**
[káli:g]

ⓝ 동료

former **colleague** 예전 동료
He collaborated with his **colleagues** to improve the company's branding. 그는 회사의 브랜드 이미지 개선을 위해 동료들과 협력했다.

## concern - concerning

### concern
[kənsə́ːrn]

**n** 걱정, 염려  **v** 걱정스럽게 하다

growing health **concerns** 증가하는 건강상의 염려

What **concerns** me is that there are flaws in the software.
나를 걱정스럽게 하는 것은 소프트웨어에 결함이 있다는 것이다.

**concerned** a. 걱정하는, 염려하는

> **어휘 POINT**
>
> concerned는 〈be concerned that/because 주어+동사〉의 형태로 쓰인다.
> I'm **concerned because** I'm a bit behind schedule on the project. 프로젝트 일정에 다소 뒤처져서 걱정이다.

### concerning
[kənsə́ːrniŋ]

**prep** ~에 관한

The policy **concerning** employee vacation time can be found in the handbook. 직원 휴가 기간에 관한 방침은 안내서에서 확인할 수 있다.

## consider - considerate

### consider
[kənsídər]

**v** 고려하다

We should **consider** hiring someone from within the company.
우리는 사내 채용을 고려해야 한다.

**consideration** n. 고려

> **어휘 POINT**
>
> 1. consider는 take ~ into consideration으로 바꾸어 표현할 수 있다.
>    - **consider** fuel consumption 연료 소모를 고려하다
>      = **take** fuel consumption **into consideration**
> 2. consider는 동명사를 목적어로 취한다.
>    ABC Furniture is **considering** (**extending** / ~~to extend~~) its business hours. ABC 가구점은 영업시간을 연장하는 것을 고려 중이다.

### considerate
[kənsídərit]

**a** 배려하는, 사려 깊은

You should be more **considerate** of your neighbors.
당신은 이웃들을 좀 더 배려해야 합니다.

> **어휘 POINT**
>
> considerable(상당한)과의 철자 및 의미 차이를 확인하자.

### mobile
[móubəl] Am
[móubail] Br

**a** 이동식의, 모바일의

**mobile** application 모바일 앱 (= mobile app)

Mr. Reed was given a **mobile** phone to use for his job duties.
Reed 씨는 직무에 사용할 휴대전화를 받았다.

## correct
[kərékt]

ⓥ 고치다, 바로잡다  ⓐ 정확한

**correct** an error 실수를 바로잡다

Let's take a look at the invoice to make sure the order is **correct**.
주문 내역이 정확한지 청구서를 살펴봅시다.

**incorrect** a. 부정확한

**correctly** ad. 정확하게, 올바르게

> **어휘 POINT**
> 동사 correct는 make a correction (to)로 바꾸어 표현할 수 있다.
> I will **make a correction to** the order and send you a new invoice. 주문을 수정하여 새로운 청구서를 보내 드리겠습니다.

## publish
[pʌ́bliʃ]

ⓥ 출판하다, 출간하다

**publishing** company 출판사 (= publisher)

He has recently **published** a book on social media marketing.
그는 최근에 SNS 마케팅에 관한 책을 출간했다.

**publication** n. 출판(물)

---

continue - discontinue

## continue
[kəntínju:]

ⓥ 계속하다, 지속되다

**continue** doing business 사업을 계속하다

Thank you for your **continued** patronage.
귀하의 지속적인 성원에 감사 드립니다.

**continuously** ad. 끊임없이, 연속적으로

## discontinue
[dìskəntínju:]

ⓥ (생산·서비스 등을) 중단하다, 단종하다

**discontinue** a product 제품을 단종하다

Unfortunately, the paint color you want has been **discontinued**.
유감스럽게도 당신이 원하는 페인트 색상은 단종되었습니다.

> **출제 POINT**
> discontinue는 product(제품), model(모델) 등의 어휘와 함께 자주 쓰인다.
> Our printer **model** is now (**discontinued** / ~~upheld~~), but its ink cartridges are still available. 저희 프린터 모델은 현재 단종되었지만 그것의 잉크 카트리지는 아직 구입 가능합니다.

## line
[lain]

ⓝ 1. 선, 라인  2. 상품, 제품  ⓥ 줄을 서다

launch a new **line** of products 신제품들을 출시하다

The wall is **lined** with shelves. 벽에 선반들이 줄지어 늘어서 있다.

## transportation
[trænspərtéiʃən]

**n** 교통수단, 운송

use public **transportation** 대중교통을 이용하다

You'll need to arrange your own **transportation** back to the hotel. 호텔로 돌아가는 교통수단을 직접 마련하셔야 할 겁니다.

## transport
[trænspɔ́ːrt]

**v** 운송하다, 나르다

Falcon Airlines **transported** more than half a million travelers this year alone. Falcon 항공은 올해에만 50만 명 이상의 여행객을 운송했다.

---

## addition
[ədíʃən]

**n** 추가, 부가(물)

in **addition** 게다가, 또한 (= additionally)

Check out the latest **addition** to our showroom.
저희 전시장에 새로 추가된 것을 확인해 보세요.

> **어휘 POINT**
> addition은 '추가적인 인력'이라는 의미로도 쓰인다.
> She is a wonderful **addition** to the company. 그녀는 회사에 큰 보탬이 된다.

## additional
[ədíʃənəl]

**a** 추가의, 부가적인

hire **additional** workers 직원들을 추가로 채용하다

at no **additional** cost 추가 비용 없이

We plan to hire **additional** staff soon.
우리는 곧 직원을 추가로 채용할 계획이다.

**additionally** ad. 게다가, 또한

> **어휘 POINT**
> additionally, in addition 등은 '부연'의 접속 부사로, 앞문장에 덧붙이는 내용의 뒷문장을 연결할 때 사용된다.
> Your departure time has been moved to 7:30 P.M. **In addition**, there is a gate change. 당신의 출발 시간이 오후 7시 30분으로 이동되었습니다. 또한 게이트 변경도 있습니다.

---

## popular
[pɑ́pjələr]

**a** 인기 있는

be **popular** with customers 고객들에게 인기 있다

The island is a **popular** tourist destination.
그 섬은 인기 있는 관광지입니다.

**popularity** n. 인기

## ensure
[inʃúər]

**ⓥ 보장하다, 확실하게 하다**

**ensure** the durability of a device 기기의 내구성을 보장하다

The additional packaging **ensures** the items will not break in transit. 추가 포장을 하면 물품이 운송 도중 파손되는 일은 결코 없을 것이다.

> **어휘 POINT**
> ensure는 make sure와 의미가 같은데, ensure는 명사나 that절을 목적어로 취하는 반면, make sure는 명사 목적어가 바로 올 수 없고 that절이나 to부정사를 목적어로 취한다.
> **Make sure to** read the contract terms carefully. 계약 조건을 꼼꼼히 읽으세요.

## assure
[əʃúər]

**ⓥ 보장하다, 장담하다**

I **assure** you that all employees will retain their jobs.
모든 직원들이 일자리를 유지할 것임을 여러분에게 보장합니다.

**assurance** n. 보장, 장담, 확언

> **어휘 POINT**
> 〈assure 사람 that절〉 또는 〈assure 사람 of〉(~에게 …을 보장하다)의 형태로 쓰인다.
> Mr. Reed **assured** his supervisor **of** the reliability of the customer data.
> Reed 씨는 그의 상사에게 고객 데이터의 신뢰성을 보장했다.

## insurance
[inʃúərəns]

**ⓝ 보험**

life **insurance** 생명 보험

The company canceled the **insurance** policy when the customer failed to pay on time.
회사는 고객이 제때에 납입하지 못하자 보험을 해지했다.

**insure** v. 보험에 가입하다

> **어휘 POINT**
> ensure, assure, insure는 모두 sure(확실한)라는 단어에서 비롯되었으며, '불확실한 것을 확실한 것으로 만들거나 보장하다'라는 의미를 가지고 있다.

## accept
[əksépt]

**ⓥ 받아들이다, 수락하다**

**accept** a job offer 일자리 제의를 받아들이다

Devers Groceries **accepts** both cash and credit cards.
Devers 식품점은 현금과 신용카드를 모두 받는다.

**acceptance** n. 동의, 수락

**acceptable** a. 받아들일 수 있는, 용인되는

## describe
[diskráib]

ⓥ 묘사하다, 설명하다

**describe** how to join a club 클럽에 가입하는 방법을 설명하다

In no more than 500 words, **describe** your background in accounting. 500단어 이내로 회계에 관한 당신의 배경을 기술하시오.

**description** n. 묘사, 설명

> **어휘 POINT**
> job description(직무 기술서)은 해당 직무에 관해 자세히 나열한 것으로, job title(직책), roles and responsibilities(역할과 책임), skills(필요한 기술), other requirements(기타 요건) 등의 항목으로 이루어져 있다.

---

resident - residence

## resident
[rézidənt]

ⓝ 주민, 거주자

Local **residents** are encouraged to volunteer at the community center. 지역 주민들은 지역 문화 센터에서 자원 봉사를 하는 것이 장려된다.

**nonresident** n. 비거주자

## residence
[rézidəns]

ⓝ 주택, 주거, 거주지

the governor's official **residence** 주지사 관저

You must provide proof of **residence** in order to receive a library card. 도서관 카드를 받으려면 거주 증명서를 제출해야 합니다.

**residential** a. 주택의, 주거의

---

seat - seating

## seat
[si:t]

ⓝ 좌석  ⓥ 앉히다

have a **seat** 앉다 (= take a seat)

window **seat** 창가 좌석 (↔ aisle seat 통로 좌석)

The newest SUV by Dustin Motors can **seat** up to nine people. Dustin Motors의 최신 SUV는 9명까지 탈 수 있다.

## seating
[sí:tiŋ]

ⓝ 좌석 (배치)

**seating** chart 좌석 배치도

**Seating** is limited, so register as soon as possible. 좌석이 제한되어 있으니 가능한 한 빨리 등록하세요.

---

## president
[prézidənt]

ⓝ 사장, 회장

vice **president** of finance 재무 담당 부사장

The company **president** will tour the new research facility in Denver. 그 회사의 사장은 덴버에 있는 새로운 연구 시설을 둘러볼 것이다.

# Review Test

**A** 영어 단어의 알맞은 뜻을 찾아 연결하세요.

01. vehicle  
02. compete  
03. colleague  
04. resident  

05. assure  
06. considerate  
07. approve  
08. transportation  

ⓐ 경쟁하다  
ⓑ 차량  
ⓒ 동료  
ⓓ 거주자  
ⓔ 교통수단  
ⓕ 승인하다  
ⓖ 사려 깊은  
ⓗ 보장하다  

**B** 우리말 뜻에 맞게 빈칸에 알맞은 어휘를 찾아 넣으세요.

| ⓐ additional | ⓑ propose | ⓒ improve |
| ⓓ delay | ⓔ share | ⓕ extend |

09. 광고 계획을 제안하다 — _____ an advertising plan  
10. 시장 점유율을 늘리다 — increase one's market _____  
11. 마감 기한을 연장하다 — _____ a deadline  
12. 직원 생산성을 향상시키다 — _____ employee productivity  
13. 직원들을 추가로 채용하다 — hire _____ workers  
14. 지연에 대해 사과하다 — apologize for a(n) _____  

정답  01 ⓑ  02 ⓐ  03 ⓒ  04 ⓓ  05 ⓗ  06 ⓖ  07 ⓕ  08 ⓔ  09 ⓑ  10 ⓔ  11 ⓕ  12 ⓒ  13 ⓐ  14 ⓓ

# Mini Test

**Select the best answer to complete the sentence.**

01. The building sustained ------- water damage.

    (A) extensive    (B) accessible    (C) detailed    (D) current

02. Supervisors must communicate with their interns in person or -------.

    (A) additionally    (B) electronically    (C) internationally    (D) preferably

03. Unfortunately, the paint color you want has been -------.

    (A) renovated    (B) concerned    (C) discontinued    (D) displayed

04. The additional packaging ------- the items will not break in transit.

    (A) delays    (B) calculates    (C) transports    (D) ensures

05. The company offers its employees ------- salaries.

    (A) considerate    (B) introductory    (C) competitive    (D) popular

06. The manager can ------- an apartment when a tenant is not at home.

    (A) support    (B) acquire    (C) confirm    (D) access

07. The policy ------- employee vacation time can be found in the handbook.

    (A) considering    (B) concerning    (C) correcting    (D) allowing

---

**정답** 01 (A)  02 (B)  03 (C)  04 (D)  05 (C)  06 (D)  07 (B)

**해석** 01 그 건물은 광범위한 수해를 입었다.  02 관리자들은 그들의 인턴과 직접 또는 온라인으로 소통해야 합니다.  03 유감스럽게도 당신이 원하는 페인트 색상은 단종되었습니다.  04 추가 포장을 하면 물품이 운송 도중 파손되는 일은 결코 없을 것이다.  05 그 회사는 직원들에게 경쟁력 있는 급여를 제공한다.  06 관리자는 세입자가 집에 없을 때 아파트에 들어갈 수 있다.  07 직원 휴가 기간에 관한 방침은 안내서에서 확인할 수 있다.

# Level up

## Part 1 사진 묘사 빈출 표현 ⑤

사진을 보며 파트 1에서 자주 나오는 표현들을 학습하세요.

**load a package onto a truck**
짐을 트럭에 싣다

**be placed on a cart**
카트에 놓여 있다

**select some food from a buffet**
뷔페에서 음식을 고르다

**be stacked = be piled**
쌓여 있다

**be posted on a bulletin board**
게시판에 게시되어 있다

**install some flooring**
바닥재를 깔다

## represent - representative

**represent**
[rèprizént]

**ⓥ** 대표하다, 대리하다

I'm proud to **represent** J.R. Engineering at this trade fair.
이번 무역 박람회에서 J.R. Engineering을 대표하게 되어 자랑스럽습니다.

**representative**
[rèprizéntətiv]

**ⓝ** 담당자, 대표자

sales **representative** 판매 대리인, 영업 사원

customer service **representative** 고객 서비스 담당자

**Representatives** from the organization met last week to plan next year's conference.
단체의 대표자들은 내년 회의를 계획하기 위해 지난주에 만났다.

## base - basis

**base**
[beis]

**ⓝ** 기반, 토대  **ⓥ** 근거하다

customer **base** 고객층

This policy shift **is based on** a recently conducted study.
이번 정책 변경은 최근 실시된 연구에 근거를 두고 있다.

> **어휘 POINT**
>
> be based on은 '~에 근거를 두다'라는 의미로 전치사 on 뒤에는 근거가 되는 내용이 나온다. 한편 be based in은 '~에 근거지를 두다, ~에 본사가 있다'라는 뜻이며, in 뒤에는 장소 명사가 나온다.
> Chester Design Co. **is based in** Toronto. Chester 디자인 회사는 토론토에 본사를 두고 있다.

**basis**
[béisis]

**ⓝ** 근거, 토대

on a daily **basis** 매일

on a first-come, first-served **basis** 선착순으로

The factory manager reviews the work of the employees on a regular **basis**. 공장 관리자는 정기적으로 직원들의 업무를 점검한다.

---

**resource**
[rí:sɔːrs, rizɔ́ːs]

**ⓝ** 자원, 재원

preserve natural **resources** 천연자원을 보존하다

Ms. Jenkins was appointed the director of **human resources**.
Jenkins 씨는 인사부장으로 임명되었다.

> **어휘 POINT**
>
> human resources는 '인적 자원'이라는 뜻으로 기업의 인사 업무를 가리키며 반드시 복수형으로 써야 한다.

## possible
[pásəbl]

**ⓐ 가능한**

if **possible** 가능하다면

as soon as **possible** 가능한 한 빨리

Would it be **possible** for you to work late tonight?
오늘밤에 야근하실 수 있나요?

**possibility** n. 가능성, 기회

> **어휘 POINT**
> possibility의 유의어로는 chance와 opportunity가 있는데, possibility는 주로 possibility of/for의 형태로 쓰이고, 나머지는 〈chance/opportunity to V〉의 형태로 쓰이는 것이 차이점이다.
> Investors are looking for startups with the **possibility of** success. 투자자들은 성공 가능성이 있는 신생 기업들을 찾고 있다.

## possibly
[pásəbli]

**ad 아마도, 어쩌면, 혹시**

We could **possibly** convert one of the conference rooms into a gym. 어쩌면 우리는 회의실 중 하나를 헬스장으로 바꿀 수도 있다.

## revise
[riváiz]

**ⓥ 수정하다, 변경하다**

**revised** contract 수정된 계약서

The head accountant was asked to **revise** the manual on bookkeeping practices.
회계 책임자는 부기 실무에 관한 매뉴얼을 수정해 달라는 요청을 받았다.

**revision** n. 수정, 변경

> **어휘 POINT**
> revise는 make a revision to로 바꾸어 표현할 수 있다.
> Please **make revisions to** the report before sending it to the CEO. 사장님께 보내기 전에 보고서를 수정해 주세요.

## skilled
[skild]

**ⓐ 숙련된, 노련한**

hire **skilled** workers 숙련된 노동자들을 고용하다

He is a highly **skilled** guitarist. 그는 매우 노련한 기타 연주자이다.

**skill** n. 실력, 기술

> **어휘 POINT**
> 〈be skilled in/at V-ing〉(~하는 데 능숙하다)의 형태로 쓰인다.
> Ms. Johnson **is skilled at** marketing products online. Johnson 씨는 온라인 제품 마케팅에 능숙하다.

## advise - advisory

### advise
[ədváiz]

**ⓥ** 충고하다, 조언하다

Please **advise** me on how to address this issue.
이 문제를 어떻게 처리해야 할지 제게 충고해 주세요.

**advice** n. 충고, 조언

**advisor** n. 고문, 조언자

> **어휘 POINT**
> 중요한 공지 사항을 안내할 때 Please be advised that(~임을 알려드립니다)이라는 표현을 쓰기도 한다. 같은 의미의 Please be informed that과 함께 덩어리 표현으로 기억해 두자.
> **Please be advised that** the ticket machine is out of order. 매표기가 고장 났다는 것을 알려 드립니다.

### advisory
[ədváizəri]

**ⓐ** 자문의  **ⓝ** 기상 주의보

heavy snow **advisory** 폭설 주의보

The members of the **advisory** committee are holding an emergency meeting now.
자문 위원회의 위원들은 지금 긴급 회의를 열고 있다.

## due - due to - overdue

### due
[dju:]

**ⓐ** 1. 만기가 된  2. ~하기로 되어 있는

**due** date 만기일, 납기일

Payment is **due** upon completion of the work.
일이 끝나는 즉시 비용 지불을 하기로 되어 있다.

### due to
[dju: tu:]

~ 때문에

**Due to** the bad weather, the outdoor concert has been postponed.
악천후로 인해 야외 콘서트가 연기되었다.

### overdue
[òuvərdjú:]

**ⓐ** 기한이 지난, 연체된

pay an **overdue** bill 연체된 요금을 지불하다

Our records indicate that your payment is **overdue**.
저희 기록에는 당신의 지불 기한이 지난 것으로 나옵니다.

### launch
[lɔ:ntʃ]

**ⓝ** 출시  **ⓥ** 출시하다, 시작하다

product **launch** 제품 출시

**launch** an online store 온라인 매장을 개설하다

They just **launched** their first robotic vacuum.
그들은 자신들의 첫 번째 로봇 진공청소기를 출시했다.

## sample
[sǽmpl]

**n** 샘플, 견본  **v** 시식하다

product **sample** 제품 견본

The newspaper's restaurant reviewer **sampled** several dishes from the menu. 신문사의 음식점 리뷰어는 메뉴에서 몇 가지 음식을 시식했다.

## extra
[ékstrə]

**a** 추가의  **ad** 추가로

at no **extra** charge 추가 비용 없이

pay **extra** 추가로 지불하다

I recommend allowing yourself **extra** time to walk there. 시간을 추가로 내셔서 그곳까지 걸어가 보실 것을 권합니다.

---

limit - limited

## limit
[límit]

**n** 제한, 한계  **v** 제한하다, 한정하다

baggage **limit** 수하물 제한

**limit** the number of tour participants 투어 참가자의 수를 제한하다

This area is **off limits to** small children.
이 지역은 어린이들에게 출입이 금지된다.

> **어휘 POINT**
> off limits to는 '~에게 출입이 금지된'의 의미이며, 반드시 복수형인 limits를 써야 한다.

## limited
[límitid]

**a** 제한된, 한정된

for a **limited** time 제한된 시간 동안

We have a **limited** number of parking spaces.
우리는 한정된 수의 주차 공간이 있습니다.

**unlimited** a. 무제한의

> **출제 POINT**
> 〈be limited to〉는 '~로 제한되다'라는 뜻이며, limited 뒤에 나오는 올바른 전치사를 묻는 문제가 출제된 바 있다.
> Entry to the exhibit is **limited** (**to** / for) 40 visitors per hour. 전시장 입장은 시간당 40명의 방문객으로 제한된다.

## flood
[flʌd]

**n** 홍수  **v** 물에 잠기다

**flood** damage 홍수 피해

The streets **flooded** after several days of heavy rain.
며칠 동안의 폭우 끝에 거리가 물에 잠겼다.

pass - passenger - surpass

## pass
[pæs] Am
[pa:s] Br

**ⓥ** 1. 지나가다, 통과하다  2. 건네다   **ⓝ** 통행권

**pass** out some documents 문서를 나누어 주다

parking **pass** 주차권

The ships are **passing** under a bridge. 배들이 다리 밑을 지나고 있다.

> **기출 표현**
> - boarding pass 탑승권
> - train pass 열차 정기권
> - guest pass 방문자 출입증
> - day pass 일일 이용권

## passenger
[pǽsəndʒər]

**ⓝ** 승객

Attention, all **passengers** on Westwood Air Flight 330 to Seoul.
서울행 Westwood 항공 330편의 승객 여러분께 알려 드립니다.

## surpass
[sərpǽs]

**ⓥ** 능가하다, 뛰어넘다

Analysts believe Max Data can **surpass** Belmont, Inc., in sales this year. 애널리스트들은 Max Data가 올해 매출액에서 Belmont 사를 뛰어넘을 수 있을 것이라 믿는다.

> **어휘 POINT**
> 접두사 sur(넘어서)+pass(지나가다)의 형태이며, 접두사 sur가 들어간 다른 어휘로는 surcharge(추가 요금), surplus(흑자), surface(표면) 등이 있다.

pleased - pleasure

## pleased
[pli:zd]

**ⓐ** 기쁜, 만족하는

I **am pleased that** you have accepted our job offer.
우리의 일자리 제의를 수락해 주셔서 기쁩니다.

> **출제 POINT**
> pleased는 ⟨be pleased that⟩, ⟨be pleased to V⟩, ⟨be pleased with 명사⟩ 등의 다양한 구문으로 쓰인다.
> I **am pleased to** announce that Ms. Rodriguez will be joining us. Rodriguez 씨가 우리에게 합류한다는 것을 알리게 되어 기쁩니다.
> He **is pleased with** the color of the product. 그는 제품의 색상에 만족한다.

## pleasure
[pléʒər]

**ⓝ** 기쁨, 즐거움

It was a **pleasure** meeting with you again last week.
당신을 지난주에 다시 만나서 반가웠습니다.

> **어휘 POINT**
> "My pleasure."는 고맙다는 상대방의 말에 "천만에요", "별말씀을요"라고 답하는 말이다.

## record
[rékɔːd] n.
[rikɔ́ːrd] v.

**n** 기록　**v** 기록하다

medical **records** 의료 기록

Be sure to **record** your overtime hours as accurately as possible.
가능한 한 정확하게 여러분의 초과근무 시간을 기록하세요.

> **출제 POINT**
>
> record는 파트 5에서 '기록적인'이라는 뜻의 형용사로도 출제된 바 있다.
> Branford Utilities earned **record** profits during the third quarter of the year. Branford Utilities는 삼사분기 동안 기록적인 이익을 냈다.

---

## forward
[fɔ́ːrwərd]

**ad** 앞으로　**v** 보내다, 전달하다

move **forward** 앞으로 나아가다, 전진하다

I will **forward** more information to you.
당신에게 더 많은 정보를 보내 드리겠습니다.

> **어휘 POINT**
>
> ⟨look forward to V-ing⟩는 '~을 기대하다'라는 의미의 숙어 표현이다.
> I **look forward to** speaking with you. 당신과 이야기하는 날을 기대하겠습니다.

---

attach - detach

## attach
[ətǽtʃ]

**v** 붙이다, 첨부하다

I have **attached** the agenda for the next meeting.
다음 회의의 안건을 첨부했습니다.

**attachment** n. 첨부 파일

> **어휘 POINT**
>
> 파트 7의 이메일 지문에서 Attached로 시작하는 문장이 나오면 뒤에는 첨부 파일이 무엇인지에 대한 안내가 나온다.
> **Attached** is a draft of the contract with Spenser Catering. Spenser 출장 뷔페와의 계약서 초안을 첨부했습니다.

---

## detach
[ditǽtʃ]

**v** 분리하다, 떼어 내다

It is possible to **detach** the battery from the laptop.
노트북 컴퓨터에서 배터리를 분리하는 것이 가능하다.

---

## fluent
[flúːənt]

**a** 유창한, 능통한

**fluent** speaker 유창한 연사

Our tour guides are **fluent** in English and Spanish.
우리의 여행 가이드들은 영어와 스페인어에 능통합니다.

## facility
[fəsíləti]

**n** 시설

storage **facility** 저장 시설

**facilities** department 시설 관리 부서

The **facility** is equipped with ultramodern exercise machines. 그 시설은 초현대식 운동 기구가 갖추어져 있다.

---

view - overview - preview

## view
[vju:]

**n** 전망, 시야  **v** 보다

have a nice **view** of the city 도시의 전망이 잘 보이다

The new business card design can be **viewed** on the bulletin board. 새로운 명함 디자인은 게시판에서 볼 수 있다.

**viewpoint** n. 시점, 관점

## overview
[óuvərvjù:]

**n** 개요

Mr. Jenkins will provide an **overview** of the company's future plans. Jenkins 씨가 회사의 향후 계획에 대한 개요를 제공할 것입니다.

## preview
[prí:vjù:]

**n** 시사회

members-only **preview** 회원 전용 시사회

Welcome to the **preview** screening of our city's new promotional tourism film. 우리 시의 새로운 관광 홍보 영화 시사회에 오신 것을 환영합니다.

> **어휘 POINT**
> overview는 위(over)에서 전체를 내려다보는 것이므로 개요를 의미하고, preview는 사전에(pre) 보는 것이므로 영화 개봉 전 시사회를 뜻한다.

---

fix - fixture

## fix
[fiks]

**v** 수리하다, 바로잡다

**fix** a problem 문제를 바로잡다

A man is **fixing** a stone wall with some tools. 남자가 연장을 가지고 돌담을 수리하고 있다.

## fixture
[fíkstʃər]

**n** (천장·벽 등에 고정된) 설비

light **fixtures** 조명 기구

All of the existing **fixtures** will be replaced. 기존의 모든 설비가 교체될 것이다.

## benefit
[bénəfit]

**n** 이익, 혜택   **v** 이익을 얻다

**benefits** package 복리 후생 제도

Shoppers will **benefit from** the spring sale starting this weekend. 쇼핑객들은 이번 주말에 시작하는 봄 세일에서 혜택을 받게 될 것입니다.

**beneficial** a. 유익한, 이로운

> **출제 POINT**
>
> benefit from(~로부터 혜택을 보다)의 형태로 쓰인다.
> Positioned on Main Street, Dan's Cupcake Shop (**benefits** / ~~promotes~~) **from** an excellent location. 중심가에 위치한 Dan's 컵케이크 매장은 훌륭한 입지로부터 혜택을 본다.

---

medical - medication - medicine

## medical
[médikəl]

**a** 의료의, 의학의

**medical** clinic 병원, 의원

I work for a local **medical** center. 저는 지역 의료 센터에서 일합니다.

## medication
[mèdəkéiʃən]

**n** 약, 약물

allergy **medication** 알레르기 약

Let me know the **medications** that you've taken in the past five years. 당신이 지난 5년간 복용한 약물을 알려 주십시오.

## medicine
[médisn]

**n** 1. 약  2. 의학

take **medicine** 약을 복용하다

sports **medicine** 스포츠 의학

The doctor prescribed some **medicine** for the patient's heart condition. 의사는 환자의 심장병에 대한 약을 처방했다.

> **어휘 POINT**
>
> 파트 3, 4에서 화자가 근무하는 분야를 묻는 문제에 대한 선택지로 medicine이 나오면 '의학'이라고 해석한다.
> 질문: In what field does the speaker work? 화자는 어느 분야에서 근무하는가?
> 선택지: **Medicine** 의학

---

## party
[pá:rti]

**n** 1. (계약의) 당사자  2. 파티  3. 단체

third **party** 제3자

retirement **party** 퇴직 기념 파티

**Parties** with fewer than 20 guests do not need to make a reservation. 손님이 20명 미만인 단체는 예약할 필요가 없습니다.

## safe
[seif]

**n** 금고　**a** 안전한

put money in a **safe** 돈을 금고 안에 넣다

just to be **safe** 확실히 하기 위해, 혹시 모르니까

Our hotel only uses cleaning products that are environmentally **safe**. 저희 호텔은 환경적으로 안전한 청소용품만 사용하고 있습니다.

**safety** n. 안전

**safely** ad. 안전하게

> 기출표현
> • safety equipment 안전 장비　• safety procedures 안전 절차
> • safety inspection 안전 점검　• safety check 안전 점검

---

load - download

## load
[loud]

**n** 짐　**v** (짐을) 싣다

**load** stones into a wheelbarrow 외바퀴 손수레에 돌들을 싣다

The night shift is responsible for emptying trucks at the **loading** dock. 야간 근무조는 하역장에서 트럭에 있는 짐을 내리는 일을 담당한다.

**unload** v. 짐을 내리다

> 출제 POINT
> 동사 load와 unload는 파트 1 빈출 어휘이다.
> The men are **unloading** chairs from a vehicle. 남자들이 차량에서 의자들을 내리고 있다.

## download
[dáunlòud]

**v** 다운로드하다, 내려받다

Simply **download** our mobile application and register.
저희 모바일 애플리케이션을 다운로드하고 등록하기만 하면 됩니다.

**upload** v. 업로드하다

---

solve - resolve

## solve
[sɑlv] Am
[sɔlv] Br

**v** 해결하다, 풀다

I would really appreciate your help in **solving** this problem.
이 문제를 해결하는 데 도움을 주시면 정말 감사하겠습니다.

**solution** n. 해결책, 해법

## resolve
[rizálv] Am
[rizɔ́lv] Br

**v** 해결하다

**resolve** a potential problem 잠재적인 문제점을 해결하다

I'd like this issue to be **resolved** as soon as possible.
이 문제가 가능한 한 빨리 해결되었으면 좋겠습니다.

**resolution** n. 1. 해결 2. 해상도

## specific - specify - specification

**specific**
[spisífik]

ⓐ 구체적인, 특정한

the **specific** model of a vehicle 차량의 구체적인 모델

Does the package need to arrive by a **specific** date?
소포가 특정한 날짜까지 도착해야 하나요?

**specifically** ad. 특히, 구체적으로

> **기출표현**
> · specific area 특정 구역
> · specific date 특정 일자
> · specific information 특정 정보
> · specific needs 특정 요구

**specify**
[spésəfài]

ⓥ 특정하다, 명시하다

This product meets all the criteria you have **specified**.
이 제품은 당신이 명시했던 모든 기준을 충족시킵니다.

**specification**
[spèsifikéiʃən]

ⓝ 명세, 명세서, 사양

product **specifications** 제품 사양

Use our Web site to modify the office furniture to fit your **specifications**.
고객님의 사양에 맞게 사무 가구를 변경하려면 저희 웹 사이트를 이용하세요.

> **어휘 POINT**
> 구직자의 학력이나 경력을 의미하는 우리말 스펙(spec)은 specification에서 비롯된 콩글리시인데, job specification(직무 명세서)은 직무를 수행하기 위해 필요한 지식, 기술, 능력 등의 요건을 의미한다.

## text - context

**text**
[tekst]

ⓝ 글, 문서  ⓥ 문자 메시지를 보내다

send a **text** message 문자 메시지를 보내다

To register, call or **text** (999) 777-7777.
등록하시려면 (999) 777-7777로 전화하시거나 문자를 보내세요.

**context**
[kántekst] Am
[kɔ́ntekst] Br

ⓝ 맥락, 전후 관계

work in a team **context** 팀이라는 관계 속에서 일하다

The gallery displays antique costumes in a modern **context**.
그 미술관은 고풍스러운 의상들을 현대적으로 전시하고 있다.

## encourage
[inkə́:ridʒ]

**v** 권장하다, 장려하다

**encourage** the staff to attend a seminar
직원들에게 세미나에 참석할 것을 장려하다

Prospective attendees **are encouraged to** reserve a spot immediately. 참석 예정자들은 즉시 자리를 예약할 것을 권장합니다.

> **어휘 POINT**
> en(~하게 만들다)+courage(용기)의 형태로, 주로 〈encourage 사람 to V〉(~에게 …할 것을 권장하다)나 수동태인 〈be encouraged to V〉의 구문으로 출제된다.

## discourage
[diskə́:ridʒ]

**v** 좌절시키다, 못하게 하다

Investors were not **discouraged** by the low sales figures.
투자자들은 저조한 판매 수치에 좌절하지 않았다.

> **출제 POINT**
> 〈discourage 사람 from V-ing〉(~가 …하는 것을 못하게 하다)의 형태로 쓰인다. The courier (**discourages** / ~~interrupts~~) customers **from** sending fragile items, as they can become damaged easily. 쉽게 손상될 수 있기 때문에 택배 회사는 고객들이 깨지기 쉬운 물건들을 발송하지 못하게 한다.

## expense
[ikspéns]

**n** 경비, 비용

travel **expenses** 여행 경비, 출장비

An **expense** report must be filed after you return from your trip.
출장에서 돌아온 후에 지출 보고서를 제출해야 합니다.

> **기출 표현**
> • moving expenses 이사 비용
> • operating expenses 운영비
> • shipping expenses 운송비
> • living expenses 주거 비용

## upcoming
[ʌ́pkʌ̀miŋ]

**a** 다가오는, 곧 있을

**upcoming** event 곧 있을 행사

Let's talk about the **upcoming** trade show.
곧 있을 무역 박람회에 대해 이야기해 봅시다.

> **기출 표현**
> • upcoming merger 앞으로 있을 합병
> • upcoming meeting 곧 있을 회의
> • upcoming conference 곧 있을 학회
> • upcoming project 앞으로의 프로젝트

## celebrate - celebrity

### celebrate
[séləbrèit]

**v** 축하하다, 기념하다

The company recently **celebrated** the 100th anniversary of its founding. 그 회사는 최근에 창립 100주년을 기념했다.

**celebration** n. 축하 행사, 기념 행사

### celebrity
[səlébrəti]

**n** 유명 인사

The restaurant is run by a **celebrity** chef.
그 음식점은 유명 요리사가 운영한다.

> **어휘 POINT**
> 우리가 흔히 셀럽(celeb)으로 줄여서 부르는 말이다. 유명인은 축하하거나 기념할 일이 많다고 celebrate와 celebrity를 연관 지어 기억하자.

### own
[oun]

**v** 소유하다  **a** 자신의

co-**own** 공동 소유하다

**own** a bookstore 서점을 소유하다

Mr. Duncan hopes to start his **own** business at the end of the year. Duncan 씨는 연말에 자신의 사업을 시작하기를 희망하고 있다.

**owner** n. 주인, 소유주

### point
[pɔint]

**v** 가리키다, 지적하다  **n** 의견, 논점

**point** out a problem with a plan 계획의 문제점을 지적하다

You have a **point**. 말씀에 일리가 있네요.

> **출제 POINT**
> 파트 1 최빈출 어휘 중 하나이며, point at(~을 가리키다)의 형태로 출제된다.
> One of the women is **pointing at** a device. 여자들 중 한 명이 기기를 가리키고 있다.

### supervise
[súːpərvàiz]

**v** 감독하다, 관리하다

Ms. Kellogg currently **supervises** the branch office in Milwaukee. Kellogg 씨는 현재 밀워키의 지사를 관리하고 있다.

**supervisor** n. 감독관, 관리자

> **어휘 POINT**
> supervise의 유의어는 oversee로서 두 단어는 비슷한 구조를 가지고 있다.
> • supervise: super(위에서)+vise(보다) → 위에서 지켜보다
> • oversee: over(위로, 너머로)+see(보다) → 위에서 살펴보다

# Review Test

**A** 영어 단어의 알맞은 뜻을 찾아 연결하세요.

01. attach            ⓐ 출시하다
02. context           ⓑ 맥락
03. revise            ⓒ 수정하다
04. launch            ⓓ 첨부하다

05. represent         ⓔ 능가하다
06. expense           ⓕ 대표하다
07. surpass           ⓖ 경비
08. medication        ⓗ 약물

**B** 우리말 뜻에 맞게 빈칸에 알맞은 어휘를 찾아 넣으세요.

| ⓐ upcoming | ⓑ basis | ⓒ extra |
| ⓓ resources | ⓔ resolve | ⓕ specifications |

09. 매일                            on a daily _____
10. 제품 사양                       product _____
11. 곧 있을 행사                    _____ event
12. 잠재적인 문제점을 해결하다      _____ a potential problem
13. 추가 비용 없이                  at no _____ charge
14. 인사부장                        director of human _____

정답  01 ⓓ  02 ⓑ  03 ⓒ  04 ⓐ  05 ⓕ  06 ⓖ  07 ⓔ  08 ⓗ  09 ⓑ  10 ⓕ  11 ⓐ  12 ⓔ  13 ⓒ  14 ⓓ

# Mini Test

**Select the best answer to complete the sentence.**

01. Our tour guides are ------- in English and Spanish.

    (A) typical (B) fluent (C) official (D) complex

02. The ------- is equipped with ultramodern exercise machines.

    (A) facility (B) function (C) athlete (D) appointment

03. Shoppers will ------- from the spring sale starting this weekend.

    (A) pretend (B) authorize (C) benefit (D) license

04. Does the package need to arrive by a ------- date?

    (A) skilled (B) specific (C) brief (D) temporary

05. Ms. Kellogg currently ------- the branch office in Milwaukee.

    (A) participates (B) gathers (C) supervises (D) collaborates

06. Our records indicate that your payment is -------.

    (A) artificial (B) analytical (C) decisive (D) overdue

07. Prospective attendees are ------- to reserve a spot immediately.

    (A) limited (B) enclosed (C) relocated (D) encouraged

---

**정답** 01 (B) 02 (A) 03 (C) 04 (B) 05 (C) 06 (D) 07 (D)

**해석** 01 우리의 여행 가이드들은 영어와 스페인어에 능통합니다. 02 그 시설은 초현대식 운동 기구가 갖추어져 있다. 03 쇼핑객들은 이번 주말에 시작하는 봄 세일에서 혜택을 받게 될 것입니다. 04 소포가 특정한 날짜까지 도착해야 하나요? 05 Kellogg 씨는 현재 밀워키의 지사를 관리하고 있다. 06 저희 기록에 당신의 지불 기한이 지난 것으로 나옵니다. 07 참석 예정자들은 즉시 자리를 예약할 것을 권장합니다.

# Level up    [자동사 + 전치사] 필수 어휘 ①

**전치사 to와 함께 쓰이는 자동사**

**adhere to**
~을 고수하다, 준수하다

Employees are expected to **adhere to** the rules at all times.
직원들은 항상 규칙을 준수해야 합니다.

**belong to**
~에 속하다, ~의 소유이다

The laptop computer on the table **belongs to** Mr. Murphy.
테이블 위에 있는 노트북 컴퓨터는 Murphy 씨의 것이다.

**adapt to**
~에 적응하다

It takes time for new workers to **adapt to** their jobs in the factory. 신입 직원들이 공장에서의 일에 적응하는 데는 시간이 걸린다.

**conform to**
~에 따르다

All employees are expected to **conform to** the safety rules when working. 모든 직원들은 작업 시 안전 수칙을 따라야 합니다.

**object to**
~에 반대하다

Ms. Dickenson **objected to** her boss's request that she work overtime on the weekend.
Dickenson 씨는 주말에 초과근무를 하라는 상사의 요청에 반대했다.

**react to**
~에 반응하다

The company is looking for employees who are able to **react to** problems quickly.
회사는 문제에 빠르게 대응할 수 있는 직원들을 찾고 있다.

**pertain to**
~와 관계 있다

Include everything that **pertains to** your work experience on your résumé.
당신의 이력서에 근무 경력과 관련된 모든 내용을 포함시키세요.

**contribute to**
~에 기여하다

Mr. Samson always **contributes to** the projects that his team works on.
Samson 씨는 언제나 그의 팀이 하는 프로젝트에 기여한다.

RANKING 0361~0420

DAY 07

## fair - fairly

### fair
[feər]

**n** 박람회, 축제  **a** 공정한, 괜찮은

job **fair** 채용 박람회 (= career fair)

Mr. Nelson made a **fair** offer for the used computer.
Nelson 씨는 중고 컴퓨터에 대해 괜찮은 가격 제안을 했다.

### fairly
[féərli]

**ad** 상당히, 꽤

Changing the automobile battery is **fairly** simple.
자동차 배터리를 교환하는 것은 상당히 간단하다.

> **어휘 POINT**
> fairly는 '공정하게'라는 뜻으로도 쓰이지만, 형용사나 부사의 바로 앞에 오는 경우 대개 '상당히, 꽤'라는 뜻으로 보면 된다.

### rate
[reit]

**n** 1. 요금  2. 비율  **v** 평가하다

flat **rate** 균일 요금, 정액 요금

interest **rate** 이자율

Supervisors must **rate** each employee's performance every month. 관리자들은 매달 각 직원의 성과를 평가해야 한다.

**rating** n. 평가, 별점

> **기출 표현**
> · discounted rate 할인가, 할인율 · unemployment rate 실업률
> · at a steady rate 일정한 속도로
> · offer a competitive rate 경쟁력 있는 가격을 제안하다

## credit - accredited

### credit
[krédit]

**n** 1. 신용  2. 적립금

accept **credit** cards 신용 카드를 받다

The shopper requested store **credit** instead of a refund.
그 쇼핑객은 환불 대신 상점의 적립금을 요구했다.

> **어휘 POINT**
> credit은 동사로도 쓰이는데, 〈credit A with B〉 또는 〈A is credited with B〉의 형태로 쓰여 'A가 B에 대한 공로를 인정받다'라는 뜻이 된다.
> Skilled artisans **were credited with** the restoration of the monument.
> 숙련된 장인들은 기념비를 복원한 공로를 인정받았다.

### accredited
[əkréditid]

**a** 승인된, 공인된

Candidates must hold certification from an **accredited** training program. 후보자들은 공인된 교육 프로그램의 수료증을 보유해야 합니다.

## corporate
[kɔ́ːrpərit]

ⓐ 법인의, 기업의

**corporate** headquarters 본사 (= corporate office)

Good Health Gym offers **corporate** discounts to some of its members. Good Health 헬스클럽은 몇몇 회원들에게 기업 할인을 제공한다.

**corporation** n. 법인

> **어휘 POINT**
> corporation과 cooperation(협동)의 철자 및 의미 차이를 확인하자.

## incorporate
[inkɔ́ːrpərèit]

ⓥ 결합하다, 포함하다

The chef at Marcel's **incorporates** all kinds of exotic spices into her dishes.
Marcel's의 요리사는 자신의 요리에 온갖 종류의 이국적인 향신료를 포함시킨다.

> **어휘 POINT**
> 주로 회사명 뒤에 나오는 Inc.는 Incorporated의 약자로서 법인 또는 주식회사를 뜻하며, 비슷한 의미의 어휘로는 Ltd.(Limited)가 있다.

## deadline
[dédlàin]

ⓝ 마감, 데드라인

extend a **deadline** 마감을 연장하다

miss a **deadline** 마감을 놓치다

Mr. Desmond must meet the **deadline** and finish his article by 6:00 P.M. Desmond 씨는 마감에 맞춰 오후 6시까지 기사를 끝내야 한다.

> **기출 표현**
> · application deadline 신청 마감일    · project deadline 프로젝트 마감일
> · registration deadline 등록 기한    · submission deadline 제출 기한

## media
[míːdiə]

ⓝ 대중 매체, 매스 미디어

**media** company 미디어 회사, 언론사

Employees may not access social **media** sites from office computers. 직원들은 사무실 컴퓨터로 SNS 사이트에 접속할 수 없다.

## medium
[míːdiəm]

ⓐ (치수가) 중간의

small to **medium**-sized businesses 중소기업들

Ms. Markle is looking for a skirt in size **medium**.
Markle 씨는 중간 치수의 스커트를 찾고 있다.

## assign
[əsáin]

**ⓥ 배정하다, 할당하다**

Each new employee is **assigned** a mentor who is experienced in that department.
각각의 신입 사원들에게는 그 부서에서 경험이 풍부한 멘토가 배정됩니다.

**assignment** n. 과제, 임무

> **어휘 POINT**
> ⟨assign A to B⟩(A를 B에 배정하다) 또는 수동태인 ⟨B is assigned to A⟩ 구문으로 주로 쓰인다.
> Mr. Phillips **was assigned to** the assistant manager position temporarily.
> Phillips 씨는 임시로 부팀장의 직위에 배정되었다.

---

commit - committee - commission

## commit
[kəmít]

**ⓥ 전념하다, 헌신하다**

**commit** to one's work 자신의 일에 전념하다

Mason Supermarket **is committed to** providing the freshest food to customers. Mason 슈퍼마켓은 고객들에게 가장 신선한 식품을 제공하는 데 전념하고 있습니다.

**commitment** n. 전념, 헌신

> **어휘 POINT**
> ⟨be committed to V-ing⟩(~하는 데 전념하다)의 구문으로 자주 쓰인다. 같은 의미의 표현으로 ⟨be dedicated to V-ing⟩도 함께 알아 두자.

## committee
[kəmíti]

**ⓝ 위원회**

organizing **committee** 조직 위원회

Mr. Hamels serves as the chairman of the awards **committee** at Dayton Technology. Hamels 씨는 Dayton Technology에서 수상 심사 위원회의 의장 역할을 맡고 있다.

## commission
[kəmíʃən]

**ⓝ 1. 위원회  2. 수수료   ⓥ 의뢰하다**

planning **commission** 기획 위원회

The artist was **commissioned** to make several paintings to display on the building's walls.
그 화가는 건물의 벽에 전시할 몇 점의 그림을 그릴 것을 의뢰 받았다.

---

## host
[houst]

**ⓝ 주최자, 진행자   ⓥ 주최하다**

**host** of a television program 텔레비전 프로그램 진행자

If you are **hosting** an event, use Miller Catering Services for all your food needs. 행사를 주최하신다면, 모든 필요한 음식에 대해 Miller 출장 뷔페 서비스를 이용하십시오.

## file
[fail]

ⓝ 서류, 파일   ⓥ 1. (서류를) 철하다   2. 제출하다, (소송을) 제기하다

**file** cabinet 문서 보관함 (= filing cabinet)

**file** a travel expense report 출장 경비 보고서를 제출하다

The woman **filed** a complaint with a manager because of the rude sales clerk. 여자는 무례한 판매원 때문에 관리자에게 민원을 제기했다.

---

convenience - inconvenience

## convenience
[kənvíːnjəns]

ⓝ 편리, 편의

for your **convenience** 귀하의 편의를 위하여

Please confirm your participation **at your earliest convenience**.
가능한 한 빨리 참가 여부를 확인해 주십시오.

**convenient** a. 편리한

> **출제 POINT**
>
> at your earliest convenience는 '가급적 빨리'라는 뜻의 숙어 표현으로서, earliest 뒤에 올 어휘를 묻는 문제가 출제된 바 있다.
> Please reply to this letter **at your earliest** (**convenience** / importance).
> 가급적 빨리 이 편지에 회신해 주세요.

## inconvenience
[ìnkənvíːnjəns]

ⓝ 불편

Please pardon any **inconvenience** this may cause.
이로 인해 불편을 끼쳐 드려 죄송합니다.

**inconvenient** a. 불편한

## retire
[ritáiər]

ⓥ 은퇴하다, 퇴직하다

Mr. Garcia is **retiring** at the end of this month.
Garcia 씨는 이달 말에 퇴직한다.

**retirement** n. 은퇴, 퇴직

> **출제 POINT**
>
> retire와 retirement는 은퇴하거나 퇴직하는 직원을 대신할 사람을 구하거나 후임자를 발표하는 상황에서 자주 등장한다.
> The firm hired a new marketing director after Mr. Pym announced his (**retirement** / determination). 회사는 Pym 씨가 은퇴를 발표한 후 새로운 마케팅 이사를 채용했다.

## invest
[invést]

ⓥ 투자하다

We are actively **investing** in our employees' professional development. 우리는 직원들의 전문성 개발에 적극적으로 투자하고 있습니다.

**investment** n. 투자(금)

**investor** n. 투자자

121

## edit
[édit]

ⓥ 편집하다

**edit** presentation slides 프레젠테이션 슬라이드를 편집하다

Once submitted, applications can no longer be **edited** or amended. 일단 제출되면 지원서를 더 이상 편집하거나 수정할 수 없습니다.

**editor** n. 편집자

> **출제 POINT**
>
> editor는 revise(수정하다), proofread(교정을 보다) 등의 어휘와 함께 나온다.
> The marketing director would like one of the (**editors** / types) to **revise** the promotional brochure. 마케팅 책임자는 편집자들 중 한 명이 홍보 책자를 수정하기를 원한다.

## edition
[idíʃən]

ⓝ (간행물의) 판

limited **edition** 한정판

Print subscribers also have access to the magazine's online **edition**. 인쇄물 구독자도 그 잡지의 온라인 판에 접속할 수 있다.

## conduct
[kəndʌ́kt]

ⓥ 수행하다, 실시하다

**conduct** an interview 면접을 실시하다

Stella Clothes is **conducting** a survey to determine its customers' preferences.
Stella 의류는 자사 고객의 선호도를 파악하기 위해 설문조사를 실시하고 있다.

> **기출 표현**
>
> • **conduct** research 연구를 하다
> • **conduct** a training session 교육을 실시하다
> • **conduct** an inspection 점검하다, 검사하다
> • **conduct** a workshop 워크숍을 하다

## donate
[dóuneit] Am
[dəunéit] Br

ⓥ 기부하다

**donate** to a charity 자선단체에 기부하다

All proceeds will be **donated** to the Bighorn School.
모든 수익금은 Bighorn 학교에 기부될 것입니다.

**donation** n. 기부, 기증

> **출제 POINT**
>
> donate의 목적어로는 주로 금전이나 물품을 나타내는 어휘가 오며, 〈donate A to B〉 (A를 B에 기부하다)의 형태로 출제된다.
> The company (**donates** / receives) five percent of its **profits** to community programs. 그 회사는 수익의 5%를 지역사회의 프로그램에 기부한다.

## exhibit
[igzíbit]

**v** 전시하다　**n** 전시(회), 전시품

**exhibit** a company's products 회사의 제품을 전시하다

The museum will host an **exhibit** of rare pottery in May.
그 박물관은 5월에 진귀한 도자기의 전시회를 개최할 것이다.

**exhibition** n. 전시회
**exhibitor** n. 전시회 참가자

## patient
[péiʃənt]

**n** 환자　**a** 참을성 있는, 인내하는

**patient** record 환자 기록

Please be **patient** while we try to resolve this issue.
저희가 이 문제를 해결할 동안 참고 기다려 주십시오.

**patience** n. 참을성, 인내심
**patiently** ad. 참을성 있게

## code
[koud]

**n** 1. 암호, 코드 2. 규정

personal access **code** 개인 접속 코드, 개인 비밀번호

enter a promotional **code** 쿠폰 번호를 입력하다

The company's dress **code** requires employees to wear formal clothing. 그 회사의 복장 규정은 직원이 정장을 입을 것을 요구한다.

---

### expert - expertise

## expert
[ékspəːrt]

**n** 전문가　**a** 전문가의, 전문적인

industry **experts** 업계 전문가들

provide **expert** advice 전문적인 조언을 제공하다

Guests on the tour boat *Stellar* will enjoy fishing alongside an **expert** crew. Stellar 유람선에 탑승한 손님들은 전문적인 선원들과 함께 낚시를 즐기게 될 것입니다.

> **어휘 POINT**
> 명사 expert는 〈expert in/on+전문 분야나 주제〉의 형태로 쓰인다.
> He is an **expert in** document restoration. 그는 문서 복구의 전문가이다.
> She is an **expert on** urban design. 그녀는 도시 디자인의 전문가이다.

## expertise
[èkspəːrtíːz]

**n** 전문 지식, 전문 기술

technical **expertise** 기술 관련 전문 지식

Mr. Nelson gave a speech on automobile design, his area of **expertise**. Nelson 씨는 자신의 전문 분야인 자동차 디자인에 대한 연설을 했다.

miss - missing

## miss
[mis]

ⓥ 1. (교통편·기회 등을) 놓치다  2. 그리워하다

**miss** one's flight 항공편을 놓치다

I'm going to **miss** working with you all.
여러분 모두와 일했던 것이 그리워질 겁니다.

> 기출표현
> • miss an opportunity 기회를 놓치다   • miss a deadline 마감일을 놓치다

## missing
[mísiŋ]

ⓐ 잃어버린, 분실한

For damaged or **missing** items, please contact customer service for a replacement.
손상되거나 분실된 품목은 고객 서비스에 연락해서 교체하세요.

## appreciate
[əpríːʃièit]

ⓥ 감사하다, 고마워하다

We would **appreciate** it if you posted a review of this hotel on our Web site. 저희 웹 사이트에 호텔에 대한 후기를 올려주시면 감사하겠습니다.

**appreciation** n. 감사, 고마움

> 어휘 POINT
> 〈A is truly/greatly/deeply appreciated〉(A에 대해 진심으로 감사드립니다)라는 수동태 구문으로도 자주 쓰인다.
> Your contributions to the team **are greatly appreciated**. 팀에 대한 여러분의 기여에 진심으로 감사드립니다.

---

society - social - socialize

## society
[səsáiəti]

ⓝ 협회, 학회

International **Society** of Engineers 국제 공학자 협회

The local historical **society** is making an effort to preserve the old home. 그 지역의 역사 학회는 옛날 가옥을 보존하기 위해 노력하고 있다.

## social
[sóuʃəl]

ⓐ 사회의, 사회적인

**social** media 소셜 미디어, SNS

Mayor Goodway is committed to economic and **social** change in the city. Goodway 시장은 시의 경제적, 사회적 변화를 위해 헌신하고 있다.

## socialize
[sóuʃəlàiz]

ⓥ 교제하다, 어울리다

Attendees are invited to stay and **socialize** until the event concludes at 11:00 P.M.
참석자들께서는 오후 11시에 행사가 끝날 때까지 남아서 어울릴 것을 요청 드립니다.

## partner
[páːrtnər]

ⓝ 파트너, 협력자  ⓥ 제휴하다

business **partner** 사업 파트너

They **partnered** with a video game publishing company to launch their product.
그들은 제품을 출시하기 위해 비디오 게임 발매사와 제휴 관계를 맺었다.

**partnership** n. 제휴, 협력

## opening
[óupəniŋ]

ⓝ 1. 개장, 개시  2. 공석, 빈자리

grand **opening** 개장, 개업(식)

announce a job **opening** 채용 공고를 내다

We have an **opening** at 2:00 P.M. 저희는 오후 2시에 빈자리가 있습니다.

> **출제 POINT**
> opening은 취업 관련 내용에서 회사의 공석이라는 의미로 자주 등장한다. 유의어로는 vacancy가 있다.
> In the **employment** listings posted yesterday, there was an (**opening** / edition) for an entry-level programmer. 어제 게시된 채용 목록에는 초급 프로그래머의 공석이 있었다.

---

special - specialize - specialty

## special
[spéʃəl]

ⓐ 특별한  ⓝ 특별 상품

**special** offer 특가품, 특별 할인 상품 (= special deal)

Today's **special** is baked salmon with vegetables.
오늘의 특선 요리는 채소를 곁들인 구운 연어입니다.

## specialize
[spéʃəlàiz]

ⓥ 전문으로 하다, 특화되다

We **specialize in** kitchen design, fabrication, and installation.
저희는 주방 디자인, 제작, 설치를 전문으로 합니다.

**specialist** n. 전문가

> **어휘 POINT**
> 동사 specialize는 자동사로서 목적어를 취할 때는 반드시 전치사 in을 동반한다. specialize in(~을 전문으로 하다)을 하나의 표현으로 기억하자.

## specialty
[spéʃəlti]

ⓝ 1. 특산품  2. 전문 분야

**specialty** store 특산품점

Edward Jackson's **specialty** is repairing farm machinery.
Edward Jackson의 전문 분야는 농기계 수리이다.

## express
[iksprés]

**ⓥ** 표현하다, 나타내다  **ⓐ** 신속한

**express** shipping 속달, 빠른 배송

Several individuals **expressed** interest in volunteering at the park this weekend.
여러 사람들이 이번 주말 공원에서의 자원봉사에 관심을 나타냈다.

> **기출 표현**
> - express train 급행 열차
> - express mail 빠른 우편
> - express surprise 놀라움을 나타내다
> - express disappointment 실망감을 나타내다

## complain
[kəmpléin]

**ⓥ** 불평하다

A few guests **complained** that the business center was too crowded. 몇몇 고객들이 비즈니스 센터가 너무 붐빈다고 불평했다.

**complaint** n. 불평

## distribute
[distríbjuːt]

**ⓥ** 배포하다, 나눠 주다

**distribute** brochures 홍보 책자를 배포하다

One of the women is **distributing** some handouts.
여자들 중 한 명이 유인물을 나눠 주고 있다.

**distribution** n. 배포, 유통
**distributor** n. 유통회사, 유통업자

> **출제 POINT**
> distribute와 그 파생어들은 상품(merchandise), 제품(product), 공급(supply), 물류(logistics) 등의 어휘와 함께 쓰인다.
> Hiring a **logistics** consultant has resulted in the faster (**distribution** / treatment) of goods. 물류 컨설턴트의 고용은 보다 빨라진 상품 유통이라는 결과를 가져왔다.

## hall
[hɔːl]

**ⓝ** 1. 홀, 넓은 방  2. 복도

city **hall** 시청

His office is down the **hall** on your left.
그의 사무실은 복도를 지나 왼편에 있습니다.

**hallway** n. 복도, 통로

## bill
[bil]

**ⓝ** 청구서  **ⓥ** 청구서를 보내다

electricity **bill** 전기 요금 청구서

**billing** address 청구서 발송 주소

Ms. Simmons wants to pay her **bills** by transferring money online. Simmons 씨는 온라인 송금으로 청구서 대금을 지불하기를 원한다.

## belong - belongings

### belong
[bilɔ́ːŋ]

**v** ~에 속하다, ~의 소유이다

The jacket **belongs to** Jennifer. 그 재킷은 Jennifer의 것이다.

> **출제 POINT**
> belong은 자동사이므로 항상 전치사를 동반하여 **belong to**의 형태로 쓰인다.

### belongings
[bilɔ́ːŋiŋz]

**n** 소지품, 소유물

All personal **belongings** should be removed from meeting rooms. 모든 개인 소지품은 회의실에서 가지고 나가야 합니다.

> **어휘 POINT**
> belongings는 항상 복수형으로 쓰이는 명사이다. 항상 복수형으로 쓰이는 어휘에는 goods(상품), clothes(옷), savings(저금), earnings(소득) 등이 있다.

## effect - effective

### effect
[ifékt]

**n** 영향, 효과

take **effect** 시행되다

The revised regulations will go into **effect** on January 1.
개정된 규정은 1월 1일부터 시행될 것이다.

### effective
[iféktiv]

**a** 효과적인, 효율적인

The secret behind their success is building **effective** teams of employees. 그들의 성공 비결은 유능한 직원들로 구성된 팀을 만드는 것이다.

> **출제 POINT**
> effective는 '(법률·규정 등이) 발효되는'의 의미도 가지고 있는데, 뒤에 날짜가 이어지면 그 날짜부터 시행된다는 것을 의미한다.
> **Effective** August 18, she will be leading our company's sales division.
> 8월 18일부로 그녀는 우리 회사의 영업 부문을 이끌 것이다.

### quarter
[kwɔ́ːrtər]

**n** 분기

in the fourth **quarter** 4분기에

The sales data for the previous **quarter** have come in.
지난 분기의 판매 데이터가 입수되었다.

**quarterly** a. 분기별의

> **어휘 POINT**
> quarter와 철자와 발음이 비슷한 quota는 '할당량'이라는 뜻이다.

> **기출 표현**
> • quarterly budget 분기별 예산 　• quarterly meeting 분기 회의
> • quarterly report 분기별 보고서 　• quarterly sales 분기별 매출

## original - origin - originate

**original**
[ərídʒənəl]

ⓐ 1. 원래의  2. 독창적인   ⓝ 원본

the **originals** of client contracts 고객 계약서 원본들

Please return the room to its **original** condition.
방을 원래 상태로 되돌려 주시기 바랍니다.

**originally** ad. 원래, 처음에는

> 기출표현
> · original receipt 원본 영수증          · original invoice 원본 송장
> · original schedule 원래 일정          · original packaging 원래 포장 상태

**origin**
[ɔ́:ridʒin]

ⓝ 기원, 시작

Dr. Darcy gave a speech on the **origin** of the charity he founded.
Darcy 박사는 자신이 설립한 자선단체의 기원에 대해 연설했다.

**originate**
[ərídʒənèit]

ⓥ 유래하다, 비롯되다

The idea for the company's new logo **originated** in a staff brainstorming session.
회사의 새로운 로고에 대한 아이디어는 직원 브레인스토밍에서 비롯되었다.

## identify - identity

**identify**
[aidéntəfài]

ⓥ 확인하다, 알아보다

We can help you **identify** ways to increase revenue.
저희는 귀사가 수익을 증대시킬 방법을 알아보는 데 도움을 드릴 수 있습니다.

**identification** n. 신분증

> 어휘 POINT
> identification의 줄임말은 ID이다. photo identification은 사진이 부착된 신분증을 의미하며, photo ID로 줄여 쓸 수 있다.

**identity**
[aidéntəti]

ⓝ 신원, 정체성

corporate **identity** 기업 이미지

The company is making every effort to boost its brand **identity**.
회사는 브랜드 정체성을 강화하기 위해 모든 노력을 기울이고 있다.

## personal - personalize

### personal
[pə́rsənəl]

**ⓐ 개인의, 개인적인**

**personal** information 개인 정보

Be sure to take your **personal** belongings when you get off the bus. 버스에서 내리실 때 개인 소지품을 꼭 챙기세요.

**personally** ad. 개인적으로

> **어휘 POINT**
> personal과 personnel(인원, 직원)의 철자와 의미 차이를 확인하자.

> **기출 표현**
> • personal finance 개인 금융      • personal item 개인 물품
> • personal trainer 개인 지도 강사 (= personal instructor)

### personalize
[pə́:rsənəlàiz]

**ⓥ 개인의 필요에 맞추다**

Members will be sent a monthly e-mail containing **personalized** reading recommendations.
회원에게는 개인 맞춤 독서 추천 목록 메일이 매달 발송됩니다.

## volunteer - voluntary

### volunteer
[vὰləntíər] Am
[vɔ̀ləntíər] Br

**ⓥ 자원하다  ⓝ 자원봉사자**

**volunteer** for an event 행사에 자원하다

We need **volunteers** to pass out water at this weekend's marathon.
우리는 이번 주말 마라톤에서 물을 나눠 줄 자원봉사자들이 필요합니다.

### voluntary
[váləntèri] Am
[vɔ́ləntəri] Br

**ⓐ 자발적인**

Participation in the computer training session tomorrow is **voluntary**. 내일 컴퓨터 교육 참여는 자발적으로 이루어집니다.

### previous
[prí:viəs]

**ⓐ 이전의, 과거의**

**previous** year 작년

She prefers her new job to her **previous** job.
그녀는 자신의 예전 직업보다 새로운 직업을 더 좋아한다.

**previously** ad. 이전에, 과거에

> **기출 표현**
> • previous employer 이전 고용주     • previous experience 이전 경력
> • previous model 이전 모델          • previous version 이전의 버전

# Review Test

**A** 영어 단어의 알맞은 뜻을 찾아 연결하세요.

01. donation — ⓐ 감사하다
02. distribute — ⓑ 기부
03. appreciate — ⓒ 불평하다
04. complain — ⓓ 배포하다

05. belongings — ⓔ 이전의
06. previous — ⓕ 결합하다
07. identification — ⓖ 신분증
08. incorporate — ⓗ 소유물

**B** 우리말 뜻에 맞게 빈칸에 알맞은 어휘를 찾아 넣으세요.

| ⓐ expertise | ⓑ volunteer | ⓒ commit |
| ⓓ opening | ⓔ deadline | ⓕ effect |

09. 마감을 놓치다 — miss a(n) _____
10. 개장 — grand _____
11. 기술 관련 전문 지식 — technical _____
12. 자신의 일에 전념하다 — _____ to one's work
13. 행사에 자원하다 — _____ for an event
14. 시행되다 — take _____

정답  01. ⓑ  02. ⓓ  03. ⓐ  04. ⓒ  05. ⓗ  06. ⓔ  07. ⓖ  08. ⓕ  09. ⓔ  10. ⓓ  11. ⓐ  12. ⓒ  13. ⓑ  14. ⓕ

# Mini Test

**Select the best answer to complete the sentence.**

01. Changing the automobile battery is ------- simple.

    (A) locally  (B) fairly  (C) vaguely  (D) accordingly

02. We ------- in kitchen design, fabrication, and installation.

    (A) measure  (B) specialize  (C) anticipate  (D) patronize

03. The company's dress ------- requires employees to wear formal clothing.

    (A) code  (B) role  (C) status  (D) frame

04. Please confirm your participation at your earliest -------.

    (A) situation  (B) compliment  (C) condition  (D) convenience

05. Once submitted, applications can no longer be ------- or amended.

    (A) edited  (B) classified  (C) evaluated  (D) outlined

06. Stella Clothes is ------- a survey to determine its customers' preferences.

    (A) convincing  (B) exhibiting  (C) conducting  (D) advocating

07. Each new employee is ------- a mentor who is experienced in that department.

    (A) prescribed  (B) handed  (C) awarded  (D) assigned

---

**정답** 01 (B)  02 (B)  03 (A)  04 (D)  05 (A)  06 (C)  07 (D)

**해석** 01 자동차 배터리를 교환하는 것은 상당히 간단하다.  02 저희는 주방 디자인, 제작, 설치를 전문으로 합니다.  03 그 회사의 복장 규정은 직원들이 정장을 입을 것을 요구합니다.  04 가능한 한 빨리 참가 여부를 확인해 주십시오.  05 일단 제출되면 지원서를 더 이상 편집하거나 수정할 수 없습니다.  06 Stella 의류는 자사 고객의 선호도를 파악하기 위해 설문조사를 실시하고 있다.  07 각각의 신입 사원들에게는 그 부서에서 경험이 풍부한 멘토가 배정됩니다.

# Level up    [자동사 + 전치사] 필수 어휘 ②

## 전치사 for와 함께 쓰이는 자동사

**apply for**
~에 지원하다, ~을 신청하다

Marsha West **applied for** a position as an engineer at Gregson Manufacturing.
Marsha West는 Gregson 제조사의 엔지니어 자리에 지원했다.

**account for**
~을 설명하다, 차지하다

Local hotels **account for** most of the business that Greenfield Catering does in the city. 지역의 호텔들은 Greenfield 출장 뷔페가 시에서 하는 사업의 대부분을 차지한다.

**apologize for**
~에 대해 사과하다

Mr. Kennedy **apologized for** making a mistake when he was giving a presentation.
Kennedy 씨는 발표할 때 실수를 한 것에 대해 사과했다.

**check for**
~을 확인하다, 점검하다

Please be sure to **check for** updates by visiting our Web site at any time.
언제든지 당사의 웹 사이트를 방문하셔서 업데이트 여부를 확인하세요.

**care for**
~을 돌보다

You will learn how to **care for** a variety of fruits and vegetables for your gardens. 여러분은 여러분의 정원에 어울리는 다양한 과일과 채소를 가꾸는 법을 배울 것입니다.

**allow for**
~을 고려하다, 감안하다

Mr. Simmons will **allow for** the possibility that Mr. Brooks is late due to traffic. Simmons 씨는 Brooks 씨가 교통 체증으로 인해 지각할 가능성을 감안할 것이다.

**register for**
~에 등록하다

Anyone can **register for** the conference by visiting the information booth.
누구든지 안내소를 방문하여 학회에 등록할 수 있습니다.

**search for**
~을 찾다, 검색하다

Users can **search for** all of our products by visiting our Web site. 사용자들은 당사의 웹 사이트를 방문하여 당사의 모든 제품을 검색할 수 있습니다.

## apologize
[əpálədʒàiz]

**v** 사과하다

We sincerely **apologize for** this mistake.
이번 실수에 대해 진심으로 사과드립니다.

**apology** n. 사과

> **어휘 POINT**
>
> apologize는 자동사로 뒤에 목적어를 취하려면 반드시 전치사를 수반해야 한다. ⟨apologize to⟩는 '~에게 사과하다'이고, ⟨apologize for⟩는 '~에 대해 사과하다'라는 뜻이다.

---

estimate - underestimate

## estimate
[éstəmət] n.
[éstəmèit] v.

**n** 견적(서), 추정  **v** 추정하다

cost **estimate** 비용 견적

The repairs will cost more than initially **estimated**.
수리비는 처음에 추정했던 것보다 더 들 것이다.

> **출제 POINT**
>
> cost estimate, price estimate(가격 견적) 등의 형태로 자주 쓰이며, cost, price 등의 뒤에 나오는 어휘를 묻는 문제가 출제된다.
> The company provides free **cost** (**estimates** / ~~competition~~) to homeowners who want to remodel their kitchen. 그 회사는 주방을 리모델링하고자 하는 집주인들에게 무료 견적을 제공한다.

## underestimate
[ʌ̀ndəréstəmèit]

**v** 과소평가하다

He **underestimated** the cost of the renovations.
그는 수리 비용을 과소평가했다.

> **어휘 POINT**
>
> under(아래의)+estimate(추정하다)의 형태로서, 반대말은 overestimate(과대평가하다)이다.

---

## electric
[iléktrik]

**a** 전기의(= electrical)

**electric** bill 전기 요금

Mr. Tucker has to recharge his **electric** car every night.
Tucker 씨는 매일 밤 전기차를 재충전해야 한다.

**electricity** n. 전기

**electrician** n. 전기 기사

> **어휘 POINT**
>
> electric과 electrical은 의미가 거의 비슷하지만, electric은 car(자동차), toothbrush(칫솔)와 같이 전기로 작동되는 구체적인 장비 또는 기기를 수식하고, electrical은 issue(문제), problem(문제), device(장비)와 같은 더 일반적인 명사를 수식하는 경향이 있다.

follow - following - follow-up

## follow
[fálou]

ⓥ 1. 따라가다, 뒤따르다  2. (지시를) 따르다

**follow** safety guidelines 안전 지침을 따르다

Refreshments will be served starting at 4:00 P.M., **followed** by the keynote speech.
오후 4시부터 다과가 제공되며, 이어서 기조연설이 이어집니다.

> **어휘 POINT**
> follow up on은 '~에 대한 후속 조치를 취하다'라는 의미의 숙어 표현이다.
> I would like to **follow up on** our phone conversation by inviting you to a meeting in my office tomorrow. 내일 제 사무실에서 있을 회의에 당신을 초대하여 전화로 얘기했던 내용을 마저 하고 싶습니다.

## following
[fálouiŋ]

ⓐ 다음의  prep ~후에

the **following** day 그 다음 날

**Following** a discussion with his manager, he realized how to revise his presentation.
팀장과의 논의 후에, 그는 자신의 발표를 어떻게 수정해야 하는지 깨달았다.

## follow-up
[fálou ʌp]

ⓝ 후속 조치  ⓐ 후속의

send a **follow-up** email 후속 이메일을 보내다

At the seminar, you will receive tips on planning, publicizing, and providing **follow-ups** for your events. 세미나에서 당신은 행사의 기획과 홍보, 후속 조치 제공에 관한 팁을 얻게 될 것입니다.

---

instead - instead of

## instead
[instéd]

ⓐd 대신에

Do not place glass in the trash can but **instead** place it in the recycling bin. 유리를 쓰레기통에 넣지 말고 대신에 재활용함에 넣으세요.

## instead of
[instéd əv]

~ 대신에

The pool will open at 6:00 **instead of** 7:00.
수영장은 7시 대신에 6시에 개장할 것이다.

---

## branch
[bræntʃ] Am
[bra:ntʃ] Br

ⓝ 1. 지점  2. 나뭇가지

open a **branch** office 지사를 설립하다

A man is trimming **branches** off a tree.
남자가 나무를 가지치기하고 있다.

## regard
[rigá:rd]

**v** 여기다, 간주하다

The company is highly **regarded** for its excellent customer service. 그 회사는 우수한 고객 서비스로 높은 평가를 받고 있다.

## regarding
[rigá:rdiŋ]

**prep** ~에 관하여

Please accept our sincerest apologies **regarding** the difficulties with your recent order. 최근 주문에 어려움을 겪으신 것에 대해 진심으로 사과드립니다.

> **어휘 POINT**
>
> in regard to 또는 with regard to는 '~에 관하여'라는 의미의 숙어 표현으로서 regarding과 바꾸어 쓸 수 있다.
> Thank you for contacting us **with regard to** the cancellation of your flight. 항공편 취소와 관련하여 연락 주셔서 감사합니다.

## regardless of
[rigá:rdlis əv]

~에 관계없이

**Regardless of** why you are traveling to London, let Buckingham Airlines take you there. 런던으로 여행하시려는 이유가 무엇이든, Buckingham 항공이 그곳으로 모시겠습니다.

## respond
[rispánd]

**v** 응답하다

**respond to** a request 요청에 응답하다

The proposal must be submitted in writing and will be **responded to** accordingly. 제안서는 서면으로 제출되어야 하며 그에 따라 회신될 것입니다.

**response** n. 응답, 반응

**respondent** n. (설문조사의) 응답자

> **어휘 POINT**
>
> respond는 자동사이므로 목적어를 취할 때는 respond to의 형태로 쓰인다. 비슷한 표현으로는 reply to가 있다.

## remind
[rimáind]

**v** 상기시키다, 생각나게 하다

I want to **remind** you that I'll be out of town for a week. 제가 일주일간 출장을 가느라 이곳에 없을 거라는 사실을 상기시켜 드리고 싶습니다.

**reminder** n. 알림, 독촉장, 상기시키는 것

> **어휘 POINT**
>
> ⟨remind A of/about B⟩(A에게 B에 대해 상기시키다), ⟨remind A to V⟩(A에게 ~하라고 상기시키다), 또는 수동태인 ⟨be reminded to V⟩(~하라고 알림을 받다) 등의 형태로 자주 나온다.

## route

**route**
[ru:t, raut]

ⓝ 노선, 경로

bus **route** 버스 노선

take the shortest **route** 최단 경로를 이용하다

Mr. Pearson took an unfamiliar **route** due to road construction.
Pearson 씨는 도로 공사로 인해 생소한 경로를 택했다.

**routine**
[ru:tí:n]

ⓐ 일상적인, 정기적인　ⓝ 루틴, 정해진 순서

exercise **routine** 운동 루틴

**Routine** maintenance of the server will be performed this weekend. 서버의 정기적인 유지 보수가 이번 주말에 시행됩니다.

> **출제 POINT**
> routine은 regular(정기적인, 주기적인)와 같은 뜻으로, 토익에서는 주로 회사나 각종 시설에서 시행되는 정기 점검 관련 내용으로 출제된다.
> Homestead Station will undergo **routine** (**maintenance** / reassurance) next month. Homestead 역은 다음 달에 정기 점검을 받을 것이다.

## upgrade - grade

**upgrade**
[ʌ̀pgréid]

ⓥ 업그레이드하다　ⓝ 업그레이드, 개선

software **upgrade** 소프트웨어 업그레이드

We will **upgrade** you to a business suite at the same cost as a single room.
1인실과 동일한 비용으로 비즈니스 스위트룸으로 업그레이드해 드리겠습니다.

**grade**
[greid]

ⓝ 등급, 성적

Information such as the brand, size, and **grade** of the produce was printed on the box.
상자에는 농산물의 브랜드, 크기, 등급 등의 정보가 인쇄되어 있었다.

**official**
[əfíʃəl]

ⓝ 공무원　ⓐ 공식적인

government **official** 정부 공무원

Please visit our **official** Web site. 저희의 공식 웹 사이트를 방문해 주세요.

**officially** ad. 공식적으로

**convention**
[kənvénʃən]

ⓝ 대회, 협의회

**convention** center 컨벤션 센터, 대회장

Mr. Anders missed the annual marketing **convention**.
Anders 씨는 연례 마케팅 협의회에 불참했다.

## advance - advanced

### advance
[ədvǽns] Am
[ədváːns] Br

**n** 발전, 발달  **v** 향상시키다  **a** 사전의

major **advance** in technology 기술의 중대한 발전

provide 24-hour **advance** notice 24시간 전에 통지하다

Getting a master's degree can **advance** a person's career in many fields. 석사 학위를 취득하면 많은 분야에서 경력을 향상시킬 수 있다.

> **어휘 POINT**
> in advance는 '사전에, 미리'라는 의미의 숙어 표현이다.
> You can buy tickets online **in advance** or at the door. 티켓은 인터넷으로 사전에 구입하거나 입구에서 구입할 수 있습니다.

### advanced
[ədvǽnst] Am
[ədváːnst] Br

**a** 1. 진보한, 발전된  2. 고급의

**advanced** degree 석사 이상의 학위

We use the most **advanced** equipment and processes currently on the market.
우리는 현재 시중에 나와 있는 가장 최첨단 장비와 공정을 사용합니다.

> **출제 POINT**
> advanced는 degree(학위), skill(기술, 실력), technology(기술) 등의 어휘를 수식한다.
> Pure Water Treatment hires engineers who have (**advanced** / ~~adjusted~~) mathematics **skills**. Pure Water Treatment는 고급 수학 실력을 가진 엔지니어들을 채용한다.

## broadcast - forecast

### broadcast
[brɔ́ːdkæst] Am
[brɔ́ːdkaːst] Br

**v** 방송하다  **n** 방송

radio **broadcast** 라디오 방송

The mayor's speech tonight will be **broadcast** on every local channel. 오늘 밤 시장의 연설은 모든 지역 채널에서 방송될 것이다.

> **어휘 POINT**
> broad(널리)+cast(던지다) → 널리 알리다. 방송 전파를 먼 곳까지 보내다

### forecast
[fɔ́ːrkæst]

**n** 예보, 예상  **v** 예상하다

weather **forecast** 일기예보

The company has **forecast** a similar rise in profits for this year.
그 회사는 올해에도 비슷한 수익 증가를 예상했다.

> **어휘 POINT**
> 동사 forecast의 과거형과 과거분사형은 forecast와 forecasted의 두 가지 형태가 있다.

## reduce
[ridjúːs]

**v** 줄이다, 감소시키다

at a **reduced** price 할인된 가격으로

This medicine can help **reduce** the symptoms of seasonal allergies. 이 약은 계절적인 알레르기 증상을 줄이는 데 도움을 줄 수 있다.

**reduction** n. 감소, 축소

---

step - step-by-step - footstep

## step
[step]

**n** 1. 단계  2. 걸음  3. 계단   **v** 걸음을 내디디다

plan one's next **steps** 다음 단계들을 계획하다

**step** outside for a minute 잠깐 밖에 나가다

Please **watch your step** as you exit the bus.
버스에서 하차할 때 발밑을 조심하세요.

> **어휘 POINT**
> 1. 파트 1 빈출 어휘로서 '계단'의 의미로 출제된다.
>    Workers are climbing **steps** to a building. 작업자들이 건물의 계단을 오르고 있다.
> 2. watch your step은 '걸을 때 발밑을 조심하다'라는 숙어 표현이다.

## step-by-step
[stépbaistép]

**a** 단계적인

To ensure that the desk is assembled properly, please follow the **step-by-step** guide.
책상이 제대로 조립되도록 하기 위해 단계별 지침을 따르십시오.

## footstep
[fútstèp]

**n** 발자국

Do you have any advice for your fans who want to follow in your **footsteps**? 당신의 발자취를 따르고 싶어 하는 팬들을 위한 조언이 있나요?

---

## strategy
[strǽtədʒi]

**n** 전략

business **strategy** 사업 전략

A different sales **strategy** should be considered.
다른 영업 전략을 고려해야 합니다.

**strategic** a. 전략적인

> **출제 POINT**
> strategy, policy(정책, 방침), regulation(규정) 등은 implement(시행하다), develop(개발하다), design(설계하다), adopt(채택하다)와 같은 동사의 목적어로 자주 등장한다.
> The Jenkins Theater **implemented** a new (**strategy** / ~~selection~~) for collecting customer feedback. Jenkins 극장은 고객의 의견을 수렴하기 위한 새로운 전략을 시행했다.

## region
[ríːdʒən]

**n** 지역

throughout the **region** 그 지역 전체에 걸쳐

Dandelion Pharmacy will open its third branch in the **region** next month. Dandelion 약국은 다음 달 그 지역에 세 번째 지점을 열 예정이다.

**regional** a. 지역의

---

attract - attractive

## attract
[ətrǽkt]

**v** (마음을) 끌다, 유인하다

The festival **attracted** many tourists to the city.
축제는 많은 관광객들을 그 도시로 유인했다.

**attraction** n. 명소, 명물

> **기출 표현**
> · tourist attraction 관광 명소    · local attraction 지역 명소

## attractive
[ətrǽktiv]

**a** 매력적인

The store has a variety of **attractive** items for the modern home.
그 상점은 현대적 주택에 어울리는 매력적인 물품들을 다양하게 보유하고 있다.

> **출제 POINT**
> attractive, reasonable(합리적인), affordable(저렴한) 등은 price와 자주 어울려 쓰인다.
> At Lerner Groceries, we encourage loyalty in our customers by providing quality goods at (**attractive** / ~~actual~~) **prices**. 저희 Lerner 식품점은 양질의 상품을 매력적인 가격에 제공함으로써 고객들의 충성도를 높입니다.

## regular
[régjələr]

**a** 1. 정기적인, 규칙적인  2. 보통의, 통상의

**regular** price 정가

The janitors empty the wastebaskets in the building **on a regular basis**. 관리인들은 정기적으로 건물 내의 쓰레기통들을 비운다.

**regularly** ad. 정기적으로

> **어휘 POINT**
> on a regular basis는 '정기적으로'라는 의미의 숙어 표현이며 regularly로 바꿔 쓸 수 있다.

## trade
[treid]

**n** 무역  **v** 교환하다

**trade** show 무역 박람회

Teresa Rico offered to **trade** work shifts with Ted Mayer.
Teresa Rico는 Ted Mayer에게 교대 근무를 바꾸자고 제안했다.

## commercial
[kəmə́ːrʃəl]

ⓐ 상업의  ⓝ 광고

television **commercial** 텔레비전 광고

Horton Real Estate specializes in the buying and selling of **commercial** properties.
Horton 부동산은 상업용 부동산의 매매를 전문으로 한다.

## commerce
[kámərs] Am
[kɔ́məs] Br

ⓝ 상업, 통상

e-**commerce** 전자 상거래

The city's chamber of **commerce** promotes many local businesses. 시의 상공 회의소는 많은 지역 기업들을 홍보한다.

## reasonable
[ríːzənəbl]

ⓐ 1. 합리적인, 이성적인  2. 가격이 합리적인, 비싸지 않은

at a **reasonable** price 합리적인 가격에

That sounds like a **reasonable** idea. 합리적인 생각인 것 같네요.

**reasonably** ad. 합리적으로, 이성적으로

> **어휘 POINT**
> reasonably priced(적정한 가격의)라는 표현이 자주 쓰인다.
> The rooms at Chapman Hotel are **reasonably priced**. Chapman 호텔의 객실은 가격이 적정하다.

## state
[steit]

ⓝ 1. (미국의) 주  2. 상태   ⓥ (분명히) 말하다, 명시하다

in the northern part of the **state** 주의 북부에

be in a terrible **state** 끔찍한 상태에 있다

I received your message **stating** that you'd like to change the decorations on the cake.
케이크 장식을 바꾸고 싶다고 하신 귀하의 메시지를 받았습니다.

**statement** n. 1. 명세서  2. 성명서

## architect
[áːrkitèkt]

ⓝ 건축가

landscape **architect** 조경사

The **architect** designed the building to have a lot of natural light. 그 건축가는 자연 채광을 많이 받도록 그 건물을 설계했다.

**architecture** n. 건축, 건축물

**architectural** a. 건축의

## author
[ɔ́:θər]

**n** 저자, 작가

The **author** will be reading from his latest novel.
그 작가는 자신의 신작 소설을 낭독할 것이다.

## authorize
[ɔ́:θəràiz]

**v** 승인하다, 권한을 주다

Both the CEO and the CFO are **authorized** to sign checks over $10,000. 최고경영자와 최고재무책임자는 둘 다 1만 달러가 넘는 수표에 서명할 권한이 있다.

**authorization** n. 허가, 인가

## authority
[əθɔ́:rəti]

**n** 1. 당국  2. 권위자

**authority** on digital marketing strategies 디지털 마케팅 전략의 권위자

**Authorities** have finalized plans for construction of a new highway. 당국은 새로운 고속도로 건설 계획을 확정했다.

> **어휘 POINT**
>
> author(저자)는 해당 분야의 authority(권위자)이기 때문에 authorize(승인하다) 할 수 있는 사람이라는 방식으로 author, authorize, authority를 연상 암기하자.

## permit
[pərmít] v.
[pə́:rmit] n.

**v** 허용하다  **n** 허가(증)

parking **permit** 주차증

No food or drinks are **permitted** on the buses.
버스에서는 음식이나 음료가 허용되지 않습니다.

**permission** n. 허락, 허가

> **출제 POINT**
>
> permission이라는 명사가 있기 때문에 permit이 동사 외에 명사로도 쓰인다는 것을 파악하기 쉽지 않다. permit은 가산명사인데 반해, permission은 다소 포괄적인 의미이므로 불가산명사이다. 관사가 있으면 permit, 관사가 없으면 permission임을 기억하자.
>
> Tour boat companies must obtain **a** written (**permit** / ~~permission~~) from the authorities. 관광 보트 회사들은 당국으로부터 서면 허가를 얻어야 한다.

## press
[pres]

**n** 언론  **v** 누르다

**press** release 보도 자료

**press** a button 버튼을 누르다

At a **press** conference this morning, the CEO announced his retirement. 오늘 아침 기자 회견에서 최고경영자는 은퇴를 발표했다.

## reach

**reach**
[riːtʃ]

ⓥ 1. 도달하다  2. 연락하다  3. (손을) 뻗다

**reach** quarterly sales goals 분기별 판매 목표에 도달하다

You can **reach** him at 555-1730 if you have any questions.
질문이 있으면 555-1730으로 그에게 연락할 수 있다.

> **기출표현**
> • reach an agreement 합의에 이르다  • reach a compromise 타협에 이르다
> • reach a decision 결정을 내리다  • reach a goal 목표에 도달하다

> **출제 POINT**
> 파트 1 빈출 어휘 중 하나로서, 뭔가를 향해 손을 뻗고 있는 사람을 묘사할 때 나온다.
> A woman is **reaching** into a display case. 여자가 진열장 안으로 손을 뻗고 있다.

**outreach**
[áutriːtʃ]

ⓝ 봉사 활동

Carson City's community **outreach** program helped hundreds of people in a few months.
Carson 시의 지역 봉사 프로그램은 몇 달 만에 수백 명의 사람들에게 도움을 주었다.

> **어휘 POINT**
> 도움이 필요한 곳을 향해 손을 뻗는 이미지를 연상하여 암기하자.

## clear - clearance - clarify

**clear**
[kliər]

ⓐ 분명한, 확실한  ⓥ 치우다

just to be **clear** 분명히 말하자면

The roads are **cleared** of snow. 도로는 눈이 깨끗하게 치워져 있다.

**clearly** ad. 분명히, 명확히

**clearance**
[klíərəns]

ⓝ 1. 정리, 제거  2. 허가, 인가

**clearance** item 재고 정리 품목

The research laboratory requires a security **clearance** to enter.
연구실에 들어가려면 보안 허가를 받아야 한다.

**clarify**
[klǽrəfài]

ⓥ 분명히 하다, 명확하게 하다

**clarify** a misunderstanding 오해를 해명하다

I'd like to **clarify** an issue that has been causing confusion.
그동안 혼선을 빚어 온 문제를 분명히 하고 싶습니다.

**clarification** n. 설명, 해명

## certificate
[sərtífəkit]

**ⓝ 증명서, 증서**

**certificate** of completion 수료증

She used a gift **certificate** to pay for the items she purchased.
여자는 구매한 물품을 결제하기 위해 상품권을 사용했다.

**certification** n. 증명, 증명서 교부

> **어휘 POINT**
> certificate은 증명서와 같은 실제 문서를 가리키므로 가산명사로 쓰이고, certification은 불가산명사로만 쓰인다.

## certify
[sə́ːrtəfài]

**ⓥ 증명하다**

Thanks for writing a reference letter to Pearson Labs **certifying** my Spanish-language skills. Pearson 연구소에 저의 스페인어 실력을 증명하는 추천서를 써 주셔서 감사합니다.

> **어휘 POINT**
> certified는 '공인된, 국가 공인한'이라는 의미로 직업을 나타내는 명사 앞에 쓰인다.
> • certified instructor 국가 공인 강사  • certified nurse 공인 간호사

## contain
[kəntéin]

**ⓥ 포함하다, 들어 있다**

This book is easy to read and **contains** helpful tips.
이 책은 읽기 쉽고 도움이 되는 조언들이 들어 있다.

**container** n. 용기, 그릇

> **어휘 POINT**
> container는 파트 1 빈출 어휘로서, 통, 상자, 그릇, 용기, 화물용 컨테이너 등 물건을 담을 수 있는 모든 것을 지칭한다.
> Some **containers** have been placed side by side.
> 몇 개의 용기가 나란히 놓여 있다.

## associate
[əsóuʃiət] n.
[əsóuʃièit] v.

**ⓝ 동료  ⓥ 관련시키다**

business **associate** 사업상 동료

I will send you the paperwork **associated with** the position.
그 직책과 관련된 서류를 보내 드리겠습니다.

**association** n. 협회

> **어휘 POINT**
> 동사 associate는 수동태인 〈be associated with〉(~와 연관되다)의 형태로 주로 쓰인다.

## connect - connection - disconnect

### connect
[kənékt]

**ⓥ 연결하다**

**connect** a computer to the Internet 컴퓨터를 인터넷에 연결하다

Mr. Wright missed his **connecting** flight in Atlanta because his plane arrived late.
Wright 씨는 비행기가 연착하는 바람에 애틀랜타에서 연결 항공편을 놓쳤다.

### connection
[kənékʃən]

**ⓝ 1. 연결  2. 연줄, 인맥**

wireless Internet **connection** 무선 인터넷 연결

He made a lot of **connections** at last year's conference.
그는 작년 총회에서 많은 인맥을 만들었다.

### disconnect
[dìskənékt]

**ⓥ 연결을 끊다**

**disconnect** a plug 플러그를 뽑다

The problem with telecommuting is that workers feel **disconnected** from their colleagues.
재택근무의 문제는 근로자들이 동료들로부터 단절되어 있다고 느낀다는 것이다.

---

## manual - manually

### manual
[mǽnjuəl]

**ⓝ 매뉴얼, 사용 설명서**

instruction **manual** 사용 설명서 (= user manual)

The **manual** provides a basic overview of the camera's primary features. 사용 설명서는 카메라의 주요 기능에 대한 기본적인 개요를 제공한다.

### manually
[mǽnjuəli]

**ad 손으로, 수동으로**

Enter the four-digit code on the keypad **manually**.
키패드에서 네 자리 코드를 수동으로 입력하세요.

---

### focus
[fóukəs]

**ⓝ 초점  ⓥ 초점을 맞추다, 집중하다**

main **focus** of the presentation 발표의 주된 초점

Today's meeting will **focus on** ways to reduce expenses.
오늘 회의는 경비 절감 방안에 초점을 맞출 것입니다.

> **출제 POINT**
>
> focus on(~에 집중하다)의 형태로 쓰이며, 전치사 on 앞의 적절한 동사 어휘를 묻는 문제로 출제된다.
> The workshop (**focused** / belonged) **on** using financial data to make better management decisions. 워크숍은 경영진이 보다 나은 의사 결정을 할 수 있도록 재무 데이터를 사용하는 데 초점을 맞췄다.

# Review Test

**A** 영어 단어의 알맞은 뜻을 찾아 연결하세요.

01. remind            ⓐ 정리
02. convention        ⓑ 상기시키다
03. clearance         ⓒ 견적
04. estimate          ⓓ 협의회

05. associate         ⓔ 당국
06. permit            ⓕ 허용하다
07. commercial        ⓖ 동료
08. authority         ⓗ 상업의

**B** 우리말 뜻에 맞게 빈칸에 알맞은 어휘를 찾아 넣으세요.

| ⓐ certificate | ⓑ disconnect | ⓒ follow-up |
| ⓓ reach | ⓔ region | ⓕ reasonable |

09. 합리적인 가격에              at a _____ price
10. 플러그를 뽑다                _____ a plug
11. 수료증                      _____ of completion
12. 그 지역 전체에 걸쳐          throughout the _____
13. 분기별 판매 목표에 도달하다  _____ quarterly sales goals
14. 후속 이메일을 보내다        send a _____ email

정답  01 ⓑ  02 ⓓ  03 ⓐ  04 ⓒ  05 ⓖ  06 ⓕ  07 ⓗ  08 ⓔ  09 ⓕ  10 ⓑ  11 ⓐ  12 ⓔ  13 ⓓ  14 ⓒ

# Mini Test

**Select the best answer to complete the sentence.**

01. The festival ------- many tourists to the city.

    (A) improved   (B) attached   (C) socialized   (D) attracted

02. This book is easy to read and ------- helpful tips.

    (A) contains   (B) reaches   (C) invests   (D) belongs

03. This medicine can help ------- the symptoms of seasonal allergies.

    (A) host   (B) consider   (C) reduce   (D) construct

04. We use the most ------- equipment and processes currently on the market.

    (A) exterior   (B) advanced   (C) fragile   (D) separate

05. ------- maintenance of the server will be performed this weekend.

    (A) Excess   (B) Vacant   (C) Routine   (D) Former

06. Please accept our sincerest apologies ------- the difficulties with your recent order.

    (A) regarding   (B) following   (C) including   (D) depending

07. The theater implemented a new ------- for collecting customer feedback.

    (A) context   (B) audience   (C) issue   (D) strategy

---

**정답** 01 (D)  02 (A)  03 (C)  04 (B)  05 (C)  06 (A)  07 (D)

**해석** 01 축제는 많은 관광객들을 그 도시로 유인했다.  02 이 책은 읽기 쉽고 도움이 되는 조언들이 들어 있다.  03 이 약은 계절적인 알레르기 증상을 줄이는 데 도움을 줄 수 있다.  04 우리는 현재 시중에 나와 있는 가장 최첨단 장비와 공정을 사용합니다.  05 서버의 정기적인 유지 보수가 이번 주말에 시행됩니다.  06 최근 주문에 어려움을 겪으신 것에 대해 진심으로 사과드립니다.  07 그 극장은 고객의 의견을 수렴하기 위한 새로운 전략을 시행했다.

# Level up [자동사 + 전치사] 필수 어휘 ③

**전치사 with와 함께 쓰이는 자동사**

| | |
|---|---|
| **comply with** ~을 준수하다 | All products manufactured at Hearst International **comply with** national standards. Hearst International에서 제조된 모든 제품은 국가 표준을 준수합니다. |
| **coincide with** ~와 동시에 일어나다 | This year, Mr. Reyna's birthday **coincides with** a national holiday. 올해 Reyna 씨의 생일은 국경일과 겹친다. |
| **deal with** ~을 상대하다, 처리하다 | Members of the sales staff are expected to **deal with** clients in a professional manner. 영업 사원들은 전문가적인 태도로 고객을 상대해야 합니다. |
| **interact with** ~와 교류하다 | Ms. Porter often **interacts with** foreign customers when she participates in professional events. Porter 씨는 전문가들이 모이는 행사에 참석할 때 외국 고객들과 종종 교류합니다. |
| **proceed with** ~을 계속하다 | The advertising team was told to **proceed with** the work on the new radio ad. 광고 팀은 새로운 라디오 광고에 대한 업무를 계속 진행하라는 지시를 받았다. |
| **collaborate with** ~와 협력하다 | Mr. Macon hopes to **collaborate with** a team from Harvey Industries this year. Macon 씨는 올해 Harvey Industries의 팀과 협력하기를 희망하고 있다. |
| **cooperate with** ~와 협력하다 | Interns should **cooperate with** one another so that everyone can have a pleasant experience. 인턴들은 모두가 즐거운 경험을 할 수 있도록 서로 협력해야 합니다. |
| **interfere with** ~을 방해하다 | The training schedule is going to **interfere with** some staff meetings. 교육 일정은 일부 직원 회의에 지장을 주게 될 것이다. |
| **compete with** ~와 경쟁하다 | Mastodon, Inc., **competes with** many other companies in the biochemical industry. Mastodon 주식회사는 생화학 산업 분야의 다른 많은 회사들과 경쟁하고 있다. |

RANKING 0481~0540

고민출어휘

DAY 09

## retail
[ríːtèil]

ⓐ 소매의

**retail** store 소매점 (= retail location)

At the store, everything is sold for 50 percent less than the **retail** price. 그 상점에서는 모든 것이 소매 가격보다 50% 싸게 판매된다.

**retailer** n. 소매 상인

> **어휘 POINT**
> 반대 개념의 어휘는 wholesale(도매의)이며, 도매 가격은 wholesale price라고 한다.

## candidate
[kǽndidèit, kǽndidət]

ⓝ 후보자, 지원자

job **candidate** 구직자

She is the ideal **candidate** for the supervisor position.
그녀는 관리자 자리에 이상적인 후보이다.

> **기출 표현**
> • strong candidate 유망한 후보
> • ideal candidate 이상적인 후보
> • qualified candidate 적임자
> • best candidate 최상의 후보
> • perfect candidate 완벽한 후보
> • successful candidate 합격자

## condition
[kəndíʃən]

ⓝ 1. 상태, 상황 2. 조건

poor weather **conditions** 안 좋은 기상 상황

terms and **conditions** (계약의) 조건, 약관

The furniture I ordered arrived in good **condition**.
내가 주문한 가구는 좋은 상태로 도착했다.

## short
[ʃɔːrt]

ⓐ 1. 짧은 2. 부족한

be **short** on time 시간이 부족하다

We will be **short**-staffed from 2:00 to 4:00 due to employee training. 우리는 직원 교육 때문에 2시부터 4시까지 인원이 부족할 것이다.

**shortage** n. 부족

## demonstrate
[démənstrèit]

ⓥ 1. 입증하다 2. 시연하다

**demonstrate** proof of ownership 소유권을 입증하다

I'll **demonstrate** a new computer program that our department recently created.
저는 우리 부서에서 최근에 만든 새 컴퓨터 프로그램을 시연할 것입니다.

**demonstration** n. 시연

practice - practical

## practice
[prǽktis]

**n** 1. 연습  2. 관행   **v** 연습하다

best **practice** 모범 사례

business **practices** 사업 관행

Ms. Sandler will **practice** her presentation until she memorizes it. Sandler 씨는 외울 때까지 자신의 발표를 연습할 것이다.

> **어휘 POINT**
> practice는 변호사, 의사와 같은 전문직 종사자의 업무나 사무실을 의미하기도 한다.
> We have several other doctors at our **practice**. 우리 병원에는 몇 명의 다른 의사들이 있습니다.

## practical
[prǽktikəl]

**a** 실용적인

He provided some **practical** tips for working as a bank teller.
그는 은행 창구 직원으로 일하는 데 필요한 몇 가지 실용적인 팁을 제공했다.

## surprisingly
[sərpráiziŋli]

**ad** 놀랍게도

The restaurant was **surprisingly** busy for a Tuesday afternoon.
그 식당은 화요일 오후치고는 놀라울 정도로 붐볐다.

qualify - qualification

## qualify
[kwáləfài]

**v** 자격을 주다, 자격을 얻다

This coupon will **qualify** you for a free gift with the purchase of items worth $50. 이 쿠폰은 50달러 상당의 물품을 구매하면 사은품을 받을 수 있는 자격을 부여합니다.

**qualified** a. 자격이 있는, 적격의

> **출제 POINT**
> qualified는 구인 광고에서 자주 등장한다. 주로 highly(매우)나 최상급을 만드는 most와 함께 쓰이고, 〈be qualified for〉(~에 적합하다), 〈be qualified to V〉(~할 자격을 갖추다)의 형태로도 자주 출제된다.
> The purpose of the meeting is to determine which candidate is the **most** (**qualified** / superficial) **for** the position. 회의의 목적은 어떤 후보자가 그 자리에 가장 적합한지를 결정하는 것이다.

## qualification
[kwàləfikéiʃən]

**n** 자격

I believe that my work experience exceeds the **qualifications** you listed in the job description.
제 경력은 귀사에서 직무 기술서에 기재한 자격 요건을 상회한다고 생각합니다.

## potential
[pəténʃəl]

ⓐ 잠재적인  ⓝ 잠재력, 가능성

**potential** client 잠재 고객

**potential** investors 잠재 투자자들

Ms. Park accepted the internship because it had the **potential** to lead to a permanent position. Park 씨는 인턴직이 정규직으로 이어질 가능성이 있기 때문에 인턴직을 수락했다.

---

prior to - priority - prior

## prior to
[práiər tuː]

~에 앞서, ~ 전에

They learned about the plant's history **prior to** the tour. 그들은 견학에 앞서 그 공장의 역사에 대해 배웠다.

## priority
[praiɔ́ːrəti]

ⓝ 우선권, 우선 사항

top **priority** 최우선 순위 (= highest priority)

We take pride in making on-time deliveries our number-one **priority**. 저희는 정시 배달을 최우선으로 한다는 자부심을 가지고 있습니다.

## prior
[práiər]

ⓐ 이전의, 사전의

You don't need any **prior** knowledge to participate in this workshop. 이 워크숍에 참가하는 데는 어떠한 사전 지식도 필요하지 않습니다.

## stock
[stɑk] Am
[stɔk] Br

ⓝ 1. 재고(품)  2. 주식  ⓥ (상품을) 갖추다

**stock** market 주식 시장

be in **stock** 재고가 있다 (↔ be out of stock 재고가 없다, 품절이다)

The kitchen is **stocked** with plenty of pots and dishware. 주방은 냄비와 식기류가 충분히 갖추어져 있다.

## release
[rilíːs]

ⓝ 발표, 출시  ⓥ 발표하다, 공개하다

press **release** 보도 자료

They have just **released** a new software update that fixes the bugs. 그들은 얼마 전에 오류를 바로잡는 새로운 소프트웨어 업데이트를 공개했다.

> **출제 POINT**
>
> 파트 7의 보도 자료(press release) 지문에 'FOR IMMEDIATE RELEASE'라는 문구가 나오면 '즉시 배포용'이라고 해석하면 된다.

initial - initiative - initiate

## initial
[iníʃəl]

ⓐ 처음의, 초기의

**initial** evaluation 최초 평가

The investors' **initial** fears were calmed by the reassuring sales report.
투자자들의 초기의 두려움은 안심을 주는 매출 보고서에 의해 진정되었다.

**initially** ad. 처음에

## initiative
[iníʃiətiv]

ⓝ 1. 주도권 2. 새로운 계획

try not to lose the **initiative** 주도권을 잃지 않으려고 노력하다

The meeting agenda is a new company **initiative**.
회의의 안건은 회사의 새로운 계획이다.

> **어휘 POINT**
>
> take the initiative는 '주도하다, 주도권을 쥐다'라는 뜻의 숙어 표현이다.
> When Karen Hooper found the manufacturing problem, she **took the initiative** and fixed it. Karen Hooper는 제조상의 문제를 발견했을 때, 주도권을 쥐고 그 문제를 고쳤다.

## initiate
[iníʃièit]

ⓥ 시작하다

The museum **initiated** an effort to preserve the artifacts it had recently acquired.
박물관은 최근에 입수한 유물들을 보존하기 위한 노력을 시작했다.

> **출제 POINT**
>
> 회사의 새로운 정책, 시스템, 절차 등을 소개하는 내용에서 주로 나온다.
> For the convenience of its customers, Colonial Railways has (**initiated** / resolved) a paperless ticket **system**. 고객들의 편의를 위해 Colonial Railways는 종이 없는 승차권 시스템을 시작했다.

## screen
[skri:n]

ⓝ 화면, 스크린 ⓥ 심사하다

projection **screen** 프로젝터 스크린

A panel of reviewers will **screen** all proposals.
검토자 패널이 모든 제안을 심사할 것이다.

## responsible
[rispánsəbl]

ⓐ 책임이 있는

All office personnel are **responsible** for maintaining a clean workspace. 모든 사무실 직원은 깨끗한 작업 공간을 유지할 책임이 있다.

**responsibility** n. 책임

impressive - impression - impressed

## impressive
[imprésiv]

ⓐ 인상적인

The team has made **impressive** progress, considering the supervisor position is still vacant.
관리자 자리가 아직 공석인 점을 고려하면, 그 팀은 인상적인 발전을 이루었다.

## impression
[impréʃən]

ⓝ 인상

first **impression** 첫인상

The intern hoped to make a good **impression** on his first day in the office. 그 인턴은 입사 첫날에 좋은 인상을 주고 싶어 했다.

## impressed
[imprést]

ⓐ 감명을 받은, 깊은 인상을 받은

I **was** very **impressed with** the résumé you submitted.
당신이 제출한 이력서에 매우 깊은 인상을 받았습니다.

> **어휘 POINT**
> impressive는 주어로 사람이나 사물이 모두 올 수 있지만, impressed는 주로 사람이 주어로 오며 〈be impressed with〉(~에 감명을 받다)의 형태로 쓰인다.

---

join - joint

## join
[dʒɔin]

ⓥ 합류하다, 입사하다

Where did you work before you **joined** our company?
우리 회사에 입사하기 전에 어디서 일하셨어요?

> **출제 POINT**
> 직원이 입사하는 상황에서 직급 또는 직책을 의미하는 표현과 함께 출제된다.
> Ms. Rossini will be (**joining** / ~~trading~~) Coral Industries as its **vice president** of operations. Rossini 씨는 Coral Industries의 운영 담당 부사장으로 합류할 예정이다.

## joint
[dʒɔint]

ⓐ 합동의, 공동의

**joint** project 합동 프로젝트

In a **joint** presentation, several doctors presented the results of the clinical trial. 공동 발표에서 여러 의사들이 임상 시험 결과를 발표했다.

---

## shelf
[ʃelf]

ⓝ 선반

Some books have been placed on **shelves**.
책 몇 권이 선반 위에 놓여 있다.

## brochure
[brouʃúər] Am
[bróuʃə] Br

ⓝ 브로슈어, (홍보용) 소책자

hand out **brochures** 홍보 책자를 나눠 주다

The marketing team will update the hotel **brochure** by adding new photos.
마케팅 팀은 새로운 사진들을 추가하여 호텔 홍보 책자를 업데이트할 것이다.

> **어휘 POINT**
> 홍보용 소책자를 의미하는 다른 토익 어휘에는 catalog(카탈로그), pamphlet(팸플릿), flyer(전단지) 등이 있다. catalog는 가나다순으로 텍스트가 강조된 제품 목록을 의미하며, brochure와 pamphlet은 텍스트 대신 이미지 위주로 편집된 홍보물을, flyer는 낱장으로 된 홍보물을 의미한다.

## agenda
[ədʒéndə]

ⓝ 의제, 안건

meeting **agenda** 회의 안건

Here's the first item on the **agenda** for today's meeting.
오늘 회의 안건의 첫 번째 항목입니다.

> **어휘 POINT**
> agency(대행사, 대리점), agent(대리인)와의 철자 및 의미 차이를 확인하자.

---

section - sector - intersection

## section
[sékʃən]

ⓝ 부분, 구역

children's book **section** 아동 도서 코너

The facility is divided into four distinct **sections**.
그 시설은 명확하게 구분된 네 구역으로 나뉜다.

## sector
[séktər]

ⓝ 부문, 분야

More job growth is predicted in the region because of its strong manufacturing **sector**.
제조 부문에서의 강세 때문에 그 지역에서 더 많은 일자리 증가가 예측된다.

## intersection
[ìntərsékʃən]

ⓝ 교차로

The building is located along Elm Road near the **intersection** with Chestnut Road.
그 건물은 Chestnut 가로 이어지는 교차로 부근의 Elm 가를 따라 위치해 있다.

## communicate
[kəmjúːnəkèit]

ⓥ 1. 의사소통하다, 연락을 주고받다  2. 알리다, 전달하다

**communicate** effectively 효과적으로 의사소통하다

I am writing to **communicate** to you the changes in our travel reimbursement policy.
우리 출장 환급 정책의 변경 사항을 알려 드리고자 글을 씁니다.

**communication** n. 의사소통

> **어휘 POINT**
> 1. communicate는 자동사와 타동사 둘 다로 쓰이며, 자동사로는 communicate with(~와 의사소통하다)의 형태로 쓰인다.
> 2. telecommunication은 tele(먼, 원거리의)+communication(의사소통)의 형태로서, 전자 기기를 이용한 '원격 통신'을 의미한다.

---

stand - outstanding

## stand
[stænd]

ⓥ 서다  ⓝ 1. 정류장  2. 노점

taxi **stand** 택시 정류장

They are **standing** under some trees. 그들은 나무 아래에 서 있다.

> **어휘 POINT**
> stand out은 '두드러지다, 눈에 띄다'라는 의미의 숙어 표현이다.
> Susan Weber's résumé **stood out** the most to me. 나에게는 Susan Weber의 이력서가 가장 눈에 띄었다.

## outstanding
[àutstǽndiŋ]

ⓐ 뛰어난, 탁월한

**outstanding** performance 탁월한 성과

She has been doing an **outstanding** job of managing the restaurant. 그녀는 음식점을 훌륭하게 운영해 오고 있다.

> **어휘 POINT**
> out(밖에)+standing(서 있는) → 사람들의 무리 바깥에 서 있어서 눈에 잘 띄는

---

## damage
[dǽmidʒ]

ⓝ 피해, 손해  ⓥ 피해를 입히다

suffer water **damage** 수해를 당하다

Flash photography inside the exhibits might **damage** the paintings. 전시회장 내에서의 플래시 촬영은 그림들을 손상시킬 수 있다.

**damaged** a. 손상된, 하자가 생긴

## satisfy
[sǽtisfài]

**v** 만족시키다, 충족시키다

We can **satisfy** the client's request by using express shipping.
우리는 빠른 배송을 이용해서 고객의 요구를 충족시킬 수 있다.

**satisfied** a. 만족한

**dissatisfied** a. 만족하지 못한, 불만스러운

> **어휘 POINT**
>
> satisfied와 dissatisfied는 〈be satisfied/dissatisfied with〉(~에 만족하다/만족하지 못하다)의 형태로 자주 쓰인다.
> You will **be** completely **satisfied with** the quality of this product. 이 제품의 품질에 완전히 만족하실 겁니다.

## satisfaction
[sæ̀tisfǽkʃən]

**n** 만족

workplace **satisfaction** 직장 만족도

Customer **satisfaction** is our highest priority.
고객 만족이 우리의 최우선 순위입니다.

## satisfactory
[sæ̀tisfǽktəri]

**a** 만족스러운

The results of the experiment were **satisfactory**.
실험 결과는 만족스러웠다.

## real estate
[ríəl isteit]

**n** 부동산

**real estate** agency 부동산 중개업소

Mr. Edwards has worked as a **real estate** agent for fifteen years.
Edwards 씨는 부동산 중개인으로 15년 동안 일해 왔다.

> **어휘 POINT**
>
> realty는 real estate와 동의어인데, 토익에서는 주로 부동산 중개업소를 지칭할 때 고유명사 뒤에 대문자로 등장한다.
> Frontline **Realty** can help to sell your home quickly and for a good price. Frontline 부동산은 여러분의 주택을 빠르게, 그리고 좋은 가격에 파는 것을 도울 수 있습니다.

## chef
[ʃef]

**n** 주방장, 요리사

head **chef** 총주방장 (= executive chef)

The assistant **chef** at the restaurant is responsible for preparing salads. 식당의 보조 요리사는 샐러드 준비를 담당한다.

suit - suitable - suitcase

## suit
[suːt]

**ⓝ** 정장  **ⓥ** 적합하다, 어울리다

business **suit** 정장

We offer a variety of services that **suit** your needs.
저희는 여러분의 요구에 적합한 다양한 서비스를 제공합니다.

> **기출표현**
> • suit one's needs ~의 필요에 맞다, 요구에 적합하다
> • suit one's taste ~의 입맛이나 취향에 적합하다

## suitable
[súːtəbl]

**ⓐ** 적합한, 알맞은

Our furniture is **suitable for** both homes and businesses.
저희 가구는 가정용이나 업무용으로 모두 적합합니다.

> **어휘 POINT**
> suitable은 appropriate(적절한)와 같은 뜻으로, suitable for(~에 적합한)의 형태로 쓰인다.

## suitcase
[súːtkèis]

**ⓝ** 트렁크, 여행 가방

pull a **suitcase** 여행 가방을 끌다

A woman is packing a coat in a **suitcase**.
여자가 여행 가방에 코트를 싸고 있다.

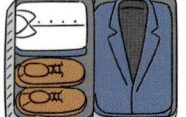

> **어휘 POINT**
> suit는 같은 색과 재질의 상하의로 이루어진 정장이며, suitcase는 suit를 넣는 큰 여행 가방을 뜻한다.

## cater
[kéitər]

**ⓥ** 출장 뷔페를 제공하다

**catering** company 출장 뷔페 업체

A **catered** lunch will be served in the conference room.
회의실에서 출장 뷔페 중식이 제공될 것이다.

**caterer** n. 출장 뷔페 업체

## degree
[digríː]

**ⓝ** 1. 학위  2. 온도, 정도

bachelor's **degree** 학사 학위

master's **degree** 석사 학위

These specialty items should be refrigerated at around six **degrees**. 이 특산품들은 6도 정도로 냉장 보관해야 합니다.

> **어휘 POINT**
> 학사 학위를 제외한 석사 학위와 박사 학위를 graduate degree 또는 advanced degree(고급 학위)라고 부른다. 또한 박사 학위 소지자에게는 Ph.D.라는 어휘를 쓴다.

## found - foundation

### found
[faund]

**v** 설립하다

The company **was founded** a decade ago.
그 회사는 10년 전에 설립되었다.

**founder** n. 설립자

> **어휘 POINT**
> found는 주로 be founded의 수동태로 많이 쓰이며, 동사 find의 과거형인 found와 구분해야 한다.

### foundation
[faundéiʃən]

**n** 1. 재단  2. 토대, 기초

charitable **foundation** 자선 재단

They are laying the **foundations** for a strong business.
그들은 튼튼한 사업을 위한 토대를 만들고 있다.

## less - lessen

### less
[les]

**a** 더 적은

take **less** time 시간이 덜 걸리다

The cost was **less** than $25. 비용은 25달러 미만이었다.

### lessen
[lésən]

**v** 줄이다, 감소시키다

By using ride-sharing programs, workers can **lessen** the stress of their daily commutes. 승차 공유 프로그램을 이용함으로써 직장인들은 매일의 출퇴근 스트레스를 줄일 수 있다.

> **어휘 POINT**
> 1. lessen은 형용사 little(양이 적은)의 비교급인 less에 동사형 접미사인 en이 붙은 형태로 reduce와 같은 의미이다. 비슷한 형태의 어휘로는 weaken(약화시키다), fasten(메다, 조이다), threaten(위협하다), loosen(느슨하게 하다) 등이 있다.
> 2. lesson(수업)과 철자와 의미 차이를 구분하자.

### deal
[di:l]

**n** 거래, 합의  **v** 상대하다, 처리하다

special **deal** 특가 상품

The job duties include **dealing with** customers in the showroom.
직무에는 전시장에서 고객들을 상대하는 것이 포함된다.

**dealer** n. 판매업자, 상인

**dealership** n. 판매 대리점

> **어휘 POINT**
> 1. a great deal of는 '많은, 다량의'라는 의미의 숙어 표현이다.
> 2. 동사 deal은 주로 deal with(~을 처리하다)의 형태로 쓰이며, 같은 의미의 타동사인 handle, address와 구분하는 문제가 출제되니 차이점을 구별하자.

159

## salary
[sǽləri]

**n** 급여, 임금

**salary** increase 임금 인상

pay a fixed **salary** 고정 급여를 지불하다

Ms. Nelson cannot afford the apartment on her current **salary**. Nelson 씨는 현재 급여로는 그 아파트를 구입할 여유가 없다.

## environment
[inváiərənmənt]

**n** 환경

office **environment** 사무 환경

The Lancaster Company has asked for employee feedback to develop a more positive work **environment**. Lancaster 사는 보다 긍정적인 근무 환경을 만들기 위해 직원들의 의견을 요청해 왔다.

**environmental** a. 환경의

**environmentally** ad. 환경적으로

> **어휘 POINT**
>
> 토익에서는 environmentally friendly(환경 친화적인)라는 표현이 종종 나오는데, 비슷한 의미의 표현으로는 environmentally sustainable(환경적으로 지속 가능한), environmentally safe(환경적으로 안전한) 등이 있다.

---

### intend - intent

## intend
[inténd]

**v** 1. ~할 작정이다 2. 의도하다

**intend** to work in the medical field 의료 분야에서 일할 작정이다

The device **is intended for** people with health problems. 그 기기는 건강에 문제가 있는 사람들을 대상으로 하는 것이다.

**intention** n. 의도

> **어휘 POINT**
>
> 1. intended는 '의도된, 계획된'이라는 뜻으로서 intended audience(목표 대상, 타깃층), intended purpose(계획된 용도) 등의 표현으로 쓰인다.
> 2. 〈be intended for 사람/목적〉은 '~을 대상으로 하다, ~을 목적으로 기획되다'라는 의미이다.

## intent
[intént]

**n** 의도, 목적  **a** 집중하는, 열중하는

**intent** on one's work 업무에 열중하는

The **intent** of the online form is to reduce delivery errors. 그 온라인 양식의 목적은 배달 오류를 줄이는 것이다.

## reference - refer - referral

**reference**
[réfərəns]

ⓝ 1. 추천인, 추천서  2. 참고, 참조

**reference** letter 추천서

I have attached the list for your **reference**.
참고하시라고 목록을 첨부했습니다.

> **어휘 POINT**
>
> 직장인들이 이직할 때는 평판 조회 또는 레퍼런스 체크를 하는데, 이때 레퍼런스 (reference)는 추천인을 의미한다.
> Ms. Weston's **references** noted her strong work ethic. Weston 씨의 추천인들은 그녀의 뛰어난 직업윤리를 언급했다.

**refer**
[rifə́ːr]

ⓥ 1. 참고하다, 참조하다  2. 언급하다

**refer to** a user manual 사용 설명서를 참고하다

I **was referred to** you by Mark Jackson, one of your customers.
당신의 고객 중 한 명인 Mark Jackson 씨로부터 당신을 소개받았습니다.

> **어휘 POINT**
>
> refer는 자동사로서 refer to 또는 수동태인 〈be referred to〉의 형태로 쓰인다.

**referral**
[rifə́ːrəl]

ⓝ 소개, 추천, 위탁

The museum selects art for exhibits primarily by means of member **referrals**. 그 미술관은 주로 회원 소개로 전시용 미술품을 선정한다.

## attention - attentive

**attention**
[əténʃən]

ⓝ 주의, 관심

pay close **attention** to ~에 세심한 주의를 기울이다

turn one's **attention** to ~에 관심을 돌리다

I want to mention an issue that has come to my **attention**.
제가 주목하게 된 문제를 언급하고 싶습니다.

> **어휘 POINT**
>
> 상점, 공항, 기차역, 직장 등에서 공지 사항을 안내할 때 attention으로 시작하는 문장이 나온다.
> **Attention**, everyone. I want to make an announcement. 여러분 주목하세요. 발표할 것이 있습니다.

**attentive**
[əténtiv]

ⓐ 주의를 기울이는, 세심한

Our guide was kind and **attentive** throughout the tour.
우리 가이드는 여행 내내 친절하고 세심했습니다.

# Review Test

**A**  영어 단어의 알맞은 뜻을 찾아 연결하세요.

01. demonstrate         ⓐ 안건
02. agenda              ⓑ 세심한
03. attentive           ⓒ 부동산
04. real estate         ⓓ 시연하다

05. potential           ⓔ 소매
06. priority            ⓕ 우선권
07. retail              ⓖ 잠재적인
08. candidate           ⓗ 후보자

**B**  우리말 뜻에 맞게 빈칸에 알맞은 어휘를 찾아 넣으세요.

| ⓐ outstanding | ⓑ environment | ⓒ foundation |
| ⓓ initiative  | ⓔ refer       | ⓕ impressive |

09. 탁월한 성과              _____ performance
10. 인상적인 발전을 이루다    make _____ progress
11. 주도권을 잃다            lose the _____
12. 사무 환경                office _____
13. 자선 재단                charitable _____
14. 설명서를 참고하다         _____ to a manual

정답  01. ⓓ  02. ⓐ  03. ⓑ  04. ⓒ  05. ⓖ  06. ⓕ  07. ⓔ  08. ⓗ  09. ⓐ  10. ⓕ  11. ⓓ  12. ⓑ  13. ⓒ  14. ⓔ

# Mini Test

**Select the best answer to complete the sentence.**

01. Our furniture is ------- for both homes and businesses.

    (A) skilled  (B) equal  (C) routine  (D) suitable

02. All office personnel are ------- for maintaining a clean workspace.

    (A) identical  (B) responsible  (C) extensive  (D) occasional

03. They have just ------- a new software update that fixes the bugs.

    (A) released  (B) combined  (C) satisfied  (D) graduated

04. Flash photography inside the exhibits might ------- the paintings.

    (A) observe  (B) abandon  (C) damage  (D) adjust

05. The device is ------- for people with health problems.

    (A) intended  (B) emphasized  (C) debated  (D) tolerated

06. The job duties includes ------- with customers in the showroom.

    (A) complying  (B) dealing  (C) competing  (D) coinciding

07. The intern hoped to make a good ------- on his first day in the office.

    (A) volume  (B) expression  (C) impression  (D) expertise

**정답** 01 (D)  02 (B)  03 (A)  04 (C)  05 (A)  06 (B)  07 (C)

**해석** 01 저희 가구는 가정용이나 업무용으로 모두 적합합니다.  02 모든 사무실 직원은 깨끗한 작업 공간을 유지할 책임이 있다.  03 그들은 얼마 전에 오류를 바로잡는 새로운 소프트웨어 업데이트를 공개했다.  04 전시회장 내에서의 플래시 촬영은 그림들을 손상시킬 수 있다.  05 그 기기는 건강에 문제가 있는 사람들을 대상으로 하는 것이다.  06 직무에는 전시장에서 고객들을 상대하는 것이 포함된다.  07 그 인턴은 입사 첫날에 좋은 인상을 주고 싶어 했다.

## Level up  [자동사 + 전치사] 필수 어휘 ④

### 전치사 in과 함께 쓰이는 자동사

**result in**
(~의 결과로) ~가 되다

The sudden breakthrough in the lab **resulted in** the production of a new medicine.
실험실에서의 갑작스런 난관의 해결은 신약 생산이라는 결과를 낳았다.

**engage in**
~에 관여하다

Mr. Lewis frequently **engages in** negotiations with interested buyers.
Lewis 씨는 관심 있는 구매자들과 종종 협상에 임한다.

**enroll in**
~에 등록하다

Melissa Harper intends to **enroll in** a business course at her local university. Melissa Harper는 자신이 사는 지역 내 대학의 경영학 과정에 등록하려고 한다.

**participate in**
~에 참가하다

Several volunteers offered to **participate in** the city's soccer league as referees.
몇몇 자원봉사자들이 시의 축구 리그에 심판으로 참가하겠다고 제안했다.

**specialize in**
~을 전문으로 하다

The engineer **specializes in** repairing high-tech machinery in factories. 그 기술자는 공장 내 첨단 기계 수리를 전문으로 한다.

### 전치사 of와 함께 쓰이는 자동사

**approve of**
~을 승인하다

The CEO does not **approve of** employees taking personal time off during the busy season. 최고경영자는 직원들이 성수기에 개인적인 휴가를 내는 것을 승인하지 않는다.

**consist of**
~로 이루어지다, 구성되다

The team **consists of** experts with more than 10 years of experience. 그 팀은 10년 이상의 경력을 가진 전문가들로 이루어져 있다.

**dispose of**
~을 처리하다, 폐기하다

Everybody should **dispose of** their garbage and recyclable items in the proper bins.
모든 사람은 쓰레기와 재활용 가능한 물품들을 알맞은 통에 버려야 합니다.

RANKING 0541~0600

고빈출어휘

DAY 10

## efficient
[ifíʃənt]

**ⓐ 효율적인, 능률적인**

energy-**efficient** light bulbs 에너지 효율이 좋은 전구들

Our distribution procedures are more **efficient** than those used by our competitors.
우리의 유통 절차는 경쟁사들이 이용하는 절차보다 더 효율적이다.

**efficiency** n. 효율, 능률

**efficiently** ad. 효율적으로, 능률적으로

> 기출표현
> • energy efficient 에너지 효율이 좋은   • cost efficient 비용 대비 효율이 좋은
> • fuel efficient 연비가 좋은, 연료 효율이 좋은

decorate - decor

## decorate
[dékərèit]

**ⓥ 장식하다, 꾸미다**

The venue will be **decorated** by local artists.
그 장소는 지역 예술가들에 의해 장식될 것이다.

**decoration** n. 장식, 장식품

**decorator** n. 장식가

## decor
[deikɔ́ːr] Am
[déikɔːr] Br

**ⓝ (실내) 장식**

The store features home **decor** items such as lamps and small furniture.
그 상점은 특히 램프나 소가구 같은 가정용 장식 물품들을 취급한다.

## dine
[dain]

**ⓥ 식사하다**

**dining** area 식사 공간, 식당

Mr. Lewis **dined** at a French restaurant with one of his business partners.
Lewis 씨는 그의 사업 파트너 중 한 명과 프랑스 음식점에서 식사를 했다.

**diner** n. 1. 식사하는 사람   2. 작은 식당

## merge
[məːrdʒ]

**ⓥ 합병하다**

Brandywine, Inc., of Scotland and the Takosha Corporation of Japan are **merging**.
스코틀랜드의 Brandywine 주식회사와 일본의 Takosha 사가 합병한다.

**merger** n. 합병

> 기출표현
> • company merger 회사 합병   • business merger 기업 합병

raise - rise - arise

## raise
[reiz]

**v** 1. 올리다  2. 제기하다  **n** 인상

**raise** one's hand 손을 들다

pay **raise** 급여 인상 (= salary raise)

The government inspector **raised** a few safety concerns with the factory foreman.
정부 감독관은 공장장에게 안전에 대한 몇 가지 우려를 제기했다.

## rise
[raiz]

**v** 증가하다, 오르다  **n** 증가, 상승

**rise** in revenue 수익의 증가

The country's employment rate **rose** during September and November. 그 나라의 취업률은 9월과 11월 사이에 증가했다.

## arise
[əráiz]

**v** 발생하다, 일어나다

Unexpected problems sometimes **arise** on the production floor. 생산 현장에서 가끔 예상치 못한 문제가 발생한다.

## variety
[vəráiəti]

**n** 다양함, 각양각색

a **variety** of 다양한

Many people shop at this department store due to the wide **variety** of items.
물품의 종류가 다양해서 많은 사람들이 이 백화점에서 쇼핑을 한다.

## sheet
[ʃi:t]

**n** 1. (침대) 시트  2. (종이) 한 장

**sheets** and blankets 시트와 담요

There is a sign-up **sheet** in the lobby for those interested in going to the museum.
로비에는 박물관 관람에 관심 있는 분들을 위한 참가 신청서가 있습니다.

**기출표현**
- attendance **sheet** 출석표
- time **sheet** 근무 시간 기록표

## stage
[steidʒ]

**n** 1. 단계  2. 무대

the next **stage** of development 개발의 다음 단계

The sound equipment has been set up on the **stage**.
음향 장비가 무대 위에 설치되었다.

## beverage
[bévəridʒ]

**n** (물 이외의) 음료

food and **beverages** 음식과 음료
He's pouring a **beverage**. 남자는 음료를 따르고 있다.

---

### executive - execute

## executive
[igzékjətiv]

**n** 임원, 중역  **a** 실행의, 집행의

chief **executive** officer 최고경영자 (= CEO)
**executive** committee 집행 위원회
Several corporate **executives** have resigned in the past six months. 지난 6개월 동안 여러 명의 회사 임원들이 사임했다.

## execute
[éksikjù:t]

**v** 집행하다, 실행하다

The staff at Dynamo Media can **execute** an effective public relations campaign.
Dynamo Media의 직원들은 효과적인 홍보 캠페인을 실행할 수 있다.

> **어휘 POINT**
> executive(임원)는 회사의 중요한 일들을 execute(집행하다)하는 직책이라고 두 단어를 연결해서 암기하자.

## spend
[spend]

**v** (시간·돈 등을) 쓰다, 소비하다

He **spent** the last five years working as a regional sales manager. 그는 지역 영업 관리자로 일하며 지난 5년을 보냈다.
**spending** n. 소비, 지출

---

### warehouse - ware

## warehouse
[wέərhàus]

**n** 창고

The loading dock entrance is only for **warehouse** employees.
하역장 입구는 창고 직원들만 이용할 수 있다.

## ware
[wεər]

**n** 상품, 제품

All vendors are responsible for protecting their **wares** from the weather. 모든 판매자들은 날씨로부터 그들의 제품을 보호할 책임이 있다.

> **어휘 POINT**
> ware가 들어간 토익 어휘
> • software 소프트웨어         • hardware 하드웨어, 철물
> • tableware 식탁용 식기류     • houseware 가정용품
> • glassware 유리 제품, 유리 그릇  • cookware 취사도구

## comfortable - comfort

**comfortable**
[kʌ́mfərtəbl]

ⓐ 편안한

I'm very **comfortable** working overseas.
저는 해외에서 근무하는 것이 매우 편합니다.

**comfort**
[kʌ́mfərt]

ⓝ 편안함, 안락함

Our catering service lets you enjoy restaurant-quality food in the **comfort** of your own home. 저희 출장 뷔페 서비스는 여러분이 집에서 편안하게 레스토랑 수준의 음식을 즐길 수 있도록 해 드립니다.

## warranty - warrant

**warranty**
[wɔ́:rənti]

ⓝ 보증(서)

extended **warranty** 연장된 보증

under **warranty** 보증 기간 중인

EW Electronics' products come with a **warranty** that lasts for three years. EW Electronics 제품의 보증서는 3년간 지속됩니다.

**warrant**
[wɔ́:rənt]

ⓥ 보증하다

Innovax Products, Inc., **warrants** this mixer and its components to be free from defects.
Innovax Products 사는 이 믹서기와 부속품에 결함이 없음을 보증합니다.

## comment - commentary

**comment**
[kɑ́ment] Am
[kɔ́ment] Br

ⓝ 논평, 의견  ⓥ 의견을 말하다

leave a **comment** 의견을 남기다

Some diners **commented** that the restaurant's food was too salty. 몇몇 손님들은 그 식당의 음식이 너무 짜다는 의견을 남겼다.

> **출제 POINT**
>
> 파트 7의 양식(form) 지문에서는 Comment: 에서 고객이 해당 업체에 대해 쓴 의견을 볼 수 있다.
> **Comment:** I was very impressed with the customer service I received from the company. 의견: 저는 그 회사로부터 받은 고객 서비스에 깊은 인상을 받았습니다.

**commentary**
[kɑ́məntèri] Am
[kɔ́məntəri] Br

ⓝ 해설, 논평

We'd like to offer you a position writing a political **commentary** column for our newspaper.
당신에게 우리 신문의 정치 논평을 쓰는 자리를 제안하고 싶습니다.

## device
[diváis]

**n** 장치, 기기

electronic **device** 전자 기기

Please turn off all mobile **devices** until the plane reaches its cruising altitude.
비행기가 순항 고도에 도달할 때까지 모든 휴대용 기기의 전원을 꺼 주십시오.

> **어휘 POINT**
> device와 비슷한 의미의 단어로 equipment가 있는데, device는 가산명사이므로 앞에 관사가 올 수 있지만, equipment는 불가산명사이므로 관사가 올 수 없고 a piece of equipment의 형태로 쓰인다.

---

draw - drawer - withdraw

## draw
[drɔː]

**v** 1. 그리다 2. 끌다, 끌어당기다

**draw** on a whiteboard 화이트보드에 그리다

**draw** one's attention 관심을 끌다

The upcoming campaign will be effective in **drawing** in new clients. 곧 있을 캠페인은 신규 고객을 유치하는 데 효과적일 것이다.

**drawing** n. 1. 추첨 2. 그림

## drawer
[drɔːr]

**n** 서랍

chest of **drawers** 서랍장

A woman is pulling open a **drawer**. 여자가 서랍을 열고 있다.

## withdraw
[wiðdrɔ́ː]

**v** 1. 인출하다 2. 철회하다, 취소하다

**withdraw** money 돈을 인출하다

**withdraw** one's application (입사) 지원을 취소하다

The medication was **withdrawn** from the market because it caused severe headaches.
그 약은 극심한 두통을 유발했기 때문에 시장에서 퇴출되었다.

> **출제 POINT**
> drawer, drawing(추첨), withdraw(인출하다) 모두 어떤 것을 끌어당기는 동작에서 비롯된 어휘들이다.

---

## chief
[tʃiːf]

**a** 주된, 최고의

**chief** executive officer 최고경영자 (= CEO)

Delvin Williams was appointed **chief** financial officer.
Delvin Williams 씨가 최고재무책임자로 임명되었다.

## recognize
[rékəgnàiz]

ⓥ 인정하다, 표창하다

**recognize** long-time employees 장기 근속 직원들을 표창하다

She is internationally **recognized** for her creative designs.
그녀는 창의적인 디자인으로 국제적으로 인정받고 있다.

**recognition** n. 인식, 인정

> **출제 POINT**
>
> in recognition of(~을 인정하여)는 누군가에게 상을 주거나 축하하는 상황에서 나오는 표현이다. 유사한 표현으로는 in honor of(~을 축하하여)가 있다.
> Mr. Montrose received the Hamilton Award **in** (**recognition** / suggestion) **of** his outstanding community service. Montrose 씨는 지역사회에 대한 뛰어난 봉사를 인정받아 Hamilton 상을 수상했다.

## temporary
[témpərèri]

ⓐ 임시의, 일시적인

**temporary** position 임시직, 비정규직

Rufus Shipping always hires **temporary** workers during the busy holiday season.
Rufus Shipping은 바쁜 휴가철에 항상 임시직 근로자들을 고용한다.

**temporarily** ad. 임시로, 일시적으로

> **출제 POINT**
>
> temporarily는 주로 '중단, 중지'를 의미하는 close(문을 닫다), halt(멈추다), interrupt(방해하다, 중단시키다) 등의 동사를 수식한다.
> Petunia Café is (**temporarily** / precisely) **closed** so that new kitchen equipment can be installed. Petunia 카페는 새로운 주방 설비가 설치될 수 있도록 임시 휴업합니다.

---

### resume - résumé

## resume
[rizjúːm]

ⓥ 재개하다

**resume** production 생산을 재개하다

We will **resume** our normal business hours after the holiday.
저희는 휴일이 지난 후에 정상 영업을 재개할 것입니다.

## résumé
[rézumèi]

ⓝ 이력서

review some **résumés** 이력서들을 검토하다

To apply, send a cover letter and **résumé** to our hiring manager.
지원하려면 저희 채용 담당자에게 자기소개서와 이력서를 보내세요.

> **어휘 POINT**
>
> 간혹 알파벳 e 위에 방점이 없는 resume의 형태로도 출제될 수 있으므로 주의하자.

## career
[kəríər]

**n** 직업, 경력

**career** fair 취업 박람회

He began his **career** in the transportation industry.
그는 운송업에서 그의 경력을 시작했다.

> **기출 표현**
> - career opportunity 취업 전망
> - career counseling 진로 상담
> - career change 전직, 이직
> - career counselor 진로 상담사

## invoice
[ínvɔis]

**n** 청구서, 송장

itemized **invoice** 항목별로 분류한 청구서

I think this **invoice** is a little higher than usual.
이 청구서는 평소보다 금액이 약간 높은 것 같다.

> **어휘 POINT**
> invoice는 판매자가 주문받은 물품과 함께 보내는 문서를 의미한다. 한편 계약을 체결하기 전에 주문자가 받아 보는 것은 estimate(견적서)이다.

### profit - nonprofit

## profit
[práfit]

**n** 이익, 수익

sell items for **profit** 수익을 내기 위해 물건을 팔다

**Profits** have increased 20 percent since the last quarter.
지난 분기 이후로 수익이 20퍼센트 증가했다.

**profitable** a. 수익성이 있는

## nonprofit
[nɑnpráfit]

**a** 비영리의

Toys for Kids is a **nonprofit** organization that helps disadvantaged youths. Toys for Kids는 소외된 청소년들을 돕는 비영리 단체이다.

> **어휘 POINT**
> non(아닌= no) + profit(이익) → 이익을 추구하지 않는

## cause
[kɔːz]

**n** 원인, 이유  **v** 야기하다, 초래하다

**cause** of a problem 문제의 원인

Rain **caused** the tennis tournament to be delayed by an hour.
비로 인해 테니스 대회가 한 시간 연기되었다.

> **기출 표현**
> - cause damage 피해를 야기하다
> - cause inconvenience 불편을 야기하다
> - cause a delay 지연을 초래하다
> - cause a disruption 혼란을 야기하다

## ability
[əbíləti]

**n** 능력

Ms. Adams's promotion to vice president indicates the company's recognition of her exceptional **abilities**. Adams 씨가 부사장으로 승진한 것은 그녀의 뛰어난 능력에 대한 회사의 인정을 의미한다.

> **출제 POINT**
>
> 능력의 유형을 나타내는 musical(음악적), linguistic(언어적), creative(창의적), artistic(예술적) 등의 형용사가 ability 앞에 자주 쓰인다.
> Rocky Road Summer Camp focuses on developing the **artistic** and **sporting** (**abilities** / economies) of teenagers. Rocky Road 여름 캠프는 청소년들의 예술 및 스포츠 능력을 계발하는 데 초점을 맞추고 있다.

## enable
[inéibl]

**v** 가능하게 하다

The loyal support of our customers has **enabled** us to grow steadily over the years.
우리 고객들의 성원 덕분에 우리는 수년간 꾸준히 성장할 수 있었습니다.

## vendor
[véndər]

**n** 1. 판매자 2. 노점상

furniture **vendor** 가구 판매업체

The **vendors** at the ballpark sell all kinds of foods.
야구장의 노점상들은 온갖 종류의 음식을 판다.

> **어휘 POINT**
>
> vendor는 동사 vend(판매하다)에 사람을 가리키는 접미사 or이 붙은 형태이다. vending machine은 직역하면 '판매하는 기계'이므로 '자동판매기'가 된다.
> **Vending machines** are available on the first floor. 자동판매기는 1층에서 이용할 수 있다.

## inventory
[ínvəntɔ̀:ri]

**n** 재고 목록, 재고품

take **inventory** 재고 조사를 하다

The company will continue doing business until most of its **inventory** has been sold.
회사는 대부분의 재고가 판매될 때까지 사업을 계속할 것이다.

> **출제 POINT**
>
> items, shelves 등의 단어나 문맥을 통해 재고 관련 내용임을 파악해 빈칸에 들어갈 inventory를 고르는 어휘 문제로 출제된다.
> (**Inventory** / Personnel) management software informs retailers when to replace **items** on their **shelves**. 재고 관리 소프트웨어는 소매업자에게 선반에 있는 물품의 교체 시기를 알려 줍니다.

## adjust
[ədʒʌ́st]

ⓥ 1. 조정하다  2. 적응하다

**adjust** to a new system 새로운 시스템에 적응하다

How do you **adjust** the volume on these speakers?
이 스피커들의 음량을 어떻게 조절하나요?

**adjustment** n. 조정, 조절

> 출제 POINT
>
> schedule(일정), volume(음량), system(시스템) 등을 목적어로 취한다.
> If Thursday is inconvenient, I can (**adjust** / assure) my **schedule** and meet another day. 목요일이 불편하시다면 제 일정을 조정해서 다른 날에 만날 수 있습니다.

## cash
[kæʃ]

ⓝ 현금

**cash** register 금전 등록기 (= register)

We accept both **cash** and credit cards.
우리는 현금과 신용카드를 둘 다 받습니다.

**cashier** n. 계산원

## remove
[rimúːv]

ⓥ 제거하다, 없애다

**remove** a stain from a carpet 카펫의 얼룩을 제거하다

He's **removing** mail from a mailbox.
남자가 우편함에서 우편물을 꺼내고 있다.

**removal** n. 제거

## handle
[hǽndl]

ⓝ 손잡이  ⓥ 다루다, 처리하다

hold a cart **handle** 카트의 손잡이를 잡다

Employees who **handle** food must wash their hands frequently.
음식을 다루는 직원들은 손을 자주 씻어야 한다.

## task
[tæsk] Am
[tɑːsk] Br

ⓝ 일, 과제  ⓥ 과제를 부여하다

complete a **task** 과제를 완수하다

The team is **tasked** with translating the book from Spanish to English. 그 팀은 그 책을 스페인어에서 영어로 번역하는 과제를 받았다.

## fill
[fil]

ⓥ 채우다

**fill** a cup with coffee 컵에 커피를 채우다

A vase has been **filled** with flowers. 꽃병에 꽃이 채워져 있다.

> **어휘 POINT**
>
> fill in for는 '~을 대신하다', fill out은 '~을 작성하다'라는 의미의 숙어 표현이다.
> I need someone to **fill in for** him for that hour. 나는 그 시간 동안 그를 대신할 누군가가 필요하다.
> Please **fill out** the attached form and e-mail it back. 첨부된 양식을 작성해서 이메일로 회신해 주세요.

---

### headquarters - headquarter

## headquarters
[hédkwɔ̀ːrtərz]

ⓝ 본사, 본부

He will be based at the company's **headquarters**.
그는 본사에서 근무하게 될 것이다.

## headquarter
[hedkwɔ́ːrtər]

ⓥ ~에 본사를 두다

**Headquartered** in San Diego, Loretti has 93 stores in the United States.
샌디에이고에 본사를 둔 Loretti는 미국 내에 93개의 매장을 가지고 있다.

---

## shift
[ʃift]

ⓝ 1. 변화 2. 교대 근무   ⓥ 옮기다, 달라지다

policy **shift** 정책 변화

trade work **shifts** with another employee
다른 직원과 교대 근무를 바꾸다

The store **shifted** from selling other companies' furniture to designing and selling only its own. 그 상점은 다른 회사의 가구 판매에서 자사 가구만을 설계하고 판매하는 것으로 전환했다.

> **어휘 POINT**
>
> 교대 근무의 종류에는 morning shift(오전 근무), evening shift(저녁 근무), night shift(야간 근무), extra shift(추가 근무) 등이 있다.

---

## subscribe
[səbskráib]

ⓥ 구독하다, 가입하다

**subscribe** to a journal 잡지를 구독하다

Discounts are available to all **subscribed** members of the Larson Theater. Larson 극장의 모든 가입 회원은 할인을 받을 수 있습니다.

**subscriber** n. 구독자

**subscription** n. 구독

## protect
[prətékt]

**ⓥ** 보호하다

**protect** sensitive information 민감한 정보를 보호하다

**Protected** by high-grade steel, the Roughrider is the toughest car on the market.
고강도 강철로 보호되는 Roughrider는 시판 중인 자동차 중 가장 튼튼합니다.

**protection** n. 보호

**protective** a. 보호하는, 보호용의

> 기출 표현
> · protective measures 예방책 · protective equipment 보호 장비
> · protective clothing 방호복 · protective gloves 보호 장갑

## suppose
[səpóuz]

**ⓥ** 생각하다, 추측하다

I **was supposed to** take the six o'clock flight to Los Angeles.
나는 로스앤젤레스행 6시 비행기를 타기로 되어 있었다.

> 어휘 POINT
> 주로 〈be supposed to V〉(~하기로 되어 있다)의 형태로 쓰이며, I suppose는 '~인 것 같다'라는 의미이다.
> **I suppose** I could extend the deadline by a few days.
> 마감일을 며칠 연장할 수 있을 것 같아요.

---

refreshments - refresh

## refreshments
[rifréʃmənts]

**ⓝ** 다과, 간식거리

**refreshment** stand 다과 판매점

During the conference, **refreshments** will be served in the lobby. 회의 도중에는 로비에서 다과가 제공될 것이다.

## refresh
[rifréʃ]

**ⓥ** 상쾌하게 하다, 생기를 되찾게 하다

This glass of iced tea will **refresh** you.
이 아이스티 한 잔을 마시면 기운이 날 거예요.

> 어휘 POINT
> **refresher course**는 단기 재교육 과정을 의미한다.
> If you have not driven a commercial vehicle recently, you must take a **refresher course**. 최근에 상용차를 운전해 본 적이 없다면 단기 재교육 과정을 수강해야 합니다.

## field
[fi:ld]

**n** 1. 분야  2. 현장

**field** workers 현장 근로자들

Explore the latest technology with the top innovators in their **fields**. 해당 분야의 최고 혁신가들과 함께 최신 기술을 탐구하세요.

> **출제 POINT**
>
> ⟨a field of 명사⟩(~의 분야)의 형태로 자주 쓰인다.
> She enjoys working in the highly competitive (**field** / avenue) of advertising. 그녀는 경쟁이 치열한 광고 분야에서 일하는 것을 즐긴다.

---

necessary - necessarily - necessity

## necessary
[nésəseri]

**a** 필요한

if **necessary** 필요하다면

**It is** not **necessary to** have a car with you.
차를 가지고 올 필요는 없어요.

**unnecessary** a. 불필요한

> **어휘 POINT**
>
> ⟨it is necessary to V⟩(~하는 것이 필요하다)의 형태로 나온다.
> When traveling to another country, **it is** (**necessary** / impossible) **to** have a valid passport. 다른 나라로 여행할 때는 유효한 여권을 소지하는 것이 필요하다.

## necessarily
[nèsəsérəli]

**ad** 반드시, 꼭

In general, Web page traffic does **not necessarily** translate into strong sales numbers. 일반적으로 웹 페이지 트래픽 숫자가 반드시 강력한 매출 실적으로 바뀌는 것은 아니다.

> **어휘 POINT**
>
> necessarily는 부정문에 쓰일 때는 '반드시 ~은 아닌'이라는 부분 부정을 나타낸다.

## necessity
[nəsésəti]

**n** 필수품

We will get your office **necessities** transported safely.
저희가 귀하의 사무용 필수품들을 안전하게 배송해 드리겠습니다.

---

## laboratory
[lǽbərətɔːri] Am
[ləbárətri] Br

**n** 실험실, 연구실 (= lab)

**laboratory** equipment 실험실 장비

A **lab** coat must be worn at all times when a person is in the **laboratory**. 실험실에 있을 때는 실험실 가운을 항상 착용해야 한다.

# Review Test

**A** 영어 단어의 알맞은 뜻을 찾아 연결하세요.

01. profit        ⓐ 음료
02. beverage        ⓑ 수익
03. invoice        ⓒ 보증
04. warranty        ⓓ 청구서

05. withdraw        ⓔ 교대 근무
06. warehouse        ⓕ 노점상
07. vendor        ⓖ 철회하다
08. shift        ⓗ 창고

**B** 우리말 뜻에 맞게 빈칸에 알맞은 어휘를 찾아 넣으세요.

| ⓐ subscribe | ⓑ raise | ⓒ efficient |
| ⓓ comment | ⓔ executive | ⓕ inventory |

09. 최고경영자        chief _____ officer
10. 잡지를 구독하다        _____ to a journal
11. 급여 인상        pay _____
12. 비용 대비 효율이 좋은        cost _____
13. 재고 조사를 하다        take _____
14. 의견을 남기다        leave a _____

정답 01 ⓑ  02 ⓐ  03 ⓓ  04 ⓒ  05 ⓖ  06 ⓗ  07 ⓕ  08 ⓔ  09 ⓔ  10 ⓐ  11 ⓑ  12 ⓒ  13 ⓕ  14 ⓓ

# Mini Test

**Select the best answer to complete the sentence.**

01. How do you ------- the volume on these speakers?

    (A) intend      (B) permit      (C) praise      (D) adjust

02. Rain ------- the tennis tournament to be delayed by an hour.

    (A) defined     (B) doubted     (C) caused      (D) lessened

03. During the conference, ------- will be served in the lobby.

    (A) resources   (B) refreshments   (C) belongings   (D) amenities

04. We will ------- our normal business hours after the holiday.

    (A) allocate    (B) criticize   (C) resume      (D) fulfill

05. She is internationally ------- for her creative designs.

    (A) relieved    (B) formulated  (C) reinforced  (D) recognized

06. The loyal support of our customers has ------- us to grow steadily.

    (A) enabled     (B) earned      (C) adopted     (D) instructed

07. Rufus Shipping always hires ------- workers during the busy holiday season.

    (A) interactive (B) classified  (C) temporary   (D) permanent

---

**정답** 01 (D)   02 (C)   03 (B)   04 (C)   05 (D)   06 (A)   07 (C)

**해석** 01 이 스피커들의 음량을 어떻게 조절하나요?   02 비로 인해 테니스 대회가 한 시간 연기되었다.   03 회의 중에는 로비에서 다과가 제공될 것이다.   04 저희는 휴일이 지난 후에 정상 영업을 재개할 것입니다.   05 그녀는 창의적인 디자인으로 국제적으로 인정받고 있다.   06 우리 고객들의 성원 덕분에 우리는 꾸준히 성장할 수 있었습니다.
07 Rufus Shipping은 바쁜 휴가철에 항상 임시직 근로자들을 고용한다.

ENERGY

간절히 원하는 사람은 결코 핑계를 찾지 않고
반드시 방도를 찾습니다.

— 조정민, 『인생은 선물이다』, 두란노

# DAY 11~DAY 20
# 빈출 어휘

RANKING 0601~0660

빈출어휘

DAY 11

## entire
[intáiər]

ⓐ 전체의, 전부의

for the **entire** month of July 7월 한 달 내내

Did you create the **entire** presentation by yourself?
전체 프레젠테이션을 직접 작성하신 건가요?

**entirely** ad. 완전히

## entirety
[intáiərti]

ⓝ 전체, 전부

The video was too long to be broadcast **in its entirety**.
그 동영상은 너무 길어서 전체를 방송할 수 없었다.

**어휘 POINT**
in its entirety는 '통째로, 전부'라는 뜻의 숙어 표현이다.

## inquire
[inkwáiər]

ⓥ 문의하다, 묻다

Visit the store on 98 Maple Avenue and **inquire about** our special offer.
Maple 가 98번지에 있는 매장을 방문하시어 저희의 특가에 대해 문의해 보세요.

**inquiry** n. 질문, 문의

**어휘 POINT**
inquire는 inquire about(~에 대해 묻다)의 형태로 쓰인다.

## journal
[dʒə́ːrnəl]

ⓝ 신문, 잡지, 저널

Mr. Burns read a **journal** article about pain relief.
Burns 씨는 통증 완화에 관한 저널 기사를 읽었다.

**journalist** n. 기자, 언론인

**journalism** n. 언론, 저널리즘

## finalize
[fáinəlàiz]

ⓥ 마무리하다, 완결하다

**finalize** a contract 계약을 마무리하다

Drafts will be circulated by April 25 and **finalized** by May 3.
초안은 4월 25일까지 회람되고 5월 3일까지 마무리될 것이다.

**기출 표현**
- finalize a schedule 일정을 확정하다
- finalize a plan 계획을 확정하다
- finalize an agreement 협정을 맺다
- finalize details 세부 사항을 마무리하다

## immediate
[imíːdiət]

**ⓐ** 1. 즉각적인  2. 아주 가까이에 있는

need **immediate** assistance 즉각적인 도움이 필요하다

There are more than ten hotels in the **immediate** vicinity of the Anderson Conference Center.
Anderson 컨퍼런스 센터 바로 근처에 10개 이상의 호텔이 있다.

## immediately
[imíːdiətli]

**ad** 즉시

**immediately** after the notice was posted 공고문이 게시된 직후에

You will find a taxi stand **immediately** outside of the exit.
택시 승강장은 출구 바로 밖에 있습니다.

> **출제 POINT**
> immediately는 시간이나 장소 전치사 앞에 쓰여 '바로 가까이에'라는 의미로 자주 쓰인다.
> The author will sign copies of his book (**immediately** / ~~considerably~~) **after** giving his presentation. 작가는 발표가 끝나면 바로 그의 책에 사인을 할 것이다.

## total
[tóutl]

**ⓐ** 총, 전체의  **ⓝ** 합계, 총액

**total** cost 총비용

interview a **total** of seven job candidates 총 7명의 구직자를 면접하다

The **total** for the shirt and jacket comes to $100.
셔츠와 재킷의 총액은 100달러가 된다.

**subtotal** n. 소계

## seek
[siːk]

**ⓥ** 찾다, 구하다

They are **seeking** an experienced leader.
그들은 경험 많은 지도자를 찾고 있다.

> **어휘 POINT**
> 〈seek to V〉는 '~하려고 노력하다'라는 의미이다.
> The hotel **seeks to** improve the comfort of its guests. 그 호텔은 투숙객들의 편의를 개선하려고 노력한다.

**favorite - favor - favorable**

## favorite
[féivərit]

ⓐ 마음에 드는, 아주 좋아하는  ⓝ 좋아하는 것

**favorite** restaurant 좋아하는 음식점

He asked the store staff to help him pick out some local **favorites**.
그는 가게 직원에게 그 지역에서 인기 있는 것을 고르는 것을 도와달라고 부탁했다.

## favor
[féivər]

ⓝ 1. 친절한 행위, 부탁  2. 찬성

vote **in favor of** an informal dress code
편안한 차림의 복장 규정에 찬성표를 던지다

Could you do me a **favor**? 제 부탁을 하나 들어 주시겠어요?

> **출제 POINT**
>
> in favor of(~에 찬성하여)의 형태로 쓰인다.
> Most committee members are in (**favor** / accordance) of offering Mr. Cole the operations manager position. 대부분의 위원들은 Cole 씨에게 운영 관리자의 자리를 제안하는 것에 찬성한다.

## favorable
[féivərəbl]

ⓐ 1. 호의적인  2. (날씨가) 좋은, 유리한

**favorable** news article 호의적인 뉴스 기사

Current weather conditions are quite **favorable**.
현재 기상 상황은 아주 좋다.

## imply
[implái]

ⓥ 암시하다, 넌지시 나타내다

What is **implied** about Ms. Jeong?
Jeong 씨에 대해 암시된 것은 무엇인가?

> **어휘 POINT**
>
> 파트 3, 4, 7의 질문에서 나온다.
> What does the speaker **imply** when he says, "Inventory is limited"?
> "재고는 한정되어 있습니다"라고 말할 때 화자는 무엇을 암시하는가?

## power
[páuər]

ⓝ 에너지, 전기  ⓥ 동력을 공급하다

**power** cord 전원 코드

solar-**powered** equipment 태양 에너지로 작동하는 장비

The neighborhood suffered a **power** outage due to the thunderstorm. 뇌우로 인해 그 지역이 정전 피해를 입었다.

**powerful** a. 영향력 있는, 유력한

## value - valuable

### value
[vǽljuː]

**n** 가치  **v** 높이 평가하다

**value** of commercial real estate 상업용 부동산의 가치

Because we **value** your loyalty, all Raymond Health Club members will receive a free gym bag. 여러분의 성원을 소중히 여겨, Raymond 헬스클럽 회원 모두에게 무료 헬스 가방을 드리겠습니다.

### valuable
[vǽljuəbl]

**a** 소중한, 귀중한

**valuable** information 귀중한 정보

I believe that good handwriting is a **valuable** skill.
나는 좋은 필체가 귀중한 능력이라고 생각한다.

**valuables** n. 귀중품

> **출제 POINT**
> valuable의 수식을 받는 명사로는 advice(조언), suggestion(제안), contribution(기여), information(정보), insight(통찰력) 등이 있다.
> Tower Brothers encourages employees to make (**valuable** / experienced) workplace **suggestions**. Tower Brothers는 직원들에게 유익한 직장 내 제안을 할 것을 장려한다.

### general
[dʒénərəl]

**a** 1. 일반적인  2. (직급을 나타내어) 총

**general** manager 총지배인

In **general**, employees arrive at 9:00 in the morning and leave around 6:00 P.M.
일반적으로 직원들은 아침 9시에 출근해서 오후 6시쯤에 퇴근한다.

**generally** ad. 일반적으로

> **출제 POINT**
> generally는 regard(여기다), consider(여기다), accept(받아들이다), know(알다) 등의 동사를 수식하며 수동태 문장에서 자주 쓰인다.
> Epsilon Futures, Inc., is (**generally** / exactly) **regarded** as the most reliable local financial consulting firm. Epsilon Futures 주식회사는 일반적으로 지역에서 가장 신뢰할 수 있는 금융 컨설팅 회사로 여겨진다.

### collect
[kəlékt]

**v** 1. 수집하다, 모으다  2. 받다

**collect** customer feedback on a product
제품에 대한 고객 의견을 수집하다

Ms. Wu was the winner of the contest, and she may **collect** her prize next week. Wu 씨는 대회의 우승자였기에, 다음 주에 상을 받을지도 모른다.

**collection** n. 수집품, 소장품

major - majority - minor

## major
[méidʒər]

ⓐ 주요한, 중요한

**major** tourist sites 주요 관광지들

The newly constructed railway line will connect Norfolk with other **major** cities nearby.
새로 건설된 철도 노선은 Norfolk과 인근의 다른 주요 도시들을 연결할 것이다.

## majority
[mədʒɔ́:rəti]

ⓝ 대다수

**The majority of** our employees want to make the company more environmentally friendly.
대다수의 우리 직원들은 회사를 좀 더 환경 친화적으로 만들기를 원한다.

> **어휘 POINT**
> the/a majority of(~의 대다수)의 형태로 쓰이며, vast, great, large 등의 형용사가 majority를 수식하기도 한다.

## minor
[máinər]

ⓐ 사소한, 중요하지 않은

We're having some **minor** difficulties with the speaker system.
우리는 스피커 시스템에 약간의 사소한 문제가 있다.

## attitude
[ǽtitjù:d]

ⓝ 태도

His **attitude** is always friendly and positive.
그의 태도는 항상 친근하고 긍정적이다.

> **어휘 POINT**
> positive(긍정적인), cheerful(쾌활한)과 같은 형용사의 수식을 받는다.
> DC Café is looking for servers with a **cheerful** (**attitude** / remark). DC 카페는 쾌활한 태도를 가진 서빙 직원을 찾고 있습니다.

brand - brand-new

## brand
[brænd]

ⓝ 브랜드, 상표

build **brand** recognition 브랜드 인지도를 쌓다

Simka Foods sells many **brands** of tea.
Simka Foods는 많은 브랜드의 차를 판매한다.

> **기출표현**
> • brand name 상표명          • brand loyalty 브랜드 충성도
> • brand identity 브랜드 정체성   • brand image 브랜드 이미지

## brand-new
[brænd nju:]

ⓐ 최신의, 아주 새로운

The **brand-new** sneakers by Monovision are highly popular with teens. Monovision의 최신 스니커즈는 십 대에게 큰 인기를 끌고 있다.

## exception
[iksépʃən]

**n** 예외

**with the exception of** the last agenda 마지막 안건을 제외하고
There are no **exceptions** to this policy. 이 방침에는 예외가 없다.

> **출제 POINT**
> exception의 숙어 표현인 with the exception of(~을 제외하고), make an exception(예로로 하다) 등이 출제된다.
> Alexa Apparel has a no-refunds policy, but at times, it will **make an (exception** / intention). Alexa Apparel은 환불 불가 정책을 가지고 있지만, 때때로 예외를 둘 것이다.

## exceptional
[iksépʃənəl]

**a** 아주 뛰어난, 탁월한

Their heating system combines efficiency and **exceptional** ease of use.
그 회사의 난방 시스템은 효율성과 탁월한 사용 편의성을 겸비하고 있다.

**exceptionally** ad. 유난히, 특별히

## except (for)
[iksépt]

**prep** ~을 제외하고

Every local branch of Stedman's Drugstore has closed **except for** the one on Milton Avenue. Stedman's Drugstore의 모든 지역 지점은 Milton 가에 있는 지점을 제외하고 문을 닫았다.

## especially
[ispéʃəli]

**ad** 특히

We were **especially** impressed by your work history.
우리는 특히 당신의 근무 이력에 깊은 인상을 받았습니다.

## reimburse
[rìːimbə́ːrs]

**v** 환급하다, 상환하다

Without prior approval, cash expenses of over $100 will not be **reimbursed**.
사전 승인이 없으면 100달러가 넘는 현금 비용은 환급되지 않을 것입니다.

**reimbursement** n. 환급, 상환

> **어휘 POINT**
> 〈reimburse 사람 for 사물〉(~에게 …을 상환하다)의 형태로 쓰인다.
> The company will **reimburse** you **for** the cost. 회사는 당신에게 경비를 상환할 것입니다.

## speech
[spi:tʃ]

**ⓝ** 연설

deliver a **speech** 연설하다 (= give a speech)

Dr. Watson will deliver the keynote **speech** at the shipbuilding conference next month.
Watson 박사는 다음 달 선박 제조 학회에서 기조연설을 할 것이다.

---

various - vary - variable

## various
[véəriəs]

**ⓐ** 다양한, 가지각색의

**Various** items have been placed on the shelves.
다양한 물품들이 선반 위에 놓여 있다.

**varied** a. 다양한

> **어휘 POINT**
> 형용사 varied는 various의 동의어처럼 쓰인다.
> The dessert selection at Hammond's is surprisingly **varied**. Hammond's가 엄선한 디저트는 놀라울 정도로 다양합니다.

## vary
[véəri]

**ⓥ** 다양하다, 다르다

**vary** in price 가격이 다르다

The fee **varies** based on the total weight of the items ordered.
요금은 주문한 물품의 전체 무게에 따라 달라집니다.

## variable
[véəriəbl]

**ⓐ** 변동이 심한, 가변적인

**variable** shift schedule 가변적인 교대 근무 일정

The manufacturers must deal with **variable** economic cycles.
제조업체들은 가변적인 경기 변동에 대처해야 한다.

---

## amount
[əmáunt]

**ⓝ** 양, 액수  **ⓥ** 총계가 ~에 이르다

a large **amount** of work 많은 양의 일

Attendees at the International Food Fair **amounted** to half of the hotel's weekend guests.
국제음식박람회의 참석자는 호텔 주말 투숙객 숫자의 절반에 달했다.

> **출제 POINT**
> amount를 수식하는 average(평균적인), large(많은), enormous(막대한), full(모든, 완전한), limited(제한적인), same(같은)과 같은 형용사를 묻는 문제가 나온다.
> Her latest novel has earned a (**substantial** / ~~costly~~) **amount** in royalties.
> 그 여자의 신작 소설은 인세로 상당한 액수를 벌어들였다.

## complimentary - compliment

**complimentary**
[kàmpləméntəri]

**ⓐ 무료의**

**Complimentary** coffee, tea, and light snacks are provided in the lobby. 로비에서는 커피, 차, 그리고 가벼운 간식이 무료로 제공됩니다.

> 출제 POINT
>
> beverage(음료), meal(식사), ticket(티켓) 등의 판매용 물품을 수식한다. Customers receiving a haircut will receive a (**complimentary** / ~~favorable~~) **bottle** of shampoo. 머리를 자르는 고객들은 무료로 샴푸 한 통을 받게 됩니다.

**compliment**
[kámpləmənt]

**ⓝ 칭찬  ⓥ 칭찬하다**

**compliment** a staff member 직원을 칭찬하다

Mr. Duncan rarely gives **compliments** to the members of his staff. Duncan 씨는 그의 직원들에게 칭찬을 거의 하지 않는다.

> 어휘 POINT
>
> compliment와 complimentary는 의미가 전혀 다르므로 주의하자. 또한 발음이 같고 철자가 비슷한 complement(보완하다)와도 구별하도록 한다.

## frequent - frequency

**frequent**
[fríːkwənt]

**ⓐ 잦은, 빈번한**

Ms. Adams is a **frequent customer** at the restaurant.
Adams 씨는 그 식당의 단골 손님이다.

**frequently** ad. 자주, 빈번히

> 어휘 POINT
>
> 1. frequently asked questions는 웹 사이트 상에서 '자주 묻는 질문'을 의미하며, 주로 FAQ라는 약어로 쓴다.
> 2. frequent customer 또는 frequent shopper는 '단골 손님'이라는 의미이다.

**frequency**
[fríːkwənsi]

**ⓝ 빈도, 횟수**

In addition to increased **frequency**, express trains will travel nonstop between the stadium and the city center. 운행 횟수를 늘리는 것과 더불어, 급행 열차는 경기장과 도심 사이를 무정차 운행하게 될 것이다.

**license**
[láisəns]

**ⓝ 자격증, 면허**

driver's **license** 운전면허증

business **license** 사업자 등록증

All truck drivers must have their commercial **licenses** renewed every two years. 모든 트럭 운전자들은 2년마다 상업용 면허를 갱신해야 한다.

## collaborate
[kəlǽbərèit]

ⓥ 협력하다

**collaborate on** a project 협력하여 프로젝트를 하다

Successful candidates must be skilled at **collaborating with** teams. 합격자들은 팀과의 협업에 능숙해야 합니다.

**collaboration** n. 협력

> **어휘 POINT**
> 〈collaborate on 사물〉(~에 대해 협력하다), 〈collaborate in doing 사물〉(~을 하는 데 있어 협력하다), 〈collaborate with 사람〉(~와 협력하다)의 형태로 쓰인다.

## labor
[léibər]

ⓝ 노동, 근로

**labor** force 노동력

Each custom-made item will require extra **labor**. 각 주문 제작 품목마다 추가 노동이 필요하다.

> **기출표현**
> • labor shortage 노동력 부족 　　• labor surcharge 추가 인건비

## recruit
[rikrúːt]

ⓥ (신입 사원을) 모집하다, 선발하다

**recruit** staff members 직원을 모집하다

Piedmont Furniture is **recruiting** employees for several new positions on the factory floor. Piedmont Furniture는 작업 현장의 몇 개의 새로운 직책에서 일할 직원들을 모집하고 있다.

**recruiter** n. 채용 담당자

---

vegetable - vegetarian

## vegetable
[védʒitəbl]

ⓝ 채소

sell fresh fruits and **vegetables** 신선한 과일과 채소를 판매하다

Several residents in the neighborhood have **vegetable** gardens in their backyards. 동네 주민 몇 명이 뒷마당에 텃밭을 가꾸고 있다.

## vegetarian
[vèdʒitéəriən]

ⓝ 채식주의자　ⓐ 채식주의의

**vegetarian** meal 채식주의 식사

The restaurant decided to expand its **vegetarian** menu options. 그 식당은 채식주의 메뉴 선택권을 확대하기로 결정했다.

## sponsor
[spánsər]

**v** 후원하다　**n** 후원자

**sponsor** a festival 축제를 후원하다

Our generous **sponsors** contributed a total of $25,000 to the event. 우리의 관대한 후원자들께서 총 2만 5천 달러를 행사에 기부해 주셨습니다.

**sponsorship** n. 후원, 협찬

---

related - relation - correlate

## related
[riléitid]

**a** 관련된

work-**related** expenses 업무 관련 비용

Applicants for the position should have a minimum of three years of **related** work experience.
그 자리의 지원자들은 최소 3년 이상의 유관 업무 경력이 있어야 합니다.

> **어휘 POINT**
> be related to는 '~와 연관이 있다'라는 의미의 표현이며 closely, directly, strongly 등의 부사와 함께 쓰인다.
> Mr. Moore's new job **is closely related to** his old one, so he adjusted quickly. Moore 씨의 새 직업은 이전 직업과 밀접한 관련이 있어서 그는 빠르게 적응했다.

## relation
[riléiʃən]

**n** 관계, 관련

in **relation** to ~에 관하여

The company's **public relations** campaign was widely considered a success. 그 회사의 홍보 캠페인은 성공적이라고 널리 인식되었다.

**relationship** n. 관계

> **어휘 POINT**
> public relations는 '홍보'의 의미이며, 줄여서 PR로 쓴다.

## correlate
[kɔ́:rəlèit]

**v** 연관성이 있다

Your salary **correlates** with the number of hours spent on the job daily. 여러분의 급여는 매일 업무에 투입하는 시간과 연관성이 있습니다.

**correlation** n. 연관성

## effort
[éfərt]

**n** 노력

make every **effort** 온갖 노력을 다하다

We greatly appreciate the **efforts** you have made.
귀하의 노력에 정말로 감사 드립니다.

## nearby
[níərbái]

ⓐ 근처의  ad 근처에

go to a **nearby** museum 근처 박물관에 가다

There is an art supply store **nearby**. 근처에 미술 용품 판매점이 있다.

---

**automobile - automotive**

## automobile
[ɔ́:təməbi:l]

ⓝ 자동차

**automobile** repair shop 자동차 정비소

Ms. Stallings visited the **automobile** showroom to look for a car to purchase.
Stallings 씨는 구입할 차를 찾기 위해 자동차 전시장을 방문했다.

> **어휘 POINT**
> auto는 automobile의 줄임말이며, 다음은 auto가 들어간 기출 표현들이다.
> • auto mechanic 자동차 정비사   • auto insurance 자동차 보험
> • auto repair shop 자동차 정비소   • auto show 자동차 전시회

## automotive
[ɔ́:təmóutiv]

ⓐ 자동차의

**automotive** plant 자동차 공장

Mr. Warren hopes to do some networking at the **automotive** trade show.
Warren 씨는 자동차 무역 박람회에서 인적 네트워크를 만들고 싶어 한다.

---

**usual - unusual**

## usual
[jú:ʒuəl]

ⓐ 평상시의, 흔히 있는

as **usual** 여느 때처럼, 늘 그렇듯이

It took more time than **usual** to get there.
그곳에 가는 데 평소보다 시간이 더 걸렸다.

**usually** ad. 보통, 일반적으로

## unusual
[ʌnjú:ʒuəl]

ⓐ 특이한, 흔치 않은

It is **unusual** to be able to see the top of the mountain from the downtown area. 도심 지역에서 산꼭대기를 볼 수 있는 것은 흔치 않다.

---

## search
[sə:rtʃ]

ⓝ 찾기, 검색  ⓥ 찾다, 검색하다

job **search** 구직 활동

**search** a Web site for information 정보를 찾기 위해 웹 사이트를 검색하다

Officials are **searching** for ways to improve the air quality in the region. 당국은 그 지역의 공기 질을 개선하기 위한 방법을 찾고 있다.

## assemble - disassemble

### assemble
[əsémbl]

**v** 조립하다, 모으다

You can **assemble** the shelving unit in about fifteen minutes.
선반은 약 15분 내에 조립하실 수 있습니다.

**assembly** n. 1. 조립  2. 집회, 모임

> 기출표현
> - assembly line (공장의) 조립 라인
> - assembly plant 조립 공장
> - assembly instructions 조립 설명서
> - assembly area 집결지

### disassemble
[dìsəsémbl]

**v** 분해하다

It takes around ten minutes to **disassemble** the printer.
프린터를 분해하는 데는 10분 정도가 걸린다.

### catalog
[kǽtəlɔ̀ːg]

**n** 카탈로그, 목록

product **catalog** 제품 카탈로그

online **catalog** 온라인 목록

The shopper ordered some furniture from the store **catalog**.
쇼핑객이 상점의 카탈로그에서 몇 점의 가구를 주문했다.

> 어휘 POINT
> catalog는 가나다순으로 텍스트가 강조된 제품 목록이며, brochure(브로슈어)와 pamphlet(팸플릿)은 이미지 위주로 편집된 홍보물, 그리고 flyer(전단지)는 낱장으로 된 홍보물을 의미한다.

## period - periodical

### period
[píːəriəd]

**n** 기간, 시간

trial **period** 무료 체험 기간

question-and-answer **period** 질의응답 시간

Due to construction, the red line will be closed during the following **periods**. 공사로 인해 적색 노선은 다음 기간 동안 폐쇄될 것입니다.

### periodical
[pìəriádikəl]

**n** 정기 간행물

The library has several **periodicals** available for digital download. 그 도서관에는 디지털 다운로드가 가능한 정기 간행물이 여러 권 있다.

**periodically** ad. 정기적으로

# Review Test

**A** 영어 단어의 알맞은 뜻을 찾아 연결하세요.

01. license      ⓐ 조립하다
02. recruit      ⓑ 면허
03. assemble      ⓒ 전체의
04. entire      ⓓ 모집하다

05. immediately      ⓔ 대다수
06. brand-new      ⓕ 암시하다
07. majority      ⓖ 아주 새로운
08. imply      ⓗ 즉시

**B** 우리말 뜻에 맞게 빈칸에 알맞은 어휘를 찾아 넣으세요.

| ⓐ compliment | ⓑ labor | ⓒ relations |
| ⓓ collaborate | ⓔ sponsor | ⓕ vary |

09. 축제를 후원하다      _____ a festival
10. 추가 노동이 필요하다      require extra _____
11. 직원을 칭찬하다      _____ a staff member
12. 가격이 다르다      _____ in price
13. 홍보 캠페인      public _____ campaign
14. 협력하여 프로젝트를 하다      _____ on a project

정답 01 ⓑ 02 ⓓ 03 ⓐ 04 ⓒ 05 ⓗ 06 ⓖ 07 ⓔ 08 ⓕ 09 ⓔ 10 ⓑ 11 ⓐ 12 ⓕ 13 ⓒ 14 ⓓ

# Mini Test

**Select the best answer to complete the sentence.**

01. Ms. Adams is a ------- customer at the restaurant.

    (A) confident　　(B) frequent　　(C) direct　　(D) numerous

02. Current weather conditions are quite -------.

    (A) nervous　　(B) eager　　(C) favorable　　(D) applicable

03. We're having some ------- difficulties with the speaker system.

    (A) ideal　　(B) minor　　(C) precise　　(D) trial

04. I believe that good handwriting is a ------- skill.

    (A) common　　(B) purposeful　　(C) previous　　(D) valuable

05. Their heating system combines efficiency and ------- ease of use.

    (A) partial　　(B) urgent　　(C) unpredictable　　(D) exceptional

06. Without prior approval, cash expenses of over $100 will not be -------.

    (A) reimbursed　　(B) translated　　(C) demonstrated　　(D) admired

07. It is ------- to be able to see the top of the mountain from the downtown area.

    (A) steady　　(B) diverse　　(C) unusual　　(D) economical

**정답** 01 (B)　02 (C)　03 (B)　04 (D)　05 (D)　06 (A)　07 (C)

**해석** 01 Adams 씨는 그 식당의 단골 손님이다.　02 현재 기상 상황은 아주 좋다.　03 우리는 스피커 시스템에 약간의 사소한 문제가 있다.　04 나는 좋은 필체가 귀중한 능력이라고 생각한다.　05 그 회사의 난방 시스템은 효율성과 탁월한 사용 편의성을 겸비하고 있다.　06 사전 승인이 없으면 100달러가 넘는 현금 비용은 환급되지 않을 것입니다.　07 도심 지역에서 산꼭대기를 볼 수 있는 것은 흔치 않다.

# Level up  [구동사] 필수 어휘 ①

**break down**
고장 나다

The truck **broke down**, so the delivery was late.
트럭이 고장 나서 배달이 늦어졌다.

**call off**
취소하다

Mr. Whittaker **called off** the staff meeting since several people were out of the office.
여러 사람이 회사에 없었기 때문에 Whittaker 씨는 직원 회의를 취소했다.

**carry out**
실행하다, 수행하다

The board of directors asked Mr. Pennington to **carry out** the plan. 이사회는 Pennington 씨에게 계획을 수행할 것을 요청했다.

**check out**
확인하다, 보다

Customers can **check out** the new furniture by visiting the showroom.
고객들은 전시장을 방문해서 새로운 가구를 확인할 수 있습니다.

**come across**
우연히 발견하다

Ms. Arnold happened to **come across** her address book while cleaning her office.
Arnold 씨는 자신의 사무실을 청소하다가 우연히 주소록을 발견했다.

**count on**
~을 믿다, ~에게 의지하다

Everyone is **counting on** Mr. Jackson to give a successful presentation at the conference.
모두가 Jackson 씨가 회의에서 성공적인 발표를 할 것으로 믿고 있다.

**come up with**
~을 생각해 내다

An employee **came up with** clever ideas during the brainstorming session.
한 직원이 브레인스토밍 시간에 기발한 아이디어들을 생각해 냈다.

## port - import - export

### port
[pɔːrt]

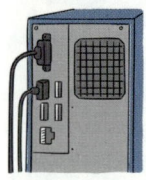

ⓝ 1. 항구  2. (컴퓨터의) 포트

shipping **port** 선적항

connection **port** 연결 포트, 연결 단자

Our next stop is the **port** town of Rockton.
우리의 다음 정거장은 항구 도시인 Rockton입니다.

### import
[impɔ́ːrt] v.
[ímpɔːrt] n.

ⓥ 수입하다   ⓝ 수입

**imported** coffee beans 수입한 커피 원두

Hillsdale Accessories' diverse collection of leather goods is **imported** from Italy.
Hillsdale Accessories의 다양한 가죽 제품 컬렉션은 이탈리아에서 수입된다.

> **어휘 POINT**
>
> 비행기가 발명되기 전에 모든 수출입은 항구를 통해 이루어졌기 때문에 import, export는 모두 항구와 관련 있는 어휘이다. import는 im(안으로 = in)+port(항구), export는 ex(밖으로)+port(항구)의 형태를 가지고 있다. passport(여권)도 항구를 통과할(pass) 때 필요한 서류였다.

### export
[ikspɔ́ːrt] v.
[ékspɔːrt] n.

ⓥ 수출하다   ⓝ 수출

**export** market 수출 시장

Overton Cosmetics has a line of products for **export**.
Overton Cosmetics는 수출용 제품들을 보유하고 있다.

## private - privacy

### private
[práivit]

ⓐ 사적인, 개인적인

in **private** 은밀하게, 비공식적으로

Mr. Chandler plans to invite a few guests to a **private** party at his home.
Chandler 씨는 자기 집에서 열리는 사적인 파티에 손님 몇 명을 초대할 계획이다.

> **기출표현**
> - private event 개인적인 행사
> - private investor 개인 투자자
> - private instructor 개인 강사
> - private office 개인 사무실

### privacy
[práivəsi] Am
[prívəsi] Br

ⓝ 1. 개인 정보  2. 사생활, 프라이버시

Corwell Bank contacts depositors regularly with information about **privacy** and security. Corwell 은행은 개인 정보 보호와 보안에 대한 정보를 가지고 예금자들에게 정기적으로 연락한다

## landscape
[lǽndskèip]

**n** 풍경, 경관

Mr. Deerfield hopes to find employment as a **landscape** architect. Deerfield 씨는 조경사로 취업하기를 희망한다.

---

## downtown
[dáuntàun]

**ad** 시내로, 도심으로  **a** 도심의

at the office **downtown** 시내의 사무실에서

Several new restaurants recently opened in the **downtown** commercial district. 최근에 시내의 상업 지구에 몇몇 식당이 새로 문을 열었다.

> **어휘 POINT**
> downtown의 반대말은 uptown인데, downtown은 상업 시설이 밀집되고 주거 환경은 열악한 도심을 의미하고, uptown은 시 외곽의 주거 지역을 의미한다.

---

## kneel
[ni:l]

**v** 무릎을 꿇다

She's **kneeling down** to look at a product.
여자는 제품을 보기 위해 무릎을 꿇고 있다.

> **어휘 POINT**
> '무릎을 꿇다'는 kneel down으로 표현할 수 있으며, 명사 knee(무릎)를 이용해서 be on one's knees로 나타낼 수도 있다.

---

## accommodate
[əkάmədèit]

**v** 수용하다, 공간을 제공하다

**accommodate** one's request 요청 사항을 수용하다

The room can **accommodate** up to 10 people.
그 방은 10명까지 수용할 수 있다.

**accommodation** n. 숙박 시설

> **어휘 POINT**
> 숙박 시설을 의미할 때는 주로 복수형 accommodations를 사용한다.
> I'd like to book **accommodations** for a family of four. 4인 가족을 위한 숙박 시설을 예약하고 싶습니다.

---

## regulate
[régjulèit]

**v** 규제하다, 조절하다

**regulate** the water quality 수질을 조절하다

The city's traffic lights are **regulated** by the central computer system. 도시의 신호등은 중앙 컴퓨터 시스템에 의해 통제된다.

**regulation** n. 규제, 규정

## establish - established - establishment

**establish**
[istǽbliʃ]

**v** 설립하다, 수립하다

**establish** a business overseas 해외에 사업체를 설립하다

The supervisor was asked to **establish** guidelines for using the company car.
관리자는 회사 차량 이용에 관한 지침을 수립해 달라는 요청을 받았다.

**established**
[istǽbliʃt]

**a** 자리를 잡은, 인정받는

well-**established** company 확고히 자리를 잡은 회사

We recommend only using an **established** financial firm.
우리는 인정받는 금융 회사만 이용하는 것을 추천합니다.

**establishment**
[istǽbliʃmənt]

**n** 1. 설립  2. 시설, 기관

dining **establishment** 식당, 음식점

Jefferson Motors has manufactured more than one million cars since its **establishment**.
Jefferson Motors는 설립 이래 100만 대 이상의 자동차를 생산했다.

## carry - carrier - carry-on

**carry**
[kǽri]

**v** 1. 나르다, 가지고 다니다  2. 판매하다, 취급하다

**carry** the boxes up the stairs 상자들을 계단 위로 나르다

Mendoza Electronics **carries** a wide variety of tablet computers.
Mendoza Electronics는 다양한 태블릿 컴퓨터를 취급한다.

> **어휘 POINT**
> carry out은 '실행하다, 수행하다'라는 뜻의 숙어 표현이다.
> Our team has successfully **carried out** a number of research projects.
> 우리 팀은 많은 연구 프로젝트를 성공적으로 수행했다.

**carrier**
[kǽriər]

**n** 항공사, 운송 회사, 통신사

low-cost **carrier** 저가 항공사

mobile **carrier** 이동 통신 회사

Union Railroad has become the largest freight **carrier** in the region. Union Railroad는 그 지역에서 가장 큰 화물 운송 회사가 되었다.

**carry-on**
[kǽri ɑ̀n]

**a** 기내 반입용의

**carry-on** luggage 기내 반입 수하물

The airline adjusted its luggage policies to limit passengers to one **carry-on** bag.
그 항공사는 수하물 정책을 조정하여 승객당 하나의 휴대용 가방으로 제한했다.

## lease
[liːs]

ⓥ 임대하다　ⓝ 임대차 계약

**lease** a home 주택을 임대하다

Our records indicate that your **lease** is due for renewal soon.
저희 기록에 의하면 귀하의 임대차 계약 갱신이 곧 예정되어 있습니다.

> **기출표현**
> · sign a lease 임대차 계약에 서명하다　· short-term lease 단기 임대차 계약
> · renew a lease 임대차 계약을 갱신하다　· office lease 사무실 임대차 계약

## match
[mætʃ]

ⓝ 시합　ⓥ 어울리다, 부응하다

soccer **match** 축구 시합

Your work experience perfectly **matches** our needs.
귀하의 업무 경험은 우리의 요구 조건에 완벽하게 부응합니다.

---

merchandise - merchant

## merchandise
[mə́ːrtʃəndàiz]

ⓝ 상품

return **merchandise** 상품을 반품하다

You can get a 10% discount on all of our **merchandise**.
우리의 모든 상품에 대해 10%의 할인을 받을 수 있습니다.

> **출제 POINT**
> 지문에 나오는 상품들이 정답 선택지에서 merchandise로 바뀌어 표현된다.
> 지문: There will be **T-shirts** available for sale in the lobby. 로비에는 판매 가능한 티셔츠들이 있을 것입니다.
> 질문: What can the listeners do in the lobby?
> 　　 청자들은 로비에서 무엇을 할 수 있는가?
> 정답: Buy some **merchandise** 상품을 구입하기

## merchant
[mə́ːrtʃənt]

ⓝ 상인

Local **merchants** are expecting high sales from commuters and office workers in the neighborhood.
지역 상인들은 인근의 통근자들과 회사원들로부터 높은 매출을 기대하고 있다.

## label
[léibəl]

ⓝ 라벨　ⓥ 라벨을 붙이다

shipping **label** 배송 라벨

The contents of the refrigerator must be **labeled**.
냉장고의 내용물에는 라벨을 붙여야만 한다.

> **어휘 POINT**
> shipping label은 택배 상자에 붙어 있는, 고객 이름과 주소 등이 적힌 송장을 의미한다. 우리말 '라벨'과는 발음이 다르다는 것에 유의하자.

## appear
[əpíər]

**ⓥ 나타나다, 출연하다**

She drew sizeable crowds when she **appeared** in concerts in the past. 그녀는 예전에 콘서트에 출연했을 때 상당한 관중을 끌어 모았다.

**appearance** n. 1. 출현, 출연  2. 외모

> **어휘 POINT**
> 〈It appears that절〉은 '~인 것 같다'의 뜻으로, 여기서 appear는 seem(~처럼 보이다)과 의미가 같으며, seem으로 대체할 수 있다.
> **It appears that** a car has broken down inside the tunnel. 차 한 대가 터널 안에서 고장 난 것 같다.

## disappear
[dìsəpíər]

**ⓥ 사라지다**

I found that two manuscripts of unpublished books have **disappeared**. 미출간 도서 두 권의 원고가 사라졌다는 것을 알았다.

## avenue
[ǽvənjùː]

**ⓝ (도시의) 거리, 가(街)**

The restaurant is on the corner of Pine Street and 7th **Avenue**. 그 음식점은 Pine 가와 7번가의 모퉁이에 있다.

> **어휘 POINT**
> 파트 7의 지문에서 업체의 주소를 나타낼 때 약자인 Ave.를 쓰기도 한다. 영어권의 주소는 앞에서부터 [번지 → 도로명 → 도시 → 주(州) → 우편번호]의 순으로 표기한다.
> • 295 Prudence Ave., Atlanta, GA 30317

## translate
[trænsléit]

**ⓥ 번역하다**

The film will **be translated into** ten languages. 그 영화는 10개 언어로 번역될 것이다.

**translation** n. 번역

**translator** n. 번역가

> **어휘 POINT**
> 〈translate A into B〉(A를 B 로 번역하다) 또는 수동태인 〈A be translated into B〉의 형태로 쓰인다.

## remain
[riméin]

**ⓥ 남아 있다, 계속 ~이다**

The museum will **remain** open until 9:00 P.M. on Thursday. 박물관은 목요일에 저녁 9시까지는 문을 닫지 않을 것이다.

**remainder** n. 나머지

## excited
[iksáitid]

ⓐ 신이 난, 들뜬

I'm **excited** to say we've recently signed three new contracts.
우리가 최근에 3건의 새로운 계약을 체결하게 되었다는 말을 전하게 되어 기쁩니다.

## exciting
[iksáitiŋ]

ⓐ 신나는, 흥분시키는

Let me start our meeting with some **exciting** news.
신나는 소식을 전해 드리며 우리 회의를 시작하겠습니다.

---

## lock
[lɑk]

ⓥ 잠그다  ⓝ 자물쇠

open a bicycle **lock** 자전거 자물쇠를 풀다

Our office building is **locked** on weekends.
우리 사무실 건물은 주말 동안에는 잠겨 있다.

**locker** n. 사물함, 로커

**unlock** v. 자물쇠를 열다

---

## advantage
[ədvǽntidʒ] Am
[ədvá:ntidʒ] Br

ⓝ 장점, 이점

take **advantage** of ~을 이용하다

Coworking provides significant **advantages** for startup companies. 협업은 스타트업 회사들에게 상당한 이점을 제공한다.

---

### analyze - analytical

## analyze
[ǽnəlàiz]

ⓥ 분석하다

I just finished **analyzing** our sales data for the past quarter.
지난 분기의 매출 자료 분석을 방금 마쳤다.

**analyst** n. 분석가, 애널리스트

**analysis** n. 분석

> **출제 POINT**
>
> analyze는 carefully(신중히)와 같은 부사의 수식을 받으며, data(데이터), details(세부 사항) 등을 목적어로 취한다.
> Watkins Company executives (**analyze** / ~~pass~~) all project **details carefully** before agreeing to contracts. Watkins 사의 임원들은 계약에 동의하기 전에 프로젝트의 모든 세부 사항들을 신중히 분석한다.

## analytical
[ǽnəlítikəl]

ⓐ 분석의, 분석적인

Mr. Li's superior **analytical** skills will be an asset in his career in administration.
Li 씨의 뛰어난 분석 능력은 경영 분야의 그의 경력에 있어 자산이 될 것이다.

## multiple
[mʌ́ltəpl]

**ⓐ 다수의, 다양한**

speak **multiple** languages 여러 개의 언어를 구사하다

Davone Media has **multiple** locations in South America.
Davone Media는 남미에 다수의 지점을 가지고 있다.

## multiply
[mʌ́ltəplài]

**ⓥ 증가하다, 증가시키다**

Problems in the factory **multiplied** as soon as the equipment started to malfunction.
장비가 오작동을 시작하자마자 공장 내의 문제점들이 증가했다.

## audience
[ɔ́ːdiəns]

**ⓝ 청중, 시청자**

Pretend you are actually in front of your **audience** when you are rehearsing. 리허설을 할 때 당신이 실제로 청중들 앞에 있다고 가장해 보세요.

> **어휘 POINT**
> audi는 '듣다'라는 의미를 가진 어근이다. 그래서 auditorium(강당), audiovisual(시청각의), audition(오디션) 등은 모두 듣는 행위와 관련 있는 토익 어휘들이다.

## highly
[háili]

**ⓐⓓ 매우, 대단히**

**highly** anticipated 매우 기대를 모았던

Thanks to the instructor's thorough preparation, the workshop was **highly** successful.
강사의 철저한 준비 덕분에 워크숍은 매우 성공적이었다.

> **어휘 POINT**
> highly처럼, 형용사에 ly를 붙이면 형용사와 전혀 다른 의미의 부사가 되는 어휘에는 nearly(거의), hardly(거의 ~하지 않는), lately(최근에), mostly(대부분) 등이 있다.

## frame
[freim]

**ⓝ 틀, 뼈대  ⓥ 틀에 넣다**

picture **frame** 액자, 사진틀

**framed** photographs 액자에 넣은 사진들

The two sides discussed the time **frame** for delivering the ordered products. 양측은 주문한 제품을 배송하는 기간에 대해 논의했다.

## obtain
[əbtéin]

**ⓥ 얻다, 획득하다**

**obtain** permission 허가를 얻다

Before hiring a contractor, he **obtained** quotes from several companies. 그는 하청업체를 고용하기 전에 몇몇 회사로부터 견적을 받았다.

> **출제 POINT**
> obtain의 목적어로는 approval(승인), authorization(허가), quote(견적), estimate(견적서) 등이 자주 나온다.
> Use this coupon to (**obtain** / develop) a free **quote** for cloud storage services. 이 쿠폰을 사용하여 클라우드 저장 서비스에 대한 무료 견적을 받으세요.

## institute
[ínstitjùːt]

**ⓝ 기관, 협회  ⓥ (제도를) 마련하다, 도입하다**

research **institute** 연구소

Management has decided to **institute** a mentoring program. 경영진은 멘토링 프로그램을 도입하기로 결정했다.

**institution** n. 기관, 시설

## goods
[gudz]

**ⓝ 상품**

sporting **goods** 스포츠용품

The Newbury General Store is known for its large range of regional **goods**. Newbury 잡화점은 다양한 지역 상품으로 알려져 있다.

> **출제 POINT**
> 형용사 good(좋은)에 s가 붙은 형태이기 때문에 품사가 명사라는 것을 간과하기 쉽다. 그래서 goods를 앞에서 수식하는 어휘의 품사를 묻는 문제가 파트 5에서 나온다.

---

### confident - confidential

## confident
[kánfidənt]

**ⓐ 자신 있는, 확신하는**

We are **confident** that the system is working well. 우리는 시스템이 잘 작동하고 있다고 자신합니다.

**confidence** n. 자신감, 확신

## confidential
[kànfidénʃəl]

**ⓐ 기밀의**

**confidential** information 기밀 정보

Your personal information will be kept completely **confidential**. 귀하의 개인 정보는 완전히 기밀로 유지될 것입니다.

> **어휘 POINT**
> 유의어로 classified가 있다.

## renew
[rinjú:]

**v** 갱신하다, 연장하다

**renew** one's membership 회원 자격을 갱신하다

Have you **renewed** the office lease for another year?
사무실 임대차 계약을 1년 더 연장하셨나요?

**renewal** n. 갱신

> **기출 표현**
> - renew one's membership 회원 자격을 갱신하다
> - renew a contract 계약을 갱신하다
> - renew one's subscription 구독을 갱신하다

## track
[træk]

**v** 추적하다  **n** (철도의) 선로

**tracking** number (택배의) 송장 번호

Remember to keep **track** of your daily expenses while on a business trip. 출장 도중 매일매일의 지출을 기록하는 것을 잊지 마세요.

> **어휘 POINT**
> on track은 직역하면 '(기차가) 선로를 벗어나지 않은'이라는 뜻이며, 따라서 '제대로 진행되고 있는'이라는 뜻의 숙어 표현이 된다.
> Everything is **on track** for the restaurant's grand opening next week.
> 다음 주 음식점의 개장을 위해 모든 것이 순조롭게 진행되고 있다.

## depart
[dipá:rt]

**v** 출발하다, 떠나다

Buses **depart** from the central terminal every 20 minutes.
버스는 중앙 터미널에서 매 시간 20분마다 출발한다.

**departure** n. 출발

> **어휘 POINT**
> departure는 '이탈, (일상으로부터) 벗어남'이라는 뜻으로도 쓰이며, 전치사 from과 함께 쓰인다.
> His new non-fiction book is a major (**departure** / ~~increase~~) **from** his usual fiction. 그의 새로운 논픽션 책은 그가 늘 쓰던 소설에서 크게 벗어난 것이다.

## deposit
[dipázit]

**n** 1. 보증금  2. 예금  **v** 입금하다, 예금하다

security **deposit** 보증금

make a **deposit** 예금하다

We recommend **depositing** money into your retirement account every month. 퇴직금 계좌에 매달 예금하는 것을 추천합니다.

## exact
[igzǽkt]

**ⓐ 정확한**

Can you give me his **exact** address?
그의 정확한 주소를 주실 수 있나요?

**exactly** ad. 정확히

> **어휘 POINT**
>
> exactly는 대화문에서 상대방의 말에 맞장구를 칠 때 쓰이며, 그 자체로 하나의 문장이 된다.
> A: The meeting is at 4:00, right? 회의는 4시에 있죠?
> B: **Exactly**. 맞아요.

---

knowledge - acknowledge

## knowledge
[nάlidʒ]

**ⓝ 지식**

in-depth **knowledge** 깊이 있는 지식

I have advanced **knowledge** of computer systems and software.
저는 컴퓨터 시스템과 소프트웨어에 대한 고도의 지식을 가지고 있습니다.

**knowledgeable** a. 박식한, 아는 것이 많은

> **출제 POINT**
>
> to one's knowledge는 '~가 알고 있기로는'이라는 뜻이다.
> **To our (knowledge** / ability), similar programs have been implemented in three cities in England. 우리가 알고 있기로는 영국의 세 개 도시에서도 비슷한 프로그램이 시행되고 있다.

## acknowledge
[əknάlidʒ]

**ⓥ 1. 인정하다 2. 받았음을 알리다**

This e-mail is to **acknowledge** receipt of your letter dated March 10. 이 이메일은 3월 10일자 귀하의 편지를 받았음을 알리기 위한 것입니다.

**acknowledgment** n. 1. 시인 2. 접수 통지

> **어휘 POINT**
>
> RC 파트에서 '감사를 표하다'라는 뜻으로 나온다.
> We always **acknowledge** our staff for their hard work. 우리는 항상 직원들의 노고에 감사를 표합니다.

---

## log
[lɔːg]

**ⓥ 접속하다**

**log**-in 로그인, 로그온 (= log-on)

**log** in to a Web site 웹 사이트에 접속하다

I'm having trouble **logging** into the database.
데이터베이스에 로그인하는 데 문제가 있다.

## negotiate
[nigóuʃièit]

ⓥ 협상하다

**negotiate** the details of the merger 합병의 세부 사항을 협상하다

Did you sign the contract, or are you still **negotiating**?
계약서에 서명하셨나요, 아니면 아직 협상 중이신가요?

**negotiation** n. 협상

---

## gather
[gǽðər]

ⓥ 1. 모으다, 수집하다 2. 모이다

**gather** information 정보를 수집하다

Some people are **gathered** around a desk.
몇몇 사람들이 책상 주위에 모여 있다.

**gathering** n. 모임

> **기출 표현**
> · family gathering 가족 모임     · private gathering 사적인 모임
> · social gathering 친목회         · business gathering 비즈니스 모임

---

### administration - administer

## administration
[ədmìnistréiʃən]

ⓝ 관리, 경영, 행정

**administration** office 관리실

Candidates must have a degree in business **administration**.
지원자들은 경영학 학위를 보유해야 한다.

**administrator** n. 관리자

> **어휘 POINT**
> administrative assistant(행정 비서)는 전화 응대, 사무용품 주문, 회의록 작성, 우편물 발송, 방문자 응대 등의 다양한 행정 업무를 처리하는 사람을 말한다.

## administer
[ədmínistər]

ⓥ 1. 관리하다 2. 실시하다

The agenda includes a report on the employee survey to be **administered** in July.
안건에는 7월에 실시될 직원 설문조사에 대한 보고서가 포함되어 있다.

---

## honor
[ánər]

ⓝ 명예, 영광  ⓥ 경의를 표하다

A dinner banquet will be held in **honor** of Emily Jarvis this Friday.
이번 주 금요일에 Emily Jarvis 씨를 축하하는 만찬이 열릴 것이다.

> **어휘 POINT**
> 시상식 상황에서 honor를 동사로 쓰면 '상을 주어 경의를 표하다'라는 의미가 된다.
> Mr. Carter will be **honored** for his achievements at the company's annual award ceremony. Carter 씨는 회사의 연례 시상식에서 공로상을 받을 것이다.

## neighborhood
[néibərhùd]

**n** 근처, 이웃

own a **neighborhood** restaurant 동네에 식당을 소유하다

Reopening the civic center will promote growth in the **neighborhood**. 시민 센터를 다시 여는 것은 인근 지역의 성장을 촉진할 것이다.

**neighbor** n. 이웃

**neighboring** a. 근처의

---

innovation - innovative

## innovation
[ìnəvéiʃən]

**n** 혁신

Salisbury, Inc., became a leading firm due to its numerous business **innovations**.
Salisbury 주식회사는 수많은 사업 혁신으로 인해 선도적인 기업이 되었다.

> **어휘 POINT**
> 비슷한 철자의 단어 renovation은 '개조, 수선'의 뜻으로 건축물과 관련되어 사용된다.

## innovative
[ínəveitiv, ínəvətiv]

**a** 혁신적인, 독창적인

The restaurant is known for serving food that is **innovative** and satisfying. 그 음식점은 독창적이고 만족스러운 음식을 제공하는 것으로 유명하다.

## particular
[pərtíkjulər]

**a** 특정한

in **particular** 특히 (= particularly)

Do you have anything **particular** in mind?
특별히 찾으시는 물건이 있나요?

**particularly** ad. 특히

> **어휘 POINT**
> 유의어로 certain, given, specific 등이 있다.

## solar
[sóulər]

**a** 태양의

**solar** energy 태양 에너지

**solar**-powered equipment 태양 에너지로 작동하는 장비

The builder installed **solar** panels on the roof of the house.
건축업자는 그 집의 지붕에 태양 전지판을 설치했다.

# Review Test

**A** 영어 단어의 알맞은 뜻을 찾아 연결하세요.

01. deposit      ⓐ 행정
02. depart      ⓑ 지식
03. knowledge      ⓒ 보증금
04. administration      ⓓ 출발하다

05. carrier      ⓔ 수집하다
06. gather      ⓕ 혁신
07. innovation      ⓖ 협상하다
08. negotiate      ⓗ 항공사

**B** 우리말 뜻에 맞게 빈칸에 알맞은 어휘를 찾아 넣으세요.

| ⓐ tracking | ⓑ analyze | ⓒ renew |
| ⓓ lease | ⓔ merchandise | ⓕ multiple |

09. 주택을 임대하다      _____ a home
10. 매출 자료를 분석하다      _____ sales data
11. (택배의) 송장 번호      _____ number
12. 상품을 반품하다      return _____
13. 여러 개의 언어를 구사하다      speak _____ languages
14. 계약을 갱신하다      _____ a contract

정답 01 ⓒ 02 ⓓ 03 ⓑ 04 ⓐ 05 ⓗ 06 ⓔ 07 ⓕ 08 ⓖ 09 ⓓ 10 ⓑ 11 ⓐ 12 ⓔ 13 ⓕ 14 ⓒ

# Mini Test

**Select the best answer to complete the sentence.**

01. We are ------- that the system is working well.

    (A) afraid	(B) primary	(C) confident	(D) willing

02. The room can ------- up to 10 people.

    (A) announce	(B) approach	(C) emphasize	(D) accommodate

03. Before hiring a contractor, he ------- quotes from several companies.

    (A) obtained	(B) finalized	(C) published	(D) challenged

04. Your personal information will be kept completely -------.

    (A) positive	(B) renowned	(C) confidential	(D) absolute

05. Thanks to the instructor's thorough preparation, the workshop was ------- successful.

    (A) early	(B) highly	(C) hardly	(D) randomly

06. Coworking provides significant ------- for startup companies.

    (A) explanations	(B) inquiries	(C) estimates	(D) advantages

07. We recommend only using an ------- financial firm.

    (A) established	(B) identical	(C) invited	(D) unknown

정답  01 (C)  02 (D)  03 (A)  04 (C)  05 (B)  06 (D)  07 (A)

해석  01 우리는 시스템이 잘 작동하고 있다고 자신합니다.  02 그 방은 10명까지 수용할 수 있다.  03 그는 하청업체를 고용하기 전에 몇몇 회사로부터 견적을 받았다.  04 귀하의 개인 정보는 완전히 기밀로 유지될 것입니다.  05 강사의 철저한 준비 덕분에 워크숍은 매우 성공적이었다.  06 협업은 스타트업 회사들에게 상당한 이점을 제공한다.  07 우리는 인정받는 금융 회사만 이용하는 것을 추천합니다.

# Level up  [구동사] 필수 어휘 ②

**cut down on**
~을 줄이다

The doctor advised her patient to **cut down on** the amount of coffee he drinks.
의사는 환자에게 그가 마시는 커피의 양을 줄이라고 조언했다.

**drop in, drop by**
잠시 들르다

Mr. Benedict intends to **drop in** for a chat tomorrow.
Benedict 씨는 내일 담소를 나누기 위해 잠깐 들를 생각이다.

**end up**
결국 ~하게 되다

They **ended up** holding the awards ceremony at the Belmont Hotel. 그들은 결국 Belmont 호텔에서 시상식을 열게 되었다.

**fall apart**
무너지다, 무산되다

The proposed takeover **fell apart** when the bank refused to finance the deal.
은행이 거래에 대한 자금 지원을 거부하면서 인수 제안은 무산되었다.

**fill out, fill in**
기입하다, 작성하다

All interns must **fill out** the forms in their information packets. 모든 인턴은 정보 자료집에 있는 양식들을 작성해야 합니다.

**figure out**
알아내다, 이해하다

Please try to **figure out** what the problem with the engine is. 엔진에 무슨 문제가 있는지 알아봐 주세요.

**fill in for**
~을 대신하다

Ms. Klein offered to **fill in for** Mr. Grant while he was on vacation. Klein 씨는 Grant 씨가 휴가를 가 있는 동안 그 자리를 대신하겠다고 제안했다.

**follow up on**
~에 대해 후속 조치를 취하다

I am writing to **follow up on** our conversation at the sales fair last Friday.
지난주 금요일 영업 박람회에서 나눈 얘기를 마저 하기 위해 글을 씁니다.

## challenge
[tʃǽlindʒ]

**n** 도전  **v** 도전하다

The workshop will address the **challenges** and the rewards of running a restaurant.
워크숍은 음식점 운영에 따른 어려움과 보람에 대한 것을 다룰 것이다.

**challenging** a. 도전적인, 힘든

> **출제 POINT**
> 달성하기 힘든 도전적 과제를 언급할 때 challenging이 쓰인다.
> Meeting the strict requirements for the project will be (**challenging** / ~~manageable~~) but not impossible. 프로젝트의 엄격한 요구 조건을 충족시키는 것은 힘들지만 불가능하지는 않을 것이다.

## term
[tə:rm]

**n** 1. 기간  2. 용어  3. (계약) 조건(-s)

long-**term** 장기의 (↔ short-term 단기의)

They use overly technical **terms** that can confuse visitors.
그들은 방문객들을 혼란스럽게 만들 수 있는 지나치게 전문적인 용어를 사용한다.

> **기출 표현**
> • **terms and conditions** (계약서의) 약관   • **terms of the contract** 계약 조건

---

setting - reset

## setting
[sétiŋ]

**n** 1. 설정  2. 환경, 장소

printer **settings** 프린터의 설정

We offer different **settings** depending on the size of your party.
우리는 귀하의 단체의 규모에 따라 다른 장소들을 제공합니다.

## reset
[ri:sét]

**v** 재설정하다

Mr. Denver could not access his bank account online, so he tried to **reset** his password. Denver 씨는 온라인으로 그의 은행 계좌에 접속할 수 없어서 비밀번호를 재설정하려고 시도했다.

## crowded
[kráudid]

**a** 붐비는, 혼잡한

**crowded** area 혼잡한 지역

The store is always **crowded** when there's a holiday coming up.
휴일이 다가오면 그 가게는 항상 붐빈다.

**crowd** n. 군중, 무리

## grocery
[gróusəri]

**n** 식료품

**grocery** store 식료품점

Some women are putting **groceries** into a bag.
몇 명의 여자들이 식료품을 봉지에 담고 있다.

## highlight
[háilàit]

**v** 강조하다  **n** 가장 중요한 부분, 하이라이트

**highlight** of the event 행사의 하이라이트

Interested applicants should submit a cover letter **highlighting** their history, qualifications, and strengths. 관심 있는 지원자들은 그들의 이력, 자격 및 강점이 강조된 자기소개서를 제출해야 한다.

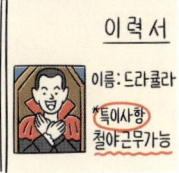

---

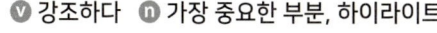

## stairs
[stɛərz]

**n** 계단

take the **stairs** 계단을 이용하다 (= use the stairs)

The management office is down the **stairs**.
관리 사무소는 아래층에 있다.

> **어휘 POINT**
> stairway, staircase, stairwell 등도 모두 계단을 의미하는 어휘들이다.

## upstairs
[ʌpstɛ́ərz]

**ad** 위층에서, 위층으로  **a** 위층의

go **upstairs** 위층으로 가다

Will you help me carry these boxes **upstairs**?
이 상자들을 위층으로 옮기는 것을 도와줄래요?

**downstairs** ad. 아래층에서, 아래층으로  a. 아래층의

---

senior - junior

## senior
[síːnjər]

**a** 선임의, 고위의

**senior** management 고위 관리직

After twenty years of employment, Chet Whittaker was appointed **senior** director at his firm.
재직 20년 만에 Chet Whittaker 씨는 회사의 선임 이사로 임명되었다.

## junior
[dʒúːnjər]

**a** 초급의, 부하의

**junior** members of the staff 평직원들

He applied for the position of **junior** quality analyst.
그는 초급 품질 분석관 자리에 지원했다.

217

## critical
[krítikəl]

**ⓐ** 1. 중요한, 결정적인  2. 비판적인

Before a job interview, it is **critical** to prepare oneself for answering commonly asked questions.
취업 면접 전에 자주 묻는 질문들에 답변할 준비를 하는 것이 중요하다.

> **출제 POINT**
> 〈be of critical importance〉(대단히 중요하다)의 형태로 쓰인다.
> At this hotel, addressing customer feedback **is of** (**critical** / ~~critically~~) **importance**. 이 호텔에서는 고객의 의견을 처리하는 것이 매우 중요합니다.

## critic
[krítik]

**ⓝ** 비평가, 평론가

food **critic** 음식 평론가

The new blockbuster starring Eddie Wellman received praise from **critics**.
Eddie Wellman 주연의 새로운 블록버스터 영화는 비평가들로부터 찬사를 받았다.

## criticize
[krítisàiz]

**ⓥ** 비평하다, 비난하다

Several employees **criticized** the company policy on taking vacations. 몇몇 직원들이 회사의 휴가 정책을 비판했다.

**criticism** n. 비평

## average
[ǽvəridʒ]

**ⓝ** 평균  **ⓐ** 평균의

below **average** 평균보다 낮은

The **average** rent in this neighborhood is $900 per month.
이 동네의 평균 임대료는 월 900달러이다.

> **출제 POINT**
> 명사로는 〈average of 숫자〉의 형태로 쓰인다.
> Commuters are able to save an (**average** / ~~occasion~~) **of $50** a month by purchasing a rail card. 통근자들은 철도 카드를 구입함으로써 한 달에 평균 50달러를 절약할 수 있다.

## recipe
[résəpìː]

**ⓝ** 요리법, 조리법

The book contains **recipes** for 100 healthy meals.
그 책에는 100가지 건강한 식사를 위한 요리법이 들어 있다.

## mind
[maind]

**n** 마음 **v** 싫어하다, 꺼리다

keep in **mind** 명심하다

if you don't **mind** 괜찮으시다면

**Would you mind** trading shifts with me tomorrow?
내일 저와 교대 근무를 바꿔 주시겠어요?

> **어휘 POINT**
>
> 동사로는 〈Do you mind if ~?〉, 〈Would you mind V-ing ~?〉의 형태로 자주 쓰인다.
> **Do you mind if** I borrow your stapler? 당신의 스테이플러를 빌려도 될까요?

## postpone
[poustpóun]

**v** 연기하다, 미루다

The opening of the museum has been **postponed** until further notice. 박물관의 개관은 추후 통지가 있을 때까지 연기되었다.

> **출제 POINT**
>
> 일정과 관련된 앞뒤의 인과 관계를 파악해서 빈칸에 들어갈 postpone을 고르는 어휘 문제가 출제된다.
> The weather is expected to be rainy on Saturday, so we may have to (**postpone** / decorate) the event. 토요일에 비가 올 것으로 예상되므로 우리는 행사를 연기해야 할 수도 있다.

## similar
[símələr]

**a** 비슷한, 유사한

We strongly discourage the use of laptops and **similar** devices in our café.
저희 카페 내에서는 노트북과 그와 유사한 기기의 사용을 강력히 금하고 있습니다.

**similarly** ad. 비슷하게, 마찬가지로

> **어휘 POINT**
>
> similarly는 앞선 문장과 비슷한 예시를 들 때 사용하는 접속 부사로서, 유사한 어휘로는 likewise(마찬가지로)가 있다.
> An increase in tourism has helped local restaurants. **Similarly**, shops have reported higher earnings. 관광객의 증가는 지역 음식점에 도움이 되었다. 마찬가지로 상점들도 더 높은 수익을 알렸다.

## council
[káunsəl]

**n** 의회

The Richmond City **Council** revealed the city's new budget at last night's meeting.
Richmond 시의회는 어젯밤 회의에서 시의 새 예산을 공개했다.

## growth
[grouθ]

**ⓝ** 성장, 증가

economic **growth** 경제 성장

The company has shown tremendous **growth** over the past year. 그 회사는 지난 한 해 동안 엄청난 성장을 보였다.

---

## fabric
[fǽbrik]

**ⓝ** 천, 직물

microfiber **fabric** 극세사 원단

Truman Textiles manufactures **fabrics** made with both synthetic and natural materials.
Truman Textiles는 합성 재료 및 천연 재료로 만들어진 직물을 제조한다.

---

active - activate - inactive

## active
[ǽktiv]

**ⓐ** 활동적인, 활성의

The password will remain **active** until the end of the month.
비밀번호는 월말까지는 유효할 것이다.

**activity** n. 활동

## activate
[ǽktəvèit]

**ⓥ** 활성화하다, 가동하다

motion-**activated** lights 동작을 감지하여 작동하는 전등

Whoever leaves the office last is responsible for **activating** the alarm system.
누구든지 사무실을 마지막으로 나가는 사람이 경보 장치를 작동시킬 책임이 있다.

## inactive
[inǽktiv]

**ⓐ** 활동하지 않는, 비활성의

According to our records, your account has been **inactive** for the last 12 months.
저희 기록에 따르면 귀하의 계정이 지난 12개월 동안 비활성 상태입니다.

---

## coworker
[kóuwəːrkər]

**ⓝ** 동료

She will manage the office by herself while her **coworkers** are away on business.
동료들이 출장을 간 동안 그녀 혼자서 사무실을 운영할 것이다.

> **어휘 POINT**
> 1. co(함께)+worker(근로자) → 함께 일하는 사람
> 2. 유의어로 colleague, associate 등이 있다.

## earn
[əːrn]

**v** 1. (돈을) 벌다  2. 받다, 얻다

**earn** five dollars per hour 시간당 5달러를 벌다

**earn** one's degree 학위를 취득하다

Mr. Stevenson's dedication to growing the company's client base **earned** him a bonus.
Stevenson 씨는 회사의 고객층을 늘리는 데 헌신한 대가로 보너스를 받았다.

**earnings** n. 수익, 소득

---

counter - countertop

## counter
[káuntər]

**n** 1. 계산대  2. 조리대

ticket **counter** 매표소

checkout **counter** 계산대

A woman is preparing some food at a **counter**.
여자가 조리대에서 음식을 준비하고 있다.

## countertop
[káuntərtap]

**n** 조리대

install a **countertop** 조리대를 설치하다

A woman is wiping down a **countertop**. 여자가 조리대를 닦고 있다.

---

function - malfunction

## function
[fʌ́ŋkʃən]

**n** 기능

Use the search **function** on the Web site to find the items you are looking for.
웹 사이트의 검색 기능을 사용하여 찾고자 하는 항목을 찾으세요.

**functional** a. 기능적인, 작동하는

> **어휘 POINT**
>
> function은 RC 파트에서 '행사'라는 뜻으로 쓰일 때가 있다.
> You should consider using our menu for group **functions**. 단체 행사를 위해 저희 메뉴를 이용하는 것을 고려해 보십시오.

## malfunction
[mælfʌ́ŋkʃən]

**n** 오작동  **v** 오작동하다

equipment **malfunction** 기기 오작동

One of the factory machines is **malfunctioning**.
공장 기계 중 한 대가 오작동하고 있다.

## lay - layout - layer

### lay
[lei]

**ⓥ 놓다, 두다**

**lay** the foundation for ~을 위한 토대를 놓다

Some jackets have been **laid** on a chair.
재킷 몇 벌이 의자 위에 놓여 있다.

> **어휘 POINT**
> 타동사 lay의 동사 변화는 lay-laid-laid이고, 자동사 lie(눕다)의 동사 변화는 lie-lay-lain, 그리고 lie(거짓말하다)는 lie-lied-lied이다.

### layout
[léiaut]

**ⓝ 배치**

office **layout** 사무실 배치

Mr. Rogers will reorganize the **layout** of the store to maximize the space. Rogers 씨는 공간을 극대화하기 위해 매장의 배치를 개편할 것이다.

### layer
[léiər]

**ⓝ 층**

They've requested a 10-**layer** cake to celebrate their 10th anniversary.
그들은 10주년을 기념하기 위해 10단 케이크를 요청했다.

> **어휘 POINT**
> 여러 개를 겹쳐서 놓으면(lay) 생기는 것이 층(layer)이라고 연상 암기하자.

## luggage - baggage

### luggage
[lʌ́gidʒ]

**ⓝ (여행용) 짐, 수하물**

carry-on **luggage** 기내 반입 수하물

He's putting **luggage** into the back of a vehicle.
남자가 차량의 뒤편에 짐을 넣고 있다.

### baggage
[bǽgidʒ]

**ⓝ (여행용) 짐, 수하물**

**baggage** claim area 공항의 수하물 찾는 곳

Ms. Simms had to pay a **baggage** fee because her suitcase weighed more than fifty pounds. Simms 씨는 여행 가방의 무게가 50파운드를 넘었기 때문에 수하물 요금을 지불해야 했다.

> **어휘 POINT**
> luggage와 baggage는 둘 다 불가산명사로서 보통은 suitcase(여행 가방)를 의미한다.

## significant
[signífikənt]

ⓐ 1. 상당한  2. 중요한

experience **significant** delays 상당한 지체를 겪다

Last-minute changes to orders are a **significant** cause of delayed deliveries. 막판의 주문 변경은 배달 지연의 중요한 원인이다.

**significantly** ad. 상당히

> 출제 POINT
>
> significantly는 increase(증가하다), decrease(감소하다), grow(늘어나다, 증가하다)와 같이 수량 증감과 관련된 동사를 수식한다.
> An upgrade in the software would (**significantly** / ~~previously~~) increase the productivity of our administrative staff. 소프트웨어 업그레이드는 우리 행정 직원들의 생산성을 상당히 향상시킬 것이다.

## ceremony
[sérəmòuni]

ⓝ 기념행사, 의식

awards **ceremony** 시상식

More than 1,000 people attended the opening **ceremony** for the city's newest park.
천 명 이상의 사람들이 시의 신설 공원의 개장식에 참석했다.

## chat
[tʃæt]

ⓥ 담소를 나누다  ⓝ 담소, 채팅

**chat** with a customer service representative
고객 서비스 담당자와 이야기하다

The managers had a brief **chat** about workplace safety.
관리자들은 작업장 안전에 관해 짧은 대화를 나누었다.

> 출제 POINT
>
> online chat discussion(온라인 채팅 토론)은 파트 7에 나오는 지문의 한 종류로서 여러 명의 대화 참여자가 나오는 것이 특징이다.

## contribute
[kəntríbjuːt]

ⓥ 1. 기여하다  2. 기부하다

Mr. Harper is expected to **contribute** greatly to his team this year. Harper 씨는 올해 그의 팀에 큰 기여를 할 것으로 기대된다.

**contribution** n. 기여, 기부, 기고

> 어휘 POINT
>
> contribute는 make a contribution으로 바꾸어 쓸 수 있다.
> Ms. Jennings **makes a** monthly **contribution** to a charity for the homeless.
> Jennings 씨는 노숙자들을 위한 자선단체에 매달 기부하고 있다.

hand - handy - hands-on

## hand
[hænd]

**v** 건네다

The man is **handing** a book to the woman.
남자가 여자에게 책을 건네주고 있다.

**handout** n. 유인물, 배포 자료

> **출제 POINT**
> 1. 파트 1 빈출 어휘이며, hand out(나눠 주다), hand in(제출하다)의 형태로도 자주 쓰인다.
> 2. on hand는 '가까이에서 도움을 구할 수 있을'이라는 뜻의 숙어 표현이다.
>    There will be a consultant **on hand** who can review your résumé.
>    당신의 이력서를 검토해 줄 수 있는 컨설턴트가 가까이에 있을 것입니다.

## handy
[hǽndi]

**a** 편리한

come in **handy** 도움이 되다, 쓸모가 있다

I've summarized the results of our tests in a few **handy** charts.
우리 테스트 결과를 편리한 차트 몇 개에 요약했습니다.

## hands-on
[hǽnz àn]

**a** 직접 해 보는, 직접 손으로 만지는

**hands-on** workshops 실습을 하는 워크숍

During the course, 70 percent of the course time is dedicated to **hands-on** learning.
과정에서는 수업 시간의 70%가 실습 학습에 할애됩니다.

---

global - globe

## global
[glóubəl]

**a** 세계적인

Our company is a **global** leader in the inspection and certification of industrial equipment.
우리 회사는 산업용 장비의 검사 및 인증 분야에서 세계 1위 기업입니다.

## globe
[gloub]

**n** 세계

We have more than two thousand staff members in twelve offices across the **globe**.
우리는 전 세계의 12개 사무실에 2천 명 이상의 직원이 있습니다.

---

## individual
[ìndəvídʒuəl]

**a** 개인의, 개별적인  **n** 개인

We offer a 15% discount to **individual** customers for their first order. 저희는 첫 주문 시 개인 고객에 대해 15%의 할인을 제공합니다.

## wireless
[wáiərlis]

ⓐ 무선의

**wireless** Internet access 무선 인터넷 접속

The **wireless** network lets everyone in the airport go online for free.
무선 네트워크는 공항의 모든 사람들이 무료로 온라인에 접속할 수 있게 해 준다.

## wire
[waiər]

ⓝ 전선   ⓥ 송금하다

electrical **wire** 전선

**wire** the money 돈을 송금하다

Buyers must pay by bank **wire** transfer.
구매자들은 은행 송금 방식으로 결제해야 합니다.

---

## aware
[əwéər]

ⓐ 알고 있는, 인식하는

Please be **aware** that the store is not open on Sundays.
매장은 일요일에는 문을 열지 않는다는 것을 알고 계시기 바랍니다.

**awareness** n. 인식

> **출제 POINT**
>
> awareness는 raise awareness(인식을 높이다)의 형태로 쓰인다.
> Dr. Walker was recognized locally for **raising** (**awareness** / spaces) of necessary health screenings. Walker 박사는 건강 검진의 필요성에 대한 인식을 높인 공로로 현지에서 인정을 받았다.

## unaware
[ʌnəwéər]

ⓐ 알지 못하는, 모르는

Susan **is unaware of** any changes in the work schedule.
Susan은 근무 스케줄의 변경에 대해 알지 못한다.

> **어휘 POINT**
>
> ⟨be aware of⟩(~을 알다)와 ⟨be unaware of⟩(~을 알지 못하다)의 형태로 많이 쓰인다.

---

## entertain
[èntərtéin]

ⓥ 즐겁게 해 주다

Some performers are **entertaining** an audience.
몇몇 연주자들이 청중들을 즐겁게 해 주고 있다.

**entertainment** n. 오락, 연예

## commute - telecommute

**commute** [kəmjúːt]

ⓝ 통근  ⓥ 통근하다

have a long **commute** 통근 거리가 길다

He **commutes** two hours to work every day.
그는 매일 두 시간씩 직장으로 통근한다.

**commuter** n. 통근자

**telecommute** [tèlikəmjúːt]

ⓥ 재택근무하다

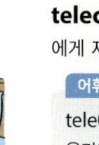

To save office space, TJ Enterprises lets most of its employees **telecommute**. 사무 공간을 절약하기 위해 TJ Enterprises는 대부분의 직원들에게 재택근무를 허용한다.

**어휘 POINT**

tele(멀리 있는, 원거리의)+commute(통근하다)의 형태로서, 집에서 전화, 이메일, 온라인 채팅, 화상 회의 등을 통해 업무를 진행하는 근무 형태를 의미한다. 비슷한 표현으로 work from home이 있다.

## consumer - consume

**consumer** [kənsúːmər]

ⓝ 소비자

**consumer** survey 소비자 조사

**consumer** goods 소비재

Our fashion designers create clothing based on the preferences of **consumers**.
저희 패션 디자이너들은 소비자들의 선호도에 기반하여 옷을 만듭니다.

**consume** [kənsúːm]

ⓥ 1. 소비하다  2. 섭취하다

**consume** much of one's time 많은 시간을 소비하다

The restaurant has a wide selection for people who do not **consume** meat.
그 음식점은 육류를 섭취하지 않는 사람들을 위해 다양한 메뉴를 마련하고 있다.

**consumption** n. 소비

**coordinate** [kouɔ́ːrdənèit]

ⓥ 조정하다, 조율하다

**coordinate** event planning 행사 기획을 조정하다

Mr. Jefferson has experience **coordinating** projects with companies in foreign countries.
Jefferson 씨는 외국에 있는 회사들과 프로젝트들을 조율한 경험이 있다.

**coordinator** n. 조정자, 진행자

## dental
[déntəl]

**ⓐ** 치과의

**dental** assistant 치위생사, 치과 조무사

Dr. Kirby moved his **dental** office to a unit in the South Hampton Mall.
Kirby 박사는 자신의 치과 의원을 South Hampton 쇼핑몰에 있는 한 점포로 옮겼다.

## legal
[líːgəl]

**ⓐ** 법률의

**legal** department 법무 부서 (= legal team)

Stillman & White provides **legal** services to a large number of clients. Stillman & White는 다수의 고객에게 법률 서비스를 제공한다.

> **기출 표현**
> - legal service 법률 서비스
> - legal document 법률 문서
> - legal firm 법률 회사
> - legal expert 법률 전문가

## anniversary
[æ̀nəvə́ːrsəri]

**ⓝ** 기념일

**anniversary** celebration 기념일 축하 행사

Zander Technology recently celebrated the one hundredth **anniversary** of its founding.
Zander Technology는 최근에 창립 100주년을 기념했다.

## measure
[méʒər]

**ⓥ** 측정하다  **ⓝ** 조치(-s)

**measure** employee performance 직원의 성과를 측정하다

New security **measures** were put in place to protect the building. 건물을 보호하기 위해 새로운 보안 조치가 취해졌다.

**measurement** n. 측정, 치수

> **기출 표현**
> - cost-cutting measures 비용 절감 조치
> - safety measures 안전 조치

# Review Test

**A** 영어 단어의 알맞은 뜻을 찾아 연결하세요.

01. average      ⓐ 기간
02. term      ⓑ 법률의
03. legal      ⓒ 동료
04. coworker      ⓓ 평균

05. unaware      ⓔ 선임의
06. highlight      ⓕ 알지 못하는
07. senior      ⓖ 강조하다
08. anniversary      ⓗ 기념일

**B** 우리말 뜻에 맞게 빈칸에 알맞은 어휘를 찾아 넣으세요.

| ⓐ wire | ⓑ coordinate | ⓒ commute |
| ⓓ awareness | ⓔ baggage | ⓕ malfunction |

09. 통근 거리가 길다      have a long _____
10. 공항의 수하물 찾는 곳      airport _____ claim
11. 돈을 송금하다      _____ the money
12. 행사 기획을 조정하다      _____ event planning
13. 인식을 높이다      raise _____
14. 기기 오작동      equipment _____

정답 01 ⓓ 02 ⓐ 03 ⓑ 04 ⓒ 05 ⓕ 06 ⓖ 07 ⓔ 08 ⓗ 09 ⓒ 10 ⓔ 11 ⓐ 12 ⓑ 13 ⓓ 14 ⓕ

# Mini Test

**Select the best answer to complete the sentence.**

01. Mr. Harper is expected to ------- greatly to his team this year.

    (A) negotiate    (B) subscribe    (C) contribute    (D) recover

02. Mr. Rogers will reorganize the ------- of the store to maximize the space.

    (A) layout    (B) promotion    (C) security    (D) survey

03. Whoever leaves the office last is responsible for ------- the alarm system.

    (A) assisting    (B) activating    (C) consuming    (D) sustaining

04. New security ------- were put in place to protect the building.

    (A) measures    (B) figures    (C) benefits    (D) returns

05. An upgrade in the software would ------- increase the productivity.

    (A) originally    (B) personally    (C) significantly    (D) unfortunately

06. The opening of the museum has been ------- until further notice.

    (A) informed    (B) operated    (C) charged    (D) postponed

07. Several employees ------- the company policy on taking vacations.

    (A) warranted    (B) removed    (C) located    (D) criticized

---

**정답** 01 (C)　02 (A)　03 (B)　04 (A)　05 (C)　06 (D)　07 (D)

**해석** 01 Harper 씨는 올해 그의 팀에 큰 기여를 할 것으로 기대된다.　02 Rogers 씨는 공간을 극대화하기 위해 매장의 배치를 개편할 것이다.　03 누구든지 사무실을 마지막으로 나가는 사람이 경보 장치를 작동시킬 책임이 있다.　04 건물을 보호하기 위해 새로운 보안 조치가 취해졌다.　05 소프트웨어 업그레이드는 생산성을 상당히 향상시킬 것이다.　06 박물관의 개관은 추후 통지가 있을 때까지 연기되었다.　07 몇몇 직원들이 회사의 휴가 정책을 비판했다.

# Level up  [구동사] 필수 어휘 ③

**get together**
만나다

I hope to **get together** in London when we attend the marketing seminar.
우리가 런던에서 마케팅 세미나에 참석할 때 만날 수 있기를 바랍니다.

**go ahead**
진행되다, 앞서 가다

You can **go ahead** and leave before everyone else does.
다른 사람들보다 먼저 가셔도 돼요.

**go over**
점검하다, 검토하다

We need to **go over** a few issues raised during the last customer satisfaction survey. 우리는 지난 고객 만족 설문조사에서 제기된 몇 가지 문제를 검토해야 합니다.

**go through**
겪다, 거치다

All recently hired employees must **go through** a two-day orientation course.
최근에 채용된 모든 직원들은 이틀간의 오리엔테이션 과정을 거쳐야 합니다.

**hand out, pass out**
나눠 주다

Mr. Whitley will **hand out** name tags at the information desk. Whitley 씨가 안내 데스크에서 이름표를 나눠 줄 겁니다.

**hold on**
(전화를 끊지 않고) 기다리다

Would you please **hold on** a moment while I find out the answer to your question?
제가 당신의 질문에 대한 답을 찾는 동안 잠시만 기다려 주시겠습니까?

**kick off**
시작하다

The job fair will **kick off** with a speech by David Martin, the CEO of Dynamic Air, Inc. 채용박람회는 Dynamic Air 주식회사의 최고 경영자인 David Martin 씨의 연설로 시작될 것이다.

**look up**
찾아보다

I need to **look up** some information on our database.
우리 데이터베이스에서 몇 가지 정보를 찾아봐야겠어요.

## demand
[dimǽnd]

**n** 수요, 요구

be in high **demand** 수요가 많다

Rentoff Logistics has opened another branch to address the growing **demand** for shipping services. Rentoff Logistics는 증가하는 운송 서비스 수요를 처리하기 위해 또 다른 지점을 개설했다.

> 기출 표현
> - customer demand 소비자의 수요
> - meet the demands of ~의 수요를 충족시키다

## demanding
[dimǽndiŋ]

**a** 힘든, 요구가 많은

very **demanding** training course 매우 힘든 교육 과정

The job can be physically **demanding** and requires extensive overtime work.
그 일은 육체적으로 힘들 수 있고 광범위한 초과근무를 필요로 한다.

## monitor
[mánitər]

**n** 모니터  **v** 추적 관찰하다

look at a computer **monitor** 컴퓨터 모니터를 보다

We closely **monitor** customer feedback to find our weaknesses.
우리는 우리의 약점을 찾아내기 위해 고객의 의견을 면밀히 추적 관찰합니다.

## restore
[ristɔ́ːr]

**v** 복원하다, 복구하다

**restore** historic buildings 역사적 건물들을 복원하다

The murals on the walls have been **restored**.
벽의 벽화들이 복원되었다.

**restoration** n. 복원, 복구

## flavor
[fléivər]

**n** 풍미, 맛

The ice cream comes in a variety of **flavors**.
그 아이스크림은 다양한 맛으로 나온다.

## opinion
[əpínjən]

**n** 의견

public **opinion** 여론

We are interested in hearing your **opinion** about our services.
우리는 당사의 서비스에 대한 귀하의 의견을 듣고 싶습니다.

## expire
[ikspáiər]

**ⓥ** 만료되다, 기한이 끝나다

Please note that your membership is set to **expire** on December 31. 귀하의 회원 자격이 12월 31일에 만료된다는 것을 양지하시기 바랍니다.

**expiration** n. 만료

> 출제 POINT
>
> 주어가 warranty(보증), permit(허가증), membership(회원 자격)일 때 빈칸에 들어갈 동사 어휘 expire를 묻는 문제가 출제된다.
>
> The **warranty** for the washing machine will (**expire** / stretch) in two years. 세탁기에 대한 보증은 2년 후에 만료될 것이다.

---

economy - economic - economical

## economy
[ikánəmi]

**ⓝ** 경제

**economy** ticket 이코노미 클래스 항공권

The cancellation of the highway expansion will have a negative effect on Freeport's **economy**.
고속도로 확장 취소는 Freeport의 경제에 부정적인 영향을 미칠 것이다.

> 어휘 POINT
>
> economy는 '절약'이라는 의미가 있으며, economy ticket은 '돈을 절약할 수 있는 티켓'이라는 뜻이 된다.

## economic
[ìːkənámik]

**ⓐ** 경제의

recent **economic** growth 최근의 경제 성장

The **economic** slowdown has dramatically affected the unemployment rate in Piedmont.
경기 침체가 Piedmont의 실업률에 극적인 영향을 미쳤다.

**economics** n. 경제학

## economical
[ìːkənámikəl]

**ⓐ** 경제적인, 실속 있는

Buying in bulk is more **economical** than shopping for small quantities. 대량 구매가 소량 구매보다 경제적이다.

## flyer
[fláiər]

**ⓝ** 전단(= flier)

distribute **flyers** 전단을 배포하다

The supermarket mailed promotional **flyers** to local residents. 그 슈퍼마켓은 지역 주민들에게 홍보용 전단을 우편으로 보냈다.

## further
[fə́ːrðər]

ⓐ 추가의, 더 이상의　ad 추가로, 더

take **further** action 추가적인 조치를 취하다
if I can be of **further** assistance 제가 더 도울 일이 있다면
The board of directors is seeking an executive director to carry the organization **further**.
이사회는 조직을 더 발전시킬 전무 이사를 찾고 있다.

---

reliable - rely on

## reliable
[riláiəbl]

ⓐ 믿음직한, 신뢰할 수 있는

**reliable** transportation 믿음직한 교통수단
Excel Movers is recognized as the most **reliable** moving company in the region.
Excel Movers는 지역에서 가장 신뢰할 수 있는 이삿짐 업체로 인정받고 있다.

**reliability** n. 신뢰성

> 출제 POINT
>
> 주로 업체의 평판을 언급하는 문맥에서 나오며, reputation(평판, 명성)과 같은 어휘와 함께 출제된다.
> Avery Plumbing has built a **reputation** as a (**reliable** / gradual) plumbing service. Avery Plumbing은 신뢰할 수 있는 배관 서비스로 명성을 쌓아왔습니다.

## rely on
[riláis ən]

~에 의존하다

Lots of companies **rely on** outside product testers before launching new products.
많은 회사들이 신제품을 출시하기 전에 외부의 제품 테스터들에게 의존한다.

---

type - prototype

## type
[taip]

ⓝ 종류, 유형　ⓥ 타자를 치다, 입력하다

membership **type** 회원 유형
To access the database, **type** in your username and password.
데이터베이스에 접속하려면 사용자 이름과 암호를 입력하세요.

## prototype
[próutətàip]

ⓝ 시제품

Will the **prototype** be ready in time for the trade show?
무역 박람회에 맞춰 시제품이 준비될까요?

## workplace

[wə́rkpleis] **n** 직장, 작업장

**workplace** safety 작업장 안전, 산업 안전

Management's primary concern is ensuring **workplace** efficiency. 경영진의 주된 관심사는 작업장의 효율성을 보장하는 것이다.

**workspace** n. (사무실 내의) 업무 공간

## workstation

[wə́rksteiʃən] **n** 사무실의 자리

Employees should ensure that their **workstations** are clear of confidential documents.
직원들은 자기 자리에 기밀 문서가 놓여져 있지 않도록 해야 합니다.

> **어휘 POINT**
> workplace > workspace > workstation의 순으로 공간 또는 범위가 좁아진다.

---

## depend on

[dipénd ən] ~에 달려 있다, ~에 의존하다

The charity organization **depends on** individual volunteers for its fundraising events.
그 자선단체는 모금 행사에 있어 개인 자원봉사자들에게 의존한다.

## dependent

[dipéndənt] **a** 의존하는, ~에 달려 있는

Mr. Tyler is **dependent on** his secretary to provide him with the necessary documents.
Tyler 씨는 필요한 서류를 제공 받기 위해 비서에게 의존하고 있다.

> **출제 POINT**
> dependent on의 형태로 쓰이며, 정도를 나타내는 부사인 highly(매우), entirely(전적으로), partly(부분적으로) 등을 동반한다.
> Eastland Garden Center revenue is highly (**dependent** / supportive) **on** seasonal sales. Eastland Garden Center의 수익은 계절적인 매출에 크게 의존하고 있다.

## independent

[ìndipéndənt] **a** 독립적인

**independent** film 독립 영화

The audit is being conducted by an **independent** accounting firm. 감사는 독립적인 회계 법인에 의해 실시되고 있다.

## mistake
[mistéik]

- ⓝ 실수  ⓥ 실수하다

make a **mistake** 실수하다

if I'm not **mistaken** 제가 틀리지 않았다면

Mr. Nelson called the wrong number by **mistake**.
Nelson 씨는 실수로 전화를 잘못 걸었다.

## unique
[juːníːk]

- ⓐ 독특한, 특별한

**unique** idea 독특한 아이디어

The review panel was impressed with her **unique** approach to the topic. 심사 위원단은 주제에 대한 그녀의 독특한 접근법에 깊은 인상을 받았다.

## clinic
[klínik]

- ⓝ 의원, 진료소

physical therapy **clinic** 물리치료실

Dr. Mellon opened a medical **clinic** in town after he resigned from the hospital. Mellon 박사는 병원에서 퇴임한 후 시내에 의원을 열었다.

## flexible
[fléksəbl]

- ⓐ 유연한, 탄력적인

**flexible** work hours 탄력적 근무 시간, 유연 근무제

Powell Data allows its employees to have **flexible** schedules.
Powell Data는 직원들이 유연한 근무 일정을 가질 수 있도록 해 준다.

**flexibility** n. 유연성, 융통성

**inflexible** a. 유연성이 없는, 경직된

---

fold - folder

## fold
[fould]

- ⓥ 접다, 접히다

**folding** chair 접이식 의자

The legs of the table **fold** up, making it easy to transport.
그 테이블은 다리가 접혀서 운반이 쉽다.

> **출제 POINT**
> 파트 1 빈출 어휘이다.
> A woman is **folding** some laundry. 여자가 세탁물을 개고 있다.

## folder
[fóuldər]

- ⓝ 서류철, 폴더

shared **folder** 공유 폴더

Please save the data in the designated **folder**.
지정된 폴더에 데이터를 저장하세요.

## former
[fɔ́ːrmər]

**ⓐ 이전의, 예전의**

**former** colleague of mine 나의 예전 동료

Our **former** office was closer to where I live.
우리의 예전 사무실은 내가 사는 곳에서 더 가까웠다.

**formerly** ad. 전에, 예전에

> **출제 POINT**
>
> formerly는 명사구를 수식하면서 문장 앞이나 중간에 삽입되는 부사구를 이끄는 부사 어휘를 고르는 문제로 출제된다.
> (**Formerly** / ~~Sometimes~~) a retail store, Matterhorn International will now sell merchandise only online. 전에 소매점이었던 Matterhorn International은 이제 온라인으로만 상품을 판매할 것이다.

## government
[gʌ́vərnmənt]

**ⓝ 정부**

**government** official 정부 관리, 국가 공무원

The city **government** announced that local roads would be repaired in July. 시 정부는 7월에 지방 도로가 보수될 것이라고 발표했다.

## grant
[grænt] Am
[graːnt] Br

**ⓝ 보조금, 지원금  ⓥ 주다, 수여하다**

research **grant** 연구 보조금

The foundation is offering $10,000 **grants** to entrepreneurs with imaginative business ideas. 그 재단은 창의적인 사업 아이디어를 가진 기업인들에게 1만 달러의 지원금을 제공하고 있다.

> **출제 POINT**
>
> 동사로는 〈grant A B〉(A에게 B를 주다)나 〈grant B to A〉의 형태로 쓰인다.
> Mr. Carter revised the company's vacation policy to (**grant** / ~~donate~~) veteran employees more paid leave. Carter 씨는 장기근속 직원들에게 더 많은 유급 휴가를 주기 위해 회사의 휴가 정책을 수정했다.

> **어휘 POINT**
>
> '보조금'을 의미하는 단어에는 grant와 subsidy가 있는데, grant는 학비 보조금, 연구 보조금처럼 특정 용도로 사용하도록 지급하는 것이고, subsidy는 아동 지원 보조금, 중소기업 지원금처럼 부담 경감 차원에서 지급하는 지원금을 가리킨다.

## head
[hed]

**ⓝ 책임자  ⓥ 1. 향하다, 가다  2. 이끌다**

department **heads** 부서장들

**head** of the development team 개발팀의 책임자

The highways are jammed with cars **heading** out of the city.
도시 밖으로 향하는 차들로 고속도로가 꽉 차 있다.

## lecture
[léktʃər]

**n** 강의, 강연

attend a **lecture** 강의를 듣다

Professor Colt will **give a lecture on** astronomy in the main auditorium. Colt 교수는 대강당에서 천문학 강의를 할 것이다.

**lecturer** n. 강사

> **어휘 POINT**
> give a lecture on은 '~에 관한 강의를 하다'라는 뜻이며, give 대신 deliver, present 등을 쓸 수 있다.

---

### positive - negative

## positive
[pázitiv]

**a** 긍정적인

receive **positive** feedback 긍정적인 의견을 얻다

Mercer's newest running shoe received **positive** reviews from many famous athletes.
Mercer의 최신 운동화는 많은 유명 운동선수들로부터 긍정적인 평가를 받았다.

> **기출표현**
> • positive review 긍정적인 후기 • positive comment 긍정적인 논평

## negative
[négətiv]

**a** 부정적인

There were several **negative** comments from customers regarding the power of the vehicle's engine.
차량 엔진의 출력에 관해 고객들로부터 부정적인 의견이 몇 건 있었다.

---

### refrigerator - refrigerate - freezer

## refrigerator
[rifrídʒərèitər]

**n** 냉장고

take food out of a **refrigerator** 냉장고에서 음식을 꺼내다

The **refrigerator** in the break room is not cooling adequately.
휴게실의 냉장고는 냉장이 제대로 안 된다.

## refrigerate
[rifrídʒərèit]

**v** 냉장하다, 냉동하다

**refrigerated** truck 냉동 트럭

The product should be **refrigerated** after it is opened.
제품은 개봉 후에는 냉장 보관해야 한다.

## freezer
[frí:zər]

**n** 냉동고

Meat can be stored for months in a **freezer**.
육류는 냉동고에 몇 달 동안 보관할 수 있다.

## version
[və́ːrʒən]

**n** 판, 버전

the latest **version** 최신판

online **version** of the magazine 잡지의 온라인판

Carter Appliances offers lower-cost **versions** of its competitors' products. Carter Appliances는 경쟁사 제품의 저렴한 버전을 제공한다.

## role
[roul]

**n** 역할, 임무

work in a variety of **roles** 다양한 임무를 수행하다

The location played an important **role** when Ms. Remus searched for a new office building.
Remus 씨가 새 사무실 건물을 물색할 때 위치가 중요한 역할을 했다.

> **출제 POINT**
> new(새로운), critical(중요한), active(적극적인)와 같은 형용사의 수식을 받는다.
> The president of DB Consulting takes an (**active** / expectant) **role** in its day-to-day operations. DB Consulting의 사장은 회사의 일상적인 경영에서 적극적인 역할을 수행한다.

## affect
[əfékt]

**v** 영향을 미치다

adversely **affect** 악영향을 주다

The royal couple's visit is likely to dramatically **affect** traffic in the area. 왕족 부부의 방문은 그 지역의 교통에 큰 영향을 미칠 것으로 보인다.

> **어휘 POINT**
> 1. effect(효과, 영향)와의 철자 및 의미 차이를 확인하자.
> 2. affect와 함께 자주 쓰이는 부사에는 adversely(불리하게), negatively(부정적으로), seriously(심각하게), deeply(깊이), severely(심하게) 등이 있다.

## tip
[tip]

**n** 조언, 비법  **v** 팁을 주다

contain helpful **tips** 유익한 조언이 들어 있다

The practice of **tipping** servers has been a source of confusion to the public. 종업원에게 팁을 주는 관행은 대중들에게 혼란의 원인이 되어 왔다.

## complex
[kámpleks] n.
[kəmpléks] a.

**n** 단지, 복합 건물  **a** 복잡한

apartment **complex** 아파트 단지

Today's **complex** business environment makes it difficult for startups to succeed.
오늘날의 복잡한 비즈니스 환경은 스타트업 기업들이 성공하는 것을 어렵게 만든다.

## evaluate
[ivǽljuèit]

ⓥ 평가하다

**evaluate** job applicants 입사 지원자들을 평가하다

The company director is visiting every branch to **evaluate** each one's efficiency.
회사의 이사는 각 지점의 효율성을 평가하기 위해 모든 지점을 방문하고 있다.

**evaluation** n. 평가

> 출제 POINT
>
> evaluation은 주로 performance와 어울려 쓰인다.
> Supervisors completed annual (**evaluations** / understandings) of each staff member's **performance**. 관리자들은 각 직원의 성과에 대한 연간 평가를 완료했다.

## language
[lǽŋgwidʒ]

ⓝ 언어

speak several **languages** 여러 개의 언어를 구사하다

Applicants must be fluent in English and one additional **language**. 지원자들은 영어와 추가로 한 가지 언어에 더 능통해야 한다.

> 어휘 POINT
>
> monolingual(하나의 언어를 구사하는), bilingual(두 개의 언어를 구사하는), multilingual(여러 개의 언어를 구사하는) 등의 어휘도 알아 두자.

---

afford - affordable

## afford
[əfɔ́:rd]

ⓥ ~할 여유가 있다

We can't **afford** to hire more full-time staff.
우리는 정규직 직원을 더 고용할 여유가 없다.

## affordable
[əfɔ́:rdəbl]

ⓐ (가격이) 알맞은, 감당할 수 있는

**affordable** price 감당할 수 있는 가격

Our rates are the most **affordable** in town.
우리 요금은 시내에서 가장 저렴합니다.

> 출제 POINT
>
> affordable은 부동산, 상품, 서비스의 가격과 관련된 문맥에서 출제되며, 비슷한 의미의 형용사로 reasonable(합리적인), inexpensive(비싸지 않은), cheap(저렴한), competitive(경쟁력이 있는), budget(실속 있는) 등이 있다.
> The Boysenberry Apartment Complex has a number of large units that are still (**affordable** / potential). Boysenberry 아파트 단지에는 여전히 가격이 저렴한 대형 평수의 가구들이 다수 있다.

## matter
[mǽtər]

**n** 문제, 일

as a **matter** of fact 사실상

to make **matters** worse 설상가상으로

She brought two important **matters** to my attention.
그녀는 두 가지 중요한 문제에 내 주의를 환기시켰다.

> **어휘 POINT**
>
> 〈no matter 의문사〉는 '(아무리) ~하더라도'의 의미로 쓰이는 숙어 표현이다.
> We should reexamine the contract for inconsistencies, **no matter how trivial**. 우리는 아무리 사소하더라도 계약 내용과 일치하지 않는 부분이 없는지 계약서를 재검토해야 한다.

## mentor
[méntɔːr]

**n** 멘토, 조언자  **v** 멘토 역할을 하다

**mentor** new hires 신규 직원들에게 멘토 역할을 하다

institute a **mentoring** program 멘토링 프로그램을 도입하다

Your **mentor** will answer questions about company policies.
당신의 멘토가 회사의 정책에 대한 질문에 답변할 것입니다.

**mentorship** n. 후견 제도, 멘토십

---

**automatic - automate**

## automatic
[ɔ̀ːtəmǽtik]

**a** 자동의

**Automatic** updates on the storm will be sent directly to your phone.
자동 업데이트된 폭풍우 관련 정보가 당신의 휴대폰으로 직접 전송될 것입니다.

**automatically** ad. 자동으로

## automate
[ɔ́ːtəmèit]

**v** 자동화하다

The company has recently **automated** its manufacturing process. 그 회사는 최근에 제조 공정을 자동화했다.

## avoid
[əvɔ́id]

**v** 피하다, 막다

**avoid** travel during peak hours 혼잡한 시간대에 이동을 피하다

The manager regularly orders popular items to **avoid** running out of them.
관리자는 인기 있는 품목이 떨어지지 않도록 정기적으로 그것들을 주문한다.

> **어휘 POINT**
>
> avoid는 명사와 동명사를 목적어로 취하며 to부정사는 취할 수 없다.

## standard
[stǽndərd]

**n** 기준, 표현  **a** 표준의

**standard** contract 표준 계약서

All uniforms must meet the hospital's **standard** for style and color. 모든 유니폼은 스타일과 색상에 관한 병원의 기준을 충족시켜야 한다.

> 기출 표현
> - high standard 높은 기준
> - rigorous standard 엄격한 기준

## district
[dístrikt]

**n** 지역, 지구

**district** manager 지역 관리자, 지사장

The school **district** in Augusta has an outstanding reputation for quality education.
Augusta의 학군은 양질의 교육으로 뛰어난 명성을 가지고 있다.

> 기출 표현
> - business district 상업 지구
> - historic district 역사 지구
> - shopping district 상점 구역, 상가
> - commercial district 상업 지구

## fall
[fɔːl]

**v** 쓰러지다, 떨어지다  **n** 가을

in the **fall** 가을에

**fallen** tree 쓰러진 나무

The number of home sales **fell** in the fourth quarter.
사사분기에 주택 판매 건수가 감소했다.

> 어휘 POINT
> fall은 다양한 숙어 표현으로 쓰인다.
> ① **fall apart** 산산이 부서지다, 무너지다
> His plans for the evening **fell apart** when he was asked to work overtime. 그의 저녁 계획은 야근 요청을 받았을 때 무산되고 말았다.
> ② **fall short of** ~이 부족하다, ~에 못 미치다
> July car sales **fell short of** the industry's expectations. 7월의 자동차 판매는 업계의 기대에 못 미쳤다.

## garage
[gərάːdʒ] Am
[gǽridʒ] Br

**n** 1. 주차장, 차고  2. 자동차 정비소

parking **garage** 주차장

Ms. Kite took her car to the **garage** to have its engine repaired.
Kite 씨는 엔진을 수리하기 위해 차를 정비소로 가져갔다.

## half - halfway

### half
[hæf] Am
[haːf] Br

**n** 반, 절반

**half** an hour 30분, 반 시간

**half**-day tour 반일 투어

Over **half** of the respondents would rather use solar power to cook their food.
응답자의 절반 이상이 음식을 조리할 때 태양 에너지를 사용하겠다고 했다.

### halfway
[hǽfwei] Am
[háːfwei] Br

**a** 중간의, 중도의

We are **halfway** through our program for improving the office environment. 우리는 사무실 환경 개선 프로그램을 반쯤 끝냈다.

## plus - surplus

### plus
[plʌs]

**prep** ~을 더하여  **ad** 게다가  **n** 이점

twenty dollars **plus** tax 세금을 더하여 20달러

Experience at a startup company is a **plus**.
스타트업 기업에서의 경험은 이점이 됩니다.

> **어휘 POINT**
>
> plus는 앞 문장에 내용을 덧붙이는 접속 부사로 쓰인다. 비슷한 표현으로 furthermore, in addition, moreover, besides 등이 있다.
> Purchase a year-long membership for 10% off! **Plus**, sign up with a friend to get an additional 5% off. 연간 회원권을 10% 할인된 가격으로 구입하세요! 또한, 친구와 함께 가입해서 5%의 추가 할인을 받으세요.

### surplus
[sə́ːrplʌs]

**n** 흑자, 잉여  **a** 잉여의

budget **surplus** 예산 흑자

**Surplus** merchandise is normally stored in the warehouse.
잉여 상품은 보통 창고에 보관된다.

---

### range
[reindʒ]

**n** 범위  **v** (범위가) ~에 이르다

age **range** 연령대

Call us for any gardening services, **ranging** from planting flowers to removing trees.
꽃 식재부터 수목 제거까지 모든 원예 관련 서비스는 저희에게 전화 주십시오.

> **어휘 POINT**
>
> a range of는 '다양한'이라는 뜻의 숙어로서 range 앞에 wide, full, extensive 등의 형용사를 추가하여 의미를 강조할 수 있다.
> They carry **a wide range of** quality footwear for adults and children. 그들은 성인과 아동을 위한 매우 다양한 양질의 신발을 취급한다.

# Review Test

**A** 영어 단어의 알맞은 뜻을 찾아 연결하세요.

01. restore — ⓐ 이전의
02. former — ⓑ 복원하다
03. workplace — ⓒ 작업장
04. district — ⓓ 지구

05. reliable — ⓔ 시제품
06. grant — ⓕ 보조금
07. prototype — ⓖ 믿음직한
08. affordable — ⓗ (가격이) 알맞은

**B** 우리말 뜻에 맞게 빈칸에 알맞은 어휘를 찾아 넣으세요.

| ⓐ further | ⓑ positive | ⓒ affect |
| ⓓ matters | ⓔ economic | ⓕ mentor |

09. 최근의 경제 성장 — recent _____ growth
10. 신규 직원들에게 멘토 역할을 하다 — _____ new hires
11. 추가적인 조치를 취하다 — take _____ action
12. 긍정적인 의견을 얻다 — receive _____ feedback
13. 설상가상으로 — to make _____ worse
14. 악영향을 주다 — adversely _____

정답  01 ⓑ  02 ⓐ  03 ⓒ  04 ⓓ  05 ⓖ  06 ⓕ  07 ⓔ  08 ⓗ  09 ⓔ  10 ⓕ  11 ⓐ  12 ⓑ  13 ⓓ  14 ⓒ

# Mini Test

**Select the best answer to complete the sentence.**

01. Powell Data allows its employees to have ------- schedules.

    (A) negative  (B) engaging  (C) flexible  (D) automatic

02. The job can be physically ------- and requires extensive overtime work.

    (A) impressive  (B) effective  (C) periodical  (D) demanding

03. Buying in bulk is more ------- than shopping for small quantities.

    (A) satisfactory  (B) original  (C) economical  (D) traditional

04. Excel Movers is recognized as the most ------- moving company in the region.

    (A) reliable  (B) existing  (C) temporary  (D) varied

05. July car sales ------- short of the industry's expectations.

    (A) set  (B) fell  (C) took  (D) ran

06. The company director is visiting every branch to ------- each one's efficiency.

    (A) install  (B) commit  (C) distribute  (D) evaluate

07. Call us for any gardening services, ------- from planting flowers to removing trees.

    (A) joining  (B) ranging  (C) limiting  (D) following

---

**정답** 01 (C)  02 (D)  03 (C)  04 (A)  05 (B)  06 (D)  07 (B)

**해석** 01 Powell Data는 직원들이 유연한 근무 일정을 가질 수 있도록 해 준다.  02 그 일은 육체적으로 힘들 수 있고 광범위한 초과근무를 필요로 한다.  03 대량 구매가 소량 구매보다 경제적이다.  04 Excel Movers는 지역에서 가장 신뢰할 수 있는 이삿짐 업체로 인정받고 있다.  05 7월의 자동차 판매는 업계의 기대에 못 미쳤다.  06 회사의 이사는 각 지점의 효율성을 평가하기 위해 모든 지점을 방문하고 있다.  07 꽃 식재부터 수목 제거까지 모든 원예 관련 서비스는 저희에게 전화 주십시오.

# Level up

## [구동사] 필수 어휘 ④

**make sure**
확실히 하다, 확인하다

Please **make sure** you have your belongings prior to getting off the plane.
비행기에서 내리기 전에 소지품을 챙겼는지 반드시 확인하시기 바랍니다.

**make up for**
~을 벌충하다, 보상하다

To **make up for** our mistake, here is a coupon code worth 20% off your next purchase. 저희 실수를 보상하는 의미로, 다음 구매 시 20% 상당의 할인을 받으실 수 있는 쿠폰 코드를 드립니다.

**put together**
합치다, 조립하다

It takes about ten minutes to **put together** the bookshelf.
책장을 조립하는 데 10분 정도 걸린다.

**run into**
우연히 마주치다, (곤경을) 겪다

Maggie **ran into** a friend from college and stopped to talk for a while.
Maggie는 대학 친구를 우연히 만나 잠시 멈춰 대화를 나누었다.

**run out of**
~이 다 떨어지다

The bookstore **ran out of** novels by Lou Welsh and had to order more.
그 서점은 Lou Welsh의 소설이 다 떨어져서 추가로 주문해야 했다.

**set up**
마련하다, 설치하다

Mr. Wakefield **set up** a training session for employees in the accounting department.
Wakefield 씨는 경리과의 직원들을 위한 교육 시간을 마련했다.

**sign up for**
~을 신청하다

Some people **signed up for** the marketing seminar next week. 몇몇 사람들이 다음 주에 있을 마케팅 세미나를 신청했다.

**stick to**
~을 고수하다

If you **stick to** the plan, then we should be successful.
당신이 그 계획을 고수한다면, 우리는 성공할 것입니다.

## recycle
[ríːsáikl]

**ⓥ** 재활용하다

**recycling** bin 분리수거 함, 재활용품 통

The company encourages employees to purchase items made with **recycled** materials.
회사는 직원들에게 재활용 소재로 만든 물건들을 구매할 것을 권장한다.

> **어휘 POINT**
>
> recycle과 renew(갱신하다)의 의미 차이를 구분하자.
> In our efforts to be more environmentally friendly, all parts of the packaging will be (**recycled** / ~~renewed~~). 보다 환경 친화적이 되려는 우리의 노력으로, 포장재의 모든 부분이 재활용될 것이다.

## compare
[kəmpéər]

**ⓥ** 비교하다

**compare** the copy with the original 사본을 원본과 비교하다

Glass is relatively easy to clean **compared** to plastic.
유리는 플라스틱과 비교했을 때 비교적 청소하기가 쉽다.

**comparison** n. 비교

## creative
[kriéitiv]

**ⓐ** 창의적인, 독창적인

**creative** design 창의적인 디자인

I didn't realize we had such **creative** employees until I saw the product demonstration. 나는 제품 시연을 보기 전까지는 우리가 그토록 창의적인 직원들을 보유하고 있는지 몰랐다.

**creativity** n. 창의성

## entitle
[intáitl]

**ⓥ** 1. 자격을 주다  2. 제목을 붙이다

a book **entitled** *Games We Play* 〈우리가 하는 게임〉이라는 제목이 붙은 책

Customers are **entitled** to compensation if their bags are broken by the airline's employees.
고객들은 항공사 직원들에 의해 그들의 가방이 망가질 경우 보상을 받을 수 있다.

## lane
[lein]

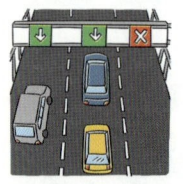

**ⓝ** 차선

bicycle **lane** 자전거 전용 도로

Southbound traffic has been reduced to two **lanes** because of the accident. 사고로 인해 남쪽으로 향하는 통행이 두 개 차선으로 줄었다.

248

## durable
[djúərəbl]

ⓐ 내구성이 있는, 오래가는

**durable** material 내구성이 있는 재료

The fabric is soft, **durable**, and also environmentally sustainable.
그 직물은 부드럽고 내구성이 있으며 환경 친화적이기까지 합니다.

**durability** a. 내구성

## duration
[djuəréiʃən]

ⓝ 지속 (기간)

Individual team members' contributions to the project vary in amount and **duration**.
팀 구성원 개개인의 프로젝트에 대한 기여도는 정도와 기간 측면에서 저마다 다르다.

> **어휘 POINT**
> for the duration of는 '~의 기간 동안 내내'라는 의미의 숙어 표현이다.
> She stayed there **for the duration of** the journey. 그녀는 여행 기간 동안 내내 그곳에 머물렀다.

## involve
[inválv]

ⓥ 관련시키다, 수반하다

violate the rules **involving** parking 주차 관련 규칙들을 위반하다

More than 5 software firms are **involved** in this project.
5개 이상의 소프트웨어 회사가 이 프로젝트에 관련되어 있다.

> **어휘 POINT**
> involving은 명사 앞에서 분사형 전치사로 쓰이는데, 이와 같은 형태의 전치사로는 following(다음에 나오는), including(~을 포함하여), excluding(~을 제외하고), concerning(~에 관해) 등이 있다.

## loyal
[lɔ́iəl]

ⓐ 충성스러운, 충실한

**loyal** customers 충성도 높은 고객들

Thanks to your **loyal** support, the museum can continue its operations. 여러분의 성원 덕분에 박물관은 운영을 계속할 수 있습니다.

**loyalty** n. 충성(심)

> **어휘 POINT**
> 토익에서 loyalty는 기업이나 상점의 고객 유지 정책과 관련이 있다. loyalty program은 단골 고객에게 무료 선물이나 포인트 등의 인센티브를 제공하는 정책을 말하고, loyalty card는 고객 카드, loyalty points는 고객 포인트 등을 의미한다.

## brief
[briːf]

ⓐ 짧은, 간략한  ⓥ (개요를) 알리다, 보고하다

watch a **brief** video 짧은 동영상을 보다

Mr. Hampton needs to be **briefed** on the project's new developments.
Hampton 씨는 프로젝트의 새로운 진척 사항을 보고받아야 합니다.

**briefly** ad. 잠시, 간략히

> **출제 POINT**
>
> briefly는 말이나 글을 짧고 간단히 한다는 의미와 함께, 시간상 짧다는 의미에서 '잠시, 잠깐'이라는 뜻으로 쓰인다.
> Mr. Halabi (**briefly** / ~~sharply~~) worked as a sales associate before being promoted to assistant manager. Halabi 씨는 대리로 승진하기 전에 영업 사원으로 잠시 일했다.

## pair
[pɛər]

ⓝ 한 쌍  ⓥ 짝을 지어 주다

a **pair** of shoes 신발 한 켤레

work in **pairs** 짝을 지어 근무하다

We will **pair** you with a guide who will take you throughout the park. 공원 곳곳을 안내해 줄 가이드와 짝을 지어 드리겠습니다.

## rest
[rest]

ⓝ 1. 휴식  2. 나머지  ⓥ 쉬다, 휴식을 취하다

**rest** on a bench 벤치에 앉아서 쉬다

We anticipate sustained growth for the **rest** of the year.
우리는 올해 남은 기간 동안 지속적인 성장을 예상한다.

> **어휘 POINT**
>
> rest assured (that)은 '~임을 믿고 안심해도 된다'라는 뜻으로 자신이 하는 말을 강조하는 표현이다.
> **Rest assured that** the best candidate will be hired for the job. 그 일에 가장 적합한 지원자가 채용될 테니 안심하세요.

---

tenant - landlord

## tenant
[ténənt]

ⓝ 세입자, 임차인

He has received a lot of maintenance requests from **tenants** lately. 그는 최근에 세입자들로부터 많은 유지 보수 요청을 받았다.

## landlord
[lǽndlɔːrd]

ⓝ 집주인, 건물주

The **landlord** may use the security deposit to cover any unpaid rent. 집주인은 미지불된 임차료를 충당하기 위해 보증금을 사용할 수 있다.

## dedicated
[dédəkèitid]

**ⓐ 헌신적인**

**dedicated** and talented workforce 헌신적이고 재능 있는 인력

Come and celebrate longtime employees for their **dedicated** service to Conway Industries.
오셔서 Conway Industries에 헌신해 온 장기근속 직원들을 축하해 주십시오.

**dedication** n. 헌신

---

enterprise - entrepreneur

## enterprise
[éntərpràiz]

**ⓝ 기업, 회사**

commercial **enterprise** 영리 기업

This year, the award goes to Rashford **Enterprises**.
올해 수상의 영광은 Rashford Enterprises에 돌아갑니다.

> **어휘 POINT**
> 주로 파트 3, 4, 7에서 기업명으로 나오며, 복수형인 enterprises를 사용한다.

## entrepreneur
[à:ntrəprəné:r]

**ⓝ 사업가, 기업가**

**Entrepreneurs** are eagerly exploring the northern region for investment opportunities.
기업가들은 투자 기회를 찾아 북쪽 지역을 열심히 탐색하고 있다.

> **어휘 POINT**
> 프랑스어에서 비롯된 어휘로서 철자와 발음이 상당히 까다로우므로 주의하자.

---

minimum - minimize

## minimum
[mínəməm]

**ⓐ 최소한의  ⓝ 최소, 최저**

**minimum** order 최소 주문

Candidates must have a **minimum** of six months of teaching experience. 후보자들은 최소 6개월의 강의 경력이 있어야 한다.

**minimal** a. 최소한의, 아주 적은

## minimize
[mínəmàiz]

**ⓥ 최소화하다**

**minimize** traffic congestion 교통 체증을 최소화하다

It is advisable to **minimize** your electricity usage.
전기 사용량을 최소화하는 것이 좋습니다.

> **어휘 POINT**
> 반의어 관계에 있는 maximum(최대의), maximize(극대화하다)와 같은 어휘도 알아 두자. (p.355 참조)

## drop
[drɑp]

**ⓝ** 하락, 감소  **ⓥ** 떨어지다, 하락하다

50-percent **drop** in attendance 출석률의 50% 감소

The sandal inventory has **dropped** noticeably.
샌들 재고가 눈에 띄게 줄었다.

> **어휘 POINT**
> 1. drop by와 drop in은 '잠시 들르다'라는 뜻이다.
>    Just **drop in** anytime during business hours.
>    업무 시간 중에 아무 때나 들르세요.
> 2. drop ~ off는 '~을 갖다 놓다, ~을 데려다 주다'라는 뜻이다.
>    I would like to **drop** my luggage **off** at the hotel first.
>    먼저 제 짐을 호텔에 갖다 놓고 싶습니다.

## properly
[prɑ́pərli]

**ad** 제대로, 적절하게

function **properly** 제대로 작동하다

Mr. Fischer replaced his access card because it had not been working **properly**.
출입 카드가 제대로 작동하지 않기 때문에 Fischer 씨는 그것을 교체했다.

**proper** a. 적절한, 제대로 된

> **출제 POINT**
> **properly**는 주로 work(작동하다), function(기능하다), operate(작동하다) 등의 동사와 함께 나온다.

---

### pharmacy - pharmaceutical

## pharmacy
[fɑ́ːrməsi]

**ⓝ** 약국

Is there a **pharmacy** around here? 이 근처에 약국이 있나요?

## pharmaceutical
[fɑ̀ːrməsjúːtikəl]

**ⓐ** 약학의, 제약의

**pharmaceutical** industry 제약 산업

The **pharmaceutical** company saw its profits increase after it introduced a new allergy medication.
그 제약 회사는 새로운 알레르기 치료제를 선보인 후 수익이 증가했다.

## ingredient
[ingríːdiənt]

**ⓝ** (음식의) 재료, 성분

natural **ingredients** 천연 성분

local **ingredients** 지역에서 생산되는 재료

The Rosedale Restaurant uses only the best and freshest **ingredients**. Rosedale 음식점은 가장 신선한 최고의 재료만 사용합니다.

## structure
[strʌ́ktʃər]

**n** 1. 구조 2. 구조물, 건축물

architectural **structure** 건축 구조

One of the women is leaning over a wooden **structure**.
여자들 중 한 명이 나무로 된 구조물에 기대고 있다.

> **출제 POINT**
>
> 모든 건축물을 structure로 지칭할 수 있다.
> The oldest (**structure** / ~~roads~~) in the area, the **library** is located in the center of town. 지역에서 가장 오래된 건축물인 도서관은 마을 중앙에 위치해 있다.

## restructure
[ri:strʌ́ktʃər]

**v** 구조 조정을 하다, 개편하다

undergo corporate **restructuring** 기업 구조 조정을 겪다

She will help us **restructure** our recruitment program.
그녀는 우리가 채용 프로그램을 개편하는 것을 도울 것이다.

## definitely
[défənitli]

**ad** 분명히, 확실히

Starting a business **definitely** takes a lot of work.
사업을 시작하는 것은 확실히 많은 일을 필요로 한다.

**indefinitely** ad. 무기한으로

> **어휘 POINT**
>
> definitely는 대화문에서 상대방의 말에 대해 '물론입니다'라고 답할 때 쓰이며, certainly, absolutely 등으로 바꿔 쓸 수 있다.
> A: Could you come in to discuss the details tomorrow?
>   내일 자세한 내용을 논의하기 위해 와 주시겠습니까?
> B: **Definitely**. 물론이죠.

## plug
[plʌg]

**n** 플러그  **v** 플러그를 꽂다

insert a **plug** into an outlet 플러그를 콘센트에 꽂다

**Plug** the unit into a wall outlet. 장치를 벽 콘센트에 꽂으세요.

**unplug** v. 플러그를 뽑다

## tax
[tæks]

**n** 세금

property **tax** 재산세

offer **tax** incentives 세제 혜택을 주다

The governor promised to reduce **taxes**.
주지사는 세금을 줄이겠다고 약속했다.

## weigh - weight - lightweight

### weigh
[wei]

**ⓥ** 1. 무게가 ~이다, 무게를 재다  2. 따져 보다

**weigh** a package 소포의 무게를 재다

Mr. Carter should **weigh** in on the decision since he's the director of our department.
Carter 씨는 우리 부서의 책임자이므로 그 결정에 대해 의견을 내놓아야 한다.

> **출제 POINT**
> weigh는 파트 1에서 물건의 무게를 재는 사진과 함께 등장하는 어휘이다. 사물을 주어로 하는 수동태(be being weighed)로도 종종 제시된다.
> He's **weighing** a bag on a scale. 그는 저울에 가방의 무게를 재고 있다.

### weight
[weit]

**ⓝ** 무게, 중량

**weight** limit 중량 제한

Each item should not exceed 20 kilograms in **weight**.
각 품목의 무게는 20kg을 초과해서는 안 된다.

### lightweight
[láitwèit]

**ⓐ** 가벼운, 경량의

The company has just introduced a selection of **lightweight** suitcases. 그 회사는 다양한 경량 여행 가방을 얼마 전에 출시했다.

## division - divide - dividend

### division
[divíʒən]

**ⓝ** 부서

sales **division** 영업 부서

You'll be rotating through jobs in each **division** to learn everything about our company.
여러분은 각 부서별로 돌면서 우리 회사에 대한 모든 것을 배우게 될 것입니다.

> **어휘 POINT**
> division의 기본적인 의미는 '분할, 분배'이지만, 토익에서는 주로 회사나 조직 등을 여러 개로 나눈 '부서'라는 의미로 쓰인다. 유의어로는 department가 있다.

### divide
[diváid]

**ⓥ** 나누다, 분배하다

Ms. Sandoval **divided** her employees into two separate teams.
Sandoval 씨는 직원들을 두 개의 개별 팀으로 나누었다.

### dividend
[dívədènd]

**ⓝ** 배당금

The board of directors proposed a **dividend** payment of $1.00 per share. 이사회는 주당 1달러의 배당금 지급을 제안했다.

## figure - figure out

### figure
[fígjər] Am
[fígə] Br

**n** 1. 수치, 숫자  2. 인물

historical **figure** 역사적인 인물

Sales **figures** for the third quarter will be released this Friday.
삼사분기의 매출액 수치가 이번 주 금요일에 발표될 예정이다.

### figure out
[fígjər aut]

알아내다, 생각해 내다

Let's **figure out** a solution. 해결책을 알아냅시다.

## patron - patronize

### patron
[péitrən]

**n** 고객, 이용자

library **patron** 도서관 이용자

The theater has an auditorium that can seat 400 **patrons**.
그 극장에는 400명의 관람객을 수용할 수 있는 강당이 있다.

**patronage** n. (고객의) 애용

> **어휘 POINT**
> 1. 유의어로 customer(고객), client(고객) 등이 있다.
> 2. patronage는 continued patronage(지속적인 애용)의 형태로 나온다.
>    Thank you for your **continued patronage**.
>    계속해서 애용해 주셔서 감사합니다.

### patronize
[péitrənàiz] Am
[pǽtrənaiz] Br

**v** (상점을) 애용하다

We always **patronize** Beaumont's because the food is so good there. Beaumont's는 음식이 너무 맛있어서 우리는 항상 그곳을 애용한다.

### personnel
[pə̀ːrsənél]

**n** 1. 인원, 직원  2. 인사과

security **personnel** 보안 요원, 경비 직원

**personnel** department 인사과

All **personnel** at the main branch received a bonus.
본점의 모든 직원은 보너스를 받았다.

### determine
[ditə́ːrmin]

**v** 1. 결정하다  2. 알아내다

**determine** customer interest in new products
신제품에 대한 고객의 관심을 파악하다

Studio rental rates are **determined** by usage and time of day.
스튜디오 대여 요금은 사용량과 하루 중 시간대에 따라 결정됩니다.

## timetable - timeline

### timetable
[táimtèibl]

**n** 시간표, 일정표

construction **timetable** 공사 일정표

Check our Web site for the revised **timetable** at the fitness club.
저희 웹 사이트에서 피트니스 클럽의 바뀐 시간표를 확인하세요.

### timeline
[táimlain]

**n** 일정, 스케줄

project **timeline** 프로젝트 일정

What's the **timeline** for the latest software update?
최신 소프트웨어 업데이트 일정은 어떻게 되나요?

> **어휘 POINT**
> 그래픽과 같은 시각적 장치와 함께 제시하거나 연대순으로 제시한 일정을 timeline이라고 하고, 그러한 장치가 없는 일정을 schedule이라고 한다.

### trail
[treil]

**n** 오솔길, 산길

hiking **trail** 하이킹 코스

The **trail** that goes around the lake is flat.
호수 둘레를 도는 오솔길은 평탄하다.

## claim - acclaimed

### claim
[kleim]

**n** 요구, 청구  **v** 요구하다

file a **claim** 청구하다 (= make a claim)

Every **claim** must be supported by a receipt.
모든 청구는 영수증으로 증빙되어야 합니다.

> **출제 POINT**
> 파트 1에서는 공항에서 수하물을 찾는 것을 동사 claim으로 표현한다.
> The man is **claiming** some luggage from a carousel. 남자는 수하물 컨베이어 벨트에서 수하물을 찾고 있다.

### acclaimed
[əkléimd]

**a** 호평을 받는

critically **acclaimed** 비평가들의 찬사를 받는

The Taj Mahal is a widely **acclaimed** restaurant because of its delicious buffet dinners.
Taj Mahal은 맛있는 뷔페 저녁 식사 때문에 널리 호평을 받는 식당이다.

> **어휘 POINT**
> ac(~으로)+claim(주장하다)+ed(과거분사형 접미사) → ~한 방향으로 주장되는 → 좋은 평가를 받는

## aisle
[ail]

**n** 통로

**aisle** seat 통로측 좌석 (↔ window seat 창가 좌석)

Canned goods are in **aisle** 11. 통조림 제품은 11번 통로에 있다.

> **어휘 POINT**
> 기차나 여객기의 좌석과 좌석 사이의 통로, 또는 슈퍼마켓에서 진열대와 진열대 사이의 통로를 의미한다. aisle의 s가 묵음이므로 발음에 주의하자.

## enclose
[inklóuz]

**v** 동봉하다

Please complete and return the **enclosed** form by October 30.
10월 30일까지 동봉된 양식을 작성하셔서 반송해 주시기 바랍니다.

**enclosure** n. 동봉된 것

> **출제 POINT**
> 파트 7 편지(letter) 지문의 맨 끝에 Enclosure(s)라고 적혀 있으면 편지에 서류 등이 동봉되었다는 것을 나타낸다. 이메일에 파일을 첨부할 때는 attach(첨부하다), attachment(첨부 파일) 등의 어휘를 쓴다는 것도 알아 두자.

## paperwork
[péipərwə:rk]

**n** 서류 (작업)

complete some **paperwork** 몇 가지 서류를 작성하다

We will send you the **paperwork** associated with the position.
직책과 관련된 서류를 보내 드리겠습니다.

> **출제 POINT**
> 주로 채용 및 취업, 또는 업무 관련 상황에서 출제된다.
> Interns must complete and return the **new hire** (**paperwork** / publication) by May 31. 인턴 사원들은 5월 31일까지 신입 채용 서류를 작성해서 제출해야 합니다.

## accurate
[ǽkjurət]

**a** 정확한

keep an **accurate** inventory 정확한 재고를 유지하다

Double-check that all the information is **accurate**.
모든 정보가 정확한지 다시 한번 확인하세요.

**accuracy** n. 정확성

**inaccurate** a. 부정확한

> **출제 POINT**
> accurate는 주로 data(데이터), prediction(예측)과 같은 명사와 함께 나온다.
> Data from the survey will help us make (**accurate** / visual) **predictions** of customers' buying habits. 설문조사의 데이터는 우리가 고객의 구매 습관을 정확하게 예측하는 데 도움이 될 것이다.

## occupy

[ákjupài]

**ⓥ 차지하다, 점유하다**

The factory **occupies** approximately one half of our property.
공장은 우리 부동산의 약 절반을 차지한다.

> **출제 POINT**
>
> occupy에서 파생된 occupied(사용 중인)와 unoccupied(비어 있는, 사용되지 않는)는 파트 1에서 출제되는 비중이 높다.
> A chair in the middle is **unoccupied**. 가운데에 있는 의자가 비어 있다.

## occupancy

[ákjupənsi]

**ⓝ 점유, 사용**

The landlord and tenant shall conduct an inspection of the apartment prior to **occupancy**.
집주인과 세입자는 입주 전에 아파트에 대한 점검을 실시할 것이다.

**occupant** n. 점유자

> **어휘 POINT**
>
> occupancy는 호텔 등의 객실 수용 인원 또는 객실 이용률을 뜻하기도 한다.
> · double **occupancy** 2인용 객실

## occupation

[àkjupéiʃən]

**ⓝ 직업**

Ms. Ralston studied education at university because she wanted an **occupation** in teaching.
Ralston 씨는 교직을 원했기 때문에 대학에서 교육학을 공부했다.

---

treat - treatment

## treat

[tri:t]

**ⓥ 1. 다루다  2. 대접하다**

**treat** a guest to dinner 손님에게 저녁을 대접하다

Any details you share will be **treated** with the strictest confidence. 당신이 공유하는 모든 세부 사항들은 극비로 취급될 것입니다.

> **어휘 POINT**
>
> treat는 명사로 쓰이면 '특별한 대접, 별미 음식'이라는 의미이다.
> The steak at this establishment is a real **treat**. 이 가게의 스테이크는 정말 특별하다.

## treatment

[tríːtmənt]

**ⓝ 1. 처리  2. 치료**

patient **treatment** room 환자 치료실

water **treatment** facility 수처리 시설

Daily massages are proven to be an effective **treatment** for pain. 매일 하는 마사지가 통증에 효과적인 치료법이라는 것이 입증되었다.

## wonder
[wʌ́ndər]

**ⓥ 알고 싶다, 궁금하다**

I **wonder** why so many people are buying this chair.
왜 그렇게 많은 사람들이 이 의자를 사는지 궁금하다.

> **어휘 POINT**
> wonder if는 '~인지 아닌지 궁금하다'라는 뜻인데, 주로 I am/was wondering if 의 형태로 '~해도 될지 모르겠습니다, ~해도 될까요?'라는 의미로 상대방에게 정중하게 부탁하거나 의사를 물을 때 사용된다.
> I'm **wondering if** you can help me. 저를 좀 도와주실 수 있을까요?

## common
[kámən] Am
[kɔ́mən] Br

**ⓐ 1. 공통의  2. 흔한, 보통의**

**common** area 공용 공간
**common** mistakes 흔히 저지르는 실수
I have something in **common** with him. 나는 그와 공통점이 있다.
**commonly** ad. 흔히, 일반적으로

> **출제 POINT**
> common reason for(~의 일반적인 이유)의 형태로 출제된 바 있다.
> The Web site's slow loading time is a (**common** / hazardous) **reason for** customer dissatisfaction. 그 웹 사이트의 느린 로딩 시간은 고객 불만의 일반적인 이유이다.

athlete - athletic

## athlete
[ǽθli:t]

**ⓝ 운동선수**

professional **athletes** 프로 선수들
Several famous **athletes** recommend these basketball shoes.
여러 유명 운동선수들이 이 농구화를 추천한다.

## athletic
[æθlétik]

**ⓐ 운동 경기의**

**athletic** clothing 운동복, 체육복 (= athletic apparel)
More than 250 individuals will compete in this weekend's **athletic** competition. 이번 주말 운동 경기에 250명 이상이 출전할 것이다.

## jewel
[dʒú:əl]

**ⓝ 보석**

Skyscrapers shine like **jewels** at night.
고층 빌딩들은 밤에 보석처럼 빛난다.
**jewelry** n. 보석류

# Review Test

**A** 영어 단어의 알맞은 뜻을 찾아 연결하세요.

01. enclose         ⓐ 내구성이 있는
02. personnel       ⓑ 분명히
03. durable         ⓒ 직원
04. definitely      ⓓ 동봉하다

05. ingredient      ⓔ 부서
06. division        ⓕ 점유
07. occupancy       ⓖ 운동 경기의
08. athletic        ⓗ 성분

**B** 우리말 뜻에 맞게 빈칸에 알맞은 어휘를 찾아 넣으세요.

| ⓐ patron | ⓑ figure | ⓒ restructuring |
| ⓓ involving | ⓔ minimum | ⓕ properly |

09. 최소 6개월              a(n) _____ of six months
10. 제대로 작동하다          function _____
11. 도서관 이용자            library _____
12. 해결책을 알아내다        _____ out a solution
13. 주차 관련 규칙들을 위반하다   violate the rules _____ parking
14. 기업 구조 조정을 겪다     undergo corporate _____

**정답** 01 ⓓ  02 ⓒ  03 ⓐ  04 ⓑ  05 ⓗ  06 ⓔ  07 ⓕ  08 ⓖ  09 ⓔ  10 ⓕ  11 ⓐ  12 ⓑ  13 ⓓ  14 ⓒ

# Mini Test

**Select the best answer to complete the sentence.**

01. Every ------- must be supported by a receipt.

    (A) fault    (B) struggle    (C) dispute    (D) claim

02. We anticipate sustained growth for the ------- of the year.

    (A) rest    (B) aid    (C) pace    (D) amount

03. Glass is relatively easy to clean ------- to plastic.

    (A) composed    (B) compared    (C) deserved    (D) allowed

04. Daily massages are proven to be an effective ------- for pain.

    (A) appointment    (B) vacancy    (C) presence    (D) treatment

05. Data from the survey will help us make ------- predictions of customers' buying habits.

    (A) portable    (B) accurate    (C) random    (D) visual

06. The Taj Mahal is a widely ------- restaurant because of its delicious buffet dinners.

    (A) required    (B) determined    (C) acclaimed    (D) eliminated

07. Customers are ------- to compensation if their bags are broken by the airline's employees.

    (A) accompanied    (B) relieved    (C) entitled    (D) excluded

---

**정답** 01 (D)   02 (A)   03 (B)   04 (D)   05 (B)   06 (C)   07 (C)

**해석** 01 모든 청구는 영수증으로 증빙되어야 합니다.   02 우리는 올해 남은 기간 동안 지속적인 성장을 예상한다.   03 유리는 플라스틱과 비교했을 때 비교적 청소하기가 쉽다.   04 매일 하는 마사지가 통증에 효과적인 치료법이라는 것이 입증되었다.   05 설문조사의 데이터는 우리가 고객의 구매 습관을 정확하게 예측하는 데 도움이 될 것이다.   06 Taj Mahal은 맛있는 뷔페 저녁 식사 때문에 널리 호평을 받는 식당이다.   07 고객들은 항공사 직원들에 의해 그들의 가방이 망가질 경우 보상을 받을 수 있다.

# Level up  [구동사] 필수 어휘 ⑤

**take off**
이륙하다, (옷 등을) 벗다

Please **take off** your shoes before entering the room.
방에 들어가기 전에 신발을 벗으세요.

**take over**
인계받다

Ms. Anson will **take over** for Mr. Edwards when he retires this summer. Anson 씨는 Edwards 씨가 이번 여름에 은퇴하면 그의 자리를 인계받을 것이다.

**take place**
일어나다, 발생하다

The spring festival will **take place** for six days starting this Tuesday. 봄 축제는 이번 주 화요일부터 6일간 열린다.

**turn down**
거절하다

Susan Jones **turned down** the opportunity to work at the Moscow branch.
Susan Jones 씨는 모스크바 지사에서 일할 기회를 거절했다.

**turn in**
제출하다, 반납하다

All company-issued electronic items must be **turned in** on your last day of work.
회사에서 지급한 모든 전자 제품은 근무 마지막 날에 반납해야 합니다.

**turn off, switch off**
끄다

Please remember to **turn off** the lights when you leave the office. 퇴근하실 때 불을 끄는 것을 잊지 마세요.

**turn on, switch on**
켜다, 켜지다

Somebody forgot to **turn on** the security system last night.
누군가 어젯밤에 보안 시스템을 켜는 것을 잊었다.

**turn out**
~라는 것이 밝혀지다

It **turned out** that the marketing campaign was a big success. 마케팅 캠페인이 큰 성공을 거둔 것으로 나타났다.

## craft - handcrafted

### craft
[kræft]

**ⓝ 공예**

arts and **crafts** (미술) 공예

There are a lot of homemade **crafts** for sale at the town's spring festival. 그 도시의 봄 축제에서는 많은 수제 공예품들이 판매된다.

> **어휘 POINT**
> craftsmanship은 '장인의 솜씨'라는 뜻으로, manship은 명사와 결합하여 '기량, 솜씨'라는 뜻을 나타낸다. 그밖에 manship과 결합한 어휘로는 workmanship(솜씨, 기량), sportsmanship(스포츠 정신) 등이 있다.

### handcrafted
[hǽndkræ̀ftid]

**ⓐ 수제의**

The store offers a wide selection of **handcrafted** chocolates.
그 가게는 다양한 수제 초콜릿을 제공한다.

## generate - generation

### generate
[dʒénərèit]

**ⓥ 발생시키다, 만들어 내다**

**generate** electricity 전기를 만들어 내다

The majority of our cash flow is **generated** from our European offices. 우리의 현금 흐름의 대부분은 유럽 지사에서 발생된다.

**generator** n. 발전기

### generation
[dʒènəréiʃən]

**ⓝ 세대**

The art museum will feature paintings by the young **generation** of artists. 그 미술관은 젊은 세대의 화가들이 그린 그림을 선보일 것이다.

### implement
[ímpləmənt]

**ⓥ 시행하다, 실행하다**

**implement** a new policy 새로운 정책을 시행하다

I want to tell you about a new procedure we'll be **implementing** here. 우리가 여기서 시행할 새로운 절차에 대해 말씀드리고 싶습니다.

> **출제 POINT**
> implement의 목적어로 policy(정책), program(프로그램), strategy(전략), plan(계획)과 같은 명사가 온다.
> The Weston City Council sought to reduce waste by (**implementing** / estimating) an extensive recycling **program**. Weston 시의회는 광범위한 재활용 프로그램을 시행함으로써 쓰레기를 줄이는 방안을 모색했다.

> **어휘 POINT**
> implement는 형태상 명사처럼 보이지만 동사라는 점에 주의한다. ment로 끝나는 또다른 동사로는 complement(보완하다)가 있다.

## guarantee
[gæ̀rəntíː]

- ⓝ 보장, 보증   ⓥ 보장하다, 보증하다

money-back **guarantee** 환불 보증

**guarantee** quick delivery 빠른 배송을 보장하다

Items are **guaranteed** to arrive on or before the estimated delivery date. 물품은 예상 배송일 또는 그 이전에 도착된다는 것을 보장합니다.

---

source - outsource

## source
[sɔːrs]

- ⓝ 출처, 원천   ⓥ 얻다, 공급자를 찾다

**source of** revenue 수입원

the **source of** a problem 문제의 근원

We use ingredients **sourced** directly from growers and producers. 우리는 재배자와 생산자들로부터 직접 조달된 재료를 사용합니다.

> **출제 POINT**
> source of는 '~의 원천, 공급원'이란 뜻으로, 주로 leading(선도적인), main(주된)과 같은 형용사의 수식을 받는다.
> Haven Ltd. is the area's **leading** (source / ~~role~~) of construction equipment. Haven 사는 그 지역의 건설 장비의 주요 공급처이다.

## outsource
[áutsɔːrs]

- ⓥ 외주를 주다, 아웃소싱하다

Morris Fashion will **outsource** the production of its sportswear line to keep costs down.
Morris Fashion은 비용을 줄이기 위해 스포츠웨어 제품들을 아웃소싱할 것이다.

## banquet
[bǽŋkwit]

- ⓝ 연회

**banquet** room 연회장

This year's awards **banquet** will be held at the Morris Hotel.
올해의 시상식 연회는 Morris 호텔에서 열립니다.

> **어휘 POINT**
> reception(리셉션, 환영회)은 어떤 사람을 맞이하고 환영하는 데 중점을 둔 행사로서 간단한 다과만 준비하는 반면, banquet은 뷔페 스타일의 푸짐한 음식이 차려진 행사를 의미한다.

## reply
[riplái]

- ⓥ 답장하다, 대답하다   ⓝ 답장

receive a **reply** to an email 이메일에 대한 답장을 받다

Please **reply** to this letter at your earliest convenience.
가급적 빨리 이 편지에 회신해 주십시오.

## loan
[loun]

**n** 대출(금)

small business **loan** 소기업 대출

**loan** officer 대출 담당 직원

We only give **loans** to account holders.
계좌를 갖고 계신 분들에게만 대출을 해 드립니다.

---

## prompt
[prɑmpt]

**a** 신속한, 즉각적인

Thank you for your **prompt** attention to this matter.
이 문제에 대한 즉각적인 관심에 감사드립니다.

**promptly** ad. 신속히, 정각에

> **어휘 POINT**
> promptly가 시간을 나타내는 표현과 함께 쓰이면 '정각에'라는 의미가 된다.
> The ribbon-cutting ceremony will start **promptly** at 9:00 A.M. 리본 커팅 식은 오전 정각 9시에 시작될 것이다.

---

## anticipate
[æntísəpèit]

**v** 1. 예상하다  2. 기대하다

eagerly **anticipate** 잔뜩 기대하다

We had more candidates applying for the job than we had **anticipated**. 우리가 예상했던 것보다 더 많은 지원자들이 일자리에 지원했다.

**anticipation** n. 예상, 기대

> **출제 POINT**
> anticipate는 주로 highly(매우), eagerly(간절히)와 같은 부사와 함께 나온다.
> In the (**highly** / **rapidly**) **anticipated** interview, Ms. Huang revealed her company's latest technological innovation. 많은 기대를 모았던 인터뷰에서 Huang 씨는 자사의 최신 기술 혁신을 공개했다.

---

## appropriate
[əpróupriət]

**a** 적절한, 적합한

wear **appropriate** clothes 적절한 옷을 입다

Many of our events are **appropriate for** children as well as adults. 우리의 많은 행사들은 성인들뿐만 아니라 어린이들에게도 적합합니다.

**appropriately** ad. 적절히, 적합하게

> **출제 POINT**
> appropriate for(~에 적절한)의 형태로 쓰인다.
> To attract more viewers, Channel 15 has added new programs (**appropriate** / **improvised**) **for** all ages. 더 많은 시청자를 끌기 위해 채널 15는 모든 연령대에 적절한 새로운 프로그램들을 추가했다.

## exceed
[iksíːd]

**v** 초과하다, 넘다

**exceed** sales goals 매출 목표를 초과 달성하다

We've already **exceeded** our quarterly budget.
우리는 이미 분기별 예산을 초과 사용했다.

## excess
[iksés]

**n** 초과, 과잉

Luggage in **excess** of 20kg will be charged extra.
20킬로그램을 초과하는 수하물은 추가 요금이 부과됩니다.

**excessive** a. 과도한

> 출제 POINT
>
> excessive는 금전, 지출과 관련된 명사를 수식한다.
> Departments should not spend an (**excessive** / equal) amount of their **budgets** on office supplies. 부서들은 사무용품에 과도한 예산을 사용해서는 안 된다.

## gym
[dʒim]

**n** 체육관, 헬스장

The company pays for the **gym** membership of every full-time employee. 그 회사는 모든 정규 직원들의 헬스장 회원권 비용을 지불한다.

**gymnastics** n. 체조

> 어휘 POINT
>
> gym은 gymnasium의 약자이며, 유의어로는 fitness club이 있다.

## mechanic
[məkǽnik]

**n** 수리공, 정비공

auto **mechanic** 자동차 정비공

A vehicle is parked in a **mechanic**'s garage.
차량 한 대가 정비소에 주차되어 있다.

**mechanical** a. 기계의, 기계와 관련된

## productivity
[pròudəktívəti]

**n** 생산성

employee **productivity** 직원 생산성

We hope to use this software to improve **productivity** at work. 우리는 업무 생산성을 높이기 위해 이 소프트웨어를 사용하고 싶습니다.

**productive** a. 생산적인

## square
[skweər]

ⓝ 1. 평방, 제곱 2. 광장　ⓐ 정사각형의

**square** meter 제곱미터

town **square** 마을 광장

Are you looking for **square** windows or rectangular ones?
정사각형의 창문을 찾으세요, 아니면 직사각형의 창문을 찾으세요?

## tablet
[tǽblit]

ⓝ 태블릿 PC

**tablet** computer 태블릿 컴퓨터

Ms. Fox uses a **tablet** instead of a laptop because it is more portable. Fox 씨는 휴대가 더 쉽기 때문에 노트북 대신 태블릿 PC를 사용한다.

## combine
[kəmbáin]

ⓥ 결합하다

The design of the café **combines** traditional décor with modern conveniences. 그 카페의 디자인은 전통적인 장식과 현대적인 편리함을 결합했다.

**combination** n. 결합

> 출제 POINT
>
> 쿠폰, 할인권, 회원 특혜 등을 중복 사용할 수 없음을 설명하는 문맥에서 출제된다.
> This **coupon** expires on December 31 and cannot be (**combined** / decreased) with any other offer. 이 쿠폰은 12월 31일에 만료되며 다른 혜택과 중복 사용할 수 없습니다.

admission - admit

## admission
[ədmíʃən]

ⓝ 입장, 입장료

charge a small **admission** fee 소액의 입장료를 부과하다

**Admission** to the event is free to local residents.
행사장 입장은 지역 주민들에게는 무료이다.

> 출제 POINT
>
> free admission(무료 입장), admission price(입장료), admission fee(입장료) 등의 표현이 주로 출제된다.
> Volunteers at the Fontaine Gable Theater receive **free** (**admission** / connection) to all performances. Fontaine Gable 극장의 자원봉사자들은 모든 공연의 입장이 무료이다.

## admit
[ədmít]

ⓥ 1. 인정하다 2. 입장시키다

**admit** one's mistake 자신의 실수를 인정하다

They **admitted** only those individuals who had tickets for section A and B. 그들은 A구역과 B구역 티켓이 있는 사람들만 입장시켰다.

## conclude
[kənklúːd]

ⓥ 1. 결론을 내리다 2. 끝나다, 끝내다

The committee has **concluded** that your proposal is not practical. 위원회는 귀하의 제안이 실용적이지 않다는 결론을 내렸습니다.

**conclusion** n. 결론, 결말

> **어휘 POINT**
> conclude가 '끝나다, 마무리되다'라는 의미의 자동사로 쓰일 때는 대개 전치사 with가 이어진다.
> The conference **concluded with** a question-and-answer session. 회의는 질의응답 시간으로 마무리되었다.

## double
[dʌ́bl]

ⓥ 두 배가 되다, 두 배로 늘리다

The firm was so successful last year that it **doubled** its staff. 그 회사는 작년에 큰 성공을 거두어서 직원을 두 배로 늘렸다.

> **어휘 POINT**
> '세 배로 늘리다'라는 의미의 동사는 triple이다.

ongoing - undergo

## ongoing
[ɑ́ŋgòuiŋ]

ⓐ 진행 중인

**ongoing** construction 진행 중인 공사

Renovation work at the museum is still **ongoing**. 박물관의 보수 작업은 여전히 진행 중이다.

## undergo
[ʌ̀ndərgóu]

ⓥ 겪다, 받다

The train station will **undergo** routine maintenance beginning next month. 기차역은 다음 달부터 정기적인 유지 보수를 받을 것이다.

> **출제 POINT**
> undergo는 주로 건물이나 기업이 공사(construction), 보수 작업(renovation), 구조 조정(restructuring) 등을 겪는 상황을 나타낸다.
> Park Optical will be (**undergoing** / ~~dealing~~) corporate **restructuring** in the next few months. Park Optical은 향후 몇 달 안에 기업 구조 조정을 겪게 될 것이다.

## exit
[éɡzit, éksit]

ⓝ 출구 ⓥ 나가다

**exit** sign 출구 표시

Some people are **exiting** a vehicle. 몇몇 사람들이 차에서 내리고 있다.

## method
[méθəd]

**n** 방법, 방식

The farm uses innovative **methods** to protect its crops.
그 농장은 농작물을 보호하기 위해 혁신적인 방법을 사용한다.

---

### prove - proofread

## prove
[pru:v]

**v** 증명하다, 입증하다

The tunnel has **proved** to be a tremendous benefit to drivers.
그 터널은 운전자들에게 엄청난 도움이 되는 것으로 증명되었다.

**proof** n. 증명, 증거

> **어휘 POINT**
> proof는 '~에 견디는'이라는 뜻으로 명사 뒤에 붙어 쓰이기도 한다.
> • soundproof 방음 장치가 된  • waterproof 방수의

## proofread
[prú:fri:d]

**v** 교정을 보다

Would it be possible to **proofread** this article by tomorrow?
내일까지 이 기사의 교정을 볼 수 있을까요?

---

### sense - sensitive

## sense
[sens]

**n** 감각, 센스

**sense** of humor 유머 감각

The planned merger **makes sense** to both companies involved.
계획된 합병은 관련된 두 회사 모두에게 현명한 일이다.

**sensor** n. 센서, 감지 장치

> **어휘 POINT**
> make sense는 '이해가 되다, 일리가 있다'라는 의미이다.

## sensitive
[sénsətiv]

**a** 민감한, 예민한

Those files contain **sensitive** data.
그 파일들에는 민감한 데이터가 들어 있다.

**sensitivity** n. 감수성

---

## shuttle
[ʃʌtl]

**n** 왕복 교통 기관  **v** 왕복하다, 오가다

airport **shuttle** service 공항 셔틀 서비스

The van can **shuttle** passengers back and forth between the airport and the hotel.
승합차는 승객들을 태우고 공항과 호텔 사이를 오갈 수 있다.

## mix
[miks]

**v** 섞다, 혼합하다

Take one teaspoon of baking soda, and **mix** it with water.
베이킹 소다 한 티스푼을 넣고 물과 섞으세요.

**mixer** n. 믹서기

> **어휘 POINT**
>
> mix up은 '혼동하다, 헷갈리다'라는 의미이고, mix-up은 '혼동'이라는 뜻의 명사 표현이다.
> I must have **mixed up** the dates. 제가 날짜를 헷갈렸나 봅니다.

---

### separate - separately

## separate
[sépərèit] v.
[sépərət] a.

**v** 분리하다  **a** 분리된

**separate** area 분리된 구역

Workstations are **separated** by a glass partition.
사무실의 자리는 유리 파티션으로 분리되어 있다.

## separately
[sépəritli]

**ad** 별도로, 따로따로

Each item will be packaged **separately** to avoid damage.
각각의 품목은 손상을 피하기 위해 따로따로 포장됩니다.

---

## stack
[stæk]

**v** 쌓다  **n** 더미, 무더기

**stacks of** paper 종이 더미

Some boxes are **stacked** on the floor. 상자 몇 개가 바닥에 쌓여 있다.

> **출제 POINT**
>
> a stack of, stacks of는 '~의 더미'라는 뜻으로 파트 1에서 물건이 쌓여 있는 사진과 함께 자주 등장한다. a pile of, piles of도 같은 의미로 쓰인다.
> • **a pile of** books 책 한 무더기

---

## sustain
[səstéin]

**v** 1. 유지하다, 지속하다  2. (손해를) 입다

**sustain** damage 피해를 입다

The company has a long record of **sustained** profitability.
그 회사는 오랫동안 지속적인 수익성을 거둔 기록을 가지고 있다.

**sustainable** a. 지속 가능한

> **어휘 POINT**
>
> sustainable은 문맥에 따라 환경 친화적(environmentally friendly)이라는 의미를 갖는다.
> The fabric is soft, durable, and also **sustainable**. 그 직물은 부드럽고 내구성이 있으며 친환경적이다.

## transfer
[trænsfə́ːr] v.
[trǽnsfəːr] n.

**v** 1. 전근하다, 옮기다  2. 송금하다  **n** 전근, 이동

**transfer** to a different department 다른 부서로 옮기다

**transfer** some money 돈을 송금하다

One of the people is **transferring** paper into a box.
사람들 중 한 명이 종이를 상자 안으로 옮기고 있다.

> **어휘 POINT**
> transfer는 '전화를 연결하다'라는 의미로 쓰이기도 한다.
> Please hold, and I'll **transfer** you to that department. 기다리시면 그 부서로 연결해 드리겠습니다.

## charity
[tʃǽrəti]

**n** 자선 (단체)

local **charity** 지역의 자선 단체

All proceeds from the **charity** fundraiser will be donated to disadvantaged youths.
자선 모금 행사의 모든 수익금은 소외된 청소년들에게 기부될 것이다.

**charitable** a. 자선의

## decline
[dikláin]

**v** 1. 거절하다  2. 감소하다  **n** 감소, 하락

**decline** an offer 제안을 거절하다

Membership in the Sigma Club has recently **declined**.
Sigma Club의 회원 수가 최근에 감소했다.

> **출제 POINT**
> 명사 decline 뒤에 오는 전치사 in을 묻는 문제가 출제된다.
> There has been a significant **decline** (**in** / at) sales both here and overseas.
> 이곳과 해외 모두에서 상당한 매출 하락이 있었다.

## gas
[gæs]

**n** 1. 가스  2. 휘발유

natural **gas** 천연가스

The car runs on electricity instead of **gas**.
그 차는 휘발유 대신 전기로 달린다.

## apparel
[əpǽrəl]

**n** 의류, 의복

Winter **apparel** at Davis Fashion is on sale until next Thursday.
Davis Fashion의 겨울 의류는 다음 주 목요일까지 세일합니다.

## eligible
[élidʒəbl]

**ⓐ 자격이 있는**

If you have your student ID, you're **eligible for** a 10% discount.
학생증이 있으면 10% 할인을 받을 수 있습니다.

> **어휘 POINT**
> 〈be eligible for 명사〉 또는 〈be eligible to V〉의 형태로 쓰인다.
> Employees **are eligible to** receive a higher salary if they complete a marketing course. 직원들은 마케팅 과정을 이수하면 더 높은 급여를 받을 자격이 있다.

---

## comply
[kəmplái]

**ⓥ 준수하다**

The company's new policies **comply with** all international standards. 회사의 새로운 정책들은 모든 국제 표준을 준수합니다.

**compliance** n. 준수

> **어휘 POINT**
> comply는 자동사이므로 목적어를 취할 때 전치사 with를 수반한다. in compliance with(~을 준수하여)라는 표현도 함께 알아두자.
> The inspection confirmed that the business is **in compliance with** all regulations. 점검 결과, 그 업체는 모든 규정을 준수하고 있는 것으로 확인되었다.

---

## consistently
[kənsístəntli]

**ad 꾸준히, 일관되게**

Ms. Keller has **consistently** demonstrated her dedication to the company. Keller 씨는 꾸준히 회사에 대한 헌신을 증명해 왔다.

**consistent** a. 일관된

---

## emphasize
[émfəsàiz]

**ⓥ 강조하다**

**emphasize** the importance of a task 업무의 중요성을 강조하다

The need to appear on time for meetings cannot be **emphasized** enough.
회의 시간에 맞춰 나와야 할 필요성은 아무리 강조해도 지나치지 않습니다.

**emphasis** n. 강조

> **출제 POINT**
> place emphasis on은 '~을 강조하다'라는 뜻으로, 형용사의 수식을 받는 명사 emphasis를 고르는 문제가 출제된다.
> The new management policy **places** increased (**emphasis** / distance) **on** each employee's professional development. 새로운 경영 방침은 각각의 직원들의 전문성 계발에 보다 많은 중점을 두고 있다.

## exist - existing

### exist
[igzíst]

**ⓥ 존재하다**

No other bakery **existed** in this neighborhood until we opened our business.
우리가 가게를 열기 전까지 이 동네에는 다른 제과점이 존재하지 않았다.

> **어휘 POINT**
> exit(출구, 나가다)와 혼동하지 않도록 하자.

### existing
[igzístiŋ]

**ⓐ 기존의, 현존하는**

**existing** staff members 기존 직원들

We are planning on adding a new wing to an **existing** building.
우리는 기존 건물에 새로운 부속 건물을 추가할 계획이다.

## face - deface

### face
[feis]

**ⓝ 얼굴  ⓥ 1. 향하다, 마주 보다  2. 직면하다**

**face** challenges 도전에 직면하다

The audience is **facing** a screen. 관객들이 화면을 보고 있다.

### deface
[diféis]

**ⓥ 외관을 훼손하다**

Please note that books that are torn or **defaced** will be rejected.
찢어지거나 외관이 훼손된 책들은 받지 않는다는 것을 유념해 주세요.

## pot - pottery

### pot
[pɑt]

**ⓝ 1. 항아리, 화분  2. 냄비  ⓥ 화분에 심다**

**pots** and pans 냄비류, 취사도구

A woman is stirring soup in a **pot**. 여자가 냄비의 수프를 휘젓고 있다.

> **출제 POINT**
> 파트 1에서는 '화분에 심어진 식물'을 뜻하는 potted plants라는 표현이 자주 나온다.
> Some **potted plants** are being watered. 화분에 심은 화초에 물을 주고 있다.

### pottery
[pátəri]

**ⓝ 도자기**

**pottery**-making demonstration 도자기 제작 시연

Participants in the **pottery** workshop will make a coffee cup and a flower vase.
도자기 워크숍의 참가자들은 커피잔과 꽃병을 만들게 될 것이다.

## fountain
[fáuntən]

**n** 분수

The hotel plans to construct a **fountain** in the front entryway.
호텔은 정문 입구에 분수대를 설치할 계획이다.

## verify
[vérəfài]

**v** 확인하다, 입증하다

**verify** one's contact information 연락처 정보를 확인하다

Nobody is allowed access to the laboratory until the person's identity has been **verified**.
신원이 확인되기 전까지는 아무도 실험실에 출입할 수 없다.

**verification** n. 확인, 입증

> **어휘 POINT**
> employment verification letter는 인사과에서 발급하는 '재직 증명서'를 의미한다.

### alternative - alternate

## alternative
[ɔːltə́ːrnətiv]

**n** 대안  **a** 대안의

**alternative** transportation option 대체 교통수단

I had no **alternative** but to accept his offer.
그의 제안을 받아들이는 것 말고는 대안이 없었다.

**alternatively** ad. 그 대신에

## alternate
[ɔ́ːltərnət]

**a** 대안의

**alternate** plan 대안

Take an **alternate** route if you are driving in that direction.
그 방향으로 운전한다면 다른 경로를 택하세요.

## approach
[əpróutʃ]

**v** 접근하다, 다가가다  **n** 접근(법)

suggest an alternative **approach** 대안이 되는 접근법을 제시하다

Ms. Blake **approaches** all tasks with genuine interest and enthusiasm. Blake 씨는 모든 일에 진정한 흥미와 열정을 가지고 접근한다.

> **어휘 POINT**
> '~에의 접근(법)'이란 명사로 쓰일 경우 전치사 to가 이어진다.
> The Sandburg Institute takes a unique **approach to** business education.
> Sandburg Institute는 직업 교육에 대해 독특한 접근법을 택하고 있다.

# Review Test

**A** 영어 단어의 알맞은 뜻을 찾아 연결하세요.

01. appropriate     ⓐ 공예
02. craft     ⓑ 신속한
03. prompt     ⓒ 적절한
04. mechanic     ⓓ 정비공

05. emphasize     ⓔ 인정하다
06. admit     ⓕ 예상하다
07. anticipate     ⓖ 확인하다
08. verify     ⓗ 강조하다

**B** 우리말 뜻에 맞게 빈칸에 알맞은 어휘를 찾아 넣으세요.

| ⓐ approach | ⓑ exceed | ⓒ implement |
| ⓓ admission | ⓔ generate | ⓕ guarantee |

09. 빠른 배송을 보장하다     _____ quick delivery
10. 소액의 입장료를 부과하다     charge a small _____ fee
11. 전기를 만들어 내다     _____ electricity
12. 대안이 되는 접근법을 제시하다     suggest an alternative _____
13. 새로운 정책을 시행하다     _____ a new policy
14. 매출 목표를 초과 달성하다     _____ sales goals

정답  01 ⓒ  02 ⓐ  03 ⓑ  04 ⓓ  05 ⓗ  06 ⓔ  07 ⓕ  08 ⓖ  09 ⓕ  10 ⓓ  11 ⓔ  12 ⓐ  13 ⓒ  14 ⓑ

# Mini Test

**Select the best answer to complete the sentence.**

01. The train station will ------- routine maintenance beginning next month.

    (A) undergo  (B) exist  (C) admit  (D) prove

02. Each item will be packaged ------- to avoid damage.

    (A) directly  (B) eagerly  (C) recently  (D) separately

03. The company's new policies ------- with all international standards.

    (A) exceed  (B) comply  (C) reply  (D) include

04. Please note that books that are torn or ------- will be rejected.

    (A) generated  (B) combined  (C) defaced  (D) outsourced

05. Ms. Keller has ------- demonstrated her dedication to the company.

    (A) accordingly  (B) consistently  (C) promptly  (D) sensitively

06. Take an ------- route if you are driving in that direction.

    (A) abundant  (B) excessive  (C) energetic  (D) alternate

07. If you have your student ID, you're ------- for a 10% discount.

    (A) eligible  (B) appropriate  (C) able  (D) available

정답  01 (A)  02 (D)  03 (B)  04 (C)  05 (B)  06 (D)  07 (A)

해석  01 기차역은 다음 달부터 정기적인 유지 보수를 받을 것이다.  02 각각의 품목은 손상을 피하기 위해 따로따로 포장됩니다.  03 회사의 새로운 정책들은 모든 국제 표준을 준수합니다.  04 찢어지거나 외관이 훼손된 책들은 받지 않는다는 것을 유념해 주세요.  05 Keller 씨는 꾸준히 회사에 대한 헌신을 증명해 왔다.  06 그 방향으로 운전한다면 다른 경로를 택하세요.  07 학생증이 있으면 10% 할인을 받을 수 있습니다.

# Level up   형태가 유사한 어휘 ①

**access** 접근, 접근하다
Only approved individuals may **access** customer files.
승인된 사람들만이 고객 파일에 접근할 수 있다.

**assess** 평가하다
The board will **assess** Mr. Foss's performance next week.
이사회는 다음 주에 Foss 씨의 실적을 평가할 것이다.

**adapt** 적응하다
If we cannot **adapt** to the changing situation quickly, we will fail.
우리가 변화하는 상황에 재빨리 적응하지 못한다면, 우리는 실패할 것이다.

**adopt** 채택하다
The candidate for mayor **adopted** a new campaign logo.
시장 후보는 새로운 선거 로고를 채택했다.

**affect** 영향을 미치다
The recession negatively **affected** most businesses.
불황은 대부분의 기업들에게 부정적인 영향을 끼쳤다.

**effect** 효과, 영향
The speech had a great **effect** on the audience.
그 연설은 청중들에게 큰 영향을 미쳤다.

**commerce** 상업, 통상
You need a permit to conduct **commerce** in foreign countries.
외국에서 통상을 하려면 허가가 필요합니다.

**commence** 시작하다
The building work will **commence** as soon as the supplies arrive. 건축 공사는 물품이 도착하는 대로 시작될 것이다.

**competence** 능력, 역량
Nobody questions the **competence** of Ms. Watson.
아무도 Watson 씨의 능력에 의문을 제기하지 않는다.

**competition** 경쟁, 대회
There is fierce **competition** for market share in the smartphone market. 스마트폰 시장에서 점유율 경쟁이 치열하다.

## keynote
[kí:nòut]

**n** 기조, 요지

**keynote** speaker 기조연설자

Ms. Prouty was asked to give the **keynote** speech.
Prouty 씨는 기조연설을 해 달라는 요청을 받았다.

---

normal - norm

## normal
[nɔ́:rməl]

**a** 보통의, 일반적인

Bray Farm Mart will resume **normal** business hours on January 4.
Bray Farm Mart는 1월 4일 정상 영업을 재개할 것입니다.

**normally** ad. 보통, 일반적으로

> **출제 POINT**
>
> 일반적인 상황과 일반적이지 않은 상황을 대비해서 보여 주는 문장에서 normally가 출제된다.
> Mr. Bhatt (**normally** / later) promotes employees, **but** he recently hired a manager from outside the firm. Bhatt 씨는 보통은 직원들을 승진시키지만, 최근에는 사외에서 관리자를 채용했다.

## norm
[nɔ:rm]

**n** 규범, 기준

Mr. Ross learned about Iranian cultural **norms** before his business trip there.
Ross 씨는 이란으로 출장을 가기 전에 이란의 문화 규범에 대해 배웠다.

## acquire
[əkwáiər]

**v** 얻다, 인수하다

The Prentiss Group announced it had **acquired** K.R. Lawson, its biggest acquisition in ten years. Prentiss 그룹은 K.R. Lawson을 인수했다고 발표했는데, 그것은 10년 사이 최대 규모의 인수 건이다.

**acquisition** n. (기업) 인수, 획득

> **어휘 POINT**
>
> 기업의 인수 합병을 M&A라고 하는데, mergers and acquisitions(합병과 인수)의 약자이다.

## bid
[bid]

**n** 입찰 **v** 입찰하다

submit a **bid** 입찰하다
win a **bid** 입찰을 따내다, 낙찰을 받다

The company offered the lowest **bid** for the landscaping contract. 그 회사는 조경 계약에 최저 입찰가를 제시했다.

**bidder** n. 입찰자

## bistro
[bístrou]

🅝 비스트로, 작은 음식점이나 카페

This popular Italian **bistro** serves delicious meals at affordable prices. 이 유명한 이탈리아식 비스트로는 저렴한 가격에 맛있는 식사를 제공한다.

---

remote - remotely

## remote
[rimóut]

🅐 외딴, 먼

**remote** worker 원격 근무자
**remote** control 리모컨

Elizabeth West must travel to **remote** places at times.
Elizabeth West는 이따금 먼 곳으로 출장을 가야 한다.

## remotely
[rimóutli]

🅐🅓 원격으로, 멀리서

work **remotely** 원격 근무를 하다

The part-time employees may report **remotely** from a home office. 파트타임 직원들은 재택근무를 하면서 원격으로 보고할 수 있다.

> 어휘 POINT
> work remotely는 telecommute(재택근무를 하다)로 바꾸어 표현할 수 있다.

---

## profile
[próufail]

🅝 1. 프로필  2. 인지도   🅥 프로필을 작성하다

raise one's **profile** 인지도를 높이다
**profile** a business executive 기업 임원의 프로필을 작성하다

Creating an online **profile** is recommended for job seekers.
온라인 프로필을 만드는 것이 구직자들에게 권장된다.

> 어휘 POINT
> 우리말로는 프로필이지만 영어로는 [프로파일]로 발음된다는 점에 주의한다.

---

## plate
[pleit]

🅝 1. 접시  2. 요리

put food onto a **plate** 음식을 접시에 담다

We are offering 10 percent off all our breakfast **plates**.
저희의 모든 조식 메뉴에 10%의 할인을 해 드리고 있습니다.

281

proceed - proceeds

## proceed
[prəsíːd]

**v** 진행하다, 나아가다

**proceed** to Gate 10  10번 게이트로 가다

We need a down payment to **proceed** with the work.
저희는 일을 진행하기 위해 계약금이 필요합니다.

## proceeds
[próusiːdz]

**n** 수익금

All **proceeds** from tonight's ticket sales will be donated to charity. 오늘 밤 티켓 판매 수익금 전액은 자선단체에 기부될 것입니다.

> **어휘 POINT**
> the, all 등의 관사나 형용사 뒤에 나오는 proceeds는 명사이며 항상 복수형으로만 쓴다는 점에 주의한다.

spot - spotlight

## spot
[spɑt]

**n** (특정) 장소, 지점  **v** 찾아내다, 발견하다

available parking **spots**  이용 가능한 주차 장소

A customer **spotted** a mistake on the menu and informed the owner. 고객 한 명이 메뉴에서 오류를 발견하고 업주에게 알렸다.

**spotless** a. 흠잡을 데 없는

> **어휘 POINT**
> spot은 '반점, 얼룩'이라는 뜻도 있으며, spotless는 얼룩 하나 없는 깨끗한 상태 또는 완벽한 상태를 의미한다.

## spotlight
[spɑ́tlàit]

**n** 스포트라이트, 각광

Make sure there's a **spotlight** on the presenter.
발표자에게 스포트라이트를 비추도록 하세요.

> **어휘 POINT**
> spot(점)+light(빛) → 점을 찍듯이 한 곳에 비추는 빛

## plumber
[plʌ́mər]

**n** 배관공

I'll call the **plumber** to fix the leaky pipe in the bathroom.
제가 배관공을 불러서 물이 새는 화장실 배관을 고칠게요.

**plumbing** n. 배관 (공사)

> **어휘 POINT**
> plumber에서 b는 묵음이다. b가 묵음인 또다른 예로는 climber(등반가), comb(빗, 빗질하다) 등이 있다.

## accomplish
[əkámpliʃ]

ⓥ 성취하다, 이룩하다

The sales team **accomplished** its goal of selling $5 million in computers. 영업팀은 5백만 달러의 컴퓨터 판매 목표를 달성했다.

**accomplishment** n. 성취, 업적

## accomplished
[əkámpliʃt]

ⓐ 뛰어난, 숙련된

We have a very **accomplished** group of professionals on our panel. 우리 패널에는 매우 뛰어난 전문가 집단이 있습니다.

## examine
[igzǽmin]

ⓥ 조사하다, 살펴보다

**examine** the condition of an item 물품의 상태를 조사하다

The pool needs to be **examined** and fixed.
수영장을 살펴보고 수리할 필요가 있다.

**examination** n. 조사, 검사

## graduate
[grǽdʒuèit] v.
[grǽdʒuət] a.

ⓥ 졸업하다  ⓐ 대학원의

**graduate** degree 대학원 학위, 석박사 학위

I just **graduated** from university. 저는 대학교를 갓 졸업했습니다.

**graduation** n. 졸업

## content
[kántent] Am
[kɔ́ntent] Br

ⓝ 내용(물), 콘텐츠

create online **content** 온라인 콘텐츠를 만들어 내다

Please inspect your purchase to make sure that the **contents** arrived in good condition. 내용물이 양호한 상태로 도착했는지 확인하기 위해 구매하신 물품을 점검해 주세요.

## achieve
[ətʃíːv]

ⓥ 달성하다, 성취하다

I am confident that we can **achieve** this goal.
나는 우리가 이 목표를 달성할 수 있다고 자신한다.

**achievement** n. 성취, 업적

> **출제 POINT**
> achieve는 goal(목표), aim(목표), purpose(목적), success(성공) 등의 명사를 목적어로 취한다.
> This workshop can help businesspeople to (**achieve** / require) **success** in their careers.  이 워크숍은 사업가들이 자신의 경력에서 성공을 달성하는 데 도움을 줄 수 있다.

## row
[rou]

**n** 줄, 열

park in the first **row** 첫 번째 열에 주차하다
Computer monitors are lined up in a **row**.
컴퓨터 모니터들이 일렬로 늘어서 있다.

---

capacity - capable

## capacity
[kəpǽsəti]

**n** 수용 능력, 용량

high-**capacity** filter 대용량 필터
be filled to **capacity** 꽉 차다, 만원이다
The expansion project will double the warehouse's storage **capacity**. 확장 사업은 창고의 저장 용량을 두 배로 늘릴 것이다.

> **출제 POINT**
> capacity는 '최대 수용치'를 뜻하기도 하며, '최대 수용치에 도달하다'라는 뜻으로 동사 reach와 함께 쓰인다.
> With two more accountants on staff, our workspace has now **reached** its (**capacity** / destination). 두 명의 경리 직원이 추가되어 우리 업무 공간은 이제 포화 상태에 도달했다.

## capable
[kéipəbl]

**a** ~할 수 있는, 유능한

**capable** staff 유능한 직원들
This device **is capable of** printing 200 pages per minute.
이 기기는 분당 200페이지를 인쇄할 수 있다.

**capability** n. 능력

> **어휘 POINT**
> '~할 수 있다'는 ⟨be capable of V-ing⟩로 나타내며, 의미는 같지만 뒤에 to부정사를 취하는 ⟨be able to V⟩와 구별하도록 한다.

---

## smoothly
[smúːðli]

**ad** 순조롭게, 부드럽게

The process did not go as **smoothly** as I had hoped.
과정은 내가 기대했던 것만큼 순조롭게 진행되지 않았다.

**smooth** a. 매끄러운, 부드러운

---

## tag
[tæg]

**n** (제품의) 꼬리표, 태그

wear a name **tag** 이름표를 달다
This shirt doesn't have a price **tag**. 이 셔츠에는 가격표가 안 붙어 있다.

## utility
[ju:tíləti]

**n** 공공시설, 공공요금

**utility** bill (전기·가스·수도 등의) 공공요금

**Utilities** are not included in the rent.
집세에는 공공요금이 포함되어 있지 않다.

---

## willing
[wíliŋ]

**a** 기꺼이 ~하는, 의향이 있는

Are you **willing** to work overtime this evening?
오늘 저녁에 야근할 의향이 있나요?

---

## eager
[í:gər]

**a** 열망하는, 간절히 바라는

Mr. Douglas is **eager** to share his experience in the field of marketing. Douglas 씨는 마케팅 분야에서 자신의 경험을 공유하기를 열망한다.

**eagerly** ad. 간절히, 열망하여

> **출제 POINT**
>
> eagerly는 wait(기다리다), look forward to(고대하다) 등의 동사(구)를 수식한다.
> Sports fans around the world (**eagerly** / ~~rapidly~~) **await** the tennis tournament. 전 세계 스포츠 팬들이 그 테니스 대회를 손꼽아 기다린다.

---

## destination
[dèstənéiʃən]

**n** 목적지, 도착지

tourist **destination** 관광지

The winner of the contest will win an all-expenses-paid trip to any **destination** in Europe. 대회의 우승자는 유럽 내의 어떤 목적지로도 모든 경비가 지불되는 여행권을 획득할 것이다.

---

## hiking
[háikiŋ]

**n** 하이킹, 도보 여행

go **hiking** 하이킹을 가다

The guide will take several people on a **hiking** trip into the national forest. 가이드는 여러 명을 데리고 국유림으로 하이킹 여행을 갈 것이다.

> **어휘 POINT**
>
> hiking 대신 hike라는 단어가 쓰이기도 한다.
> The difficulty levels of Elk Adventures' guided mountain **hikes** vary considerably. Elk Adventures의 가이드가 딸린 하이킹은 난이도가 상당히 다양하다.

## plenty of
[plénti əv]

많은

have **plenty of** time 시간이 많다

This office building has **plenty of** available space.
이 사무실 건물은 사용 가능한 공간이 많다.

> **어휘 POINT**
> plenty of는 a lot of, lots of와 유사한 의미이다.

## remodel
[ri:mɑ́dəl]

ⓥ 리모델링하다, 개조하다

**remodel** a kitchen 주방을 개조하다

The meeting rooms have recently been **remodeled**.
회의실들은 최근에 리모델링되었다.

---

preserve - conserve

## preserve
[prizə́:rv]

ⓥ 보존하다, 보호하다  ⓝ 보호 구역

nature **preserve** 자연보호구역

All donations will help the organization **preserve** the national forest. 모든 기부금은 그 단체가 국유림을 보존하는 데 도움이 될 것이다.

**preservation** n. 보존, 보호

## conserve
[kənsə́:rv]

ⓥ 보존하다, 절약하다

**conserve** wildlife habitats 야생동물의 서식지를 보존하다

Government authorities are asking businesses to **conserve** electricity. 정부 당국은 기업들에게 전기를 절약할 것을 요청하고 있다.

**conservation** n. 보존

> **출제 POINT**
> conserve energy(에너지를 절약하다)라는 표현을 묻는 문제가 출제된다.
> Employees are asked to turn off their computers during the lunch break in order to (**conserve** / generate) **energy**. 직원들은 에너지를 절약하기 위해 점심 시간 동안 컴퓨터를 끌 것을 요청 받는다.

## stain
[stein]

ⓝ 얼룩

This is the best product for removing **stains**.
이것은 얼룩 제거에 가장 좋은 제품이다.

> **어휘 POINT**
> stain은 remove(제거하다), come out(지워지다, 빠지다) 등의 동사와 함께 쓰인다.
> The **stain** on the carpet won't **come out**. 카펫의 얼룩이 빠지지 않는다.

## consequently
[kánsəkwèntli]

**ad** 결과적으로, 그 결과로서

Her car broke down. **Consequently**, she arrived rather late.
여자의 차가 고장이 났다. 그 결과 그 여자는 약간 늦게 도착했다.

**consequence** n. 결과

> **출제 POINT**
> consequently는 원인과 결과가 나오는 문장에서 결과에 해당하는 구나 절을 이끄는 접속 부사로 출제된다.
> Using high-strength steel would reduce the volume of metal in the building, (**consequently** / once) decreasing costs. 고강도 철강을 사용하면 건물에 사용되는 금속의 양을 줄일 수 있어서 결과적으로 비용이 절감된다.

> **어휘 POINT**
> consequently는 as a consequence로 바꾸어 표현할 수 있다.

## subsequent
[sʌ́bsəkwənt]

**a** 그 후의

After visiting Tokyo, Ms. Landers will make a **subsequent** trip to Hong Kong in July.
Landers 씨는 도쿄를 방문한 후 7월에 홍콩으로 다음 여행을 할 예정이다.

> **어휘 POINT**
> consequently와 subsequent는 모두 sequence(순서)에서 파생된 어휘들로, 사건이나 행동의 순서와 관련이 있다.

## status
[stéitəs]

**n** 상태, 상황

check the **status** of an order 주문 상황을 확인하다

Applicants will be notified of their **status** by June 30.
지원자들은 6월 30일까지 합격 여부를 통보 받게 될 것이다.

## ballroom
[bɔ́:lrù:m]

**n** 무도회장, 볼룸

The annual employee appreciation dinner begins in the Grand **Ballroom** at 7:00 P.M.
연례 직원 감사 만찬은 저녁 7시에 그랜드 볼룸에서 시작된다.

> **어휘 POINT**
> 토익에서는 춤을 추는 곳이 아니라 만찬이나 연설 등을 하는 장소로 나오며, 주로 파트 7의 초대장(invitation)이나 일정(schedule) 지문에 등장한다.

## crew
[kru:]

ⓝ 1. 조, (작업)반  2. 승무원

maintenance **crew** 정비반

cabin **crew** 객실 승무원

My **crew** just finished installing the windows in your house.
저희 작업반이 방금 댁에 창문 설치를 마쳤습니다.

---

internal - external

## internal
[intə́:rnəl]

ⓐ 내부의

**internal** audit 내부 감사

All corporate policies are posted on our **internal** Web site.
모든 회사 정책은 당사의 내부 웹 사이트에 게시됩니다.

> **어휘 POINT**
> internal Web site는 회사의 인트라넷(intranet)을 의미한다.

## external
[ikstə́:rnəl]

ⓐ 외부의

**external** hard drive 외장 하드

We can promote Ms. Kim to manager or hire an **external** candidate.
우리는 Kim 씨를 관리자로 승진시키거나 외부의 후보자를 채용할 수 있다.

---

furnishings - furnished

## furnishings
[fə́:rniʃiŋz]

ⓝ 가구, 세간

home **furnishings** 가정용 가구

It only takes a few minutes to disassemble most of the store **furnishings**. 대부분의 매장 가구를 해체하는 데는 몇 분밖에 걸리지 않는다.

## furnished
[fə́:rniʃt]

ⓐ 가구가 갖추어진

**furnished** workspaces 가구가 갖추어진 업무 공간

The apartment comes fully **furnished**.
그 아파트는 가구가 완비되어 있다.

> **어휘 POINT**
> furnishings와 furnished는 '~에 가구를 비치하다'라는 뜻의 동사 furnish에서 파생되었으며, furnished의 반의어인 unfurnished(가구가 갖추어지지 않은)도 있다.

## decade
[dékeid]

**n** 10년

for more than a **decade** 10년 이상

Astoria Industries has been in business for **decades**.
Astoria Industries는 수십 년 동안 사업을 해 왔다.

## exposition
[èkspəzíʃən]

**n** 박람회, 전시회(= expo)

food **exposition** 식품 박람회

Authors, editors, and designers will all attend this year's book **expo**. 작가, 편집자, 디자이너들이 모두 올해 도서 박람회에 참석할 것이다.

## itinerary
[aitínərèri]

**n** 여행 일정

travel **itinerary** 여행 일정

I need to change my **itinerary** for my business trip to Los Angeles. 저의 로스앤젤레스 출장 일정을 변경해야 합니다.

## outlet
[áutlet]

**n** 1. 콘센트  2. 판매 대리점, 직판점

electrical **outlet** 전기 콘센트

The retail **outlet** in Birmingham sells home furnishings at big discounts. Birmingham의 소매점은 가정용 가구를 대폭 할인 판매합니다.

> **어휘 POINT**
> media outlet 또는 news outlet이 RC 파트에서 '언론 매체, 매스컴'이라는 의미로 출제된 바 있다.
> We wrote a press release that we will e-mail to various **news outlets**. 우리는 여러 언론사에 이메일로 보낼 보도 자료를 작성했다.

---

### nutrition - nutritious

## nutrition
[njuːtríʃən]

**n** 영양

We offer health tips and **nutrition** guides prepared by our doctors. 우리는 의사들에 의해 마련된 건강 비법과 영양 가이드를 제공합니다.

**nutrient** n. 영양(분)

## nutritious
[njuːtríʃəs]

**a** 영양가가 높은

Our organic oatmeal is not only **nutritious** but also delicious.
우리의 유기농 오트밀은 영양가가 높을 뿐만 아니라 맛도 좋습니다.

## newsletter
[njúːzlètər]

**n** 소식지, 회보

subscribe to an e-mail **newsletter** 이메일 소식지를 구독하다

The company **newsletter** will be sent to employees at the beginning of each month. 회사 사보가 매월 초에 직원들에게 발송될 것이다.

## overall
[òuvərɔ́ːl]

**a** 전반적인  **ad** 전반적으로

**overall** employee satisfaction 전반적인 직원 만족도

The cover design looks good **overall**.
표지 디자인은 전반적으로 좋아 보인다.

---

object - objective

## object
[ábdʒikt] n.
[əbdʒékt] v.

**n** 물건, 물체  **v** 반대하다

**object to** a plan 계획에 반대하다

They have found a number of historical **objects** buried underground. 그들은 땅속에 묻혀 있던 많은 역사적 유물들을 발견했다.

**objection** n. 반대

> 출제 POINT
>
> 동사 object는 전치사 to를 동반하여 object to의 형태로 쓰인다.
> Many community members (**objected** / rejected) **to** the proposal because of concerns about noise. 많은 지역 주민들이 소음에 대한 우려 때문에 그 제안에 반대했다.

## objective
[əbdʒéktiv]

**n** 목표, 목적

The **objective** of the survey is to gather feedback on customer purchasing preferences.
설문조사의 목적은 고객의 구매 선호도에 대한 의견을 수집하는 것이다.

---

## surrounding
[səráundiŋ]

**a** 주위의, 주변의

This beautiful home and the **surrounding** gardens were designed by Ms. Higgins.
이 아름다운 집과 주위의 정원은 Higgins 씨에 의해 설계되었다.

> 어휘 POINT
>
> surround는 '둘러싸다, 에워싸다'라는 뜻의 동사이고, surroundings는 '주변 (환경)'이라는 뜻의 명사이다.
> We oversee all maintenance tasks for the Pierre Building and its immediate (**surroundings** / limitations). 우리는 Pierre 빌딩과 바로 그 주변의 모든 유지 보수 업무를 감독합니다.

## revenue
[révənjùː]

**n** 수익, 수입

annual **revenue** 연간 수익

Company **revenue** has grown as average income in the region has increased. 지역의 평균 소득이 증가함에 따라 회사 수익이 증가했다.

> **어휘 POINT**
> venue(장소), avenue(거리)와의 철자 및 의미 차이를 확인하자.

## summary
[sʌ́məri]

**n** 요약, 개요

in **summary** 요약하면

A brief biography will be included along with a **summary** of the speaker's research. 발표자의 연구 개요와 함께 약력이 수록될 것이다.

**summarize** v. 요약하다

## switch
[switʃ]

**n** 스위치  **v** 전환하다, 바꾸다

light **switch** 전등 스위치

Devlin Bank will **switch** offices to a place near a subway station. Devlin 은행은 지하철역 근처로 사무실을 옮길 것이다.

## agriculture
[ǽgrəkʌ̀ltʃər]

**n** 농업

It was originally established as a school for **agriculture**. 그것은 원래 농업 학교로 설립되었다.

**agricultural** a. 농업의

# Review Test

**A** 영어 단어의 알맞은 뜻을 찾아 연결하세요.

01. revenue
02. stain
03. normal
04. itinerary

05. acquire
06. external
07. preserve
08. norm

ⓐ 얼룩
ⓑ 여행 일정
ⓒ 보통의
ⓓ 수익

ⓔ 규범
ⓕ 얻다
ⓖ 외부의
ⓗ 보존하다

**B** 우리말 뜻에 맞게 빈칸에 알맞은 어휘를 찾아 넣으세요.

| ⓐ bid | ⓑ examine | ⓒ status |
| ⓓ overall | ⓔ object | ⓕ remotely |

09. 전반적인 직원 만족도 — _____ employee satisfaction
10. 원격 근무를 하다 — work _____
11. 입찰하다 — submit a(n) _____
12. 계획에 반대하다 — _____ to a plan
13. 주문 상황을 확인하다 — check the _____ of an order
14. 물품의 상태를 조사하다 — _____ the condition of an item

정답 01 ⓓ 02 ⓐ 03 ⓒ 04 ⓑ 05 ⓕ 06 ⓖ 07 ⓗ 08 ⓔ 09 ⓓ 10 ⓕ 11 ⓐ 12 ⓔ 13 ⓒ 14 ⓑ

# Mini Test

**Select the best answer to complete the sentence.**

01. The sales team ------- its goal of selling $5 million in computers.

    (A) proceeded     (B) graduated     (C) acquired     (D) accomplished

02. Government authorities are asking businesses to ------- electricity.

    (A) remodel     (B) conserve     (C) examine     (D) spot

03. The expansion project will double the warehouse's storage -------.

    (A) capacity     (B) row     (C) tag     (D) status

04. Devlin Bank will ------- offices to a place near a subway station.

    (A) locate     (B) switch     (C) provide     (D) preserve

05. All ------- from tonight's ticket sales will be donated to charity.

    (A) contents     (B) bids     (C) profiles     (D) proceeds

06. This beautiful home and the ------- gardens were designed by Ms. Higgins.

    (A) willing     (B) nutritious     (C) surrounding     (D) overdue

07. Mr. Douglas is ------- to share his experience in the field of marketing.

    (A) eager     (B) capable     (C) ongoing     (D) subject

---

**정답** 01 (D)   02 (B)   03 (A)   04 (B)   05 (D)   06 (C)   07 (A)

**해석** 01 영업팀은 5백만 달러의 컴퓨터 판매 목표를 달성했다. 02 정부 당국은 기업들에게 전기를 절약할 것을 요청하고 있다. 03 확장 사업은 창고의 저장 용량을 두 배로 늘릴 것이다. 04 Devlin 은행은 지하철역 근처로 사무실을 옮길 것이다. 05 오늘 밤 티켓 판매 수익금 전액은 자선단체에 기부될 것입니다. 06 이 아름다운 집과 주위의 정원은 Higgins 씨에 의해 설계되었다. 07 Douglas 씨는 마케팅 분야에서 자신의 경험을 공유하기를 열망한다.

# Level up — 형태가 유사한 어휘 ②

**confident**
자신 있는

We are **confident** that customers will like the new laptop design.
우리는 고객들이 새로운 노트북 컴퓨터 디자인을 좋아할 거라고 확신한다.

**confidential**
비밀의, 기밀의

**Confidential** financial documents should be kept in a locked file cabinet.
기밀 재무 문서는 자물쇠가 있는 서류 캐비닛에 보관해야 합니다.

---

**considerable**
상당한

Ms. Wesley has a **considerable** amount of patience.
Wesley 씨는 상당한 인내심을 가지고 있다.

**considerate**
배려하는

Please be **considerate** of others at all times.
항상 다른 사람들을 배려해 주세요.

---

**contract**
계약(서)

sign an employment **contract**
고용 계약서에 서명하다

**contact**
연락하다, 접촉

**contact** a customer service representative
고객 서비스 담당자에게 연락하다

---

**cooperation**
협력, 협조

We appreciate your **cooperation** in this matter.
이 문제에 있어 귀하의 협조에 감사드립니다.

**corporation**
법인, 회사

Dave Lewis works at a large manufacturing **corporation**.
Dave Lewis는 큰 제조 회사에서 일한다.

---

**defect**
결함

The quality control inspector checks for products with **defects**. 품질 관리 검사관은 불량품이 있는지 확인한다.

**detect**
찾아내다, 감지하다

The smoke alarm **detected** a fire in the factory.
연기 감지기가 공장 내 화재를 감지했다.

## transit
[trǽnsit, trǽnzit]

**n** 운송, 수송

public **transit** 대중교통

Live plants can be damaged in **transit**.
살아 있는 화초는 운송 중에 손상될 수 있다.

## transition
[trænzíʃən]

**n** 전환, 이행, 이동

He has made a seamless **transition** to his current position.
그는 자신의 현재 직위로 매끄러운 전환을 이루었다.

> **출제 POINT**
> transition은 position(위치, 직위), role(역할), job(일자리) 등의 어휘와 함께 쓰여 회사 내에서의 직책 이동이나 업무 변동을 나타낸다.
> The **transition** from team member to team leader was difficult for Ms. Alvarez. 팀원에서 팀장으로의 전환은 Alvarez 씨에게 어려운 일이었다.

## volume
[válju:m]

**n** 1. 양, 용량 2. 소리

sales **volume** 판매량

turn down the **volume** 소리를 낮추다

There is a high **volume** of customers at Jake's Bistro on weekdays.
Jake's Bistro에는 평일에 손님이 많다.

> **출제 POINT**
> volume은 increase(늘리다), reduce(줄이다), double(두 배가 되다) 등의 동사와 함께 출제된다.
> In the last five years, production at the Darvish facility has almost **doubled** in (**volume** / majority). 지난 5년 동안 Darvish 시설의 생산량은 거의 두 배가 되었다.

## absolutely
[ǽbsəlù:tli]

**ad** 완전히, 절대적으로

We will review your manuscript for you **absolutely** free.
저희가 완전히 무료로 당신의 원고를 검토해 드리겠습니다.

**absolute** a. 완전한, 절대적인

> **어휘 POINT**
> absolutely는 대화문에서 절대적인 동의를 나타낼 때 쓰이며, 그 자체로 하나의 문장이 된다.
> A: The play at the theater was really fun, wasn't it?
> 그 극장의 연극은 정말 재미있었죠?
> B: **Absolutely**. 물론이에요.

## aim
[eim]

**n** 목표, 목적　**v** 목표로 하다, 노리다

ultimate **aim** 궁극적인 목적

Davidson Finance **aims** to provide its clients with financial security.
Davidson Finance는 고객들에게 경제적 안정을 제공하는 것을 목표로 합니다.

## essential
[isénʃəl]

**a** 필수적인

Service will resume once **essential** repair work has been completed. 필수적인 수리 작업이 완료되면 서비스가 재개될 것이다.

> **출제 POINT**
> be essential to는 '~에 필수적이다'라는 뜻이다.
> Dearborn Automotive released some software that is (**essential** / absolute) **to** its braking system. Dearborn 자동차는 자사의 브레이크 시스템에 필수적인 소프트웨어를 출시했다.

---

### worth - worthwhile

## worth
[wəːrθ]

**n** 가치　**a** ~의 가치가 있는

sell $100 **worth** of products 100달러 상당의 제품을 팔다

The tickets cost a lot of money, but the concert was well **worth** it. 티켓은 많은 돈이 들었지만, 콘서트는 그만한 가치가 충분히 있었다.

## worthwhile
[wə̀ːrθhwáil]

**a** 가치 있는, ~할 만한

**worthwhile** investment 가치 있는 투자

The positive feedback from customers proved that the renovations were **worthwhile**.
고객들의 긍정적인 의견은 보수공사가 그만한 가치가 있었음을 증명해 주었다.

## alert
[ələ́ːrt]

Weather Alert

**v** 경고하다, 주의를 환기시키다　**n** 경고, 경보

**alert** users to an Internet disruption 사용자들에게 인터넷 장애를 알리다

The radio station issued a weather **alert** for the entire city.
라디오 방송국은 도시 전역에 기상 경보를 발령했다.

> **출제 POINT**
> serve as an alert(경고의 역할을 하다)라는 표현이 출제된 바 있다.
> The flashing yellow light **serves as an** (**alert** / example) that the camera's battery needs to be charged. 깜박이는 노란색 불빛은 카메라의 배터리를 충전해야 한다는 경고 표시이다.

## auditorium
[ɔ̀:ditɔ́:riəm]

**n** 강당

Tomorrow's meeting will be held in the **auditorium**.
내일 회의는 강당에서 열릴 것이다.

> **어휘 POINT**
> audi는 '듣다'라는 의미를 가진 어근으로, audience(청중), audiovisual(시청각의), audition(오디션) 등은 모두 듣는 행위와 관련 있는 어휘들이다.

---

force - workforce - enforce

## force
[fɔ:rs]

**n** 힘, 세력  **v** 강요하다

labor **force** 노동력

Increased shipping costs have **forced** several companies to increase the prices of their products.
운송비 인상으로 몇몇 회사들은 제품 가격을 인상해야만 했다.

## workforce
[wə́:rkfɔ:rs]

**n** (회사의 모든) 직원

increase the **workforce** 직원을 늘리다

The PLR Corporation has a **workforce** of roughly 8,000 people in three countries. PLR 사는 3개국에 약 8천 명의 직원을 보유하고 있다.

## enforce
[infɔ́:rs]

**v** 시행하다, 집행하다

A new regulation on workplace safety is going to be **enforced**.
작업장 안전에 관한 새로운 규정이 시행될 예정이다.

> **출제 POINT**
> enforce는 regulation(규정), policy(정책, 규정), code(규정) 등의 어휘를 목적어로 취한다.
> Dalton Industries (**enforces / measures**) its **dress code** only for members of the sales teams. Dalton Industries는 영업팀원들만을 대상으로 복장 규정을 시행한다.

---

## gain
[gein]

**v** 얻다  **n** 1. 이익, 이득  2. 증가

**gain** international attention 국제적인 주목을 받다

The government reported significant **gains** in employment during the past two months.
정부는 지난 두 달 동안 고용이 크게 증가했다고 보고했다.

## extremely
[ikstrí:mli]

**ad** 극도로, 극히

Farmers are **extremely** busy during the harvest season.
농부들은 추수철에 극도로 바쁘다.

---

## flat
[flæt]

**n** 아파트  **a** 1. 평평한, 납작한  2. 일률적인, 정액의

three-bedroom **flat** 방 3개짜리 아파트

A **flat** $100 shipping fee is applied to bulk purchases.
대량 구매에는 일률적으로 100달러의 배송비가 적용됩니다.

> **어휘 POINT**
>
> 자동차 타이어가 펑크 날 때 flat tire라는 표현을 쓴다. 바람이 빠져 '납작한 타이어'라는 뜻이다.
> The car ran over a broken glass bottle and got a **flat tire**. 그 차는 깨진 유리병을 밟고 지나가서 타이어가 펑크 났다.

---

instrument - instrumental

## instrument
[ínstrəmənt]

**n** 1. 악기  2. 도구, 기구

play musical **instruments** 악기를 연주하다

He's cleaning the components of a scientific **instrument**.
그는 과학 기기의 부품을 닦고 있다.

## instrumental
[ìnstrəméntəl]

**a** 중요한 역할을 하는

The Springfield office **was instrumental in** attracting new clients willing to invest in overseas funds. Springfield 사무소는 해외 펀드에 기꺼이 투자하려는 신규 고객을 유치하는 데 중요한 역할을 했다.

> **출제 POINT**
>
> ⟨be instrumental in V-ing⟩(~하는 데 중요한 역할을 하다)의 형태로 출제된다.
> Mr. Jenson **was instrumental in** building a strong customer base.
> Jenson 씨는 강력한 고객 기반을 구축하는 데 중요한 역할을 했다.

---

## voucher
[váutʃər]

**n** 쿠폰, 바우처

meal **voucher** 식권 (= food voucher)

This gift **voucher** is valid for $100. 이 상품권은 100달러 상당이다.

## explore
[ikspló:r]

**v** 알아보다, 조사하다, 탐험하다

**explore** possible solutions to the problem
문제에 대한 가능한 해결책들을 알아보다

**Explore** London's famous department stores.
런던의 유명한 백화점들을 탐방해 보세요.

> **출제 POINT**
> way(방법), possibility(가능성), option(선택권)과 같은 명사를 목적어로 취한다. The business owner wants to (**explore** / fulfill) **ways** to bring in more revenue. 사업주는 더 많은 수익을 올릴 수 있는 방법을 알아보고 싶어한다.

---

### cuisine - culinary

## cuisine
[kwizí:n]

**n** 요리

local **cuisine** 지역 요리

This walking tour highlights French **cuisine**.
이 도보 여행은 프랑스 요리를 집중 조명합니다.

## culinary
[kʌ́lineri]

**a** 요리의

**culinary** school 요리 학교

The chef has received a number of **culinary** awards.
그 요리사는 다수의 요리 관련 상을 받았다.

---

### moment - momentarily

## moment
[móumənt]

**n** 순간, 짧은 시간

at the **moment** 지금

Please take a **moment** to sign these documents.
잠시 시간을 내서 이 서류에 서명해 주십시오.

## momentarily
[mòuməntérəli]

**ad** 1. 곧  2. 잠시, 잠깐

He'll talk to us **momentarily** about how he became an artist.
그는 잠시 후에 어떻게 자신이 예술가가 되었는지에 대해 말해 줄 것입니다.

---

## platform
[plǽtfɔ:rm]

**n** 1. (소프트웨어) 플랫폼  2. 승강장

social media **platform** SNS 플랫폼

The app connects diners and restaurants in an online **platform**.
그 앱은 온라인 플랫폼에서 식사 손님들과 음식점들을 연결해 준다.

## situation
[sìtʃuéiʃən] **n** 상황

Only calls related to work **situations** can be taken during training. 교육 중에는 업무와 관련된 전화만 받을 수 있습니다.

> **어휘 POINT**
> 문제점을 알릴 때 Here's the situation.(문제가 있습니다)이라는 표현을 쓸 수 있다.
> **Here's the situation**. I need to be in London by tomorrow, but my flight just got canceled. 문제가 생겼습니다. 저는 내일까지 런던에 가야 하는데, 방금 항공편이 취소됐어요.

## shortly
[ʃɔ́ːrtli] **ad** 곧, 얼마 안 되어

be back **shortly** 곧 돌아오다

Please take your seats, as the presentation will begin **shortly**. 발표가 곧 시작되니 자리에 앉아 주십시오.

## motivate
[móutəvèit] **v** 동기를 부여하다

highly **motivated** employee 매우 의욕적인 직원

You will learn techniques related to **motivating** employees. 직원들에게 동기를 부여하는 것과 관련된 기법을 배우게 될 것입니다.

**motivation** n. 동기 부여

> **출제 POINT**
> 〈motivate 사람 to V〉(~에게 …을 하도록 동기를 부여하다)의 형태로 쓰인다.
> The current wages are not enough to (**motivate** / reassure) **the staff to work harder**. 현재의 급여는 직원들이 더 열심히 일하도록 동기를 부여하기에 충분하지 않다.

urgent - urge

## urgent
[ə́ːrdʒənt] **a** 긴급한

**urgent** matters 긴급한 문제들

An **urgent** business issue has come up, so I cannot take time off this week. 업무상 급한 문제가 생겨서 이번 주에 휴가를 낼 수 없다.

## urge
[əːrdʒ] **v** 촉구하다, 권고하다

We **urge** travelers **to** arrive at the airport two hours before their flight. 우리는 여행객들에게 비행기 출발 두 시간 전에 공항에 도착할 것을 권고합니다.

> **어휘 POINT**
> 〈urge 사람 to V〉(~에게 …하라고 촉구하다)의 형태로 자주 쓰인다.

## valid
[vǽlid]

**ⓐ 유효한**

**valid** driver's license 유효한 운전면허증

The coupon is not **valid** for takeout orders.
그 쿠폰은 포장 주문에는 사용할 수 없다.

**invalid** a. 무효인

## validate
[vǽlidèit]

**ⓥ 승인하다, 인증하다**

You need your supervisor's signature to **validate** the order.
주문을 승인하려면 상사의 서명이 필요합니다.

## warn
[wɔːrn]

**ⓥ 경고하다, 알리다**

**warn** drivers of an upcoming road closure
운전자들에게 곧 있을 도로 폐쇄를 알리다

I should **warn** you that it takes about four weeks to deliver a custom order. 맞춤 주문품을 배송하는 데 4주 정도 걸린다는 것을 알려 드립니다.

**warning** n. 경고

## wing
[wiŋ]

**ⓝ 부속 건물**

east **wing** of the station 역의 동쪽 부속 건물

They are planning on adding a new **wing** to an existing building.
그들은 기존 건물에 새 부속 건물을 추가할 계획이다.

> **어휘 POINT**
> wing의 기본 의미가 '날개'이므로, 부속 건물은 기존 건물에 붙은 날개와 같다는 뜻이다.

## lower
[lóuər]

**ⓥ 낮추다, 내리다**

**lower** the projector screen 프로젝터 화면을 내리다

Using robots in factories can help **lower** manufacturing costs. 공장에서 로봇을 사용하는 것은 제조 비용을 낮추는 데 도움을 줄 수 있다.

> **어휘 POINT**
> low(낮은)의 비교급과 형태가 동일하므로 주의하자. 비교급으로 쓰일 때는 lower than(~보다 낮은)의 형태로 나온다.

## closet
[klázit]

**n** 벽장, 드레스룸

storage **closet** 창고

supply **closet** 비품 창고, 물품 보관실

A man is hanging clothes in a **closet**.
남자가 드레스룸에서 옷을 걸고 있다.

## enroll
[inróul]

**v** 등록하다, 명단에 올리다

**enroll** in a cooking school 요리 학원에 등록하다

If you'd like, Mr. Sellers can **enroll** you in his class.
당신이 원한다면 Sellers 씨가 당신을 그의 수업에 등록시켜 줄 수 있습니다.

**enrollment** n. 등록

## fuel
[fjú:əl]

**n** 연료

**fuel**-efficient car 연비가 좋은 차

Please check that you have enough **fuel** to drive to your destination. 목적지까지 운전할 수 있는 연료가 충분한지 확인하세요.

## ideal
[aidí:əl]

**a** 이상적인

**ideal** candidate 이상적인 후보자

The apartments are **ideal** for families with young children.
그 아파트는 어린 자녀가 있는 가족에게 이상적이다.

## target
[tá:rgit]

**n** 목표, 타깃 **v** 목표로 삼다

**target** audience 광고 타깃, 광고의 대상자

monthly sales **targets** 월간 판매 목표

Our advertising campaign should **target** teens and young adults. 우리의 광고 캠페인은 십 대와 청소년들을 대상으로 해야 한다.

> **출제 POINT**
>
> meet one's target(목표를 달성하다)의 형태로 출제된다.
> Salespeople who **meet** their quarterly (**targets** / editions) will receive a bonus. 분기별 목표를 달성하는 영업 사원들은 보너스를 받게 될 것이다.

## nominate - nominee

**nominate**
[námənèit]

ⓥ 지명하다, 추천하다

**nominate** Mr. Drake for an award Drake 씨를 수상 후보로 추천하다

I am honored to be **nominated** for the managing editor's position. 제가 편집국장직에 지명되어 영광입니다.

**nomination** n. 지명, 추천

**nominee**
[nàməní:]

ⓝ 지명된 사람, 후보

There are a total of five **nominees** for the Employee of the Year Award. 올해의 직원상 후보는 총 5명이다.

## opposite - oppose - opponent

**opposite**
[ápəzit]

ⓐ 반대편의  ⓝ 반대

on the **opposite** side of the river 강 건너편에

The result was just the **opposite** of what I wanted.
결과는 내가 원했던 것과는 정반대였다.

**oppose**
[əpóuz]

ⓥ 반대하다, 맞서다

The new CEO **opposed** making new capital investments.
신임 최고경영자는 새로운 자본 투자를 하는 것에 반대했다.

> **어휘 POINT**
>
> oppose는 타동사로서 바로 목적어가 나오므로 뒤에 전치사 to를 쓰지 않도록 주의한다. 한편 수동태인 be opposed to를 써서 '~에 반대하다'라는 뜻을 나타내기도 한다.
> The city government **was opposed to** the plan. 시 정부는 그 계획에 반대했다.

**opponent**
[əpóunənt]

ⓝ 상대, 적수

You will win the game if you score more points than your **opponent**. 상대보다 더 많은 점수를 얻으면 게임에서 이긴다.

---

**overseas**
[ouvərsí:z]

ⓐ 해외의  ⓐⓓ 해외로, 해외에

**overseas** market 해외 시장

Ms. Wellman is willing to work **overseas**.
Wellman 씨는 해외에서 일할 의향이 있다.

## occasion
[əkéiʒən] **n**

1. (특별한) 행사, 의식  2. 때, 경우

special **occasion** 특별한 행사

The store offers a variety of environmentally friendly products **on occasion**. 그 매장은 이따금 다양한 친환경 상품들을 제공한다.

> **어휘 POINT**
> on occasion은 '이따금, 때때로'라는 뜻이다.

## occasional
[əkéiʒənəl] **a**

가끔의

**Occasional** travel may be required for successful candidates.
합격자들은 가끔 출장을 다녀야 할 수도 있습니다.

**occasionally** ad. 가끔, 때때로

## recreation
[rèkriéiʃən] **n**

휴양, 오락

**recreation** area 휴양지

Many people enjoy swimming for **recreation** at the pool.
많은 사람들이 수영장에서 오락 활동으로 수영을 즐긴다.

**recreational** a. 휴양의, 오락의

> **기출 표현**
> · recreational facilities 여가 시설    · recreational activities 여가 활동

## reflect
[riflékt] **v**

반영하다, 반사하다

be **reflected** in a mirror 거울에 비치다

The success of yesterday's concert **reflects** the popularity of the singer. 어제 콘서트의 성공은 그 가수의 인기를 반영한다.

## relatively
[rélətivli] **ad**

상대적으로, 비교적

The hotel is **relatively** inexpensive, considering its location.
그 호텔은 위치를 고려하면 비교적 저렴하다.

## retain
[ritéin] **v**

보유하다, 유지하다

Having better benefits is a great way to **retain** qualified employees. 복지 혜택 증진은 자질 있는 직원들을 유지하는 좋은 방법이다.

**retention** n. 보유, 유지

## sort
[sɔːrt]

**n** 종류　**v** 분류하다

this **sort** of thing 이런 종류의 일, 이러한 것

The program is used to store and **sort** confidential data.
그 프로그램은 기밀 데이터를 저장하고 분류하는 데 사용된다.

## assortment
[əsɔ́ːrtmənt]

**n** 여러 가지를 모은 것

We have **an assortment of** both national and international magazines to choose from.
우리는 선택할 수 있는 다양한 국내 잡지와 국제 잡지를 모두 보유하고 있습니다.

> **어휘 POINT**
> an assortment of는 '여러 가지의'라는 의미의 숙어 표현이다.

## spokesperson
[spóukspə̀ːrsən]

**n** 대변인

company **spokesperson** 회사 측 대변인

The **spokesperson** said that people can save money by using its products. 그 대변인은 사람들이 자사의 제품을 사용함으로써 돈을 절약할 수 있다고 말했다.

> **어휘 POINT**
> 복수형은 spokespeople이다.

## stick
[stik]

**v** 1. 붙이다, 붙다　2. 고수하다

**stick** a label on a box 상자에 라벨을 붙이다

When writing employee evaluations, **stick** to facts.
직원 평가서를 작성할 때는 사실에 충실하도록 하세요.

**sticker** n. 스티커

## lift
[lift]

**v** 1. 들어 올리다　2. (안개가) 걷히다

**lift** heavy weights 무거운 역기를 들어 올리다

The tourists were finally able to enjoy the view when the fog **lifted**. 안개가 걷히자 관광객들은 마침내 경치를 즐길 수 있었다.

> **출제 POINT**
> 파트 1 최빈출 어휘 중 하나이다.
> He's **lifting** some furniture. 남자가 가구를 들어 올리고 있다.

## realize
[ríːəlàiz]

**ⓥ** 알아차리다, 깨닫다

I just **realized** I forgot to make an important phone call.
중요한 전화를 하는 걸 잊어버렸다는 사실을 방금 깨달았다.

## luncheon
[lʌ́ntʃən]

**ⓝ** 오찬

client **luncheon** 고객과의 오찬

A retirement **luncheon** for Aaron Beam will be held on Wednesday. Aaron Beam 씨의 퇴직 기념 오찬은 수요일에 열린다.

## refuse
[rifjúːz]

**ⓥ** 거절하다, 거부하다

**refuse** a request 부탁을 거절하다

Mr. Bradford **refused** to drive and instead took a train.
Bradford 씨는 운전하는 것을 거부하고 대신 기차를 탔다.

# Review Test

**A** 영어 단어의 알맞은 뜻을 찾아 연결하세요.

01. urgent — ⓐ 대변인
02. nominee — ⓑ 긴급한
03. spokesperson — ⓒ 요리
04. cuisine — ⓓ 지명된 사람

05. enforce — ⓔ 극도로
06. absolutely — ⓕ 상대
07. opponent — ⓖ 시행하다
08. extremely — ⓗ 절대적으로

**B** 우리말 뜻에 맞게 빈칸에 알맞은 어휘를 찾아 넣으세요.

| ⓐ enroll | ⓑ lift | ⓒ valid |
| ⓓ lower | ⓔ shortly | ⓕ gain |

09. 국제적인 주목을 받다 — _____ international attention
10. 곧 돌아오다 — be back _____
11. 무거운 역기를 들어 올리다 — _____ heavy weights
12. 요리 학원에 등록하다 — _____ in a cooking school
13. 유효한 운전면허증 — _____ driver's license
14. 프로젝터 화면을 내리다 — _____ the projector screen

정답  01 ⓑ  02 ⓓ  03 ⓐ  04 ⓒ  05 ⓖ  06 ⓗ  07 ⓕ  08 ⓔ  09 ⓕ  10 ⓔ  11 ⓑ  12 ⓐ  13 ⓒ  14 ⓓ

# Mini Test

**Select the best answer to complete the sentence.**

01. The result was just the ------- of what I wanted.

    (A) opposite   (B) opposing   (C) opponent   (D) opposition

02. We have an ------- of both national and international magazines to choose from.

    (A) authority   (B) occasion   (C) assortment   (D) origin

03. Having better benefits is a great way to ------- qualified employees.

    (A) retain   (B) reflect   (C) stick   (D) validate

04. The chef has received a number of ------- awards.

    (A) urgent   (B) culinary   (C) valid   (D) occasional

05. We ------- travelers to arrive at the airport two hours before their flight.

    (A) target   (B) refuse   (C) nominate   (D) urge

06. The Springfield office was ------- in attracting new clients.

    (A) public   (B) additional   (C) instrumental   (D) direct

07. He has made a seamless ------- to his current position.

    (A) transport   (B) transition   (C) transit   (D) transaction

---

**정답** 01 (A)   02 (C)   03 (A)   04 (B)   05 (D)   06 (C)   07 (B)

**해석** 01 결과는 내가 원했던 것과는 정반대였다.   02 우리는 선택할 수 있는 다양한 국내 잡지와 국제 잡지를 모두 보유하고 있습니다.   03 복지 혜택 증진은 자질 있는 직원들을 유지하는 좋은 방법이다.   04 그 요리사는 다수의 요리 관련 상을 받았다.   05 우리는 여행객들에게 비행기 출발 두 시간 전에 공항에 도착할 것을 권합니다.   06 Springfield 사무소는 신규 고객을 유치하는 데 중요한 역할을 했다.   07 그는 자신의 현재 직위로 매끄러운 전환을 이루었다.

# Level up  형태가 유사한 어휘 ③

| | |
|---|---|
| **election** 선거 | hold an **election** for governor<br>주지사 선거를 실시하다 |
| **selection** 선택 | a **selection** of meat and cheese<br>엄선된 고기와 치즈 |

| | |
|---|---|
| **electric** 전기의 | The motor for the well runs on **electric** power.<br>우물의 전동기는 전기의 힘으로 작동한다. |
| **electronic** 전자의 | Mr. Woods detected an **electronic** malfunction in the system. Woods 씨는 시스템에서 전자적 오작동을 찾아냈다. |

| | |
|---|---|
| **evaluate** 평가하다 | All employees will be **evaluated** at the end of the year.<br>모든 직원은 연말에 평가를 받게 될 것입니다. |
| **evacuate** 피난하다, 대피하다 | Everyone must **evacuate** the building at once.<br>모두 즉시 건물 밖으로 대피해야 합니다. |

| | |
|---|---|
| **exist** 존재하다 | **exist** in a small geographical area<br>지리적으로 좁은 지역에 존재하다 |
| **exit** 출구, 나가다 | **exit** a building<br>건물 밖으로 나가다 |

| | |
|---|---|
| **expensive** 비싼 | be too **expensive** to purchase<br>구입하기에 너무 비싸다 |
| **expansive** 광범위한 | have an **expansive** system of canals<br>광범위한 운하 체계를 갖추다 |

## bulk
[bʌlk]

**n** 대량  **a** 대량의

**bulk** order 대량 주문

purchase in **bulk** 대량으로 구입하다

We can offer you even lower prices for **bulk** purchases.
대량 구매 시 훨씬 더 낮은 가격을 제공해 드릴 수 있습니다.

## confusing
[kənfjúːziŋ]

**a** 혼란스러운

Online visitors complain that our company's Web site is somewhat **confusing**.
온라인 방문자들은 우리 회사 웹 사이트가 다소 혼란스럽다고 불평한다.

**confusion** n. 혼란

> 출제 POINT
>
> confusing은 혼동을 일으키는 주체인 guidelines(지침), policy(정책, 방침) 같은 명사의 상태를 설명한다.
> The **guidelines** for managing the interns were (**confusing** / ~~promising~~) because they did not list specific tasks. 인턴사원 관리 지침은 구체적인 업무들을 나열하지 않아 혼란스러웠다.

## cord
[kɔːrd]

**n** 선, 코드

power **cord** 전원 코드

extension **cord** 연장 코드

She's unplugging a **cord** from the wall outlet.
여자가 벽에 붙은 콘센트에서 코드를 뽑고 있다.

## whereas
[wɛəræz]

**conj** ~인 반면에, ~인데 비하여

Mr. Griffin enjoys working in a group, **whereas** Ms. Elroy prefers working alone. Griffin 씨는 여러 사람과 같이 일하는 것을 즐기는 반면, Elroy 씨는 혼자 일하는 것을 더 좋아한다.

## election
[ilékʃən]

**n** 선거

mayoral **election** 시장 선거

Mayor Reynold's popular economic programs made him the front-runner in the **election**.
Reynold 시장의 인기 있는 경제 계획들은 그를 선거의 선두 주자로 자리 매김했다.

> 어휘 POINT
>
> selection(선택, 선정)과의 철자 및 의미 차이를 확인하자.

## attempt
[ətémpt]

**n** 시도  **v** 시도하다

in an **attempt** to improve productivity 생산성을 향상시키기 위해서

This is my first time **attempting** a project like this one.
이런 프로젝트를 시도해 본 것은 이번이 처음입니다.

---

engage - engaging

## engage
[ingéidʒ]

**v** 관여하다, 관여시키다

Mr. Roberts is **engaged** in negotiations with the Belmont Group. Roberts 씨는 Belmont 그룹과의 협상에 관여하고 있다.

**engagement** n. 관여, 개입

## engaging
[ingéidʒiŋ]

**a** 매력적인, 호감이 가는

Jackson Media came up with an **engaging** ad campaign for the new smartphone.
Jackson Media는 새 스마트폰을 위한 매력적인 광고 캠페인을 제안했다.

> **어휘 POINT**
> 매력적인(engaging) 사람에게는 점점 더 관여하고(engage) 싶은 것이라고 연상 암기하자.

---

## greet
[gri:t]

**v** 맞이하다, 인사하다

**greeting** card 축하 카드, 연하장

We are looking for volunteers to **greet** visitors.
우리는 방문객들을 맞이할 자원봉사자들을 찾고 있습니다.

> **어휘 POINT**
> **Greetings**는 편지나 엽서의 앞머리에서 인사말로 쓰인다.
> **Greetings** and congratulations on being named the head of the Athens office. 아테네 사무소장으로 임명되신 것에 대해 축하 인사 드립니다.

---

## calculate
[kǽlkjulèit]

**v** 계산하다

The system automatically **calculates** the costs.
그 시스템은 비용을 자동으로 계산해 준다.

**calculation** n. 계산
**calculator** n. 계산기

313

## floral
[flɔ́:rəl]

ⓐ 꽃의

**floral** arrangements 꽃꽂이

The kitchen tiles have **floral** patterns. 그 주방 타일에는 꽃무늬가 있다.

---

### interaction - interactive

## interaction
[ìntərǽkʃən]

ⓝ 상호 작용, 교류

We rely on face-to-face **interaction** with our clients.
우리는 고객과의 대면 상호 교류에 의존합니다.

> **어휘 POINT**
> inter(사이에, 서로)+action(행동, 행위) → 상호 간에 하는 행위

## interactive
[ìntərǽkiv]

ⓐ 상호 작용을 하는, 쌍방향의

The **interactive** exhibit allows visitors to imagine they are in the Amazon Rainforest. 그 쌍방향 전시회는 방문객들이 아마존 열대우림에 있다고 상상하는 것을 가능하게 해 준다.

---

### physical - physician

## physical
[fízikəl]

ⓐ 1. 신체의 2. 물리적인

**physical** therapy 물리치료

Several individuals suffered from both **physical** and mental fatigue when they got lost in the forest.
몇몇 사람들은 숲 속에서 길을 잃었을 때 신체적, 정신적 피로를 겪었다.

> **출제 POINT**
> physical defect(물리적 결함)라는 표현을 묻는 문제가 출제된 바 있다.
> The quality control team checks for **physical** (**defects** / inconveniences) before the items leave the factory. 품질관리팀은 물품이 공장을 떠나기 전에 물리적 결함이 있는지 확인한다.

## physician
[fizíʃən]

ⓝ (내과) 의사

practicing **physician** 개원의, 개업 의사

The attending **physician** insisted that Ms. Nell remain in the hospital for another week.
주치의는 Nell 씨가 일주일 더 병원에 있어야 한다고 주장했다.

> **어휘 POINT**
> physician은 신체의(physical) 문제를 다루는 사람이다.

## path
[pæθ] Am
[pɑːθ] Br

**n** 길, 통행로

bike **path** 자전거 도로

The walking **path** in the park extends for 5 kilometers.
공원 내 산책로는 5킬로미터에 걸쳐 뻗어 있다.

---

## primary
[práimeri]

**a** 주요한

The **primary** duties of this position include answering telephone calls and scheduling meetings.
이 직책의 주요 업무는 전화 응대 및 회의 일정 수립을 포함합니다.

**primarily** ad. 주로

> **출제 POINT**
> primary는 duty(임무), responsibility(책임), job(일), concern(우려, 관심) 등의 명사를 수식한다.
> At Gibraltar, Inc., the management team's (**primary** / eventual) **concern** is ensuring workplace efficiency. Gibraltar 주식회사에서 관리팀의 주된 관심사는 업무 효율성을 보장하는 것이다.

---

## rapid
[ræpid]

**a** 빠른, 급격한

**rapid** technological advancement 급격한 기술 발전

The **rapid** growth of the economy convinced Mr. Mayer to open a second store downtown.
경제의 급속한 성장은 Mayer 씨로 하여금 시내에 두 번째 매장을 열게 했다.

**rapidly** ad. 빠르게, 급격히

> **출제 POINT**
> rapidly는 grow(성장하다), progress(발전하다) 등의 동사를 수식한다.
> Medal Marketing grew (**rapidly** / highly) in its first year in business.
> Medal Marketing은 사업을 시작한 첫 해에 빠르게 성장했다.

---

## shape
[ʃeip]

**n** 모양, 형태

He made a cake in the **shape** of a heart.
그는 하트 모양의 케이크를 만들었다.

> **어휘 POINT**
> get/keep in shape는 '좋은 몸매 또는 몸 상태를 유지하다'라는 의미의 숙어 표현이다.
> Our instructors will help you **get in shape**. 저희 강사들은 여러분이 좋은 몸매를 유지하는 것을 도와드릴 것입니다.

## settle
[sétl]

**v** 1. 해결하다, 처리하다  2. 정착하다

**settle** a disagreement 의견 차이를 해결하다

It seems like you're **settling** in well at the Seoul office.
당신은 서울 사무소에서 잘 정착하고 있는 것 같군요.

---

## startup
[stá:rtÀp]

**n** 스타트업, 신생 기업

**startup** company 신생 기업

Mr. Dillon made millions when he sold his **startup** to a pharmaceutical company.
Dillon 씨는 자신의 스타트업 기업을 제약 회사에 매각해서 수백만 달러를 벌었다.

---

## beyond
[bijánd]

**prep** ~을 넘어서, ~을 지나서

circumstances **beyond** one's control 감당할 수 없는 상황

We were pleased that our sales were **beyond** our expectations.
우리는 매출이 우리의 기대 이상이었기 때문에 기뻤다.

---

## duty
[djú:ti]

**n** 의무, 직무

job **duties** 직무

As part of her **duties**, she assigned work to freelance authors.
그녀는 직무의 일환으로 프리랜서 작가들에게 업무를 할당했다.

> **어휘 POINT**
> on duty는 '근무 중의, 당직의'라는 뜻이며, 하이픈으로 연결해 형용사처럼 쓸 수 있다.
> Please speak with your **on-duty** manager if you have any questions.
> 질문이 있으면 당직 관리자와 이야기하세요.

---

## bulb
[bʌlb]

**n** 전구

fluorescent **bulb** 형광 전구

The woman is changing a light **bulb**. 여자가 전구를 교체하고 있다.

---

## closely
[klóusli]

**ad** 면밀히, 긴밀히

work **closely** with ~와 긴밀히 협력하다

New factory employees are monitored **closely** to ensure they are following the safety procedures. 새로운 공장 직원들은 안전 절차를 준수하는지 확인하기 위해 면밀하게 관찰되고 있다.

## congratulate
[kəngrǽtʃulèit]

**v** 축하하다

We need a gift to give our boss to **congratulate** her on her retirement. 우리는 상사의 은퇴를 축하하기 위해 줄 선물이 필요하다.

> **어휘 POINT**
> congratulations는 단독으로 쓰여 '축하합니다'라는 의미의 문장이 될 수 있으며 뒤에 전치사 on을 써서 축하하는 내용을 나타낸다.
> **Congratulations on** your promotion! 승진을 축하해요!

---

## disappointed
[dìsəpɔ́intid]

**a** 실망한

She is **disappointed** with the outcome of the project.
그녀는 프로젝트의 결과에 실망했다.

**disappointment** n. 실망

---

## fare
[fɛər]

**n** (교통) 요금, 운임

The bus **fare** in the region has gone up 15% in the last two years. 그 지역의 버스 요금은 지난 2년 동안 15% 인상되었다.

> **어휘 POINT**
> fair(공정한)와의 철자 및 의미 차이를 확인하자.

---

## fulfill
[fulfíl]

**v** 이행하다, 충족시키다

**fulfill** a client's request 고객의 요청을 이행하다

We can **fulfill** your order within three days.
우리는 3일 내에 당신의 주문을 이행할 수 있습니다.

> **어휘 POINT**
> fulfill은 expectation(기대), requirement(요구 조건) 등의 명사를 목적어로 취하며, meet(충족시키다)와 바꿔 쓸 수 있다.

---

## house
[haus] n.
[hauz] v.

**n** 집, 주택  **v** 수용하다, 거처를 제공하다

The building will **house** three new restaurants.
그 건물에는 3개의 음식점이 새로 들어설 것이다.

> **어휘 POINT**
> in-house는 '사내의'라는 의미가 된다.
> The company operates an **in-house** publicity department. 그 회사는 사내 홍보팀을 운영한다.

## empty
[émpti]

ⓐ 빈  ⓥ 비우다

empty some containers 용기를 몇 개 비우다

The roads are surprisingly **empty** for a Friday evening.
금요일 저녁 치고는 도로가 놀라울 정도로 한산하다.

## surface
[sə́ːrfis]

ⓝ 표면  ⓥ (도로를) 포장하다

uneven **surface** 울퉁불퉁한 표면

The purpose of the road closure is to repave the **surface**.
도로 폐쇄의 목적은 노면을 다시 포장하는 것이다.

## tailor
[téilər]

ⓝ 재단사  ⓥ 맞추다, 맞춤 제작하다

**tailor** shop 양복점

We will deliver solutions **tailored** to your company's specific needs. 우리는 귀사의 특정 요구에 맞는 해법을 제공할 것입니다.

## link
[liŋk]

ⓝ 링크  ⓥ 연결하다

click on the **link** 링크를 클릭하다

The control panel is **linked** to an integrated system.
컨트롤 패널은 통합 시스템에 연결되어 있다.

### mandatory - mandate

## mandatory
[mǽndətɔ̀ːri]

ⓐ 의무적인, 강제적인

**mandatory** training session 의무 교육

Attendance at the event is **mandatory**. 행사 참석은 의무적이다.

## mandate
[mǽndeit]

ⓥ 명령하다, 지시하다

The CEO **mandated** that everyone take the safety course.
최고경영자는 모두가 안전 교육을 받을 것을 지시했다.

## motor
[móutər]

ⓝ 모터  ⓐ 자동차의

electric **motor** 전동기

**Motor** vehicles are banned from Main Street every Saturday and Sunday. 매주 토요일과 일요일에는 중심가에서 자동차 운행이 금지된다.

> **어휘 POINT**
> motorbike, motorcycle 등은 '오토바이'를 뜻한다.

## mark - landmark

### mark
[mɑːrk]

ⓥ 1. 기념하다  2. 표시하다

**mark** the two-year anniversary 2주년을 기념하다

Please write your name on the line **marked** "Recipient."
'수신인'이라고 표시된 줄에 이름을 써 주세요.

### landmark
[lǽndmàːrk]

ⓝ 랜드마크, 주요 지형지물

**landmark** building 랜드마크 건물

We started a campaign to restore some of our city's historic **landmarks**.
우리는 우리 시의 몇몇 역사적 랜드마크들을 복원하기 위한 캠페인을 시작했다.

> **어휘 POINT**
> land(땅)+mark(표시하다) → 땅에 표시된 지형지물

## predict - unpredictable

### predict
[pridíkt]

ⓥ 예측하다, 예보하다

**predict** the renovation costs 보수 비용을 예측하다

Heavy rain is **predicted** for this weekend.
이번 주말에 폭우가 예보되어 있다.

**prediction** n. 예측

> **어휘 POINT**
> pre(미리, 사전에)+dict(말하다)의 형태이다. dict가 사용된 또다른 어휘로는 dictionary(사전)가 있다.

### unpredictable
[ʌnpridíktəbl]

ⓐ 예측할 수 없는

**Unpredictable** economic cycles can cause problems in the travel industry. 예측할 수 없는 경기 순환은 여행업계에 문제를 일으킬 수 있다.

### script
[skript]

ⓝ 대본, 시나리오

write film **scripts** 영화 시나리오를 쓰다

Call-center agents use set **scripts** to address customer calls.
콜센터 직원들은 정해진 대본을 이용해 고객의 전화를 응대한다.

### approximately
[əprάksəmətli]

ⓐⓓ 대략, 약

The tour of the aquarium will last **approximately** two hours.
수족관 투어는 대략 2시간 동안 계속될 것이다.

## prospective
[prəspéktiv]

**ⓐ 장래의, 잠재적인**

**prospective** employee 채용 후보자

Mr. Sills will meet with **prospective** clients during his trip to Europe. Sills 씨는 유럽 출장 동안 잠재 고객들을 만날 예정이다.

> **어휘 POINT**
> perspective(견해, 관점)와의 철자 및 의미 차이를 확인하자.

## prospect
[práspèkt]

**ⓝ 전망, 예상**

Over the years, I have studied the future **prospects** of the field.
수년간 나는 그 분야의 장래 전망을 연구해 왔다.

> **어휘 POINT**
> prospect는 파트 7에서 '유력한 후보' 또는 '잠재 고객(potential client)'이란 뜻으로 출제된 바 있다.
> Ms. Mayfield has several **prospects** she hopes to turn into clients soon.
> Mayfield 씨에게는 조만간 고객으로 만들고 싶은 잠재 고객들이 여럿 있다.

## reject
[ridʒékt]

**ⓥ 거절하다, 거부하다**

**reject** a suggestion 제안을 거절하다

The purchasing department will **reject** any request that is submitted without the necessary approvals.
구매 부서는 필요한 승인 없이 제출된 모든 요청을 거부할 것이다.

## inspire
[inspáiər]

**ⓥ 영감을 주다**

The author will discuss the travel experiences that **inspired** his book. 작가는 자신의 책에 영감을 준 여행 경험에 대해 이야기할 것이다.

**inspiring** a. 영감을 주는, 고무시키는

**inspiration** n. 영감

> **출제 POINT**
> inspiration for(~에 대한 영감)의 형태로 쓰이며, for 뒤에는 design(디자인), work(작품), song(노래)과 같이 창의성을 요하는 명사가 이어진다.
> In the interview, Mary Henson explained the (**inspiration** / suspicion) for her song. 인터뷰에서, Mary Henson은 자신의 노래에 대한 영감을 설명했다.

## sightseeing - insight - oversight

### sightseeing
[sáitsì:iŋ]

**n** 관광

do some **sightseeing** 관광을 하다

Mr. Lennox hopes to have some time for **sightseeing** in Rome during his business trip.
Lennox 씨는 출장 도중 로마를 관광할 시간을 갖기를 희망한다.

> **어휘 POINT**
> sightseeing, insight, oversight 모두 sight(광경, 풍경)를 바탕으로 하는 어휘들이다. insight는 in(안)+sight의 형태로서 안에 감춰진 것을 파악하는 능력을 의미하고, oversight는 over(넘어)+sight의 형태로서 광경을 보고도 제대로 파악하지 못하는 것을 의미한다.

### insight
[ínsàit]

**n** 통찰력

Trueway Investing gained valuable **insights** from the market research report.
Trueway Investing은 시장조사 보고서에서 귀중한 통찰력을 얻었다.

### oversight
[óuvərsàit]

**n** 부주의, 실수

I am very sorry about the inconvenience this **oversight** has caused you. 이 부주의로 인해 불편을 끼쳐 대단히 죄송합니다.

## trust - trustee

### trust
[trʌst]

**n** 신뢰, 믿음 **v** 신뢰하다, 믿다

my **trust** in him 그에 대한 나의 믿음

We **trust** you will find our program rewarding.
저희 프로그램이 가치 있다는 것을 알게 되실 거라 믿습니다.

> **어휘 POINT**
> trusted는 trustworthy(신뢰할 수 있는)와 같은 의미로 쓰인다.
> Do you need a **trusted** partner to help you? 당신을 도울 신뢰할 수 있는 파트너가 필요하십니까?

### trustee
[trʌstí:]

**n** 임원, 이사

The board of **trustees** approved the decision to hire new faculty members. 이사회는 새 교직원 채용 결정을 승인했다.

321

## talented
[tǽləntid]

**ⓐ** 재능 있는, 유능한

**talented** staff 유능한 직원들

The show is special because it marks the return of a **talented** actor. 그 공연은 재능 있는 배우의 귀환을 의미하기 때문에 특별하다.

**talent** n. 1. 재능 2. 인재

---

## walkway
[wɔ́:kwèi]

**ⓝ** 통로, 인도

pedestrian **walkway** 보행자 통로

The street will be closed to vehicles, but the **walkways** will be open. 거리에 차량 통행이 금지되지만, 인도는 개방될 것이다.

---

## whole
[houl]

**ⓐ** 전체의, 모든  **ⓝ** 전체

on the **whole** 전체적으로 보아, 대체로

The event is designed for the **whole** family to enjoy. 그 행사는 온 가족이 즐길 수 있도록 기획되었다.

---

### vacant - vacate

## vacant
[véikənt]

**ⓐ** 공석인, 비어 있는

The **vacant** position in the shipping department should be filled this month. 이번 달에 발송 부서의 공석을 채워야 한다.

**vacancy** n. 공석, 결원

> **어휘 POINT**
> vacancy는 '(호텔 등의) 빈방'을 의미하기도 한다.
> A: I'd like to book accommodations for a family of four. 4인 가족 숙소를 예약하고 싶습니다.
> B: I have a **vacancy** on the third floor. 3층에 빈방이 하나 있어요.

---

## vacate
[véikeit]

**ⓥ** 집을 비우다, 퇴거하다

The security deposit will be refunded after the tenant **vacates** the apartment. 보증금은 세입자가 아파트를 비운 후에 환불될 것입니다.

---

## aspect
[ǽspekt]

**ⓝ** 측면, 양상

positive **aspect** 긍정적인 측면

She was involved in all **aspects** of office administration. 그녀는 사무 행정의 모든 측면에 관여했다.

**accompany**
[əkʌ́mpəni]

Ⓥ 동반하다, 동행하다

All expense reports must be **accompanied** by the original receipts. 모든 지출 보고서에는 원본 영수증이 동반되어야 한다.

---

**shade**
[ʃeid]

Ⓝ 1. 그늘  2. 블라인드   Ⓥ 그늘지게 하다

window **shade** 블라인드

An umbrella is **shading** a balcony.
파라솔이 발코니에 그늘을 드리우고 있다.

# Review Test

**A** 영어 단어의 알맞은 뜻을 찾아 연결하세요.

01. mandatory          ⓐ 주요한
02. election           ⓑ 의무적인
03. primary            ⓒ 선거
04. insight            ⓓ 통찰력

05. fare               ⓔ 전망
06. unpredictable      ⓕ 예측할 수 없는
07. prospect           ⓖ 실망한
08. disappointed       ⓗ 운임

**B** 우리말 뜻에 맞게 빈칸에 알맞은 어휘를 찾아 넣으세요.

| ⓐ settle | ⓑ rapid | ⓒ aspect |
| ⓓ mark   | ⓔ bulk  | ⓕ fulfill |

09. 대량으로 구입하다         purchase in _____
10. 의견 차이를 해결하다      _____ a disagreement
11. 고객의 요청을 이행하다    _____ a client's request
12. 긍정적인 측면             positive _____
13. 급격한 기술 발전          _____ technological advancement
14. 2주년을 기념하다          _____ the two-year anniversary

정답  01 ⓑ  02 ⓒ  03 ⓐ  04 ⓓ  05 ⓗ  06 ⓕ  07 ⓔ  08 ⓖ  09 ⓔ  10 ⓐ  11 ⓕ  12 ⓒ  13 ⓑ  14 ⓓ

# Mini Test

**Select the best answer to complete the sentence.**

01.  The ------- position in the shipping department should be filled this month.

    (A) whole        (B) mandatory        (C) vacant        (D) skilled

02.  The CEO ------- that everyone take the safety course.

    (A) purchased    (B) mandated         (C) installed     (D) upgraded

03.  Mr. Roberts is ------- in negotiations with the Belmont Group.

    (A) engaged      (B) succeeded        (C) housed        (D) linked

04.  All expense reports must be ------- by the original receipts.

    (A) trusted      (B) rejected         (C) accompanied   (D) vacated

05.  The ------- exhibit allows visitors to imagine they are in the Amazon Rainforest.

    (A) confusing    (B) physical         (C) talented      (D) interactive

06.  We were pleased that our sales were ------- our expectations.

    (A) along        (B) beyond           (C) under         (D) beside

07.  We will deliver solutions ------- to your company's specific needs.

    (A) calculated   (B) attempted        (C) settled       (D) tailored

---

**정답**  01 (C)   02 (B)   03 (A)   04 (C)   05 (D)   06 (B)   07 (D)

**해석**  01 이번 달에 발송 부서의 공석을 채워야 한다.   02 최고경영자는 모두가 안전 교육을 받을 것을 지시했다.   03 Roberts 씨는 Belmont 그룹과의 협상에 관여하고 있다.   04 모든 지출 보고서에는 원본 영수증이 동반되어야 한다.   05 그 쌍방향 전시회는 방문객들이 아마존 열대우림에 있다고 상상하는 것을 가능해 해 준다.   06 우리는 매출이 우리의 기대 이상이었기 때문에 기뻤다.   07 우리는 귀사의 특정 요구에 맞는 해법을 제공할 것입니다.

# Level up 형태가 유사한 어휘 ④

**innovation** 혁신
Jasper, Inc., is at the forefront of technological **innovations**. Jasper 주식회사는 기술 혁신의 가장 선두에 있다.

**renovation** 수선, 보수
The **renovations** on the Lansing Building are nearly complete. Lansing 빌딩의 보수 공사가 거의 완료되었다.

**international** 국제적인
host an **international** marketing event
국제적인 마케팅 행사를 개최하다

**multinational** 다국적의
run a **multinational** corporation
다국적 기업을 경영하다

**occupation** 직업
Mr. Trent's current **occupation** is an accountant at a small firm. Trent 씨의 현재 직업은 작은 회사의 경리 직원이다.

**occupancy** 점유, 사용
During the tenant's **occupancy**, the tenant must pay for any damages that are caused. 세입자가 점유하는 동안 발생하는 모든 손상에 대해 세입자가 비용을 지불해야 한다.

**portion** 부분
Each person received an equal **portion** of food.
각각의 사람들은 같은 양의 음식을 받았다.

**proportion** 비율
The **proportion** of customers who buy products online is rising. 온라인에서 제품을 구입하는 고객의 비율이 증가하고 있다.

**property** 부동산, 재산
own beachfront **property**
해변가의 부동산을 소유하다

**properly** 제대로
fill out a form **properly**
양식을 제대로 작성하다

## caution
[kɔ́:ʃən]

**n** 조심, 주의　**v** 주의를 주다

use **caution** 조심하다

City officials **caution against** driving in these icy road conditions. 시 공무원들은 이런 빙판길 상황에서 운전을 하지 말라고 주의를 준다.

**cautious** a. 조심스러운

> 어휘 POINT
> 〈caution/warn against V-ing〉는 '~하지 않도록 주의를 주다'라는 뜻이다.

## precaution
[prikɔ́:ʃən]

**n** 예방 조치, 예방책

Researchers must observe all safety **precautions** when conducting experiments.
연구자들은 실험을 할 때 모든 안전 예방책을 준수해야 한다.

> 어휘 POINT
> pre(사전에)+caution(조심) → 사전 예방책

## cooperation
[kouàpəréiʃən]

**n** 협력, 협조

in **cooperation** with local businesses 현지 업체들과 협력하여

Thank you in advance for your **cooperation**.
여러분의 협조에 미리 감사드립니다.

**cooperate** v. 협력하다

> 어휘 POINT
> corporation(기업)과의 철자 및 의미 차이를 확인하자.

## harvest
[hɑ́:rvist]

**n** 수확　**v** 수확하다

**harvest** season 수확기

The corn fields are almost ready to be **harvested**.
옥수수 밭은 수확할 준비가 거의 끝났다.

## lean
[li:n]

**v** 기대다

There's a bicycle **leaning against** a fence.
자전거 한 대가 울타리에 기대어 있다.

> 출제 POINT
> 파트 1 최빈출 어휘 중 하나로서 lean on/against(~에 기대다), lean over(~ 위로 상체를 구부리다) 등의 표현으로 자주 등장한다.

## enthusiastic
[inθjùːziǽstik]

ⓐ 열성적인, 열렬한

The author encountered **enthusiastic** crowds of fans on his signing tour. 작가는 그의 사인회 투어에서 열광적인 팬들의 무리를 만났다.

**enthusiastically** ad. 열성적으로, 열렬히

> **출제 POINT**
>
> enthusiastic about(~에 대해 열성적인), devoted and enthusiastic(헌신적이고 열성적인) 등의 형태로 쓰인다.
>
> Our team members are (**enthusiastic** / acceptable) **about** the advertising campaign proposed by Taylor and Associates. 우리 팀원들은 Taylor and Associates가 제안한 광고 캠페인에 열의를 보인다.

## enthusiasm
[inθjúːziæzəm]

ⓝ 열정

Ms. Perry expressed **enthusiasm** for her manager's offer to transfer her to Phoenix.
Perry 씨는 자신을 Phoenix로 전근시키겠다는 관리자의 제안에 열정을 나타냈다.

## enthusiast
[inθjúːziæst]

ⓝ 열성적인 애호가

Sports **enthusiasts** enjoy playing golf and swimming at the Rockwell Resort.
열성적인 스포츠 애호가들은 Rockwell 리조트에서 골프와 수영을 즐긴다.

## leak
[liːk]

ⓝ 누출, 누수　ⓥ (물·가스 등이) 새다

water pipe **leak** 수도관 누수

The sink **leaks** every time I wash my hands.
손을 씻을 때마다 세면대에서 물이 샌다.

## generous
[dʒénərəs]

ⓐ 후한, 아낌없는

**generous** sponsor 아낌없는 후원자

Thanks to a **generous** donation from Mr. Garner, the museum has enough funding for the year.
Garner 씨의 후한 기부 덕택에 박물관은 올해 충분한 기금을 확보하게 되었습니다.

> **어휘 POINT**
>
> generous는 gift(선물), support(지원), compensation(보상), sponsor(후원) 등의 명사를 수식한다.
>
> The library renovations would not be possible without the (**generous** / demanding) **support** of the community. 도서관 보수는 지역사회의 아낌없는 지원 없이는 불가능할 것이다.

## lack
[læk]

**n** 부족, 결핍  **v** 없다, 부족하다

a **lack** of qualified workers 자질 있는 인력의 부족

He **lacks** the experience requested in the job advertisement.
그는 구인 광고에서 요구된 경력이 부족하다.

> **출제 POINT**
>
> 동사 lack은 skill(기술), experience(경험) 등을 목적어로 취한다.
> Ms. Klein's references noted her work ethic, but the directors felt she (**lacks** / removes) certain **skills**. Klein 씨의 추천인들은 그녀의 직업 정신을 언급했지만, 이사들은 그녀가 특정한 기술이 부족하다고 느꼈다.

## observe
[əbzə́ːrv]

**v** 1. 준수하다  2. 관찰하다

**observe** safety regulations 안전 규정을 준수하다

Swallow Ridge is a great place to **observe** the stars.
Swallow Ridge는 별을 관찰하기에 아주 좋은 장소입니다.

**observation** n. 관찰

> **어휘 POINT**
>
> '특정한 날을 기념하다'라는 의미로도 나온다.
> Thanksgiving is an American holiday that is **observed** in late November. 추수감사절은 11월 하순에 기념되는 미국의 공휴일이다.

## oversee
[òuvərsíː]

**v** 감독하다

**oversee** a product launch 제품 출시를 감독하다

He will **oversee** the day-to-day operations of the facility.
그는 시설의 일상적인 운영을 감독할 것이다.

## progress
[prágres]

**n** 진척, 진행  **v** 진행되다

make **progress** 진행되다, 진전을 이루다

The construction project is **progressing** smoothly.
건설 사업은 순조롭게 진행되고 있다.

> **출제 POINT**
>
> 동사 progress를 수식하는 부사를 묻는 문제가 출제된다. progress는 smoothly(순조롭게), rapidly(빠르게)와 같은 부사와 자주 쓰인다.
> Steve is **progressing** (**rapidly** / recently) at learning his new job responsibilities. Steve는 새로운 직무 학습에서 빠르게 진전을 이루고 있다.

## relieved
[rilíːvd]

ⓐ 안도하는, 안심한

Ms. Madison felt **relieved** when her interview finally concluded.
Madison 씨는 인터뷰가 마침내 끝났을 때 안도감을 느꼈다.

**relief** n. 안도, 안심

---

## repeatedly
[ripíːtidli]

ad 반복해서

The researchers **repeatedly** tested different formulas until the desired results were achieved.
연구진은 원하는 결과를 얻을 때까지 여러 공식을 반복적으로 실험했다.

**어휘 POINT**
repeat는 보통은 '반복하다'라는 동사로 쓰이지만, '되풀이, 반복'이라는 의미의 명사로 쓰일 때가 있다.
· repeat customer 단골 고객    · repeat business 재구매, 단골 구매

---

## restrict
[ristríkt]

ⓥ 제한하다, 한정하다

**restricted** area 제한 구역

Access to the office building will be **restricted** to employees.
사무실 건물 출입은 직원들로 제한될 것이다.

**restriction** n. 제한

**출제 POINT**
공간의 사용이나 출입을 제한하는 상황에서 area(지역), building(건물), Web site(웹 사이트)와 같이 물리적, 추상적 공간을 나타내는 명사와 함께 쓰인다.
Visitors are (**restricted** / bothered) from using cell phones in the hospital's special care **units**. 방문객들은 병원의 특별 치료 병동에서 휴대폰을 사용하는 것이 제한된다.

---

## scan
[skæn]

ⓥ (스캐너로) 스캔하다

**scanned** copy 스캔한 사본

**Scan** your ID badge at the door when you enter the facility.
시설에 들어갈 때 문에서 신분증을 스캔하세요.

**scanner** n. 스캐너

---

## overtime
[òuvərtáim]

ⓝ 초과근무, 야근

work **overtime** 초과근무를 하다

He expected to be paid extra for the **overtime** hours.
그는 초과근무 시간에 대해 추가 수당을 받을 것을 기대했다.

## rush
[rʌʃ]

**v** 서두르다  **n** 분주, 바쁨

**rush** order 급한 주문
**rush** an order 주문 처리를 서두르다
I'm not in a **rush**. 저는 바쁘지 않아요.

> **어휘 POINT**
> LC 파트에서 '(사람을) 재촉하다'라는 의미로 나오기도 한다.
> I don't mean to **rush** you, but you need to finish the sales reports. 재촉하려는 건 아니지만, 판매 보고서를 끝내셔야 합니다.

---

scene - scenic

## scene
[siːn]

**n** 장면, 광경

We're interested in filming a **scene** for a movie in the library.
우리는 도서관 안에서 영화에 들어갈 장면을 촬영하는 데 관심이 있다.
**scenery** n. 경치, 풍경

## scenic
[síːnik]

**a** 경치가 좋은

I've heard the park has the most **scenic** walking paths in the city. 그 공원에 시에서 가장 경치가 좋은 산책로가 있다고 들었어요.

## temperature
[témpərətʃər]

**n** 온도

change in **temperature** 온도의 변화
The **temperature** of the refrigerated foods must be taken and recorded. 냉장 식품의 온도를 측정하고 기록해야 한다.

## traditional
[trədíʃənəl]

**a** 전통의, 전통적인

**traditional** market 전통 시장
This dairy farm uses **traditional** methods for making cheese.
이 낙농장은 치즈를 만들 때 전통적인 방법을 사용한다.
**tradition** n. 전통

## trial
[tráiəl]

**n** 시험, 시용

**trial** period 무료 체험 기간, 시용 기간
clinical **trial** 임상 시험
One thousand Anders Tech customers will be participating in the product **trial**.
1천 명의 Anders Tech 고객들이 제품 시용에 참여할 것이다.

## textile
[tékstail]

ⓝ 섬유, 직물

**textile** manufacturing 직물 제조

The **textile** industry in the city provides jobs for thousands of people. 그 도시의 섬유 산업은 수천 명의 사람들에게 일자리를 제공한다.

wheel - wheelbarrow

## wheel
[hwi:l]

ⓝ 바퀴

front **wheel** 앞바퀴

Drivers should hold the steering **wheel** with two hands.
운전자들은 양손으로 운전대를 잡아야 합니다.

## wheelbarrow
[hwí:lbærou]

ⓝ 외바퀴 손수레

The men are loading stones into a **wheelbarrow**.
남자들이 외바퀴 손수레에 돌을 싣고 있다.

> **어휘 POINT**
> 파트1 빈출 어휘로서 empty(비우다), load(싣다), push(밀다) 등의 동사와 같이 쓰인다.

## enhance
[inhǽns] Am
[inhá:ns] Br

ⓥ 강화하다, 향상시키다

**enhanced** security 강화된 보안

He will suggest two ways to **enhance** the staff's performance.
그는 직원들의 성과를 향상시킬 방법 두 가지를 제시할 것이다.

> **기출 표현**
> • enhance productivity 생산성을 향상시키다
> • enhance one's presentation 발표를 향상시키다

## vote
[vout]

ⓝ 투표 ⓥ 투표하다

tie **vote** 가부 동수 (투표)

**vote** for ~에게 찬성 투표를 하다 (= vote in favor of)

The matter will be put to a **vote** at the meeting.
그 문제는 회의에서 표결에 부쳐질 것이다.

> **어휘 POINT**
> 〈vote on 명사〉(~을 투표로 결정하다, 표결하다)의 형태로 쓰인다.
> City council members will **vote on** the tax increase next week. 시의회 의원들은 다음 주에 세금 인상에 관해 표결할 것이다.

distinct - distinguish - distinguished

## distinct
[distíŋkt]

ⓐ 뚜렷한, 뚜렷이 다른

The coffee has a taste that is **distinct** from other brands.
그 커피는 다른 브랜드와는 뚜렷이 다른 맛을 가지고 있다.

> **출제 POINT**
> characteristic(특징), style(방식), advantage(이점) 등의 어휘를 수식한다.
> Maxwell vehicles are easy to identify because of their (**distinct** / absolute) **characteristics**. Maxwell의 차량은 뚜렷한 특징 때문에 알아보기가 쉽다.

## distinguish
[distíŋgwiʃ]

ⓥ 1. 구별하다 2. 유명하게 되다

**distinguish** between butter and margarine 버터와 마가린을 구별하다

He has **distinguished** himself by graduating from university while working full-time.
그는 풀타임으로 일하면서 대학을 졸업함으로써 유명해졌다.

## distinguished
[distíŋgwiʃt]

ⓐ 유명한, 저명한

The association has arranged a lineup of **distinguished** speakers for this year's conference.
그 협회는 올해 학회를 위해 저명한 연사들로 강연진을 구성했다.

## incentive
[inséntiv]

ⓝ 인센티브, 장려금

offer a tax **incentive** 세제 혜택을 주다

The local government offers financial **incentives** to relocating businesses. 지방 정부는 이전하는 기업들에게 재정적 인센티브를 제공한다.

## defect
[díːfekt]

ⓝ 결함

check a product for **defects** 제품에 결함이 있는지 확인하다

If you find a **defect** in the product, you can return it for a full refund. 제품에서 결함이 발견되면 반품해서 전액 환불을 받으실 수 있습니다.

**defective** a. 결함이 있는

> **출제 POINT**
> 의미 연관성이 있는 어휘인 item(물품), inspect(검사하다), repair(수리하다), discover(발견하다) 등을 힌트로 빈칸에 들어갈 defect를 고르는 문제가 출제된다.
> All **items** are carefully **inspected** for possible (**defects** / scarcity). 모든 품목은 혹시 결함이 있는지 주의 깊게 검사 받습니다.

> **어휘 POINT**
> detect(찾아내다, 감지하다)와의 철자 및 의미 차이를 확인하자.

## patio
[pǽtiòu]

ⓝ 테라스

rooftop **patio** 옥상 테라스

The tables are set up outside on the **patio**.
야외 테라스에 테이블들이 설치되어 있다.

> **출제 POINT**
> 파트 1에서 자주 출제되며, 비슷한 건축 구조물의 명칭인 porch(현관, 문간), veranda(베란다) 등도 알아두자.
> The man is sweeping a **patio**. 남자가 테라스를 쓸고 있다.

diverse - diversify

## diverse
[divə́ːrs] AM
[daivə́ːrs] Br

ⓐ 다양한

New York is one of the most culturally **diverse** cities in the world. 뉴욕은 세계에서 가장 문화적으로 다양한 도시 중 하나이다.

**diversity** n. 다양성

## diversify
[divə́ːrsəfai] Am
[daivə́ːrsəfài] Br

ⓥ 다양화하다, 다각화하다

The company is expanding its facility as its product list grows and **diversifies**.
그 회사는 제품 목록이 늘어나고 다양해짐에 따라 시설을 확장하고 있다.

> **출제 POINT**
> diversify는 product line(제품군), portfolio(포트폴리오) 등의 명사를 목적어로 취한다.
> You can minimize risk by (**diversifying** / examining) your **portfolio**. 포트폴리오를 다양화함으로써 위험을 최소화할 수 있습니다.

## praise
[preiz]

ⓝ 칭찬 ⓥ 칭찬하다

receive **praise** 칭찬을 받다

Management **praised** the department for exceeding its sales goals. 경영진은 판매 목표를 초과 달성한 데 대해 그 부서를 치하했다.

## steady
[stédi]

ⓐ 꾸준한, 일정한

at a **steady** rate 일정한 속도로

We have experienced **steady** growth in our membership over the past year. 우리는 지난 한 해 동안 회원 수가 꾸준히 증가했다.

**steadily** ad. 꾸준히

> **기출 표현**
> · grow steadily 꾸준히 성장하다    · increase steadily 꾸준히 증가하다

## outline
[áutlàin]

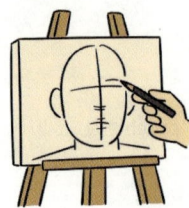

**ⓝ** 개요, 윤곽　**ⓥ** 개요를 서술하다

make an **outline** 윤곽을 잡다, 초안을 작성하다

The best practices in customer service are **outlined** throughout the training handbook.
고객 서비스의 모범 사례는 교육 핸드북 전체에 걸쳐 개요가 서술되어 있다.

> **출제 POINT**
>
> outline과 함께 자주 나오는 명사로 presentation(발표), plan(계획), procedure(절차), proposal(제안), manual(사용 설명서) 등이 있다.
> In his **presentation**, Mr. Ermine (**outlined** / contained) the strengths and weaknesses of the **proposal**. 자신의 발표에서 Ermine 씨는 제안의 강점과 약점을 개략적으로 설명했다.

simply - simplify

## simply
[símpli]

**ad** 그저, 단지

**Simply** reply to this e-mail to schedule an appointment.
이 이메일에 답장해서 약속을 잡으면 됩니다.

> **어휘 POINT**
>
> 상대방에게 권유하는 상황에서 '그저 ~하기만 하면 됩니다'의 의미로 자주 쓰인다.
> **Simply** click on the link to get details about the special offer.
> 특가 제안에 대한 자세한 정보를 얻으려면 링크를 클릭하면 됩니다.

## simplify
[símpləfài]

**ⓥ** 단순화하다, 간소화하다

**simplify** the restocking process 재고 보충 절차를 간소화하다

The chef was asked to **simplify** the restaurant's menu.
주방장은 음식점의 메뉴를 간소화해 달라는 요청을 받았다.

## respect
[rispékt]

**ⓝ** 존경　**ⓥ** 존경하다, 존중하다

handle with the utmost **respect** 극히 정중하게 다루다

The Westman Institute is a highly **respected** group in the field of medical research.
Westman 연구소는 의학 연구 분야에서 매우 존경받는 단체이다.

> **어휘 POINT**
>
> respect는 '측면, 점'이라는 의미도 있으며, in this respect는 '이런 점에서'라는 숙어 표현이다.
> **In this respect,** you have no reason to be concerned. 이런 점에서, 당신은 걱정할 이유가 전혀 없습니다.

## tie
[tai]

ⓝ 넥타이  ⓥ 1. 묶다  2. 동점을 이루다

wear a suit and **tie** 정장을 입고 넥타이를 매다

Mark Johnson scored a goal to **tie** the game.
Mark Johnson이 동점골을 넣었다.

> **출제 POINT**
>
> 파트 1 빈출 어휘이다.
> The woman is **tying** her shoe. 여자는 신발 끈을 묶고 있다.

## absence
[ǽbsəns]

ⓝ 부재

during my **absence** 내가 없는 동안

take a leave of **absence** 휴가를 내다

He is responsible for all food preparation **in the absence of** the executive chef. 그는 총괄 주방장의 부재 시 모든 음식 준비를 책임진다.

**absent** a. 부재 중인

> **출제 POINT**
>
> during one's absence는 '~의 부재 중에'라는 표현으로서 전치사 during을 묻는 문제가 출제된 바 있다. 같은 표현으로는 in the absence of가 있다.
> Mr. Porter is in the Miami office, so Ms. Wang is the acting department manager (**during** / among) his **absence**. Porter 씨가 마이애미 사무실에 있기 때문에, 그의 부재 중에는 Wang 씨가 부서장 대행을 맡고 있다.

---

visible - vision - visual

## visible
[vízəbl]

ⓐ 눈에 보이는, 가시적인

We should make sure our sign is **visible** from the road.
도로에서 우리 간판이 확실히 보이도록 해야 합니다.

## vision
[víʒən]

ⓝ 1. 시력  2. 비전, 통찰력

**vision** test 시력 검사

Ms. Kenneth will discuss her **vision** for Sudbury Hospital in a speech this afternoon. Kenneth 씨는 오늘 오후 연설에서 Sudbury 병원에 대한 자신의 비전을 논할 예정이다.

## visual
[víʒuəl]

ⓐ 시각의

**visual** effects 시각 효과

The community center will open new classes that focus on **visual** arts.
지역 문화 센터는 시각 예술에 초점을 맞춘 새로운 수업을 개설할 것이다.

**visualize** v. 시각화하다

## stress
[stres]

**n** 스트레스　**v** 강조하다

reduce workplace **stress** 직장 내 스트레스를 줄이다

The need to be polite to customers cannot be **stressed** enough.
고객에게 정중해야 할 필요성은 아무리 강조해도 지나치지 않습니다.

## capital
[kǽpitəl]

**n** 1. 자본  2. 수도

**capital** city 수도

Dustin Moore hopes to raise **capital** from investors in Australia.
Dustin Moore 씨는 호주의 투자자들로부터 자금을 조달하기를 희망하고 있다.

## consist
[kənsíst]

**v** 이루어지다, 구성되다

The hiring committee **consists of** one individual from each department. 채용위원회는 각 부서별 1명씩으로 구성되어 있다.

> **어휘 POINT**
> consist of(~으로 구성되다)의 형태로 자주 나온다.

## alter
[ɔ́:ltər]

**v** 변경하다, 바꾸다

Due to roadwork on Halsey Avenue, the bus route will be **altered** temporarily.
Halsey 가의 도로 공사로 인해, 버스 노선이 일시적으로 변경될 예정입니다.

**alteration** n. 변경

## retreat
[ritrí:t]

**n** 야유회, 수련회

company **retreat** 회사 야유회 (= corporate retreat)

She's organizing the company's annual employee **retreat**.
그 여자는 회사의 연례 직원 수련회를 준비하고 있다.

## dock
[dɑk]

**n** 1. 부두  2. 하역장　**v** 정박하다

be **docked** in a harbor 항구에 정박하다

There are forklifts by the loading **dock** at the warehouse.
창고 하역장 옆에 지게차들이 있다.

> **출제 POINT**
> 동사와 명사 모두 파트 1에서 자주 나온다. 비슷한 의미로 pier(부두), harbor(항구), port(항구) 등의 단어들도 알아 두자.

Some boats are floating next to a **dock**. 배 몇 척이 부두 옆에 떠 있다.

## cross
[krɔːs]

**ⓥ** 건너다, 가로지르다

**cross** a bridge 다리를 건너다

Some people are **crossing** the street. 사람들이 길을 건너고 있다.

---

## diet
[dáiət]

**ⓝ** 식사, 식습관

balanced **diet** 균형 잡힌 식사

While a varied **diet** is best, Nova dietary supplements provide the nutrients you may be missing. 다양한 식단이 가장 좋지만, Nova 건강 보조 식품은 여러분이 놓칠 수 있는 영양소를 제공해 줍니다.

**dietary** a. 식사의

> **어휘 POINT**
>
> nutritious(영양가가 높은), balanced(균형 잡힌), strict(엄격한), vegetarian(채식주의의)과 같은 형용사의 수식을 받는다.

---

## directory
[diréktəri, dairéktəri]

**ⓝ** 1. (알파벳순) 명단  2. 건물 안내판

employee **directory** 직원 명부 (= staff directory)

The building **directory** lists every business with an office there. 건물 안내판에는 그곳에 사무실이 있는 모든 업체들의 목록이 나와 있다.

---

## appeal
[əpíːl]

**ⓝ** 매력  **ⓥ** 흥미를 끌다, 어필하다

visual **appeal** 시각적 매력

We're confident that the easy-to-use interface will **appeal to** our target market. 우리는 사용하기 쉬운 인터페이스가 표적 시장에 어필할 것이라고 확신한다.

> **출제 POINT**
>
> appeal은 자동사이므로 목적어를 취할 때는 전치사 to와 함께 쓰인다.
> The modern design of the hotel's lobby **appeals** (**to** / of) young professionals. 호텔 로비의 현대적인 디자인은 젊은 전문직 종사자들의 흥미를 끈다.

---

## balance
[bǽləns]

**ⓝ** 잔고, 잔액  **ⓥ** 수입과 지출을 맞춰 보다

account **balance** 계정 잔액, 잔고

**balance** a budget 예산의 수지를 맞추다

A deposit is due today, and you should pay the **balance** by November 1. 보증금은 오늘까지 내야 하고, 잔금은 11월 1일까지 지불하셔야 합니다.

# Review Test

**A** 영어 단어의 알맞은 뜻을 찾아 연결하세요.

01. defect          ⓐ 직물
02. oversee         ⓑ 결함
03. relieved        ⓒ 감독하다
04. textile         ⓓ 안도하는

05. enthusiastic    ⓔ 협력
06. cooperation     ⓕ 기대다
07. lean            ⓖ 열성적인
08. visible         ⓗ 눈에 보이는

**B** 우리말 뜻에 맞게 빈칸에 알맞은 어휘를 찾아 넣으세요.

| ⓐ leak | ⓑ enhance | ⓒ overtime |
| ⓓ precautions | ⓔ simplify | ⓕ lack |

09. 자질 있는 인력의 부족          a(n) _____ of qualified workers
10. 직원의 성과를 향상시키다       _____ staff performance
11. 안전 예방책                    safety _____
12. 수도관 누수                    water pipe _____
13. 재고 보충 절차를 간소화하다    _____ the restocking process
14. 초과근무를 하다                work _____

**정답** 01 ⓑ  02 ⓒ  03 ⓓ  04 ⓐ  05 ⓖ  06 ⓔ  07 ⓕ  08 ⓗ  09 ⓕ  10 ⓑ  11 ⓓ  12 ⓐ  13 ⓔ  14 ⓒ

# Mini Test

**Select the best answer to complete the sentence.**

01. The coffee has a taste that is ------- from other brands.

    (A) visual　　(B) distinct　　(C) diverse　　(D) extreme

02. We're confident that the easy-to-use interface will ------- to our target market.

    (A) comply　　(B) stick　　(C) object　　(D) appeal

03. Thanks to a ------- donation from Mr. Garner, the museum has enough funding for the year.

    (A) generous　　(B) portable　　(C) costly　　(D) loyal

04. New York is one of the most culturally ------- cities in the world.

    (A) defective　　(B) scenic　　(C) diverse　　(D) steady

05. City officials ------- against driving in these icy road conditions.

    (A) restrict　　(B) caution　　(C) observe　　(D) progress

06. Due to roadwork on Halsey Avenue, the bus route will be ------- temporarily.

    (A) crossed　　(B) diversified　　(C) outlined　　(D) altered

07. The association has arranged a lineup of ------- speakers for this year's conference.

    (A) protective　　(B) distinguished　　(C) relieved　　(D) cautious

---

**정답** 01 (B)　02 (D)　03 (A)　04 (C)　05 (B)　06 (D)　07 (B)

**해석** 01 그 커피는 다른 브랜드와는 뚜렷이 다른 맛을 가지고 있다.　02 우리는 사용하기 쉬운 인터페이스가 표적 시장에 어필할 것이라고 확신한다.　03 Garner 씨의 후한 기부 덕택에 박물관은 올해 충분한 기금을 확보하게 되었습니다.　04 뉴욕은 세계에서 가장 문화적으로 다양한 도시 중 하나이다.　05 시 공무원들은 이런 빙판길 상황에서 운전을 하지 말라고 주의를 준다.　06 Halsey 가의 도로 공사로 인해, 버스 노선이 일시적으로 변경될 예정입니다.　07 그 협회는 올해 학회를 위해 저명한 연사들로 강연진을 구성했다.

ENERGY

무엇이든 넓게 경험하고 파고들어
스스로를 귀한 존재로 만들어라.

− 세종대왕

# DAY 21~DAY 30
## 고난도 어휘

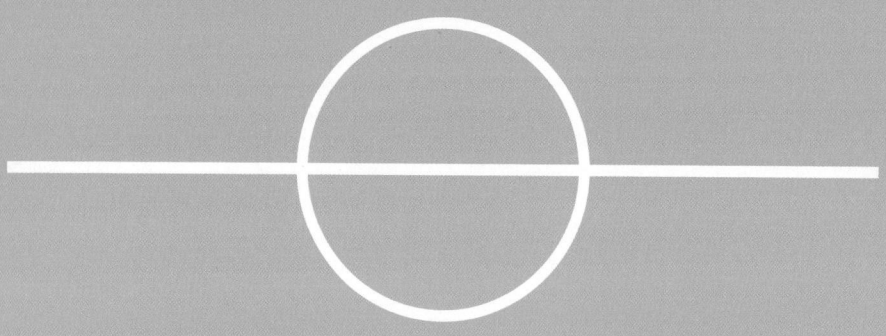

RANKING 1201~1260

DAY 21

한도 초과

## dispose
[dispóuz]

**ⓥ 처리하다, 폐기하다**

We will take away your old washing machine and **dispose of** it for you. 고객님의 낡은 세탁기를 회수하여 폐기해 드리겠습니다.

**disposable** a. 쓰고 버릴 수 있는, 일회용의

> **출제 POINT**
> 형용사 disposable을 묻는 문제가 출제된다. disposable은 goods(상품), product (제품), 또는 이에 해당하는 구체적인 물품을 뜻하는 명사를 수식한다.
> The use of (**disposable** / transferable) **plates and cups** at the restaurant is bad for the environment. 식당에서 일회용 접시와 컵을 사용하는 것은 환경에 나쁘다.

> **어휘 POINT**
> dispose는 자동사이며, 전치사 of와 함께 dispose of의 형태로 쓰인다.

## politician
[pàlitíʃən]

**ⓝ 정치인**

The **politicians** made a lot of promises to get more votes. 정치인들은 더 많은 표를 얻기 위해 많은 공약을 했다.

**political** a. 정치의

## bulletin board
[búlətin bɔːrd]

게시판

The list of workshop times is posted on the **bulletin board**. 워크숍 일정은 게시판에 게시되어 있다.

## substantial
[səbstǽnʃəl]

**ⓐ 상당한**

make a **substantial** profit 상당한 이익을 얻다

Her latest novel has earned a **substantial** amount in royalties. 그녀의 신작 소설은 인세로 상당한 액수를 벌어들였다.

**substantially** ad. 상당히

> **출제 POINT**
> 분량이나 수치의 증가와 감소, 이익 또는 손해, 그리고 금전 관련 명사들과 자주 등장한다.
> Customers who place large orders are eligible to receive a (**substantial** / rigorous) **discount**. 대량 주문을 하는 고객들은 상당한 할인을 받을 수 있다.

> **어휘 POINT**
> substantial의 유의어로는 big, considerable, significant 등이 있다.

## reveal
[riví:l]

ⓥ (비밀을) 밝히다, 누설하다

Sigma Air **revealed** that it will reduce fares on domestic flights.
Sigma 항공은 국내선 요금을 인하할 것이라고 밝혔다.

### 출제 POINT
survey(설문), inspection(검사), research(연구), report(보고서) 등이 동사 reveal 의 주어 자리에 자주 오며, 이때 reveal은 '(정보를) 제시하다'의 의미로 쓰인다.
The **inspection** (**revealed** / blamed) that the safety procedures were not being followed. 조사 결과 안전 절차가 지켜지지 않고 있는 것으로 드러났다.

## toll
[toul]

ⓝ 통행료

**toll** plaza (고속도로의) 요금소

The **toll** is automatically charged to your credit card.
통행료는 당신의 신용카드에 자동으로 청구됩니다.

### 어휘 POINT
toll은 도로, 다리 등을 지날 때 내는 통행료를 뜻하고, fare는 지하철, 버스와 같은 교통수단의 요금을 말한다.

## rack
[ræk]

ⓝ 선반, 받침대

bicycle **rack** 자전거 거치대

The woman is taking an item off a **rack**.
여자가 선반에서 물건을 꺼내고 있다.

## sufficient
[səfíʃənt]

ⓐ 충분한

**sufficient** funding 충분한 자금 제공

Hiring a **sufficient** number of workers has become a pressing concern. 충분한 숫자의 근로자를 고용하는 것이 시급한 사안이 되었다.

### 어휘 POINT
유의어로 enough, plenty of, ample 등이 있다.

## transaction
[trænsǽkʃən]

ⓝ 거래

complete a bank **transaction** 은행 거래를 마치다

The company keeps a record of all stock **transactions**.
그 회사는 모든 주식 거래에 대한 기록을 보관한다.

## shoot
[ʃuːt]

**ⓝ** 촬영　**ⓥ** 사진을 찍다, 촬영하다

photo **shoot** 사진 촬영

The director will start **shooting** the scene in an hour.
감독은 한 시간 후에 그 장면을 촬영하기 시작할 것이다.

## troubleshooting
[trʌ́blʃùːtiŋ]

**ⓝ** 문제 해결

The engineer provided the trainees with helpful tips on **troubleshooting**.
그 엔지니어는 교육생들에게 문제 해결에 관한 유용한 조언을 제공했다.

## typical
[típikəl]

**ⓐ** 전형적인

He looked like a **typical** tourist. 그는 전형적인 관광객처럼 보였다.

**typically** ad. 보통, 일반적으로

> **출제 POINT**
>
> on a typical day는 '평소에'라는 뜻이다.
> On a (**typical** / practical) **day**, the café serves more than 100 customers.
> 평소에 그 카페는 백 명 이상의 손님을 받는다.

## via
[váiə, víːə]

**prep** ~을 통해, ~을 거쳐

communicate **via** instant messages 인스턴트 메시지로 의사소통하다

You will receive a survey regarding the Web site **via** e-mail.
당신은 웹 사이트에 관한 설문조사를 이메일로 받게 될 것입니다.

> **어휘 POINT**
>
> via는 [바이어]와 [비아]의 두 가지 발음을 가지고 있으며, 뒤에는 Web site, e-mail, smartphone, computer 등의 어휘가 나온다.

## spacious
[spéiʃəs]

**ⓐ** 넓은, 널찍한

**spacious** open-air terrace 널찍한 야외 테라스

This house has a **spacious** bedroom that features a private bathroom. 이 집은 개인 화장실이 특징인 넓은 침실이 있습니다.

> **출제 POINT**
>
> 주로 파트 7의 광고(advertisement) 지문에서 부동산의 특징과 장점을 설명할 때 나온다.

## wrap
[ræp]

**v** 포장하다, 싸다

gift **wrapping** 선물 포장

Each item in the box should be **wrapped** separately.
상자 안의 각각의 물품들은 따로따로 포장되어야 한다.

> **어휘 POINT**
> wrap up은 '마무리하다'라는 완전히 다른 의미의 동사구로 쓰인다.
> Before we **wrap up** this marketing meeting, let's go over our project list. 이번 마케팅 회의를 마치기 전에 우리 프로젝트 목록을 검토해 봅시다.

## amenity
[əménəti] Am
[əmíːnəti] Br

**n** 편의 시설, (호텔의) 어메니티

The hotel offers many **amenities**, including a pool, a restaurant, and complimentary breakfasts. 그 호텔은 수영장, 레스토랑, 무료 아침식사를 포함하는 여러 편의 시설을 제공한다.

> **출제 POINT**
> amenity는 주로 복수 형태인 amenities로 쓰이며, 편의 시설의 예시들을 열거하고 그것을 통칭하는 단어인 amenities를 찾는 문제가 출제된 바 있다.
> The coworking space at Desmond Tower offers (**amenities** / subsidies) such as **coffee and snacks**. Desmond Tower의 협업 공간은 커피와 간식 등의 편의 시설을 제공합니다.

## assume
[əsjúːm]

**v** 1. 추정하다, 생각하다  2. (책임을) 맡다

**assume** a leadership role 지도자의 역할을 맡다

It seems reasonable to **assume** that the present situation is going to continue. 현 상황이 계속될 것이라고 추정하는 것이 타당해 보인다.

## arena
[əríːnə]

**n** 경기장, 공연장

sports **arena** 스포츠 경기장

The factory was changed three years ago to a sports **arena**.
그 공장은 3년 전에 스포츠 경기장으로 바뀌었다.

## spray
[sprei]

**n** 스프레이  **v** 뿌리다, 분사하다

**spray** bottle 분무기

He's **spraying** a walkway with water. 그는 통로에 물을 뿌리고 있다.

## condominium
[kàndəmíniəm]

**n** (분양) 아파트

Topside **Condominiums** offers the best of luxury living in a family-friendly environment.
Topside 아파트는 가족 친화적인 환경에서 최고의 풍족한 삶을 제공합니다.

> **어휘 POINT**
> 주로 파트 7의 아파트 광고 지문에서 나온다. 회원제 숙박 시설을 뜻하는 우리말의 '콘도' 또는 '콘도미니엄'은 콩글리시이다.

## counselor
[káunsələr]

**n** 상담사, 카운슬러

career **counselor** 직업 상담사

**Counselors** must communicate with students once a week.
상담사는 일주일에 한 번 학생들과 대화를 해야 합니다.

## facilitate
[fəsílitèit]

**v** 촉진하다, 용이하게 하다

Good listening skills can help to **facilitate** communication between colleagues.
좋은 청취 기술은 동료들 간의 의사소통을 용이하게 할 수 있다.

**facilitator** n. 조교, 조력자

> **어휘 POINT**
> 1. facilitate의 유의어로는 help, promote, encourage, support 등이 있다.
> 2. facilitate communication(소통을 원활하게 하다)이라는 표현이 출제된 바 있으며 process, discussion, learning 등도 facilitate의 목적어로 나온다.

## designate
[dézignèit]

**v** 지정하다, 지명하다

park in a **designated** area 지정된 구역에 주차하다

Tenants are only allowed to use their **designated** parking spot.
세입자들은 그들의 지정된 주차 공간만 이용할 수 있습니다.

> **어휘 POINT**
> 동사 design(설계하다)에서 비롯된 어휘인데, design과는 달리 g가 묵음이 아닌 점에 주의하자.

## disruption
[disrʌ́pʃən]

**n** 중단, 혼란

alert users to an Internet **disruption** 사용자들에게 인터넷 장애를 경고하다

The parade will cause traffic **disruptions**.
그 퍼레이드는 교통 혼란을 일으킬 것이다.

input - output

## input
[ínpùt]

**n** 조언, 의견  **v** 입력하다

**input** some information 정보를 입력하다

We thank you again for your **input** and welcome any other suggestions. 귀하의 의견에 다시 한번 감사드리며 다른 제안도 환영합니다.

> **출제 POINT**
> input을 목적어로 취하는 동사에는 appreciate(감사하다), require(필요로 하다), welcome(환영하다) 등이 있다.
> We **welcome** (**input** / object) from the staff on the training session topics. 교육 주제에 대한 직원들의 의견을 환영합니다.

## output
[áutpùt]

**n** 생산(량), 산출(량)

The factory has an **output** of 11,000 electric cars each month.
그 공장은 매달 1만 1천 대의 전기차를 생산한다.

## prescription
[priskrípʃən]

**n** 처방(전)

refill a **prescription** 처방약을 다시 조제하다

I need a **prescription** for reading glasses.
저는 독서용 안경의 처방전이 필요합니다.

**prescribe** v. 처방하다

> **어휘 POINT**
> 의사의 처방전을 가지고 약국에 가서 약을 조제하는 것을 fill a prescription, 약이 떨어져서 다시 약을 조제하는 것을 refill a prescription이라고 한다.

## mill
[mil]

**n** 공장

When the new steel **mill** opens, the economy in Bedford will improve. 새 제철소가 문을 열면 Bedford의 경제가 좋아질 것이다.

> **어휘 POINT**
> mill은 steel(강철), cotton(면화)과 같은 특정 원료의 명칭과 함께 쓰인다. 유의어로는 factory, plant 등이 있다.

## kiosk
[kíːask]

**n** 1. 키오스크  2. 간이 매점

self-check-in **kiosk** 셀프 체크인 키오스크

Food and beverage **kiosks** are located beside the convention center. 식음료 간이 매점은 컨벤션 센터 옆에 있습니다.

## navigation
[nǽvəgéiʃən]

**ⓝ** 내비게이션, 항법

**navigation** system 내비게이션, 항법 장치

I looked up the directions by using the **navigation** application on my mobile phone.
나는 휴대폰의 내비게이션 어플리케이션을 이용하여 길을 찾아보았다.

**navigate** v. 탐색하다, 길을 찾다

---

### straight - straightforward

## straight
[streit]

**ⓐ** 똑바른, 곧은  **ad** 똑바로, 곧장

**straight** line 직선

go **straight** 곧장 가다

The bathroom is **straight** down the hall.
화장실은 복도를 똑바로 따라가면 있다.

## straightforward
[strèitfɔ́ːrwərd]

**ⓐ** 1. 간단한, 쉬운  2. 솔직한

**straightforward** response 솔직한 답변

Please only use **straightforward** language to keep the instructions simple. 설명을 이해하기 쉽도록 쉬운 언어만 사용하세요.

**어휘 POINT**
straight(곧은)+forward(앞으로) → 곧게 쭉 뻗은, 꼬이지 않아서 간단한

---

## questionnaire
[kwèstʃənéər]

**ⓝ** 설문지

fill out a **questionnaire** 설문지를 작성하다

Please take some time to complete the **questionnaire**.
잠시 시간을 내어 설문지를 작성해 주십시오.

**어휘 POINT**
questionnaire는 설문지만을 의미하는 반면, survey는 설문지 외에 설문조사 과정도 의미하는 것이 차이점이다.

---

## quote
[kwout]

**ⓝ** 견적  **ⓥ** 견적을 내다

provide a price **quote** 가격 견적을 제공하다

They **quoted** us $200 for the car repairs.
그들은 우리에게 자동차 수리비로 200달러의 견적을 냈다.

**어휘 POINT**
명사 quote의 유의어로 estimate가 있다.

## drill
[dril]

**n** 1. 드릴  2. 훈련   **v** 드릴로 구멍을 뚫다

**drill** a hole in the ground 드릴로 땅에 구멍을 뚫다

All employees must exit the building during a fire **drill**.
소방 훈련 중에는 모든 직원이 건물 밖으로 나와야 한다.

---

### tight - tightly

## tight
[tait]

**a** 빠듯한

be on a **tight** schedule 스케줄이 빠듯하다

You will be working under a **tight** deadline.
당신은 빠듯한 마감 기한 하에서 일하게 될 것입니다.

> **출제 POINT**
> tight는 schedule(일정), deadline(마감일) 등의 명사를 수식한다.
> Ms. Kirkland may not be able to see you because of her (**tight** / steep) **schedule**. Kirkland 씨는 빠듯한 일정 때문에 당신을 볼 수 없을지도 모릅니다.

## tightly
[táitli]

**ad** 단단히, 꽉

If you do not shut the door **tightly**, the wind will blow it open.
문을 꽉 닫지 않으면 바람이 불어 문이 열릴 겁니다.

---

## suite
[swi:t]

**n** (호텔의) 스위트룸

Because you are a valued customer, we are upgrading you to a business **suite**. 귀하는 소중한 고객이기 때문에 비즈니스 스위트룸으로 상향 조정해 드리겠습니다.

> **어휘 POINT**
> a suite of는 '한 묶음의, 일련의'라는 뜻의 숙어 표현이다.
> We will provide **a** comprehensive **suite of** solutions for your company.
> 우리는 귀사를 위한 일련의 포괄적인 솔루션을 제공할 것입니다.

---

## sporting
[spɔ́:rtiŋ]

**a** 스포츠의

**sporting** event 스포츠 행사

**sporting** goods store 스포츠용품점

The camp focuses on developing the **sporting** abilities of children. 그 캠프는 어린이들의 스포츠 능력을 키우는 데 초점을 맞추고 있다.

## closure
[klóuʒər]

**n** 폐쇄

office **closure** 사무실 폐쇄

notify the public about street **closures** 사람들에게 도로 폐쇄를 알리다

There is a road **closure** on York Street for the city parade.
시가지 퍼레이드를 위해 York 가의 도로가 폐쇄되었다.

## tray
[trei]

**n** 쟁반

breakfast **tray** 아침 식사가 담긴 쟁반

If the paper **tray** is not inserted correctly, the copier will jam.
용지 트레이를 똑바로 끼우지 않으면 복사기에 종이가 걸립니다.

> **출제 POINT**
> 파트 1 빈출 어휘이며, 항공기의 간이 식탁을 의미하기도 한다.
> All airline passengers must put their **tray** tables up for landing.
> 모든 항공기 승객은 착륙을 위해 간이 식탁을 올려야 합니다.

### court - courtesy - courteous

## court
[kɔːrt]

**n** 1. 법원  2. 건물로 둘러싸인 공간

win a **court** case 소송에서 이기다

basketball **court** 농구장

The food **court** at the shopping center is popular due to its low prices. 쇼핑센터의 푸드코트는 저렴한 가격 때문에 인기가 많다.

## courtesy
[kə́ːrtisi]

**n** 예의, 호의  **a** 무료의

**courtesy** card 우대권, 우대 카드

Providing free shipping to the customer is a one-time **courtesy**.
고객에게 무료 배송을 제공하는 것은 이번 한 번만 특별히 해 드리는 겁니다.

> **어휘 POINT**
> as a courtesy는 '(원래 해야 할 의무는 없지만) 예의상, 호의로'라는 뜻의 표현이다.
> The travel agent informed Ms. Bryant of the change in her flight time **as a courtesy**. 여행사 직원은 호의로 Bryant 씨에게 그녀의 비행 시간 변경 사실을 알려 주었다.

## courteous
[kə́ːrtiəs]

**a** 공손한, 예의 바른

in a **courteous** manner 공손하게, 예의 바르게

I was pleased by your prompt and **courteous** reply.
당신의 신속하고 정중한 답변에 기뻤습니다.

## debut
[deibjú:, déibjù:]

ⓝ 데뷔  ⓥ 데뷔하다, 첫선을 보이다

make one's **debut** 데뷔하다

Our new loyalty program **debuts** in August.
우리의 새로운 고객 보상 프로그램이 8월에 첫선을 보입니다.

> 출제 POINT
> 기업의 신제품, 새로운 서비스, 방송 프로그램 등이 동사 debut의 주어로 나온다.
> The radio station's new local **news show** will (**debut** / allocate) on June 1.
> 라디오 방송국의 새로운 지역 뉴스 프로그램이 6월 1일에 첫선을 보일 것이다.

## nearly
[níərli]

ⓐⓓ 거의

Our business has been in operation for **nearly** a decade.
우리 사업을 운영한 지 거의 10년이 되었다.

## widely
[wáidli]

ⓐⓓ 1. 널리  2. 대단히, 매우

vary **widely** 상당히 다르다

Our Web site is **widely** considered to be the best news source in the country.
저희 웹 사이트는 국내 최고의 뉴스 공급원으로 널리 여겨지고 있습니다.

---

maximum - maximize

## maximum
[mǽksəməm]

ⓐ 최대의, 최고의  ⓝ 최대, 최고

**maximum** speed 최고 속도

Passengers will be allowed a **maximum** of two carry-on items.
승객들은 최대 2개의 기내 휴대 품목이 허용될 것입니다.

> 어휘 POINT
> 반의어 관계에 있는 minimum(최소한의), minimize(최소화하다)와 같은 어휘도 알아 두자. (p.251 참조)

## maximize
[mǽksəmàiz]

ⓥ 극대화하다, 최대한 활용하다

We can help your business **maximize** international opportunities.
우리는 귀사가 국제적인 기회를 최대한 활용하도록 도움을 드릴 수 있습니다.

> 출제 POINT
> 숫자, 수치와 관련된 명사를 목적어로 취한다.
> This sales technique is sure to (**maximize** / utilize) the **number** of people who purchase the product. 이 판매 기법은 제품을 구매하는 사람들의 숫자를 극대화할 것이 확실하다.

## thus
[ðʌs]

**ad** 따라서, 그러므로

These chemicals are very dangerous. **Thus**, you must be careful when handling them. 이 화학물질들은 매우 위험합니다. 따라서, 여러분은 그것들을 다룰 때 조심해야 합니다.

> **어휘 POINT**
> 인과 관계를 나타내는 접속사로 쓰이며, 유의어로는 therefore, consequently, hence 등이 있다.

## portal
[pɔ́ːrtəl]

**n** 포털 (사이트)

Add the items to the basket in the online shopping **portal**. 온라인 쇼핑 포털의 장바구니에 물품들을 추가하세요.

## lawn
[lɔːn]

**n** 잔디

**lawn** mower 잔디 깎는 기계

I hired a **lawn** service to cut the grass around the office building. 사무실 건물 주변의 잔디를 깎기 위해 잔디 관리 업체를 고용했다.

## organic
[ɔːrgǽnik]

**a** 유기농의

**organic** cotton 유기농 면

Farmers have started growing a variety of **organic** vegetables in response to customer demands. 농부들은 고객의 요구에 부응하여 다양한 유기농 채소를 재배하기 시작했다.

## preliminary
[prilímənèri]

**a** 예비의

A **preliminary** field test has yielded some encouraging results. 예비 현장 테스트에서 몇 가지 고무적인 결과가 나왔다.

> **출제 POINT**
> result(결과), research(조사), survey(설문조사), test(테스트)와 같은 명사를 수식한다.
> The (**preliminary** / ~~introductory~~) **results** from the consumer survey suggest a preference for the previous model. 소비자 설문조사의 예비 결과는 예전 모델에 대한 선호를 시사한다.

## mount
[maunt]

**v** 장착하다, 설치하다

window-**mounted** air conditioner 창문 장착형 에어컨

A clock has been **mounted** on the wall. 시계가 벽에 설치되어 있다.

## peak
[piːk]

**ⓝ** 최고조, 정점  **ⓐ** 최고조의, 정점의

off-**peak** times 비수기

The roads downtown are often jammed with cars during **peak** commuting hours.
출퇴근 시간이 정점에 달했을 때 시내의 도로들은 종종 자동차로 꽉 막힌다.

---

## shut
[ʃʌt]

**ⓥ** 폐쇄하다  **ⓐ** 닫힌, 잠긴

**shut** down the assembly line 조립 라인을 폐쇄하다

The doors are locked **shut** at 8 P.M. every night.
문은 매일 밤 8시에 잠긴다.

> **어휘 POINT**
> 구동사 shut down의 명사형인 shutdown은 '(공장, 사업체 등의) 폐쇄'를 의미한다.
> The town's unemployment rate rose due to the **shutdown** of the factory. 공장 폐쇄로 인해 마을의 실업률이 증가했다.

---

### single - single-handedly

## single
[síŋgl]

**ⓐ** 1. 하나의, 단일의  2. 1인용의

**single** room 1인실

Not a **single** one of them is a design or marketing professional.
그들 중 디자인이나 마케팅 전문가는 단 한 명도 없다.

## single-handedly
[síŋgl hǽndidli]

**ad** 단독으로

The executive director is **single-handedly** in charge of guiding the organization. 전무님이 단독으로 조직을 이끄는 업무를 담당하고 있다.

> **어휘 POINT**
> 〈give 사람 a hand〉(~에게 도움을 주다), lend a hand(도움을 주다)라는 표현에서 알 수 있듯이 hand는 도움을 의미한다. single-handedly는 도움 없이 자신의 손(single hand)만으로 하는 것을 의미한다.

---

## sculpture
[skʌ́lptʃər]

**ⓝ** 조각(품)

create a stone **sculpture** 석재 조각품을 만들다

Take a look at some of the **sculptures** on display.
전시된 조각품들을 한번 보세요.

> **어휘 POINT**
> 유의어로는 statue(조각상)가 있는데, sculpture가 더 포괄적인 의미이고, statue는 사람이나 동물을 조각한 상을 의미한다.

# Review Test

**A** 영어 단어의 알맞은 뜻을 찾아 연결하세요.

01. typical      ⓐ 전형적인
02. toll      ⓑ 문제 해결
03. troubleshooting      ⓒ 넓은
04. spacious      ⓓ 통행료

05. preliminary      ⓔ 편의 시설
06. amenity      ⓕ 예비의
07. input      ⓖ 공손한
08. courteous      ⓗ 조언

**B** 우리말 뜻에 맞게 빈칸에 알맞은 어휘를 찾아 넣으세요.

> ⓐ quote    ⓑ disruptions    ⓒ via
> ⓓ closure    ⓔ substantial    ⓕ assume

09. 상당한 이익을 얻다      make a(n) _____ profit
10. 교통 혼란을 일으키다      cause traffic _____
11. 지도자의 역할을 맡다      _____ a leadership role
12. 가격 견적을 제공하다      provide a price _____
13. 인스턴트 메시지로 의사소통하다      communicate _____ instant messages
14. 사무실 폐쇄      office _____

정답  01 ⓐ  02 ⓓ  03 ⓑ  04 ⓒ  05 ⓕ  06 ⓔ  07 ⓗ  08 ⓖ  09 ⓔ  10 ⓑ  11 ⓕ  12 ⓐ  13 ⓒ  14 ⓓ

# Mini Test

**Select the best answer to complete the sentence.**

01. Hiring a ------- number of workers has become a pressing concern.

    (A) pleased  (B) considerate  (C) temporary  (D) sufficient

02. Tenants are only allowed to use their ------- parking spot.

    (A) unexpected  (B) delayed  (C) designated  (D) deleted

03. The town's unemployment rate rose due to the ------- of the factory.

    (A) region  (B) shutdown  (C) foundation  (D) restoration

04. Good listening skills can help to ------- communication between colleagues.

    (A) facilitate  (B) depart  (C) inspect  (D) diminish

05. Please only use ------- language to keep the instructions simple.

    (A) mutual  (B) serious  (C) organic  (D) straightforward

06. Providing free shipping to the customer is a one-time -------.

    (A) contact  (B) courtesy  (C) credit  (D) response

07. The inspection ------- that the safety procedures were not being followed.

    (A) followed  (B) blamed  (C) occurred  (D) revealed

---

[정답] 01 (D)  02 (C)  03 (B)  04 (A)  05 (D)  06 (B)  07 (D)

[해석] 01 충분한 숫자의 근로자를 고용하는 것이 시급한 사안이 되었다. 02 세입자들은 그들의 지정된 주차 공간만 이용할 수 있습니다. 03 공장 폐쇄로 인해 마을의 실업률이 증가했다. 04 좋은 청취 기술은 동료들 간의 의사소통을 용이하게 할 수 있다. 05 설명을 이해하기 쉽도록 쉬운 언어만 사용하세요. 06 고객에게 무료 배송을 제공하는 것은 이번 한 번만 특별히 해 드리는 겁니다. 07 조사 결과 안전 절차가 지켜지지 않고 있는 것으로 드러났다.

# Level up  접속 부사 ①

**역접, 양보의 접속 부사**

- **however** 하지만, 그러나
- **nonetheless** 그럼에도 불구하고
- **still** 그럼에도 불구하고, 그래도
- **rather** 도리어, 그렇기는커녕
- **even so** 그렇기는 하지만
- **nevertheless** 그럼에도 불구하고
- **yet** 그렇지만
- **instead** 그 대신에

Rain is forecast for tomorrow. **However**, the grand opening ceremony will still take place.
내일은 비가 예보되어 있다. 하지만 그래도 개막식은 열릴 것이다.

There are only five people on the team. **Nevertheless**, they finished their project faster than every other team.
그 팀에는 5명밖에 없다. 그럼에도 불구하고, 그들은 다른 모든 팀보다 더 빨리 프로젝트를 마쳤다.

Ms. Wilson enjoys her current job. **Still**, she is planning to look for a new one.
Wilson 씨는 현재의 직장을 즐기고 있다. 그래도 그녀는 새로운 직장을 찾을 계획이다.

Mr. Jackson did not take the train to Dallas. **Instead**, he drove his car there.
Jackson 씨는 댈러스행 기차를 타지 않았다. 그 대신에, 그는 차를 운전해서 그곳에 갔다.

**대등의 접속 부사**

- **similarly** 마찬가지로
- **likewise** 마찬가지로

The store on the corner sells high-quality furniture. **Similarly**, the store beside it sells many of the same items.
모퉁이에 있는 가게는 고급 가구를 판다. 마찬가지로, 그 옆에 있는 가게도 같은 종류의 많은 물품들을 판매한다.

**stream - streamline - mainstream**

### stream
[striːm]

ⓥ 스트리밍하다, 데이터를 다운로드 없이 재생하다
video **streaming** technology 동영상 스트리밍 기술
People can **stream** our songs online.
사람들은 온라인으로 우리 노래를 스트리밍할 수 있다.

### streamline
[stríːmlàin]

ⓥ 간소화하다
**streamline** supply chains 공급망을 간소화하다
The **streamlined** process allows employees to schedule meetings easily.
간소화된 프로세스를 통해 직원들은 회의 일정을 쉽게 잡을 수 있다.

> **어휘 POINT**
> streamline은 명사로는 '유선형'의 의미를 가지고 있으며, 저항을 적게 받는 것이 특징인 유선형의 형태로 만들어 능률을 높인다는 의미가 된다.

### mainstream
[méinstrìːm]

ⓝ 주류  ⓐ 주류의
The **mainstream** media have been losing viewers to Internet news companies. 주류 언론들은 인터넷 뉴스 회사에 시청자들을 빼앗기고 있다.

> **어휘 POINT**
> stream의 가장 기본적인 의미는 '흐름'으로서, mainstream은 main(주된)+stream(흐름)의 형태를 가지고 있다.

### van
[væn]

ⓝ 밴, 승합차
I will take the hotel **van** and pick them up at the airport.
제가 호텔의 승합차를 끌고 가서 공항에서 그들을 데리고 올게요.

### relevant
[réləvənt]

ⓐ 관련된
**relevant** work experience 관련 업무 경력
Please send me pricing and other **relevant** information.
가격 및 기타 관련 정보를 보내 주십시오.

### sew
[sou]

ⓥ 바느질하다, 꿰매다
**sewing** machine 재봉틀
The woman is **sewing** clothes. 여자는 옷을 꿰매고 있다.

> **어휘 POINT**
> 철자와 발음이 비슷한 saw(톱, 톱질하다)와 구별하자.
> She is **sawing** a wooden board. 여자는 나무 판자를 톱질하고 있다.

## boost
[buːst]

**ⓥ** 증진시키다, 북돋우다

**boost** sales 판매를 증진시키다

We've developed several logos that can help you **boost** your brand identity.
저희는 귀사의 브랜드 정체성 증진을 도울 수 있는 로고를 몇 개 개발했습니다.

> **어휘 POINT**
> 목적어로 경제 활동과 관련 있는 economy(경제), productivity(생산성), profit(수익) 등이 자주 나온다.
> The opening of the sports arena will **boost** the **economy**. 스포츠 경기장의 개장은 경기를 부양할 것이다.

### century - centennial

## century
[séntʃəri]

**ⓝ** 세기, 100년

for over a **century** 백 년 이상

The town is known for the glassworks that have been produced for **centuries**. 그 도시는 수세기 동안 제작되어 온 유리 세공으로 유명하다.

> **기출표현**
> • in the 21st century 21세기에
> • for a quarter century 25년 동안, 사반세기 동안

## centennial
[senténiəl]

**ⓝ** 100주년

The newspaper will reprint some old articles to celebrate its **centennial**.
그 신문은 창간 100주년을 기념하기 위해 오래된 기사 몇 개를 재인쇄할 것이다.

## admire
[ədmáiər]

**ⓥ** 존경하다, 감탄하다

I **admire** the charitable work your foundation does to better the community.
저는 귀 재단이 지역사회 개선을 위해 벌이는 자선사업에 감탄하고 있습니다.

## microwave
[máikrəwèiv]

**ⓝ** 전자레인지

**microwave** oven 전자레인지

All of the guest rooms are equipped with a **microwave** and a refrigerator. 모든 객실에 전자레인지와 냉장고가 구비되어 있다.

**browse**
[brauz]

**v** 훑어보다, 둘러보다

**browse** an online photo gallery 온라인 사진 갤러리를 둘러보다
Feel free to **browse** our Web site for more information.
더 많은 정보를 원하시면 저희 웹 사이트를 편하게 둘러보시기 바랍니다.

---

**channel**
[tʃǽnəl]

**n** 1. (방송) 채널 2. 경로, 수단

news **channel** 뉴스 채널
Requests for office supplies must be made through the proper **channels**. 사무용품에 대한 요청은 적절한 경로를 통해 이루어져야 한다.

---

**clerk**
[klə:rk]

**n** 직원, 점원

hotel **clerk** 호텔 종업원
We employed four sales **clerks** and three purchasing agents.
우리는 4명의 판매원과 3명의 구매 담당자를 고용했다.

---

**impact**
[ímpækt]

**n** 영향, 충격

reduce the **impact** on ~에 미치는 영향을 줄이다
The advertising campaign had a direct **impact** on last quarter's outstanding sales.
그 광고 캠페인은 지난 분기의 뛰어난 매출에 직접적인 영향을 미쳤다.

---

**freelance**
[frí:læns]

**a** 프리랜서로 일하는

**freelance** photographer 프리랜서 사진 작가
She works as a **freelance** author for *Parks and Gardens* magazine.
그녀는 〈Parks and Gardens〉 잡지의 프리랜서 작가로 일한다.
**freelancer** n. 프리랜서

---

**convert**
[kənvə́:rt]

**v** 전환하다, 바꾸다

The city **converted** the abandoned house **into** a public event space. 시에서는 버려진 주택을 공공 행사 공간으로 바꾸었다.

> **출제 POINT**
> 〈convert A into B〉(A를 B로 바꾸다), 또는 수동태인 〈be converted into〉의 형태로 쓰인다.
> The former elementary school will **be converted** (**into** / in) luxury apartments. 예전 초등학교 건물이 고급 아파트로 바뀔 것이다.

## hesitate
[hézitèit]

ⓥ 망설이다, 주저하다

**Do not hesitate to** contact me if you have any questions.
질문이 있으시면 주저 말고 저에게 연락하세요.

> **출제 POINT**
> 〈please do not hesitate to V〉(주저하지 말고 ~하세요)는 전화, 이메일 등에서 '언제든 연락하라'며 마무리할 때 많이 쓰이며, 〈feel free to V〉보다 격식 있는 표현이다.
> If you have any further questions, **please do not (hesitate / stop) to** contact us. 추가로 문의 사항이 있으시면 주저하지 말고 저희에게 연락하세요.

## hesitant
[hézitənt]

ⓐ 망설이는, 주저하는

Dr. Iwata was **hesitant** to begin her environmental study because she had no funding for it.
Iwata 박사는 환경 연구 지원금이 없어서 연구를 시작하는 것을 망설였다.

## laundry
[lɔ́:ndri]

ⓝ 세탁(물)

**laundry** detergent 세탁 세제
A woman is folding some **laundry**. 여자가 세탁물을 개고 있다.

## fleet
[fli:t]

ⓝ (회사의 모든) 보유 차량

**fleet** vehicle 보유 차량
We would like to have our **fleet** of trucks serviced by your company. 귀사에서 저희가 보유한 트럭의 정비를 해 주셨으면 좋겠습니다.

## literacy
[lítərəsi]

ⓝ 읽고 쓰는 능력

computer **literacy** 컴퓨터 사용 능력
All proceeds from the event will fund children's **literacy** efforts.
행사의 모든 수익금은 어린이들의 문해력 향상 활동 자금으로 제공될 것입니다.

> **어휘 POINT**
> '읽고 쓰는 능력'의 의미에서 확장되어 computer literacy(컴퓨터 사용 능력), digital literacy(디지털 기기 사용 능력), financial literacy(금융 이해력) 등으로도 쓰인다.

## influence
[ínfluəns]

**n** 영향(력)  **v** 영향을 주다

expand one's **influence** 영향력을 확대하다

What **influenced** you the most in your choice of car?
자동차 선택에 가장 큰 영향을 준 것은 무엇입니까?

**influential** a. 영향력 있는

> **출제 POINT**
>
> 동사 influence를 수식하는 부사로 heavily(심하게), deeply(깊이), positively(긍정적으로), directly(직접), substantially(상당히) 등이 나온다.
> The artist was **heavily** (**influenced** / designated) by modern paintings.
> 그 화가는 현대 회화의 영향을 아주 많이 받았다.

## pursue
[pərsjúː]

**v** 추구하다, 계속하다

**pursue** a career in engineering 공학에서 경력을 쌓다

She decided to go back to school to **pursue** a degree in journalism.
그녀는 학교로 돌아가 언론학 학위를 따기로 결심했다.

## scale
[skeil]

**n** 1. 규모  2. 척도, 등급  3. 저울

on a large **scale** 대규모로

weigh some food on a **scale** 저울에 음식의 무게를 재다

Please use the following rating **scale** to rate the seminars.
다음 평가 척도를 사용해 세미나를 평가해 주십시오.

> **기출 표현**
>
> - full-scale 전면적인
> - large-scale 대규모의
> - on a scale of 1 to 4   1에서 4까지의 척도로
> - wide-scale 대규모의
> - small-scale 소규모의

## regret
[rigrét]

**v** 유감스럽게 생각하다, 후회하다

We **regret** to inform you that there are no seats available on the flight to Hong Kong.
홍콩행 항공기에는 이용 가능한 좌석이 없다는 것을 알려 드리게 되어 유감입니다.

> **어휘 POINT**
>
> regret은 〈regret to V〉, 〈regret that절〉, 〈regret 명사/동명사〉 등의 다양한 형태로 쓰인다.
> Ms. Harper **regrets that** she missed the application deadline. Harper 씨는 지원 마감일을 놓친 것을 후회한다.

## reputation
[rèpjuːtéiʃən]

ⓝ 평판, 명성

Chapman Engineering has a **reputation** for being reliable and affordable. Chapman Engineering은 신뢰할 수 있고 가격이 합리적이라는 평판을 가지고 있다.

> **어휘 POINT**
> 주로 회사를 소개하는 상황에서 good(좋은), strong(튼튼한), excellent(뛰어난), established(확고한, 확실히 자리를 잡은)와 같은 긍정적 의미를 가진 형용사의 수식을 받는다.
> For our business's bookkeeping services, we used a firm that has an **excellent reputation**. 우리 회사의 부기 업무를 위해 우리는 뛰어난 평판을 지닌 회사를 이용했다.

## obligation
[àbləɡéiʃən]

ⓝ 의무

Neither party is under any **obligation** to sign a contract with the other. 양측 모두 상대방과 계약을 체결할 의무가 없다.

## pour
[pɔːr]

ⓥ 붓다, 따르다

**pour** a beverage 음료를 따르다

One of the women is **pouring** coffee into a cup.
여자들 중 한 명이 커피를 컵에 따르고 있다.

## testimonial
[tèstəmóuniəl]

ⓝ 추천 후기

client **testimonial** 고객의 추천 후기

Visit our Web site for **testimonials** and pictures of our work.
저희 웹 사이트를 방문하셔서 추천 후기와 저희의 작업 사진을 확인하세요.

> **어휘 POINT**
> testimonial의 유의어로는 review가 있는데, testimonial은 회사의 웹 사이트에 게시된 긍정적이고 상세한 추천 후기를 의미하고, review는 보다 일반적이고 포괄적인 후기를 의미한다.

## state-of-the-art
[stéitəvðiɑːrt]

ⓐ 최신의, 최첨단의

**state-of-the-art** equipment 최첨단 기기

All conference rooms are equipped with **state-of-the-art** technology. 모든 회의실은 최첨단 기술이 갖춰져 있다.

> **어휘 POINT**
> 유의어로 cutting-edge, modern, advanced 등이 있다.

## therapy
[θérəpi]

**n** 치료, 요법

The patient requires physical **therapy** for her back to get better.
그 환자는 허리가 좋아지기 위해서 물리치료를 받아야 한다.

**therapist** n. 치료사

## zip
[zip]

**v** 지퍼를 채우다

A man is **zipping** up his jacket. 남자가 재킷의 지퍼를 채우고 있다.

**unzip** v. 지퍼를 내리다

## accidentally
[æksidéntəli]

**ad** 우연히, 실수로

Ms. Jennings **accidentally** deleted the file from her computer.
Jennings 씨는 실수로 자신의 컴퓨터에서 그 파일을 삭제했다.

> **어휘 POINT**
> 비슷한 의미의 표현으로 by chance, by mistake 등이 있다.

## audit
[ɔ́:dit]

**n** 회계감사  **v** 회계감사를 하다

internal **audit** 내부 감사

The company's **audit** revealed some problems with the financial records.
그 회사의 회계감사 결과 재무 기록에 몇 가지 문제점이 드러났다.

> **출제 POINT**
> 회계감사와 의미 연관성이 있는 어휘를 통해 정답을 고르는 문제가 출제된다.
> The outside (**audit** / ~~purpose~~) is being conducted by an independent **accounting firm** specializing in charitable foundations. 외부 회계감사는 자선재단을 전문으로 하는 독립 회계 법인이 진행하고 있다.

## brew
[bru:]

**v** (커피·차 등을) 내리다

You can use the gift card to purchase our freshly **brewed** coffees. 기프트 카드를 이용하여 저희의 갓 내린 커피를 구입하실 수 있습니다.

## zone
[zoun]

**n** 구역, 지구  **v** 구획하다

time **zone** 시간대

The land is partially **zoned** for commercial use.
그 토지는 부분적으로 상업용으로 구획되어 있다.

## capture
[kǽptʃər]

ⓥ 1. 사로잡다, 포착하다  2. (사진·영상 등으로) 담다

**capture** one's attention 관심을 사로잡다

All training sessions will be **captured** on video for future reference. 모든 교육은 훗날을 위해 동영상에 담을 것입니다.

> **어휘 POINT**
> '(감정·분위기 등을) 담아내다'라는 뜻으로도 쓰인다.
> The news photo **captured** the excitement of the day. 그 뉴스 사진은 그날의 흥분을 담아냈다.

## casual
[kǽʒjuəl]

ⓐ 격식을 차리지 않는  ⓝ 캐주얼, 평상복

**casual** gathering 격의 없는 모임

Most employees at Beta Tech wear business **casual** to the office. Beta Tech의 대부분의 직원들은 비즈니스 캐주얼을 입고 출근한다.

> **출제 POINT**
> take a casual walk는 '목표 없이 느긋하고 가볍게 산책하다'라는 의미의 숙어 표현이며, 비슷한 표현으로 walk leisurely가 있다.
> The hotel's guests enjoy taking a (**casual** / neutral) walk through the forest. 호텔 투숙객들은 숲을 가볍게 산책하는 것을 즐긴다.

---

**broad - abroad**

## broad
[brɔːd]

ⓐ 넓은, 광범위한

have **broad** support 광범위한 지지를 얻다

Games created by Avant Garde, Inc., appealed to a **broad** range of people.
Avant Garde 사에 의해 만들어진 게임은 광범위한 사람들의 흥미를 끌었다.

## abroad
[əbrɔ́ːd]

ad 해외로, 해외에서

travel **abroad** 해외 여행을 하다

He has experience living **abroad**. 그는 해외에서 거주한 경험이 있다.

> **기출 표현**
> · go abroad 외국에 가다
> · live abroad 외국에서 살다
> · travel abroad 해외 여행을 하다
> · study abroad 외국에서 공부하다

## character - characteristic

**character**
[kǽriktər]

ⓝ 1. 등장인물  2. 문자

play a main **character** 주인공을 연기하다

Your username may contain up to 12 **characters**.
사용자 이름은 최대 12자까지 포함할 수 있습니다.

**characteristic**
[kæ̀riktərístik]

ⓝ 특징, 특성

Those trucks have distinct **characteristics** that make them easily identifiable.
저 트럭들은 쉽게 식별할 수 있게 만드는 뚜렷한 특징들을 가지고 있다.

---

**ferry**
[féri]

ⓝ 여객선

**ferry** terminal 여객선 터미널

A **ferry** has been tied to a pier with some rope.
여객선이 부두에 밧줄로 묶여 있다.

---

**conflict**
[kánflikt] n.
[kənflíkt] v.

ⓝ 충돌, 갈등  ⓥ 충돌하다, 겹치다

scheduling **conflict** 일정 충돌, 겹치는 일정

Unfortunately, the workshop **conflicts** with Mr. Gale's client meeting. 유감스럽게도 워크숍은 Gale 씨의 고객 미팅 일정과 겹친다.

> **출제 POINT**
>
> 명사 conflict는 resolve(해결하다), end(끝내다), deal with(다루다), handle(다루다), avoid(피하다), prevent(예방하다)와 같은 동사의 목적어가 된다.
> Workers should attempt to **resolve** (**conflicts** / objects) on their own before involving management. 근로자들은 경영진을 관여시키기 전에 스스로 갈등을 해결하려고 시도해야 합니다.

---

**waste**
[weist]

ⓝ 쓰레기  ⓥ 낭비하다

food **waste** 음식물 쓰레기

Most offices **waste** energy by leaving the lights on.
대부분의 사무실은 불을 켜 놓음으로써 에너지를 낭비합니다.

> **출제 POINT**
>
> waste를 목적어로 취하는 동사에는 reduce(줄이다), minimize(최소화하다), reuse(재사용하다), bury(묻다), dispose of(처리하다, 폐기하다) 등이 있다.
> City officials want to (**reduce** / dispose) **waste** by encouraging people to recycle more. 시 공무원들은 사람들이 재활용을 더 많이 하도록 장려함으로써 쓰레기를 줄이기를 원한다.

## episode
[épisòud]

**ⓝ** 1회 방송분

The hit television show *Fantastic Discoveries* draws 2 million viewers per **episode**. 인기 TV 프로그램인 〈판타스틱 디스커버리즈〉는 회당 2백만 명의 시청자를 끌어 모은다.

## experiment
[ikspérəmənt]

**ⓝ** 실험  **ⓥ** 실험하다

conduct an **experiment** 실험을 실시하다

One qualification for this job is being able to analyze data from **experiments**.
이 직업의 자격 요건 중 하나는 실험들로부터 데이터를 분석할 수 있는 능력이다.

## draft
[dræft] Am
[drɑːft] Br

**ⓝ** 초안  **ⓥ** 초안을 작성하다

rough **draft** 초안, 초고

Ms. Logan will **draft** a press release announcing Mr. Cruz's upcoming retirement.
Logan 씨가 곧 있을 Cruz 씨의 퇴직을 알리는 보도 자료 초안을 작성할 것이다.

## illustrate
[íləstrèit]

**ⓥ** 1. 설명하다, 분명히 보여 주다  2. 삽화를 넣다

**illustrated** handbook 삽화가 들어간 안내서

Use stories that **illustrate** the points you are making.
이야기를 통해 당신이 말하고자 하는 요점을 설명하세요.

## infrastructure
[ínfrəstrʌ̀ktʃər]

**ⓝ** 사회 기반 시설

The city will spend millions of dollars to improve critical **infrastructure**.
시는 중요한 사회 기반 시설을 개선하기 위해 수백만 달러를 쓸 것이다.

**어휘 POINT**
infra(아래에)+structure(구조, 조직) → 사회라는 조직을 아래에서 뒷받침하는 시설

## logistics
[lədʒístiks]

**ⓝ** 1. 물류  2. 실행 계획

**logistics** of a training session 교육의 실행 계획

Bayside Delivery is a **logistics** company specializing in truck transportation. Bayside Delivery는 트럭 운송을 전문으로 하는 물류 회사이다.

## investigate
[invéstəgèit]

**v** 조사하다

**investigate** a problem 문제를 조사하다

The inspectors **investigated** the products and determined that defective packaging had damaged them.
검사관들이 제품을 조사해서 불량한 포장이 제품을 손상시켰다는 것을 알아냈다.

**investigation** n. 조사

---

## narrow
[nǽrou]

**a** 좁은  **v** 좁히다, 좁아지다

Cyclists were forced to share **narrow** streets with cars.
자전거를 타는 사람들은 차들과 좁은 길을 공유해야만 했다.

> **어휘 POINT**
> narrow down은 '범위를 좁히다'라는 의미의 숙어 표현이 된다.
> We have **narrowed down** our search for a new office manager. 우리는 새 사무실장을 찾는 범위를 좁혔다.

---

## outage
[áutidʒ]

**n** 정전

power **outage** 정전

We are currently experiencing a phone **outage** in the office.
현재 사무실의 전화가 먹통이다.

---

## plot
[plɑt]

**n** 1. 작은 부지  2. 줄거리

3×3 meter **plot** 가로 3미터에 세로 3미터의 부지

Individual garden **plots** are assigned on a first-come, first-served basis. 개인 정원 부지는 선착순으로 할당된다.

---

## column
[kάləm]

**n** 1. (신문) 칼럼  2. 기둥

write a fitness **column** 건강에 관한 칼럼을 쓰다

lean against a **column** 기둥에 기대다

The newspaper will begin carrying Mr. Liu's **column**.
그 신문은 Liu 씨의 칼럼을 연재하기 시작할 것이다.

---

## relax
[rilǽks]

**v** 휴식을 취하다

We worked hard, and we all deserve to **relax** a little bit.
우리는 열심히 일했기에 모두 약간의 휴식을 취할 자격이 있다.

## dimension

[diménʃən] Am
[daiménʃən] Br

Ⓝ 1. 치수  2. 차원

in three **dimensions** 3차원으로, 입체적으로

See our Web site for the weight and the **dimensions** of all merchandise. 모든 상품의 무게와 치수는 당사 웹 사이트를 참조하세요.

> **출제 POINT**
>
> 사물의 구체적인 수치가 제시되고 그것을 지칭하는 단어인 dimensions를 찾는 문제가 출제된다.
>
> The (**dimensions** / shapes) of Diva Gym's new swimming pool are **15 meters by 35 meters**. Diva 체육관의 새 수영장의 치수는 가로 15m에 세로 35m이다.

## gear

[giər]

Ⓝ 장비

climbing **gear** 등산 장비

The woman is putting on protective **gear**.
여자는 보호 장비를 착용하고 있다.

> **기출표현**
>
> · safety gear 안전 장비        · outdoor gear 야외 장비

DAY 22

# Review Test

**A** 영어 단어의 알맞은 뜻을 찾아 연결하세요.

01. illustrate                ⓐ 사회 기반 시설
02. audit                     ⓑ 조사하다
03. infrastructure            ⓒ 설명하다
04. investigate               ⓓ 회계감사

05. dimension                 ⓔ 특징
06. characteristic            ⓕ 치수
07. state-of-the-art          ⓖ 우연히
08. accidentally              ⓗ 최첨단의

**B** 우리말 뜻에 맞게 빈칸에 알맞은 어휘를 찾아 넣으세요.

| ⓐ streamline | ⓑ literacy | ⓒ scale |
| ⓓ conflict | ⓔ column | ⓕ draft |

09. 대규모로           on a large _____
10. 공급망을 간소화하다   _____ supply chains
11. 초안              rough _____
12. 컴퓨터 사용 능력     computer _____
13. 일정 충돌          scheduling _____
14. 기둥에 기대다       lean against a _____

**정답** 01 ⓒ  02 ⓓ  03 ⓐ  04 ⓑ  05 ⓕ  06 ⓔ  07 ⓗ  08 ⓖ  09 ⓒ  10 ⓐ  11 ⓕ  12 ⓑ  13 ⓓ  14 ⓔ

# Mini Test

**Select the best answer to complete the sentence.**

01. If you have any further questions, please do not ------- to contact us.

    (A) mind  (B) prefer  (C) defer  (D) hesitate

02. The city ------- the abandoned house into a public event space.

    (A) transferred  (B) converted  (C) confirmed  (D) occupied

03. What ------- you the most in your choice of car?

    (A) enabled  (B) appeared  (C) expired  (D) influenced

04. Please send me pricing and other ------- information.

    (A) attentive  (B) competent  (C) relevant  (D) independent

05. She decided to go back to school to ------- a degree in journalism.

    (A) pursue  (B) deserve  (C) recruit  (D) graduate

06. Chapman Engineering has a ------- for being reliable and affordable.

    (A) behavior  (B) consultation  (C) reputation  (D) patron

07. We've developed several logos that can help you ------- your brand identity.

    (A) boost  (B) surpass  (C) brew  (D) restrict

**정답** 01 (D)  02 (B)  03 (D)  04 (C)  05 (A)  06 (C)  07 (A)

**해설** 01 추가로 문의 사항이 있으시면 주저하지 말고 저희에게 연락하세요.  02 시에서는 버려진 주택을 공공 행사 공간으로 바꾸었다.  03 자동차 선택에 가장 영향을 준 것은 무엇입니까?  04 가격 및 기타 관련 정보를 보내 주십시오.  05 그녀는 학교로 돌아가 언론학 학위를 따기로 결심했다.  06 Chapman Engineering은 신뢰할 수 있고 가격이 합리적이라는 평판을 가지고 있다.  07 저희는 귀사의 브랜드 정체성 증진을 도울 수 있는 로고를 몇 개 개발했습니다.

# Level up  접속 부사 ②

### 부가, 첨가의 접속 부사

- **furthermore** 게다가, 뿐만 아니라
- **moreover** 게다가
- **additionally** 게다가, 또한 (= in addition)
- **besides** 게다가, 뿐만 아니라
- **above all** 무엇보다도, 특히

All employees must put their personal items in boxes before the move. **Furthermore**, they must disconnect all electronic items such as computers. 모든 직원들은 이사하기 전에 개인 물품을 상자에 넣어야 합니다. 뿐만 아니라 컴퓨터와 같은 모든 전자 제품의 전원을 분리해야 합니다.

Please send an e-mail to the client to explain the problem. **In addition**, ask for an extension on the deadline.
고객에게 이메일을 보내서 문제점을 설명하세요. 또한 마감일을 연장해 달라고 요청하세요.

### 대조의 접속 부사

- **in contrast** 반대로, 그에 반해서
- **on the contrary** 그와는 반대로, 오히려
- **conversely** 거꾸로, 정반대로
- **on the other hand** 반면에, 다른 한편으로는

That man works in the shipping industry. **In contrast**, that woman works in the manufacturing industry. 저 남자는 해운업에 종사한다. 그에 반해서, 저 여자는 제조업에 종사한다.

The new medicine could help people suffering from back pain. **On the other hand**, it has some potentially dangerous side effects. 그 신약은 요통을 앓고 있는 사람들에게 도움이 될 수 있을 것이다. 반면에, 그것은 몇 가지 잠재적으로 위험한 부작용을 가지고 있다.

### 요약의 접속 부사

- **to conclude** 결론적으로 말하자면
- **in conclusion** 결론적으로

Last year, sales at the firm finally began to improve. **In conclusion**, the future at our firm looks bright.
작년에 드디어 회사의 매출이 좋아지기 시작했다. 결론적으로, 우리 회사의 미래는 밝아 보인다.

## setup
[sétʌp]

**ⓝ** 설치

All festival vendors are responsible for the **setup** and the breakdown of equipment.
축제의 모든 판매자들은 장비의 설치 및 해체를 책임져야 합니다.

> **어휘 POINT**
> set up은 '설치하다, 마련하다, 일정을 세우다' 등의 의미로 쓰이는 동사구이다.
> I'd like to **set up** a meeting for us to begin discussing this assignment.
> 우리가 이 과제에 대한 논의를 시작할 수 있도록 회의 일정을 잡고 싶습니다.

---

## strict
[strikt]

**ⓐ** 엄격한

Meeting the **strict** requirements for the project will be challenging. 그 프로젝트의 엄격한 요구 사항을 충족하는 것은 어려울 것이다.

**strictly** ad. 엄격하게

> **출제 POINT**
> 부사 strictly는 prohibit(금지하다), forbid(금지하다), regulate(규제하다), limit(제한하다), control(통제하다)과 같은 제한과 관련된 동사를 수식한다.
> Working from home without a supervisor's approval is (**strictly** / tightly) **prohibited**. 관리자의 승인 없이 재택근무를 하는 것은 엄격히 금지되어 있다.

---

## substitute
[sʌ́bstitjùːt]

**ⓝ** 대용품, 대리  **ⓥ** 대신하다

find a **substitute** instructor 대리 강사를 구하다

I can **substitute** for you on that shift.
그 교대 근무는 제가 당신을 대신할 수 있습니다.

> **출제 POINT**
> 〈substitute A for B〉(B를 A로 대체하다)의 형태로 쓰인다. 〈substitute 대체품 for 원제품〉의 순서에 유의하자.
> Customers can (**substitute** / distinguish) non-dairy products **for** the milk in any of the café's hot beverages. 고객들은 카페의 모든 따뜻한 음료에 들어가는 우유를 비유제품으로 대체할 수 있다.

---

## congestion
[kəndʒéstʃən]

**ⓝ** 혼잡, 정체

ease traffic **congestion** 교통 혼잡을 완화하다

Traffic **congestion** has steadily increased over the past few years. 교통 체증은 지난 몇 년간 꾸준히 증가했다.

## tune
[tjuːn]

**v** (방송 채널·주파수 등을) 맞추다

**tune in** to a radio program 라디오 프로그램에 주파수를 맞추다

**Stay tuned** for the latest news coming up right after this commercial break.
이 광고 방송 직후에 나오는 최신 뉴스를 계속 청취해 주십시오.

> **어휘 POINT**
> tune은 주로 tune in, stay tuned의 형태로 쓰이는데, keep watching, keep listening과 같은 뜻이다.

## slot
[slɑt]

**n** 시간대

A Friday afternoon time **slot** would best allow us to accommodate your event. 금요일 오후 시간대는 우리가 귀하의 행사를 수용할 수 있는 가장 좋은 시간대가 될 것입니다.

## complicated
[kámpləkèitid]

**a** 복잡한

The new e-mail procedure is too **complicated**.
새로운 이메일 절차는 너무 복잡하다.

> **출제 POINT**
> process(과정), procedure(절차), instructions(지시, 설명서) 등의 명사를 수식한다. If the assembly **instructions** are (**complicated** / multiple), customers will not be able to understand them. 조립 설명서가 복잡하면 고객들은 그것을 이해할 수 없을 것이다.

---

remark - remarkable

## remark
[rimɑ́ːrk]

**n** 발언  **v** 말하다

opening **remarks** 개회사

The mayor **remarked** on the improvements in the city since his election. 시장은 자신의 당선 이후 시의 발전에 대해 언급했다.

## remarkable
[rimɑ́ːrkəbl]

**a** 주목할 만한, 현저한

The house looks **remarkable** now that the renovations on it are complete. 그 집은 보수 공사가 다 끝나니 눈에 확 띈다.

> **어휘 POINT**
> 성과와 관련된 명사인 progress(발전), achievement(성취), performance(성과), success(성공) 등을 수식한다.
> The creative ad campaign for the washing machine was a **remarkable success**. 그 세탁기의 창의적인 광고 캠페인은 주목할 만한 성공을 거두었다.

## suspend
[səspénd]

**ⓥ (일시) 중단하다, 보류하다**

**suspend** delivery service 배송 서비스를 일시 중단하다

Train service to Belmont Station will be **suspended** from September 1 to 30.
Belmont 역으로 향하는 열차 운행은 9월 1일부터 30일까지 일시 중단됩니다.

> **출제 POINT**
> temporarily(일시적으로), permanently(영구적으로)와 같은 부사의 수식을 받는다.
> If you fail to make the payment on time, your account will be **temporarily** (**suspended** / suspending). 제때 비용을 지불하지 못한다면, 당신의 계정은 일시적으로 정지될 것입니다.

---

## theme
[θi:m]

**ⓝ 주제, 테마**

Recent trends in manufacturing is the **theme** of the conference in Huntsville. 제조업의 최근 동향이 Huntsville에서 열리는 학회의 주제이다.

---

## adapt
[ədǽpt]

**ⓥ 적응하다, 익숙해지다**

The new technician is having trouble **adapting** to his role.
신입 기술자는 자신의 역할에 적응하는 데 어려움을 겪고 있다.

> **어휘 POINT**
> adopt(채택하다)와의 철자 및 의미 차이를 확인하자.

---

## adhere
[ədhíər, ædhíər]

**ⓥ 고수하다, 준수하다**

Employees must **adhere to** general guidelines when scheduling a meeting.
직원들은 회의 일정을 잡을 때 일반적인 지침을 준수해야 한다.

**adhesive** n. 접착제

> **출제 POINT**
> adhere to(~을 고수하다)의 형태로 쓰이며, 비슷한 표현으로 stick to가 있다.
> Factory employees who do not **adhere** (**to** / with) the safety rules will receive a warning from the supervisor. 안전 수칙을 지키지 않는 공장 직원들은 감독관으로부터 경고를 받을 것이다.

## blend
[blend]

Ⓝ 혼합물　Ⓥ 섞다, 혼합하다

a shirt made with a cotton and polyester **blend**
면과 폴리에스테르 혼방 셔츠

The architect's vision for the bridge **blends** a traditional look with modern safety features. 그 건축가의 다리에 대한 비전은 전통적인 외관과 현대적인 안전 기능을 혼합한 것이다.

---

### amazing - amazed

## amazing
[əméiziŋ]

ⓐ 놀라운

We joined a couple of safaris to see some **amazing** animals in the region.
우리는 그 지역의 놀라운 동물들을 보기 위해 두어 번의 사파리에 합류했다.

## amazed
[əméizd]

ⓐ 놀란

You'll be **amazed** to see how convenient the Excelsior multitool can be. Excelsior 만능 공구가 얼마나 편리한지 보시면 놀라실 겁니다.

> **어휘 POINT**
> amazed는 amazing과 달리 명사 앞에서 명사를 수식하기보다는 사람을 주어로 하는 문장의 보어로 주로 쓰인다.

---

### circulate - circuit

## circulate
[sə́ːrkjuèit]

Ⓥ (정보를) 유포하다

I can help **circulate** the information on social media if you'd like.
원하신다면 제가 SNS에 정보를 유포하는 것을 도울 수 있습니다.

**circulation** n. 1. 유포　2. 도서 대출

> **어휘 POINT**
> circulation은 circulation desk(도서관의 대출대)의 형태로 많이 쓰인다.

## circuit
[sə́ːrkit]

Ⓝ 1. 순환(로)　2. 회로

Participants in the bicycle race will ride on a 20-kilometer **circuit** through town.
자전거 경주의 참가자들은 마을을 통과하는 20km의 순환 코스를 돌 것이다.

## envelope
[énvəlòup]

**n** 봉투

prepaid mailing **envelope** 선불 우편 봉투
Bids should be placed in a sealed **envelope**.
입찰서는 밀봉된 봉투에 넣어야 합니다.

> **기출표현**
> • seal an envelope 봉투를 밀봉하다  • self-addressed envelope 반신용 봉투

## equal
[íːkwəl]

**a** 같은, 동등한

Renters will pay a security deposit **equal to** one month's rent.
임차인들은 한 달 치 임대료에 해당하는 보증금을 지불할 것이다.

> **출제 POINT**
> equal to(~와 같은)의 형태로 쓰인다.
> Garden Watch Magazine's subscription rate is now (**equal** / compatible) **to** that of its main competitor. 〈Garden Watch Magazine〉의 구독률은 이제 그 잡지의 주요 경쟁지의 구독률과 같다.

## eventually
[ivéntʃuəli]

**ad** 결국, 최종적으로

Mr. Piece hopes to **eventually** get promoted to an executive position at the company.
Piece 씨는 최종적으로 회사에서 임원의 자리에 오르기를 희망한다.

## folk
[fouk]

**a** 민속의

**folk** festival 민속 축제

**Folk** music has become popular in many parts of the country recently. 민속 음악이 최근에 그 나라의 많은 지역에서 인기를 얻고 있다.

## discard
[diskáːrd]

**v** 버리다, 폐기하다

Please **discard** the temporary card upon receiving your permanent one. 영구적인 카드를 받는 즉시 임시 카드를 폐기하십시오.

> **출제 POINT**
> lost items(분실물)가 주어인 문장에서 동사 자리에 들어갈 어휘로 discard를 고르는 문제가 출제된 바 있다.
> **Lost items** that have not been claimed within thirty days will be (**discarded** / desired). 30일 이내에 찾아가지 않은 분실물은 폐기된다.

> **어휘 POINT**
> 비슷한 의미의 표현으로 dispose of, throw away, get rid of 등이 있다.

## freight
[freit]

ⓝ 화물

Customers must arrange for **freight** pickup and pay a shipping fee. 고객들은 화물 수거를 예약하고 배송비를 지불해야 합니다.

> **어휘 POINT**
> 불가산명사이며 유의어로는 cargo, shipment, load 등이 있다.

## occur
[əkə́:r]

ⓥ 발생하다, 일어나다

The problem with the generator has **occurred** three times this month. 발전기 관련 문제는 이번 달에 세 번 발생했다.

## overnight
[óuvərnait] a.
[òuvərnáit] ad.

ⓐ 하룻밤 동안의   ad 하룻밤 사이에

**overnight** delivery 익일 배송

Thanks to the success of her movie, Lara Duncan became a celebrity **overnight**.
영화의 성공으로 Lara Duncan은 하루아침에 유명인이 되었다.

> **기출 표현**
> • overnight stay 일박          • overnight shift 철야 근무
> • overnight mail 빠른 우편, 익일 특급 우편

## ladder
[lǽdər]

ⓝ 사다리

One of the people is climbing a **ladder**.
사람들 중 한 명이 사다리를 오르고 있다.

> **기출 표현**
> 파트 1 빈출 어휘이며, 기출 표현에는 다음과 같은 것들이 있다.
> • carry a ladder 사다리를 나르다   • stand on a ladder 사다리 위에 서다

## lodge
[lɑdʒ]

ⓝ 산장   ⓥ 숙박하다

The city will give travelers a new **lodging** option in the city center. 시에서는 여행객들에게 도심에서의 새로운 숙박 선택권을 제공할 것이다.

## mission
[míʃən]

ⓝ 임무, 사명

company's **mission** 회사의 사명

Our **mission** is to be the best supplier in the region.
우리의 사명은 지역 최고의 납품업체가 되는 것이다.

DAY 23

## compensation
[kàmpənséiʃən]

**n** 1. 보상(금) 2. 보수, 급여

Volunteers do not receive financial **compensation**.
자원봉사자들은 금전적인 보상을 받지 못합니다.

**compensate** v. 보상하다

> **어휘 POINT**
> 유의어로는 wage, salary, pay 등이 있다.

---

## pile
[pail]

**n** 더미, 무더기  **v** 쌓다

a **pile** of documents 서류 더미 (= a stack of documents)

Some papers have been **piled** on a desk. 서류가 책상 위에 쌓여 있다.

> **출제 POINT**
> 파트 1 빈출 어휘이다. 비슷한 의미의 어휘로는 stack이 있다.

---

## permanent
[pə́ːrmənənt]

**a** 1. 영구적인 2. 정규직의

**permanent** position 정규직 (↔ temporary position 임시직)

I haven't found a **permanent** place to live in this city yet.
나는 아직 이 도시에서 평생 살 곳을 찾지 못했다.

---

## plaza
[pláːzə, plǽzə]

**n** 광장

toll **plaza** (고속도로) 요금소

The shopping **plaza** is filled with people on weekends and holidays. 그 쇼핑몰은 주말과 공휴일에는 사람들로 가득 차 있다.

---

resist - resistant

## resist
[rizíst]

**v** 견디다, 저항하다

This monitor is made of material that **resists** scratches.
이 모니터는 긁힘에 견디는 소재로 만들어졌다.

## resistant
[rizístənt]

**a** 저항력이 있는

water-**resistant** material 내수성 물질

Stainless steel is highly **resistant** to rust.
스테인리스강은 녹에 매우 강하다.

> **어휘 POINT**
> water-resistant가 물에 젖는 것을 일정 수준 견디는 '내수성'을 가리킨다면, waterproof는 '방수가 되는'이라는 의미이다.

## satellite
[sǽtəlàit]

ⓝ 위성

**satellite** office 지국

They plan to put four new **satellites** into space by the end of the year. 그들은 연말까지 4개의 새로운 인공위성을 우주로 발사할 계획이다.

---

## prevent
[privént]

ⓥ 막다, 예방하다

Please write the address clearly to **prevent** a delivery delay. 배송 지연을 예방하기 위해 주소를 또렷하게 적어 주십시오.

> **출제 POINT**
> 종종 damage(피해, 손상)를 목적어로 취한다.
> Please put additional packaging material around the item to (**prevent** / deteriorate) **damage**. 손상을 방지하기 위해 추가적인 포장재를 물품 주위에 넣으세요.

> **어휘 POINT**
> 〈prevent A from V-ing〉(A가 ~하는 것을 막다)의 형태로 쓰인다.
> The fence **prevents** people **from** entering the property. 울타리는 사람들이 사유지에 들어가는 것을 막는다.

---

## slight
[slait]

ⓐ 약간의

The company made a **slight** change in its marketing plans. 그 회사는 마케팅 계획을 약간 변경했다.

**slightly** ad. 약간, 조금

---

## solid
[sálid]

ⓐ 1. 고체의, 단단한  2. 확실한, 탄탄한  3. 단색의

**solid** wood flooring 단단한 나무 바닥재

light green **solid** shirt 연두색 단색 셔츠

Applicants should have a **solid** professional background in writing. 지원자들은 글쓰기에서 탄탄한 전문적 경력이 있어야 한다.

> **어휘 POINT**
> solid는 '꽉 찬, 빈 데가 없는'의 의미로도 쓰인다.
> I'm booked **solid** this weekend. 나는 이번 주말에 약속이 꽉 차 있다.

---

## stable
[stéibl]

ⓐ 안정적인

The company's stock price remained **stable** despite the poor economy. 그 회사의 주가는 경기 침체에도 불구하고 안정세를 유지했다.

## promising
[prámisiŋ]

**ⓐ 유망한, 촉망되는**

**promising** young artists 유망한 젊은 예술가들

Tests on the new medication have produced **promising** results.
신약 테스트에서 유망한 결과가 나왔다.

> **어휘 POINT**
> seem/look/sound promising은 '유망해 보이다'라는 뜻이다.
> Several job candidates **look promising**, so we can probably hire someone soon. 몇 명의 구직자들이 유망해 보이기 때문에 우리는 아마도 곧 누군가를 고용할 수 있을 거예요.

---

## sleeve
[sli:v]

**ⓝ 소매**

short-**sleeved** shirt 반팔 셔츠

The man is rolling up his **sleeves**. 남자가 소매를 걷어붙이고 있다.

---

## superior
[su:píəriər]

**ⓐ 우수한, 우위의**

Competition between businesses helps create **superior** products. 기업 간의 경쟁은 우수한 제품을 만드는 데 도움이 된다.

> **출제 POINT**
> superior는 직원의 자질이나 성과를 나타내는 skill(기술), knowledge(지식), performance(성과) 등을 수식한다.
> Ms. Lambert's (**superior** / external) analytical **skills** will be assets during her career. Lambert 씨의 우수한 분석력은 그녀가 일하는 내내 자산이 될 것이다.

---

## convince
[kənvíns]

**ⓥ 설득하다, 납득시키다**

I've **convinced** them **that** a social media campaign would be the most effective option.
나는 SNS 캠페인이 가장 효과적인 선택이 될 거라고 그들을 설득했다.

> **어휘 POINT**
> 〈convince A(사람) of B(사물)〉, 〈convince 사람 that절〉, 〈convince 사람 to V〉 등의 다양한 형태로 쓰인다.
> It was difficult to **convince** board members **of** the need for a change.
> 이사들에게 변화의 필요성을 납득시키는 것은 어려웠다.

## template
[témpleit, témplit]

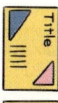

ⓝ 견본, 템플릿

contract **templates** 계약서 견본들

Users can access hundreds of **templates** to create their own designs.
사용자들은 수백 개의 템플릿을 이용하여 자신만의 디자인을 만들 수 있다.

## thrilled
[θrild]

ⓐ 신나는, 아주 흥분되는

I am **thrilled** to welcome Ms. Houston to the legal department.
Houston 씨를 법무팀에 맞이하게 되어 정말 기쁘게 생각합니다.

> **어휘 POINT**
> 주어가 사람이면 thrilled, 사물이면 thrilling을 사용한다.
> **We** are (**thrilled** / thrilling) to have such a distinguished guest on our show today. 오늘 저희 프로그램에 이렇게 유명한 초대 손님을 모시게 되어 매우 기쁩니다.

## authentic
[ɔːθéntik]

ⓐ 진짜의, 진정한

Come and enjoy **authentic** Italian dishes.
오셔서 진정한 이탈리아 요리를 즐기세요.

> **어휘 POINT**
> 유의어로는 real, genuine 등이 있다.

## trim
[trim]

ⓥ 다듬다, 잘라내다

have one's hair **trimmed** 머리를 다듬다

The bushes in front of the building need **trimming**.
건물 앞에 있는 덤불은 잘라낼 필요가 있다.

## bend
[bend]

ⓥ 구부리다, 숙이다

The man is **bending** over a box of tools.
남자가 공구 상자 위로 몸을 숙이고 있다.

> **어휘 POINT**
> 불규칙동사로서 bend – bent – bent와 같이 변화한다.

## screw
[skru:]

**ⓝ** 나사 **ⓥ** 나사로 고정하다

**Screw** the long wooden piece into the frame.
긴 나무 부품을 프레임 안에 나사로 고정하세요.

## steel
[sti:l]

**ⓝ** 강철, 강

stainless **steel** 스테인리스강

The increase in **steel** prices has made construction projects more expensive. 철강 가격 상승으로 인해 건설 프로젝트 비용이 더 비싸졌다.

## boulevard
[búləvà:rd]

**ⓝ** 대로, 큰길

Next Monday is the grand opening of our newest store on East **Boulevard**. 다음 주 월요일은 East 대로에 있는 저희 신규 매장의 개업일입니다.

> **어휘 POINT**
> 주로 업체의 주소를 나타낼 때 쓰이며, 비슷한 의미의 단어로는 avenue, street 등이 있다.

---

**concept - misconception**

## concept
[kánsept] Am
[kɔ́nsept] Br

**ⓝ** 개념, 콘셉트

The investors were impressed with the new design **concept**.
투자자들은 새로운 디자인 콘셉트에 깊은 인상을 받았다.

## misconception
[mìskənsépʃən]

**ⓝ** 오해, 잘못된 생각

A **common misconception** is that buying a house is always a good investment, but this is not true. 한 가지 일반적인 오해는 집을 사는 것이 항상 좋은 투자라는 것이지만, 이것은 사실이 아니다.

> **어휘 POINT**
> misconception은 popular(대중적인), common(흔한), widespread(널리 퍼진)와 같은 형용사의 수식을 받는다.

## contemporary
[kəntémpərèri]

**ⓐ** 현대의, 당대의

The dance academy offers lessons in various classic and **contemporary** styles.
그 무용 학원은 다양한 고전과 현대 스타일의 레슨을 제공한다.

> **기출 표현**
> • contemporary art 현대 미술      • contemporary design 현대 디자인

## bin
[bin]

**n** (뚜껑 달린) 통

recycling **bin** 재활용품 분리수거 함

overhead **bin** (열차·비행기 등의) 머리 위 짐칸

A trash **bin** is full of tree branches. 쓰레기통이 나뭇가지로 가득 차 있다.

## tuition
[tjuːíʃən]

**n** 등록금, 수업료

**tuition** fee 수업료

You must pay the entire **tuition** before classes begin.
수업 시작 전에 수업료 전액을 납부하셔야 합니다.

> 기출표현
> • tuition support 학비 지원    • tuition assistance 학비 보조

## detect
[ditékt]

**v** 찾아내다, 감지하다

They regularly conduct tests to **detect** changes in water quality. 그들은 수질 변화를 감지하기 위해 정기적으로 테스트를 실시한다.

**detector** n. 탐지 장치

## vent
[vent]

**n** 환기(구), 통풍(구)

air **vent** 통풍구

The exhaust **vents** need to be cleaned. 배기구는 청소가 필요하다.

**ventilation** n. 환기, 통풍

## choir
[kwáiər]

**n** 합창단

The Hazeltown High School **Choir** will perform at 11:00 A.M.
Hazeltown 고등학교 합창단은 오전 11시에 공연할 것이다.

# Review Test

**A** 영어 단어의 알맞은 뜻을 찾아 연결하세요.

01. eventually     ⓐ 견본
02. detect     ⓑ 우수한
03. template     ⓒ 찾아내다
04. superior     ⓓ 결국

05. authentic     ⓔ 현대의
06. convince     ⓕ 진짜의
07. contemporary     ⓖ 설득하다
08. substitute     ⓗ 대신하다

**B** 우리말 뜻에 맞게 빈칸에 알맞은 어휘를 찾아 넣으세요.

| ⓐ circulate | ⓑ congestion | ⓒ slight |
| ⓓ overnight | ⓔ strict | ⓕ permanent |

09. 정규직     _____ position
10. 익일 배송     _____ delivery
11. 정보를 유포하다     _____ the information
12. 교통 혼잡을 완화하다     ease traffic _____
13. 약간 변경하다     make a _____ change
14. 엄격한 요구 사항     _____ requirements

정답   01 ⓓ   02 ⓒ   03 ⓐ   04 ⓑ   05 ⓕ   06 ⓖ   07 ⓔ   08 ⓗ   09 ⓕ   10 ⓓ   11 ⓐ   12 ⓑ   13 ⓒ   14 ⓔ

# Mini Test

**Select the best answer to complete the sentence.**

01. Stainless steel is highly ------- to rust.

    (A) apparent    (B) inferior    (C) resistant    (D) appropriate

02. Train service to Belmont Station will be ------- from September 1 to 30.

    (A) respected    (B) suspended    (C) responded    (D) attracted

03. The new technician is having trouble ------- to his role.

    (A) updating    (B) appealing    (C) reporting    (D) adapting

04. Employees must ------- to general guidelines when scheduling a meeting.

    (A) surrender    (B) expose    (C) adhere    (D) aspire

05. Renters will pay a security deposit ------- to one month's rent.

    (A) alternative    (B) equal    (C) frequent    (D) total

06. Please ------- the temporary card upon receiving your permanent one.

    (A) discard    (B) blend    (C) subscribe    (D) purchase

07. The creative ad campaign for the washing machine was a ------- success.

    (A) voluntary    (B) wasteful    (C) mandatory    (D) remarkable

---

**정답** 01 (C)  02 (B)  03 (D)  04 (C)  05 (B)  06 (A)  07 (D)

**해석** 01 스테인리스강은 녹에 매우 강하다.  02 Belmont 역으로 향하는 열차 운행은 9월 1일부터 30일까지 일시 중단됩니다.  03 신입 기술자는 자신의 역할에 적응하는 데 어려움을 겪고 있다.  04 직원들은 회의 일정을 잡을 때 일반적인 지침을 준수해야 한다.  05 임차인들은 한 달 치 임대료에 해당하는 보증금을 지불할 것이다.  06 영구적인 카드를 받는 즉시 임시 카드를 폐기하십시오.  07 그 세탁기의 창의적인 광고 캠페인은 주목할 만한 성공을 거두었다.

# Level up  접속 부사 ③

### 인과의 접속 부사

- **therefore** 따라서, 그러므로
- **as a result** 결과적으로
- **hence** 그러므로, 따라서
- **consequently** 결과적으로, 그 결과로서
- **thus** 따라서, 그러므로

There was bad weather throughout the entire region. **Therefore**, the delivery arrived two days late. 그 지역의 전역에 걸쳐 악천후가 있었다. 그래서 배송이 이틀 늦게 도착했다.

The company could not raise enough funds for the project. **Consequently**, the effort to build the bridge failed.
그 회사는 프로젝트를 위한 충분한 자금을 조달할 수 없었다. 결과적으로 다리를 건설하려는 노력은 실패했다.

### 순서의 접속 부사

- **then** 그 다음에, 그리고
- **subsequently** 그 후에
- **afterward** 그 후에, 나중에
- **thereafter** 그 후에

I'm going to pass out some forms for you to complete. **Then**, we'll take a tour of the facility. 여러분이 작성하실 몇 가지 양식을 나눠 드리겠습니다. 그 다음에 우리는 시설을 둘러볼 것입니다.

During the interview process, you will meet with the head of the department. **Afterward**, you will take a test to show us your skills. 면접 과정 도중 여러분은 부서장님을 만나게 될 것입니다. 그 후에 여러분의 실력을 우리에게 보여 주기 위한 시험을 치르게 될 것입니다.

### 주제 전환의 접속 부사

- **meanwhile** 한편
- **incidentally** 그런데, 그건 그렇고
- **by the way** 그런데

The weather should improve in the coming days. **Meanwhile**, in local news, the mayor announced his plans to improve the city's infrastructure. 가까운 시일 내에 날씨가 좋아질 것입니다. 한편, 지역 뉴스로 넘어가서, 시장은 도시의 기반 시설을 개선하겠다는 계획을 발표했습니다.

RANKING 1381~1440

DAY 24

## frustrated
[frʌ́strèitid]

ⓐ 좌절감을 느끼는, 불만스러운

Karen was **frustrated** because her boss did not appreciate her hard work. Karen은 상사가 자신의 노고를 인정해 주지 않아 좌절감을 느꼈다.

> **어휘 POINT**
> 주어가 사람이면 frustrated, 사물이면 frustrating(좌절감을 주는, 불만스러운)을 사용한다.
> A delayed flight is a **frustrating** experience for passengers. 항공편 지연은 승객들에게 좌절감을 주는 경험이다.

## incredible
[inkrédəbl]

ⓐ 놀라운, 믿기 어려운

There were a lot of **incredible** products at the technology conference. 기술 컨퍼런스에는 놀라운 제품들이 많이 있었다.

**incredibly** ad. 엄청나게, 믿을 수 없을 정도로

> **어휘 POINT**
> in(아닌)+credit(믿다)+ible(~할 수 있는) → 믿을 수 없는

## nervous
[nə́ːrvəs]

ⓐ 불안한, 긴장되는

I'm really **nervous** about the meeting because it's with a new client. 새로운 고객과 함께 하기 때문에 그 회의에 대해 정말로 긴장된다.

## partial
[páːrʃəl]

ⓐ 부분적인

make a **partial** payment 일부를 지불하다

The business trip was considered a **partial** success.
그 출장은 부분적인 성공으로 여겨졌다.

**partially** ad. 부분적으로

## overhead
[óuvərhed] a.
[òuvərhéd] ad.

ⓐ 머리 위의  ad 머리 위에, 하늘 높이

place one's baggage in the **overhead** racks
가방을 머리 위 선반에 올려놓다

Visitors can see planes flying **overhead** at the park near the airport.
방문객들은 공항 근처의 공원에서 하늘 높이 날아가는 비행기들을 볼 수 있다.

> **기출표현**
> • overhead bin (항공기의) 짐칸 (= overhead compartment)

## emergency
[imə́ːrdʒənsi]

ⓝ 비상(사태)

**emergency** generator 비상용 발전기

I have money put aside for **emergencies**.
나는 비상시를 대비하여 모아 둔 돈이 있다.

---

## fertilizer
[fə́ːrtəlàizər]

ⓝ 비료

They use organic **fertilizer** composed only of natural matter.
그들은 오직 자연 물질로만 이루어진 유기 비료를 사용한다.

---

## incur
[inkə́ːr]

ⓥ 발생시키다, 초래하다

**incur** an opportunity cost 기회비용을 발생시키다

The document shows how to report any expenses **incurred** during business travel.
그 문서에는 출장 중에 발생한 모든 비용을 보고하는 방법이 나와 있다.

> **출제 POINT**
>
> charge(요금), fee(요금), cost(비용), expense(비용, 지출)와 같은 명사들이 목적어로 자주 나오며, mileage(주행 거리)도 목적어로 나온 바 있다.
> Employees will be reimbursed for any automobile **mileage** (**incurred** / compiled) during their business trips. 직원들은 출장 중에 발생한 자동차 주행 거리에 대해 상환을 받을 것이다.

---

## fiscal
[fískəl]

ⓐ 회계의, 재정의

the country's **fiscal** policy 국가의 재정 정책

The budget shows anticipated travel expenses during the upcoming **fiscal** year.
그 예산안은 다가오는 회계연도 동안 예상되는 출장 비용을 보여 준다.

---

## numerous
[njúːmərəs]

ⓐ 많은, 다수의

There are **numerous** medical facilities to choose from in this region. 이 지역에는 선택할 수 있는 많은 의료 시설이 있다.

> **어휘 POINT**
>
> numerous 다음에는 가산명사가 온다. 유의어로는 many, a lot of 등이 있다.

DAY 24

## grateful
[gréitfəl]

**ⓐ** 감사하는, 고마워하는

We are **grateful** for all of the assistance she provided to us.
우리는 그녀가 우리에게 제공한 모든 도움에 고마움을 느낀다.

> **어휘 POINT**
> I/We would be grateful if는 '~해 주시면 고맙겠습니다'라는 의미의 정중한 표현이다.
> **We would be grateful if** you could provide your honest feedback.
> 여러분의 솔직한 의견을 주시면 감사하겠습니다.

## gratitude
[grǽtitjùːd]

**ⓝ** 감사, 고마움

express one's **gratitude** 감사를 표하다
I want to show my **gratitude** to all the engineers.
모든 엔지니어들에게 감사를 표하고 싶습니다.

> **어휘 POINT**
> 유의어로 appreciation이 있다.

## linen
[línən]

**ⓝ** (침대 시트·식탁보 등의) 리넨 (제품)

We offer high-quality materials like silk, **linen**, denim, wool, and fine cotton.
우리는 실크, 리넨, 데님, 울, 고급 면과 같은 고품질의 직물을 제공합니다.

## marble
[máːrbl]

**ⓝ** 대리석

**marble** flooring 대리석 바닥재
We have both granite and **marble** countertops here in our showroom. 이곳 저희 전시장에는 화강암과 대리석 조리대가 모두 있습니다.

## sign-up
[sáinʌp]

**ⓝ** (서명에 의한) 등록, 가입

I'll pass around a **sign-up** sheet for volunteers.
자원봉사 참가 신청서를 돌리겠습니다.

> **어휘 POINT**
> sign up for는 '~을 신청하다, ~을 등록하다'라는 의미의 동사구이다.
> Employees can **sign up for** the workshop by e-mailing the instructor.
> 직원들은 강사에게 이메일을 보냄으로써 워크숍을 신청할 수 있다.

## orchard
[ɔ́ːrtʃərd]

**n** 과수원

The **orchards** were full of blossoms during the spring months.
봄철에는 과수원에 꽃이 만발했다.

---

## pace
[peis]

**n** 속도, 페이스

fast-**paced** work environment 빠른 속도의 업무 환경

While the first episode of the television series was slow, the **pace** picked up later.
그 TV 시리즈의 첫 회는 전개가 느렸지만, 나중에 속도가 빨라졌다.

> **출제 POINT**
> fast(빠른), slow(느린), steady(꾸준한), moderate(적당한)와 같은 형용사의 수식을 받으며, quicken(빠르게 하다), slow(느리게 하다)와 같은 동사의 목적어가 된다.
> The company will need to **quicken** the (**pace** / measure) of construction to finish on time. 그 회사는 제시간에 완공하기 위해 공사 속도를 빠르게 할 필요가 있을 것이다.

---

## rehearsal
[rihə́ːrsəl]

**n** 리허설, 예행 연습

group **rehearsal** 단체 리허설

The theater company started **rehearsals** of its upcoming production. 극단은 곧 있을 작품의 리허설을 시작했다.

**rehearse** v. 리허설을 하다

---

## formula
[fɔ́ːrmjələ]

**n** 제조법, 공식

Mr. Roth hopes to perfect his glue **formula** soon.
Roth 씨는 곧 그의 접착제 제조법을 완성하기를 희망한다.

---

## roast
[roust]

**v** 굽다, 볶다  **a** 구운

freshly **roasted** nuts 갓 볶은 견과류

I'll have the **roast** beef sandwich. 저는 구운 소고기 샌드위치를 먹겠습니다.

---

## rotate
[róuteit]

**v** 교대하다, 순환 근무를 하다

The interns will **rotate** through jobs in several departments.
인턴사원들은 여러 부서에서 순환 근무할 것이다.

## redeem
[ridí:m]

**v** (현금·상품 등으로) 바꾸다

Users of the app can **redeem** the points they earn to receive meals. 앱 사용자는 자신이 얻은 포인트를 식사로 바꿀 수 있다.

> **출제 POINT**
> 상점 적립금, 상품권 등을 현금이나 상품으로 바꾸는 것을 뜻하며, gift voucher(상품권), coupon(쿠폰), credit(적립금), point(점수) 등의 어휘와 함께 나온다.
> This **gift voucher** is valid for €200.00 and can be (**redeemed** / nominated) only by the recipient. 이 상품권은 200 유로 상당의 가치가 있으며, 수령인만이 그것을 상품으로 교환할 수 있다.

---

## rough
[rʌf]

**a** 1. 대강의 2. 힘든, 거친

**rough** draft 초고

Drivers should slow down on this **rough** road.
운전자들은 이 험한 도로에서 속도를 줄여야 한다.

---

## souvenir
[sù:vəníər]

**n** 기념품

**souvenir** shop 기념품 가게

All tour participants get a complimentary picture frame as a **souvenir**. 모든 투어 참가자들은 기념품으로 무료 사진 액자를 받는다.

---

## portfolio
[pɔːrtfóuliòu]

**n** 1. (디자이너의) 작품집 2. 투자 자산 구성

graphic design **portfolio** 그래픽 디자인 작품집

This **portfolio** has seen a high return on investment over the past year. 이 포트폴리오는 지난 한 해 높은 투자 수익을 기록했다.

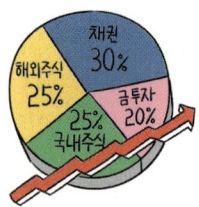

> **어휘 POINT**
> portfolio(포트폴리오)는 크게 두 가지 뜻이 있는데, 하나는 디자이너나 사진작가 등이 자신의 작품 샘플을 모아 놓은 작품집이고, 다른 하나는 주식이나 채권 등의 유가증권 일람표를 말한다.

---

## adequate
[ǽdəkwit]

**a** 1. 충분한 2. 적절한

An **adequate** supply of spare machine parts is essential for maintaining steady production.
안정적인 생산을 유지하기 위해서는 충분한 예비 기계 부품 공급이 필수적이다.

> **기출 표현**
> • adequate space 충분한 공간    • adequate budget 충분한 예산

## advocate
[ǽdvəkit]

ⓝ 옹호자, 지지자

Ms. Murphy is a leading **advocate** of animal rights.
Murphy 씨는 동물 권리 옹호에 앞장서고 있다

---

## waive
[weiv]

ⓥ (권리를) 포기하다, 적용하지 않다

Parking fees will be **waived** for all visitors today.
오늘은 모든 방문객에 대해 주차 요금이 면제됩니다.

**waiver** n. (권리) 포기, 포기 서류

> **출제 POINT**
>
> waive의 목적어로 fee(요금), cost(비용), charge(요금) 등이 오면 '청구하지 않다, 면제하다'라는 의미로 쓰인다.
> The Randolph Club will (**waive** / vacate) its registration **fee** for new members this month. Randolph 클럽은 이번 달에 신규 회원 등록비를 면제할 것이다.

DAY 24

---

vibrate - vibrant

## vibrate
[váibreit]

ⓥ 진동하다

Phones must be set to **vibrate** during all training sessions.
모든 교육 중에는 전화기를 진동으로 설정해 놓아야 합니다.

## vibrant
[váibrənt]

ⓐ 1. 활기찬 2. 생생한, 선명한

**vibrant** color 선명한 색상

This area has a rich history and a **vibrant** downtown.
이 지역은 풍부한 역사와 활기찬 도심을 가지고 있다.

---

## await
[əwéit]

ⓥ 기다리다

long-**awaited** spring lecture schedule
오랫동안 기다려온 봄철 강의 일정

Each team is eagerly **awaiting** the end-of-the-year sales numbers. 각 팀은 연말 판매 실적을 간절히 기다리고 있다.

> **어휘 POINT**
>
> await는 wait와 달리 뒤에 전치사 없이 바로 목적어가 오며, wait에 비해 문어적인 어휘이다.

## timely
[táimli]

**ⓐ** 시기적절한

in a **timely** manner 시기적절하게

I greatly appreciate your **timely** help.
당신의 시기적절한 도움에 대단히 감사드립니다.

> **어휘 POINT**
> ly가 붙었지만, 부사가 아닌 형용사라는 점에 주의하자. 명사에 ly가 붙어 형용사로 쓰이는 어휘는 timely, friendly(친절한), orderly(질서 정연한), costly(값비싼) 등이 있다.

## refurbish
[ri:fə́:rbiʃ]

**ⓥ** 새로 꾸미다, 재단장하다

The flat will be completely **refurbished** for the new tenants.
그 아파트는 새로운 세입자들을 위해 완전히 새 단장을 할 것이다.

> **어휘 POINT**
> 반품된 제품을 판매하는 매장을 '리퍼브' 매장이라고 하는데, refurbish에서 비롯된 말이다. 유의어로는 renovate가 있다.

### biography - autobiography

## biography
[baiágrəfi]

**ⓝ** 전기

She and her sister collaborated on a **biography** of their father.
그녀는 여동생과 공동으로 아버지의 전기를 집필했다.

## autobiography
[ɔ̀:təbaiágrəfi]

**ⓝ** 자서전

My favorite musician wrote an **autobiography**.
내가 가장 좋아하는 음악가가 자서전을 썼다.

> **어휘 POINT**
> auto(자신의, 스스로의)+biography(전기)의 형태이며, 'auto+명사' 형태의 다른 어휘로는 autograph(서명), automobile(자동차) 등이 있다.

## criteria
[kraitíəriə]

**ⓝ** 기준, 척도

meet all the **criteria** 모든 기준을 충족시키다

Participants will be selected according to these **criteria**.
참가자들은 이러한 기준에 따라 선발될 것이다.

> **어휘 POINT**
> criterion의 복수형이며 따라서 복수명사로 취급한다.

## vacuum
[vǽkjuəm]

**ⓝ** 진공청소기  **ⓥ** 진공청소기로 청소하다

**vacuum** cleaner 진공청소기

Leather furniture should be **vacuumed** or wiped with a slightly damp cloth.
가죽 가구는 진공청소기로 청소하거나 약간 축축한 천으로 닦아야 한다.

wipe - swipe

## wipe
[waip]

**ⓥ** 닦다

**wipe** down a countertop 조리대를 닦다

The man is **wiping** some windows. 남자가 창문을 닦고 있다.

## swipe
[swaip]

**ⓥ** (신용카드 등을) 인식시키다

**Swipe** your ID card through the card reader.
카드 리더기에 ID 카드를 인식시키세요.

> **어휘 POINT**
> 신용카드 단말기의 가늘고 긴 홈에 신용카드를 넣고 위에서 아래로 당겨 카드를 인식시키는 동작을 swipe라고 한다.

## blueprint
[blú:prìnt]

**ⓝ** 청사진, 계획

The architect's **blueprints** show that the apartments will be quite spacious. 건축가의 청사진은 아파트가 꽤 넓을 것임을 보여 준다.

## detergent
[ditə́:rdʒənt]

**ⓝ** 세제

Tired of laundry **detergents** that fade the colors in your clothing? 옷의 색깔을 바래게 하는 세탁 세제에 질리셨나요?

## dig
[dig]

**ⓥ** 파다, 발굴하다  **ⓝ** 발굴

archeological **dig** site 고고학적 발굴 현장

I've been **digging** up old articles and found several that will help with our report.
예전 기사를 찾아봤는데 우리 보고서에 도움이 될 만한 것을 몇 개 찾았어요.

> **어휘 POINT**
> 불규칙 동사로서 dig - dug - dug으로 변화한다.

## compile
[kəmpáil]

ⓥ 편집하다, 취합하다

**compile** a report 보고서를 편집하다

I've **compiled** consumer data from our top 10 stores.
저는 우리의 상위 10개 매장의 고객 데이터를 취합했습니다.

> **출제 POINT**
>
> compile은 record(기록), report(보고서), data(데이터), list(목록) 등의 명사를 목적어로 취한다.
>
> We must (**compile** / ~~adhere~~) the financial **records** this week so we can calculate how much tax is due. 우리는 우리가 내야 할 세금이 얼마인지 계산할 수 있도록 이번 주에 재무 기록을 취합해야 한다.

---

income - outcome

## income
[ínkʌm]

ⓝ 소득, 수입

main source of **income** 주된 수입원

**Income** levels are rising in the city and surrounding areas.
그 도시 및 주변 지역의 소득 수준이 상승하고 있다.

## outcome
[áutkʌ̀m]

ⓝ 결과

Ms. Ayala was not pleased with the **outcome** of the inspection.
Ayala 씨는 조사 결과에 만족하지 않았다.

---

doubt - undoubtedly

## doubt
[daut]

ⓝ 의심 ⓥ 의심하다

**doubt** the truth of a report 보고서의 진실성을 의심하다

I **have no doubt that** he would be a valuable asset to your team.
그가 당신 팀의 소중한 자산이 될 것임을 의심하지 않습니다.

> **어휘 POINT**
>
> '~라는 것에 의심의 여지가 없다'라는 뜻의 〈have no doubt that절〉, 〈there is no doubt that절〉 등의 표현이 자주 쓰인다.

## undoubtedly
[ʌndáutidli]

ⓐⓓ 의심할 여지없이, 틀림없이

He's **undoubtedly** one of the best guitarists of all time.
그는 의심할 여지없이 역사상 최고의 기타리스트 중 한 명이다.

## factor
[fǽktər]

**n** 요인, 요소

decisive **factor** 결정적인 요소

Choosing a suitable location is the most important **factor** in opening a new branch.
적합한 위치를 고르는 것이 새 지점을 여는 데 있어 가장 중요한 요소이다.

---

## convey
[kənvéi]

**v** 전달하다, 전하다

Please **convey** my thanks to everyone who participated in the grand opening celebration.
개장식에 참석해 주셨던 모든 분들께 감사의 말씀을 전해 주십시오.

> **어휘 POINT**
> convey의 목적어로 자주 쓰이는 명사는 idea(생각), emotion(감정), information(정보), message(메시지) 등이다. 유의어는 communicate, express가 있다.

---

## evident
[évidənt]

**a** 분명한, 명백한

It is **evident** that the water damage was caused by a hole in the roof. 침수 피해는 지붕에 뚫린 구멍 때문에 발생한 것이 분명하다.

**evidence** n. 증거

---

## brainstorm
[bréinstɔ̀ːrm]

**v** 아이디어를 생각해 내다, 브레인스토밍하다

We need a quiet space for our team members to lead a **brainstorming** session.
우리 팀원들이 브레인스토밍 회의를 이끌 조용한 공간이 필요하다.

---

## entail
[intéil]

**v** 수반하다, 필요로 하다

The assignment **entails** travel to locations throughout Canada.
그 임무는 캐나다 전역의 장소들을 여행하는 것을 수반한다.

> **어휘 POINT**
> 1. 유의어로는 require(필요로 하다), involve(포함하다) 등이 있다.
> 2. 명사와 동명사를 목적어로 취한다.
>    Business success **entails developing** a strong customer base.
>    사업의 성공은 탄탄한 고객층을 구축하는 것을 수반한다.

DAY 24

## mover
[múːvər]

**n** 이사업체

Professional **movers** have been contracted to carry these items to designated areas.
이 물품들을 지정된 장소로 옮기기 위해 전문 이사업체들이 계약되었다.

## precise
[prisáis]

**a** 정확한, 정밀한

The recipe requires very **precise** amounts of ingredients.
그 조리법은 아주 정확한 양의 재료를 필요로 한다.

**precision** n. 정확성, 정밀성

## modest
[mádist]

**a** 적당한, 심하지 않은

Additional samples can be purchased at a **modest** price.
추가 견본은 적당한 가격에 구입할 수 있습니다.

## tentative
[téntətiv]

**a** 잠정적인

**tentative** timeline 잠정적인 시간표

I'll send you a **tentative** schedule for the interviews.
잠정적인 면접 일정을 보내드리겠습니다.

> 기출표현
> • tentative agreement 잠정 합의　• tentative itinerary 잠정적인 여행 일정

## blanket
[blǽŋkit]

**n** 1. 담요　2. 짙게 드리운 안개나 구름

fold a **blanket** 담요를 개다

All flights were delayed because of a **blanket** of fog.
짙게 드리운 안개 때문에 모든 비행기가 연착되었다.

## tend
[tend]

**v** ~하는 경향이 있다, ~하기 쉽다

Customers who bring children with them **tend** to shop quickly.
아이들을 데리고 오는 고객들은 쇼핑을 빨리 하는 경향이 있다.

## engrave
[ingréiv]

**v** 새기다

The name of the museum founder is **engraved** on a panel at the entrance of the building.
건물 입구에 있는 명판에 박물관 설립자의 이름이 새겨져 있다.

---

## railing
[réiliŋ]

**n** 난간

hold onto a **railing** 난간을 잡다

A **railing** has been installed by the stairs. 계단에 난간이 설치되어 있다.

> **어휘 POINT**
> 파트 1 빈출 어휘이다. 계단을 따라 설치된 난간이 철로(rail)를 닮았다고 해서 붙여진 이름이다. 유의어로는 handrail이 있다.

# Review Test

**A** 영어 단어의 알맞은 뜻을 찾아 연결하세요.

01. rotate — ⓐ 의심할 여지없이
02. evident — ⓑ 작품집
03. portfolio — ⓒ 분명한
04. undoubtedly — ⓓ 교대하다

05. outcome — ⓔ 활기찬
06. vibrant — ⓕ 정확한
07. precise — ⓖ 믿기 어려운
08. incredible — ⓗ 결과

**B** 우리말 뜻에 맞게 빈칸에 알맞은 어휘를 찾아 넣으세요.

| ⓐ tentative | ⓑ compile | ⓒ criteria |
| ⓓ fiscal | ⓔ timely | ⓕ factor |

09. 회계연도 — _____ year
10. 보고서를 편집하다 — _____ a report
11. 시기적절하게 — in a _____ manner
12. 잠정적인 시간표 — _____ timeline
13. 모든 기준을 충족시키다 — meet all the _____
14. 결정적인 요소 — decisive _____

정답  01 ⓓ  02 ⓒ  03 ⓑ  04 ⓐ  05 ⓗ  06 ⓔ  07 ⓕ  08 ⓖ  09 ⓓ  10 ⓑ  11 ⓔ  12 ⓐ  13 ⓒ  14 ⓕ

# Mini Test

**Select the best answer to complete the sentence.**

01. There are ------- medical facilities to choose from in this region.

    (A) rough  (B) timely  (C) anonymous  (D) numerous

02. We would be ------- if you could provide your honest feedback.

    (A) exciting  (B) promising  (C) grateful  (D) polite

03. The document shows how to report any expenses ------- during business travel.

    (A) commented  (B) participated  (C) incurred  (D) comprehended

04. The assignment ------- travel to locations throughout Canada.

    (A) aims  (B) entails  (C) motivates  (D) experiments

05. Users of the app can ------- the points they earn to receive meals.

    (A) recharge  (B) redeem  (C) revise  (D) promote

06. I have no ------- that he would be a valuable asset to your team.

    (A) charity  (B) content  (C) balance  (D) doubt

07. The flat will be completely ------- for the new tenants.

    (A) refurbished  (B) relieved  (C) consented  (D) addressed

---

정답  01. (D)  02. (C)  03. (C)  04. (B)  05. (B)  06. (D)  07. (A)

해석  01 이 지역에는 선택할 수 있는 많은 의료 시설이 있다.  02 여러분의 솔직한 의견을 주시면 감사하겠습니다.  03 그 문서에는 출장 중에 발생한 모든 비용을 보고하는 방법이 나와 있다.  04 그 임무는 캐나다 전역의 장소들을 여행하는 것을 수반한다.  05 앱 사용자는 자신이 얻은 포인트를 식사로 바꿀 수 있다.  06 그가 당신 팀의 소중한 자산이 될 것임을 의심하지 않습니다.  07 그 아파트는 새로운 세입자들을 위해 완전히 새 단장을 할 것이다.

# Level up — 접속 부사 ④

## 추가, 환언의 접속 부사

- **indeed** 실은, 사실대로 말하자면
- **namely** 즉, 다시 말해
- **in other words** 다시 말해서

The intern's performance this summer was exceptional. **Indeed**, we should consider offering her a full-time position here. 그 인턴의 올 여름 성과는 매우 뛰어났습니다. 사실, 우리는 그녀에게 이곳에서의 정규직 자리를 제공하는 것을 고려해야 합니다.

We encountered bad traffic on the roads, and then our car got a flat tire. **In other words**, we missed our flight to Hong Kong. 우리는 도로에서 심한 교통 체증을 겪었고, 그 후 우리 차의 타이어에 펑크가 났다. 다시 말해, 우리는 홍콩행 비행기를 놓쳤다.

## 일반화의 접속 부사

- **in general** 대개, 일반적으로
- **on the whole** 대체로, 전체적으로
- **for the most part** 대개, 보통

Some mistakes were made during the training session. But **on the whole**, our new employees are learning quickly.
교육 도중에 몇 가지 실수가 있었습니다. 하지만 전반적으로 우리 신입 직원들은 빠르게 배우고 있습니다.

There were a few issues during the product demonstration. However, **for the most part**, the attendees were impressed by the new product.
제품 시연 도중 몇 가지 문제가 있었다. 그러나 참석자들은 대부분 신제품에 깊은 인상을 받았다.

## 조건의 접속 부사

- **otherwise** 그렇지 않으면

You must always submit your timesheet on the last day of the month. **Otherwise**, you might not receive your paycheck on time. 여러분은 항상 그 달의 마지막 날에 근무 시간 기록표를 제출해야 합니다. 그렇지 않으면 급여를 제때 받지 못할 수도 있습니다.

RANKING 1441~1500

DAY 25

## premises
[prémisiz]

**n** (건물이 딸린) 부지, 구내

All security equipment on the **premises** is checked regularly.
구내의 모든 보안 장치는 정기적으로 점검된다.

> **어휘 POINT**
> on the premises(부지 내에서, 구내에)라는 표현이 자주 쓰인다.
> Visitors may not stay **on the premises** after 9 P.M. 방문객들은 저녁 9시 이후에는 구내에 머물 수 없다.

## aid
[eid]

**v** 돕다　**n** 지원, 원조

first-**aid** kit 응급처치 키트

All participants must **aid** in the maintenance of the facility.
모든 참가자는 시설의 유지 보수를 도와야 합니다.

## stretch
[stretʃ]

**n** 길게 뻗은 구간　**v** 몸을 쭉 펴다, 늘이다

**stretch** one's arms 팔을 쭉 펴다

This Monday, construction work on a long **stretch** of Sylvan Avenue will begin.
이번 주 월요일에 Sylvan 가의 길게 뻗은 구간에 대한 공사가 시작될 것이다.

## intermission
[ìntərmíʃən]

**n** (공연 도중의) 휴식 시간, 막간

There will be a brief **intermission** between the two performances.
두 공연 사이에는 짧은 휴식 시간이 있을 것입니다.

## workout
[wə́ːrkàut]

**n** 운동

Stretching before a **workout** is important. 운동 전 스트레칭이 중요하다.

> **어휘 POINT**
> work out은 '운동하다'라는 의미의 동사구이다.
> With the Gold Membership at Frank's Gym, you can **work out** as often as you like. Frank 헬스클럽의 골드 회원권이 있으면 여러분은 원하는 만큼 자주 운동할 수 있습니다.

## excel
[iksél]

**v** 뛰어나다

**excel** in one's field 자신의 분야에서 뛰어나다

She **excels** at helping businesses increase overall sales.
그녀는 기업들이 전반적인 매출을 올리도록 돕는 데 뛰어나다.

## rebate
[ríːbeit] n.
[ribéit] v.

**n** 환급, 캐시백  **v** 환급하다

To receive your $20 **rebate**, please submit a completed **rebate** form and the original receipt.
20달러를 환급 받으려면 완성된 환급 양식과 원본 영수증을 제출하세요.

---

## sweep
[swiːp]

**v** (빗자루로) 쓸다

He's **sweeping** a street. 그는 거리를 쓸고 있다.

> **어휘 POINT**
> 파트 1 전용 어휘로서 sweep의 목적어로는 floor(마루), walkway(통로, 보도), street(거리), staircase(계단) 등이 자주 나온다. broom(빗자루)과도 자주 쓰인다.
> He is **sweeping** the hallway with a **broom**. 그는 빗자루로 복도를 쓸고 있다.

---

## utensil
[juːténsəl]

**n** 주방용품, 식기류

cooking **utensils** 조리 기구

We should hand-wash dishes and **utensils**.
우리는 접시와 식기를 손으로 설거지해야 한다.

---

## air
[eər]

**v** 방송하다

The radio show **aired** an exclusive interview with a famous actress. 그 라디오 프로그램은 유명 여배우와의 단독 인터뷰를 방송했다.

---

## ambitious
[æmbíʃəs]

**a** 야심 찬, 의욕적인

The newly appointed sales manager is young and **ambitious**.
새로 임명된 영업부장은 젊고 의욕적이다.

> **출제 POINT**
> ambitious는 goal(목표), project(프로젝트), plan(계획) 등의 명사와 함께 자주 쓰인다.
> The fund-raising committee had the (**ambitious** / prosperous) **goal** of raising $50,000 in two weeks. 기금 모금 위원회는 2주 안에 5만 달러를 모금하겠다는 야심 찬 목표를 가지고 있었다.

---

## tutorial
[tjuːtɔ́ːriəl]

**n** 튜토리얼, 사용 지침 프로그램

Shoppers can sign up for a free **tutorial** on how to use the equipment. 쇼핑객들은 장비 사용법에 대한 무료 튜토리얼을 신청할 수 있다.

DAY 25

## supplement
[sʌ́pləmənt]

ⓝ 보충(제)  ⓥ 보충하다

dietary **supplement** 건강 보조 식품

vitamin **supplement** 비타민 보충제

Ms. Sullivan **supplements** her income by teaching private lessons. Sullivan 씨는 개인 교습을 해서 수입을 보충한다.

## botanical
[bətǽnikəl]

ⓐ 식물의 (= botanic)

**Botanical** gardens often preserve rare species of plants.
식물원은 종종 희귀한 종의 식물들을 보존한다.

## cartridge
[kɑ́ːrtridʒ]

ⓝ 카트리지

ink **cartridge** 잉크 카트리지

I bought the wrong kind of toner **cartridge** for the printer.
프린터용 토너 카트리지를 잘못 샀다.

## chairperson
[tʃéərpəːrsən]

ⓝ 의장, 회장

The award committee **chairperson** nominated Betty Harper for a prize. 수상 위원회의 의장은 Betty Harper를 수상자로 지명했다.

> **어휘 POINT**
>
> chair는 '주재하다, (위원회 등의) 의장을 맡다'라는 뜻의 동사로도 쓰인다.
> Mr. Romero will **chair** the meeting because he is the club's president.
> Romero 씨는 클럽의 회장이기 때문에 회의를 주재할 것이다.

## attorney
[ətə́ːrni]

ⓝ 변호사

The **attorney** said he had never seen a case like this before.
그 변호사는 전에 이 같은 사건을 본 적이 없다고 말했다.

## nursery
[nə́ːrsəri]

ⓝ 화원, 묘목장

tropical flower **nursery** 열대 화원

Customers should visit the **nursery** in person to see its full selection of flowers. 고객들은 화원을 직접 방문해서 다양하게 갖춰 놓은 꽃들을 둘러보는 것도 좋습니다.

## chemical
[kémikəl]

ⓐ 화학의 ⓝ 화학물질

**chemical** storage regulations 화학물질 보관 규정

The owners of the **chemical** plant hope to expand it in the coming year. 화학 공장의 소유주들은 새해에는 공장을 확장하기를 희망한다.

**chemistry** n. 화학

---

## dust
[dʌst]

ⓝ 먼지 ⓥ 먼지를 털다

remove **dust** 먼지를 제거하다

He's **dusting** off the lens of a digital camera.
그는 디지털 카메라 렌즈의 먼지를 털어내고 있다.

---

## element
[éləmənt]

ⓝ 요소

key **elements** 핵심 요소들

Consider selecting colors and design **elements** that match your Web site.
귀사의 웹 사이트에 맞는 색상과 디자인 요소를 선택하는 것을 고려하세요.

---

## aquarium
[əkwéəriəm]

ⓝ 수족관

The city's **aquarium** is one of the most popular tourist attractions.
그 도시의 수족관은 가장 인기 있는 관광 명소 중 하나이다.

---

## asset
[æset]

ⓝ 자산

The park will be a welcome and worthwhile **asset** to the neighborhood. 그 공원은 이웃에게 환영 받는, 가치 있는 자산이 될 것이다.

> **어휘 POINT**
> 회사나 팀에 큰 도움이 되는 직원을 지칭할 때도 asset을 쓴다.
> An experienced salesperson would be a great **asset** to our department.
> 노련한 영업 사원은 우리 부서에 큰 자산이 될 것이다.

---

## commence
[kəméns]

ⓥ 시작하다, 시작되다

The construction project is expected to **commence** on July 1.
건설 사업은 7월 1일 시작될 예정이다.

> **어휘 POINT**
> commerce(상업)와의 철자 및 의미 차이를 확인하자.

DAY 25

## climate
[kláimit]

**n** 1. 기후  2. 풍토, 환경

**climate** change 기후 변화

Mumbai has the proper business **climate** for Genesis Motors to succeed in.
뭄바이는 Genesis Motors가 성공하기에 적절한 사업 환경을 갖추고 있다.

## coast
[koust]

**n** 해안

Our farm equipment sales on the West **Coast**, particularly in California, have been on the rise.
우리의 농기구 판매가 서해안에서, 특히 캘리포니아에서 증가해 왔다.

> **어휘 POINT**
> 비슷한 의미를 지닌 어휘들 중 shore는 '바닷가, 해안가', beach는 주로 휴양을 목적으로 찾는 '해변'을 뜻한다.

## comprehensive
[kàmprihénsiv]

**a** 포괄적인, 광범위한

Andro Tech provides **comprehensive** training for all of its new employees. Andro Tech는 모든 신입 직원들에게 포괄적인 교육을 제공한다.

> **출제 POINT**
> comprehensive는 list(목록), information(정보), database(데이터베이스), study(연구) 등의 명사를 수식한다.
> Researchers will conduct a (**comprehensive** / reliant) **study** of the medication's side effects. 연구원들은 그 약의 부작용에 대한 광범위한 연구를 실시할 것이다.

### fault - faulty

## fault
[fɔːlt]

**n** 잘못

The late delivery is the **fault** of the shipping company.
배송이 늦어진 것은 운송 회사의 잘못이다.

## faulty
[fɔ́ːlti]

**a** 결함이 있는

**faulty** equipment 결함이 있는 장비

The damage to the product was due to **faulty** packaging.
제품의 손상은 불량한 포장 때문이었다.

## scent
[sent]

**n** 향기, 냄새

We recently expanded the laundry detergent line by adding a new **scent**. 우리는 최근에 새로운 향을 첨가하여 세탁 세제 제품을 확장했습니다.

## costume
[kástju:m, kɔ́stju:m]

ⓝ 의상, 복장

**costume** designer 의상 디자이너

All the guests were dressed in Halloween **costumes**.
모든 손님들은 핼러윈 복장을 하고 있었다.

---

## fellow
[félou]

ⓐ 동료의

Mr. Andrews was nominated for the award by his **fellow** employees. Andrews 씨는 동료 직원들에 의해 수상 후보로 지명되었다.

---

## debate
[dibéit]

ⓝ 토론, 논쟁  ⓥ 토론하다

political **debate** 정치적 논쟁

The managers are **debating** which packaging materials to use.
관리자들은 어떤 포장재를 사용할지 논의 중이다.

---

## overwhelming
[òuvərhwélmiŋ]

ⓐ 압도적인, 엄청난

**overwhelming** victory 압도적인 승리

The company received an **overwhelming** number of applications for the position.
그 회사는 그 자리에 엄청난 숫자의 지원서를 받았다.

**DAY 25**

---

## constant
[kánstənt]

ⓐ 끊임없는

The front door leading to the lobby is in **constant** use.
로비로 통하는 현관문은 끊임없이 이용되고 있다.

**constantly** ad. 끊임없이

---

## disclose
[disklóuz]

ⓥ 공개하다, 밝히다

The government refused to **disclose** the details of the settlement. 정부는 합의안의 자세한 내용을 공개하는 것을 거부했다.

> **출제 POINT**
>
> reveal의 유의어이며, information(정보) 등을 목적어로 취한다.
> The Grant Company never (**discloses** / finds) personal contact **information** to others without the user's consent. Grant 사는 사용자의 동의 없이 개인 연락처 정보를 다른 사람에게 절대로 공개하지 않습니다.

## crack
[kræk]

**n** 금  **v** 금이 가다

**cracks** in the ceiling 천장의 금

The glass was found to be **cracked** in several places.
유리에 몇 군데 금이 간 것이 발견되었다.

---

## crop
[krɑp]

**n** 작물

plant a variety of **crops** 다양한 작물을 심다

**Crops** are being harvested for sale.
농작물들이 판매를 위해 수확되고 있다.

---

## apparent
[əpǽrənt]

**a** 명백한, 분명한

Mr. Atwater's success was **apparent** when he decided to open another shop in the theater district. Atwater 씨가 극장가에 또 하나의 가게를 열기로 결심했을 때 그의 성공은 누가 봐도 명백했다.

**apparently** ad. 보아하니

> **어휘 POINT**
> 부사 apparently는 '보아하니'라는 추측의 의미를 갖고 있다는 점에 주의한다.
> **Apparently**, heavy rains are expected this weekend. 보아하니 이번 주말에 폭우가 예상된다.

---

## exterior
[ikstíəriər]

**n** 외부, 외관  **a** 외부의

**exterior** of a building 건물의 외관

A large **exterior** sign would help people find our store easily.
큰 외부 간판 덕분에 사람들이 우리 가게를 쉽게 찾을 수 있을 거예요.

---

## proficient
[prəfíʃənt]

**a** 능숙한, 숙련된

The candidate has to be highly **proficient** with management software. 지원자는 관리 소프트웨어에 매우 능숙해야 합니다.

**proficiency** n. 능숙, 숙달

---

## grain
[grein]

**n** 곡물

whole-**grain** breads 통곡물 빵

Customers can buy **grain** by weight.
고객들은 곡물을 무게 단위로 살 수 있다.

## domestic
[dəméstik]

**ⓐ** 국내의

**domestic** flight 국내선 (항공편)

Are they arriving at the **domestic** or international terminal?
그들은 국내선 터미널에 도착하나요, 국제선 터미널에 도착하나요?

---

firsthand - secondhand - beforehand

## firsthand
[fə:rsthǽnd]

**ⓐ** 직접의

**firsthand** knowledge 직접 체험해서 얻은 지식

Visitors can get a **firsthand** look at the manufacturing techniques. 방문자들은 제조 기술을 직접 볼 수 있다.

## secondhand
[sekəndhǽnd]

**ⓐ** 중고의, 간접의

He bought a cheap **secondhand** car. 그는 값싼 중고차를 샀다.

## beforehand
[bifɔ́:rhǽnd]

**ad** 미리, 사전에

If you are planning to be away from the workplace, please inform your manager **beforehand**.
작업장을 벗어날 계획이라면 여러분의 관리자에게 미리 알려 주시기 바랍니다.

> **어휘 POINT**
>
> firsthand는 글자 그대로 첫 번째(first)로 손(hand)을 댄 것이므로 '직접적인'이라는 의미가 되며, secondhand는 다른 사람에 이어 두 번째(second)로 손을 댄 것이므로 '중고의, 간접의'라는 의미가 된다. beforehand는 손을 대기 전(before)이므로 '사전에'라는 의미가 된다.

DAY 25

---

## hospitality
[haspitǽləti]

**ⓝ** 환대, 친절

**hospitality** industry 서비스업

The mayor urged residents to extend **hospitality** to tourists in the city. 시장은 주민들에게 시의 관광객들에게 환대를 베풀 것을 촉구했다.

## fiber
[fáibər]

**ⓝ** 섬유(질)

They sell disposable containers made from sugarcane **fibers**.
그들은 사탕수수 섬유로 만든 일회용 용기를 판매한다.

---

## largely
[lá:rdʒli]

**ad** 주로, 대체로

The success of the product launch was **largely** the result of the team's hard work. 제품 출시의 성공은 대체로 팀의 노고의 결과였다.

## interrupt
[intərʌ́pt]

**ⓥ 방해하다, 중단시키다**

Audience members are asked to exit the auditorium quietly so as not to **interrupt** the musicians.
관객들은 연주자들을 방해하지 않도록 조용히 강당을 나갈 것을 요청받는다.

**interruption** n. 중단, 방해

> **출제 POINT**
> interruption은 특정 서비스의 중단을 알리는 문맥에서 나온다.
> Commuters were delayed due to the (**interruption** / production) in the downtown **bus services**. 시내버스 운행의 중단으로 인해 통근자들이 지체되었다.

---

## pollution
[pəlúːʃən]

**ⓝ 오염, 공해**

air **pollution** 대기 오염

He'll talk about the dangers of light **pollution** to migrating birds. 그는 빛 공해가 철새들에게 미치는 위험에 대해 말할 것입니다.

---

## loose
[luːs]

**ⓐ 헐거워진, 헐렁한**

The legs on the chair will become **loose** if the screws are not tightened. 나사를 조이지 않으면 의자의 다리가 헐거워질 것입니다.

---

## pedestrian
[pədéstriən]

**ⓝ 보행자**

**pedestrian** walkway 보행자 전용 보도

**Pedestrians** are crossing a street. 보행자들이 길을 건너고 있다.

---

## persuade
[pərswéid]

**ⓥ 설득하다**

**persuade** the staff to attend a presentation
직원들을 설득하여 발표에 참석시키다

She **persuaded** the owner to lower the monthly rent.
그녀는 주인이 월세를 내리도록 설득했다.

---

## native
[néitiv]

**ⓐ 토착의, 토박이의   ⓝ 원주민, 토박이**

**native** people that have lived in the region
그 지역에서 살아 온 원주민들

Jeff Stillman, a **native** of the town, will perform in concert on Tuesday night. 그 고장 토박이인 Jeff Stillman이 화요일 밤에 공연을 한다.

## motion
[móuʃən]

**ⓝ** 움직임, 동작

**motion** sensor 동작 센서

The slightest **motion** could cause the pile of objects to fall down. 아주 사소한 동작도 물건 더미를 무너뜨릴 수 있다.

## phase
[feiz]

**ⓝ** 단계

be in the testing **phase** 시험 단계에 있다

The next **phase** of the building project is installing the water pipes. 그 건축 사업의 다음 단계는 수도관을 설치하는 것이다.

> **어휘 POINT**
> 1. phase는 next(다음의), final(최종의), first(첫 번째)와 같이 순서나 숫자를 나타내는 형용사의 수식을 받는다.
> The **final phase** of the renovations at city hall was delayed.
> 시청 보수 공사의 마지막 단계가 연기되었다.
> 2. phase out은 '단계적으로 폐지하다'라는 의미이다.
> The membership program is being **phased out** and will end on December 31. 멤버십 제도는 단계적으로 폐지되며 12월 31일에 종료됩니다.

## portable
[pɔ́ːrtəbl]

**ⓐ** 휴대용의

**portable** charger 휴대용 충전기

Management must approve **portable** space heaters before use. 사용 전에 경영진이 휴대용 실내 난방기를 승인해야 한다.

## possess
[pəzés]

**ⓥ** 소유하다, 보유하다

Applicants must **possess** a valid driver's license. 지원자들은 유효한 운전면허를 보유해야 합니다.

> **어휘 POINT**
> possessions는 '소지품'이라는 뜻이며, 항상 복수명사로 쓰인다. 유의어로는 belongings가 있다.
> Please keep your personal **possessions** with you at all times during the tour. 투어 중에는 항상 개인 소지품을 챙기시기 바랍니다.

## prestigious
[prestídʒəs]

**ⓐ** 권위 있는, 일류의

The Desmond Award is the most **prestigious** prize given to reporters. Desmond 상은 기자들에게 주어지는 가장 권위 있는 상이다.

# Review Test

**A** 영어 단어의 알맞은 뜻을 찾아 연결하세요.

01. persuade      ⓐ 권위 있는
02. apparent      ⓑ 보행자
03. prestigious      ⓒ 설득하다
04. pedestrian      ⓓ 명백한

05. hospitality      ⓔ 사전에
06. beforehand      ⓕ 끊임없는
07. constant      ⓖ 변호사
08. attorney      ⓗ 환대

**B** 우리말 뜻에 맞게 빈칸에 알맞은 어휘를 찾아 넣으세요.

| ⓐ premises | ⓑ firsthand | ⓒ supplement |
| ⓓ phase | ⓔ domestic | ⓕ excel |

09. 국내선 항공편      _____ flight
10. 구내에 머물다      stay on the _____
11. 자신의 분야에서 뛰어나다      _____ in one's field
12. 직접 체험해서 얻은 지식      _____ knowledge
13. 시험 단계에 있다      be in the testing _____
14. 건강 보조 식품      dietary _____

정답   01 ⓒ   02 ⓓ   03 ⓐ   04 ⓑ   05 ⓗ   06 ⓔ   07 ⓕ   08 ⓖ   09 ⓔ   10 ⓐ   11 ⓕ   12 ⓑ   13 ⓓ   14 ⓒ

# Mini Test

**Select the best answer to complete the sentence.**

01. The construction project is expected to ------- on July 1.

    (A) strive (B) commence (C) persist (D) depend

02. Researchers will conduct a ------- study of the medication's side effects.

    (A) spacious (B) previous (C) conscious (D) comprehensive

03. The Desmond Award is the most ------- prize given to reporters.

    (A) portable (B) secondhand (C) constant (D) prestigious

04. The damage to the product was due to ------- packaging.

    (A) carry-on (B) protective (C) faulty (D) informal

05. The candidate has to be highly ------- with management software.

    (A) proficient (B) common (C) substantial (D) prosperous

06. The success of the product launch was ------- the result of the team's hard work.

    (A) lately (B) promptly (C) usefully (D) largely

07. He'll talk about the dangers of light ------- to migrating birds.

    (A) directory (B) pollution (C) transaction (D) reputation

---

**정답** 01 (B) 02 (D) 03 (D) 04 (C) 05 (A) 06 (D) 07 (B)

**해석** 01 건설 사업은 7월 1일 시작될 예정이다. 02 연구원들은 그 약의 부작용에 대한 광범위한 연구를 실시할 것이다. 03 Desmond 상은 기자들에게 주어지는 가장 권위 있는 상이다. 04 제품의 손상은 불량한 포장 때문이었다. 05 지원자는 관리 소프트웨어에 매우 능숙해야 합니다. 06 제품 출시의 성공은 대체로 팀의 노고의 결과였다. 07 그는 빛 공해가 철새들에게 미치는 위험에 대해 말할 것입니다.

# Level up　　빈도를 나타내는 부사

- **at all times** 항상
- **constantly** 끊임없이, 계속
- **frequently** 종종, 빈번히
- **consistently** 지속적으로
- **continuously** 계속해서 (= continually)
- **repeatedly** 반복적으로, 여러 차례

It is important to be on the watch for unwanted intruders **at all times**.
원치 않는 침입자들을 항상 감시하는 것이 중요하다.

He is **consistently** the hardest-working employee at the company.
그는 회사에서 꾸준히 가장 열심히 일하는 직원이다.

The engine **repeatedly** made some pinging noises and then shut down.
엔진에서 반복적으로 핑 하는 소리가 나더니 멈춰 버렸다.

- **routinely** 일상적으로
- **occasionally** 가끔, 때때로
- **temporarily** 일시적으로
- **regularly** 정기적으로, 주기적으로 (= periodically)
- **momentarily** 잠시, 잠깐 (동안)
- **seldom** 좀처럼 ~하지 않는 (= hardly, rarely)

I **regularly** work out at a gym in order to keep in shape.
나는 몸매를 유지하기 위해 헬스장에서 주기적으로 운동을 한다.

She was **momentarily** surprised when her boss offered her a promotion.
상사가 승진을 제안했을 때 그녀는 잠시 놀랐다.

The elevator is **temporarily** unavailable as a repairman is working on it.
엘리베이터는 수리 기사가 작업 중이어서 일시적으로 이용할 수 없다.

RANKING 1501~1560

## suburb
[sʌ́bəːrb]

**n** 교외

Drivers are usually headed to and from the **suburbs** for work.
운전자들은 일반적으로 업무를 위해 교외를 오간다.

**suburban** a. 교외의

---

## prohibit
[prouhíbit]

**v** 금지하다

The use of cameras or recording equipment is strictly **prohibited**.
카메라나 녹화 장비의 사용은 엄격히 금지되어 있습니다.

> **어휘 POINT**
> ⟨prohibit A from V-ing⟩(A가 ~하는 것을 금지하다)의 문형으로 쓰인다.
> The privacy laws **prohibit** companies **from** sharing your personal information. 개인정보보호법은 회사가 귀하의 개인 정보를 공유하는 것을 금지합니다.

---

## serious
[síəriəs]

**a** 심각한, 진지한

I called this meeting to discuss a **serious** problem.
심각한 문제를 논의하기 위해 이 회의를 소집했습니다.

---

## antique
[æntíːk]

**n** 골동품  **a** 옛날의, 골동품인

**antique** shop 골동품 상점

Fred enjoys browsing the **antiques** at local stores.
Fred는 지역 상점에서 골동품을 구경하는 것을 즐긴다.

---

## deluxe
[dilʌ́ks]

**a** 고급의

**deluxe** apartment 고급 아파트

The café offers a **deluxe** selection of coffees.
그 카페는 엄선된 고급 커피를 제공한다.

---

## argue
[áːrgjuː]

**v** 주장하다

She **argued** that her expenses should be reimbursed.
그녀는 자신의 경비가 상환되어야 한다고 주장했다.

**argument** n. 주장, 논쟁

## solicit
[səlísit]

**v** 간청하다, 구하다

**solicit** bids 입찰을 요청하다

The museum director **solicited** financial support from local businesses. 박물관장은 지역 기업들에게 재정적 지원을 요청했다.

> **어휘 POINT**
> solicit는 support(지원), contribution(기부금), opinion(의견) 등을 목적어로 취한다.

## rear
[riər]

**a** 뒤쪽의, 후방의  **n** 뒤

**rear** door 뒷문

Please report to the office in the **rear** of the store.
매장 뒤쪽에 있는 사무실로 출근해 주세요.

## renowned
[rináund]

**a** 저명한, 명성 있는

**Renowned** art critic Jerod Stallworth will give a lecture at the event. 저명한 미술 평론가인 Jerod Stallworth가 행사에서 강연할 것이다.

## psychology
[saikálədʒi]

**n** 심리(학)

Dr. Wen contributed greatly to the field of **psychology.**
Wen 박사는 심리학 분야에 크게 기여했다.

## thorough
[θə́ːrou]

**a** 철저한, 완전한

This book is the most **thorough** guide to restaurants in the city.
이 책은 그 도시의 음식점에 대한 가장 완전한 안내서이다.

**thoroughly** ad. 철저히, 완전히

> **출제 POINT**
> have a thorough understanding of(~을 아주 잘 알다)의 형태로 출제된다.
> Thanks to his time at Whittaker Tech, Mr. Duval **has a** (**thorough** / last) **understanding of** the IT trends. Whittaker Tech에서 근무한 덕분에 Duval 씨는 IT의 흐름을 아주 잘 알고 있다.

## penalty
[pénəlti]

**n** 벌금, 위약금

Orders may be canceled within five days of ordering with no **penalty.** 주문은 5일 이내에 위약금 없이 취소할 수 있습니다.

DAY 26

## signal
[sígnəl]

**n** 신호

Wi-Fi **signal** 와이파이 신호

GPS works by connecting satellites to ground **signals** to indicate a location.
GPS는 위성을 지상 신호에 연결하여 위치를 표시함으로써 작동한다.

---

## underway
[ʌ̀ndərwéi]

**a** 진행 중인

The much-anticipated construction project for the new terminal is now **underway**.
많은 기대를 모았던 새 터미널 건설 프로젝트가 지금 진행 중이다.

---

## spare
[spɛər]

**a** 여분의  **v** 할애하다

in one's **spare** time 여유 시간에, 틈틈이

Please **spare** ten minutes to complete this survey.
10분만 시간을 할애해서 이 설문조사를 작성해 주십시오.

---

## artificial
[ɑ̀ːrtəfíʃəl]

**a** 인공적인, 인위적인

Some customers complained that our recipe uses **artificial** colors. 몇몇 고객들은 우리 조리법이 인공 색소를 사용한다고 불평했다.

---

## assess
[əsés]

**v** 평가하다, 가늠하다

A consultant was hired to **assess** our manufacturing process.
우리의 제조 공정을 평가하기 위해 컨설턴트가 고용되었다.

---

## transcript
[trǽnskript]

**n** 1. 성적 증명서  2. 글로 옮긴 기록

submit an academic **transcript** 성적 증명서를 제출하다

The following is an edited **transcript** of our conversation.
다음은 우리의 대화 내용을 필사 편집한 것입니다.

**transcription** n. 글로 옮김, 필사

> **출제 POINT**
>
> 파트 7 지문 종류에는 interview transcript 또는 interview transcription이라는 것이 있는데, 면접 내용을 글로 옮긴 기록을 의미하며, 주로 이중 지문이나 삼중 지문 중 하나의 지문으로 출제된다.

## ultimate
[ʌ́ltəmət]

ⓐ 궁극적인, 최고의

**ultimate** aim 궁극적인 목표

This book is the **ultimate** guide to starting your own business.
이 책은 당신의 사업을 시작하기 위한 최고의 지침서입니다.

**ultimately** ad. 결국, 궁극적으로

---

vital - revitalization

## vital
[váitəl]

ⓐ 필수적인, 매우 중요한

Knowing how to use your time efficiently is a **vital** skill.
시간을 효율적으로 사용하는 방법을 아는 것은 매우 중요한 기술이다.

> **출제 POINT**
> vital part(필수적인 부분)의 형태로 자주 쓰인다.
> The slide depicting the building's blueprints was a (**vital** / prompt) **part** of the presentation. 건물의 청사진을 묘사한 슬라이드는 프레젠테이션의 필수적인 부분이었다.

## revitalization
[rivaitəlaizéiʃən]

ⓝ 재생, 활성화

According to the mayor, the city's **revitalization** project is nearly complete.
시장의 말에 따르면, 도시의 활성화 사업은 거의 완료되었다고 한다.

> **어휘 POINT**
> re(다시)+vital(활력이 넘치는)+ization(명사 접미사)의 형태로서 기본 의미는 '다시 활력이 넘치게 만듦'이다.

---

## crate
[kreit]

ⓝ 나무 상자

Carts are being used to move **crates**.
손수레들이 나무 상자들을 옮기는 데 사용되고 있다.

---

## bureau
[bjúərou]

ⓝ 사무소, (관청의) 국

tourism **bureau** 관광국

The presentation will be held at our London **bureau**.
그 프레젠테이션은 우리 런던 사무소에서 하게 될 것이다.

DAY 26

## adopt
[ədápt]

**ⓥ 채택하다**

Our company **adopted** a strategy of diversifying our product line. 우리 회사는 제품군을 다양화하는 전략을 채택했다.

> **어휘 POINT**
> adapt(적응하다)와의 철자 및 의미 차이를 확인하자.

> **기출표현**
> • adopt a policy 방침을 채택하다   • adopt a strategy 전략을 채택하다
> • adopt a regulation 규칙을 채택하다   • adopt a method 방법을 채택하다

## banner
[bǽnər]

**ⓝ 1. 현수막  2. (웹 사이트의) 배너 광고**

advertising **banner** 광고 현수막

The company wants a new logo and **banners** for its Web site. 그 회사는 자사의 웹 사이트에 쓸 새로운 로고와 배너 광고를 원한다.

## expedite
[ékspədàit]

**ⓥ 신속하게 처리하다**

The customer asked the firm to **expedite** delivery of the product. 고객은 회사에 제품 배송을 신속히 처리해 달라고 요청했다.

### classify - classified

## classify
[klǽsəfài]

**ⓥ 분류하다**

The books in the library are **classified** by subject. 도서관의 책들은 주제별로 분류되어 있다.

## classified
[klǽsəfàid]

**ⓐ 1. 기밀의  2. (신문의) 안내 광고의**

**classified** information 기밀 정보

run a **classified** advertisement (신문에) 안내 광고를 게재하다

The copying of **classified** documents for personal use is not allowed. 개인 용도로 기밀문서를 복사하는 것은 허용되지 않는다.

> **어휘 POINT**
> '기밀의'라는 의미의 유의어로 confidential이 있다.

## digit
[dídʒit]

**ⓝ (0부터 9까지의) 숫자**

Can you provide me with the nine-**digit** product code? 9자리로 된 상품 코드를 알려 주시겠습니까?

## considerable
[kənsídərəbl]

**ⓐ 상당한**

As a result of **considerable** effort, the project was completed ahead of schedule.
상당한 노력의 결과로 프로젝트가 예정보다 빨리 완료되었다.

**considerably** ad. 상당히

> **출제 POINT**
> 부사 considerably는 vary considerably(상당히 다르다)의 형태로 출제된 바 있다. The price of airline tickets, even for the same flight, can vary (**considerably** / competently). 항공권 가격은 같은 항공편일지라도 상당히 다를 수 있다.

> **어휘 POINT**
> considerate(배려하는)와의 철자 및 의미 차이를 확인하자.

## cosmetics
[kɑzmétiks]

**ⓝ 화장품**

She found several potential suppliers of raw materials for her **cosmetics** line.
그녀는 자신의 화장품 제품 원재료의 잠재적인 공급처를 몇 군데 찾아냈다.

> **어휘 POINT**
> cosmetics는 복수명사로만 쓰며, cosmetic은 '화장품의, 미용의'라는 뜻의 형용사이다.

## findings
[fáindiŋz]

**ⓝ 조사 결과, 연구 결과**

research **findings** 조사 결과

The **findings** showed that most customers liked our company's new products. 조사 결과는 대부분의 고객들이 우리 회사의 신제품들을 좋아한다는 것을 보여 주었다.

## bother
[bάðər]

**ⓥ 귀찮게 하다, 괴롭히다**

I'm sorry to **bother** you on your day off. 쉬는 날에 귀찮게 해서 미안해요.

## faculty
[fǽkəlti]

**ⓝ 교직원, 교수진**

All of our **faculty** members are certified dance instructors.
저희 교직원들은 모두 자격증이 있는 댄스 강사들입니다.

DAY 26

## devote
[divóut]

ⓥ 바치다, 헌신하다

We will continue to **devote** ourselves **to** providing you with the best chocolate.
여러분에게 최고의 초콜릿을 제공하기 위해 앞으로도 최선을 다하겠습니다.

> **어휘 POINT**
>
> 〈devote 목적어 to 명사/동명사〉(~에 …을 바치다)의 형태로 쓰인다.
> To be successful, you should **devote** time **to** your professional development. 성공하기 위해서, 여러분은 전문성 개발을 위해 시간을 쏟아야 합니다.

## distracting
[distrǽktiŋ]

ⓐ 주의를 산만하게 하는

Too much noise in the library can be **distracting** to those who are trying to focus.
도서관 내의 지나친 소음은 집중하려는 사람들의 주의를 산만하게 할 수 있다.

## moderate
[mάdərit]

ⓐ 적당한, 적절한

**moderate**-sized bathroom 적당한 크기의 욕실

He received a **moderate** raise after his first year at the company.
그는 입사 1년 후에 적당한 수준의 연봉 인상을 받았다.

## ease
[iːz]

ⓝ 쉬움, 용이함

with **ease** 쉽게

The app received positive reviews for its **ease** of use.
그 앱은 사용 편의성이 좋아 호평을 받았다.

## intrigue
[intríːg]

ⓥ 흥미를 불러일으키다

I was **intrigued** by your unique approach to the topic.
저는 주제에 대한 당신의 독특한 접근 방식에 흥미를 느꼈습니다.

## magnetic
[mægnétik]

ⓐ 자기의, 자성을 띤

**magnetic** field 자기장

Robinson Tech specializes in the manufacturing of **magnetic** devices. Robinson Tech는 자기 장치 제조를 전문으로 합니다.

## prominent
[prámənənt]

**a** 1. 두드러진, 유명한  2. 눈에 잘 띄는

He is one of the most **prominent** researchers in the field of chemical engineering.
그는 화학 공학 분야의 가장 저명한 연구자 중 한 명이다.

> **어휘 POINT**
> 건물을 묘사할 때 prominent를 쓸 수 있으며, '눈에 잘 띄는'이라는 의미가 된다. The postcard features the (**prominent** / steady) **buildings** that make up the city's skyline. 그 엽서는 도시의 스카이라인을 구성하는 눈에 띄는 건물들을 특징으로 한다.

## fasten
[fǽsən]

**v** 메다, 조이다

**fasten** one's seatbelt 안전벨트를 메다

The cap has been **fastened** tightly to prevent the oil from leaking. 기름이 새지 않도록 뚜껑이 단단히 조여져 있다.

## continent
[kántənənt]

**n** 대륙

Baseline Airways flies to six **continents**.
Baseline 항공사는 6개 대륙으로 운항합니다.

## expose
[ikspóuz]

**v** 노출시키다, 경험하게 하다

The teacher **exposes** students to a wide range of musical styles in her class.
그 교사는 자신의 수업에서 학생들이 다양한 음악 양식을 경험하도록 한다.

## insert
[insə́ːrt]

**v** 삽입하다, 끼워 넣다

**insert** a plug into an outlet 콘센트에 플러그를 꽂다

The man is **inserting** a ticket into a machine.
남자가 기계에 티켓을 넣고 있다.

## podium
[póudiəm]

**n** 연단

The presenter is standing behind a **podium**.
발표자가 연단 뒤에 서 있다.

## fragile
[frǽdʒəl] Am
[frǽdʒail] Br

**ⓐ 깨지기 쉬운, 파손되기 쉬운**

**fragile** item 파손되기 쉬운 물품

This pottery is **fragile**, so be careful when you place it in the box. 이 도자기는 깨지기 쉬우니 상자에 넣을 때 조심하세요.

## on the contrary
[ɑːn ðə kɑ́ntreri]

그와는 반대로, 오히려

The policy did not upset employees. **On the contrary**, it was very popular. 그 방침은 직원들을 화나게 하기는커녕 오히려 매우 호응이 좋았다.

## insulate
[ínsəlèit] Am
[ínsjuleit] Br

**ⓥ 단열하다**

**insulated** window 단열창

The windows are **insulated**, which reduces heat loss. 창문은 단열이 되어 있는데, 그것은 열 손실을 줄여 준다.

**insulation** n. 단열재

## pretend
[priténd]

**ⓥ ~인 척하다, ~을 가장하다**

**Pretending** you are actually in front of your audience when you are rehearsing is helpful. 리허설을 할 때 실제로 관객들 앞에 있는 척하는 것이 도움이 된다.

## prop
[prɑp]

**ⓥ 받치다, 기대어 놓다**

A ladder has been **propped** against a wall. 사다리가 벽에 기대어져 있다.

## punctual
[pʌ́ŋktʃuəl]

**ⓐ 시간을 잘 지키는**

Marshville bus system will continue to provide **punctual** service. Marshville 버스 시스템은 계속해서 정시 운행 서비스를 제공할 것이다.

## raffle
[rǽfl]

**ⓝ 경품 추첨**

All customers can **enter a raffle** with a chance to win a new car. 고객들은 누구나 신차 당첨 기회가 있는 경품 추첨에 참여할 수 있다.

> **어휘 POINT**
> prize drawing도 '경품 추첨'이라는 뜻이며, enter a raffle[drawing]은 '경품 추첨에 참여하다'라는 의미의 표현이다.
> Having **entered the raffle** at the last minute, he was surprised to win first prize. 막판에 경품 추첨에 참여했기 때문에 그는 1등상을 받게 되어 깜짝 놀랐다.

### mutually
[mjú:tʃuəli]

**ad** 서로, 상호 간에

The two companies **mutually** decided to cancel the contract.
두 회사는 상호 간에 계약을 취소하기로 결정했다.

---

### endure
[indjúər]

**v** 참다, 인내하다

It is worth **enduring** the shopping center's crowds to visit its newest restaurant. 쇼핑센터에서 가장 최근에 생긴 식당을 방문하기 위해 붐비는 인파를 견디는 것은 그럴 만한 가치가 있다.

---

### municipal
[mjunísəpəl]

**a** 시의, 지방자치의

The city is looking for a company to maintain various **municipal** facilities. 시는 다양한 도시 시설을 유지 관리할 회사를 찾고 있다.

---

### polish
[páliʃ]

**v** (광이 나게) 닦다, 윤을 내다 2. (문장을) 다듬다

**polish** the floor 바닥을 광이 나게 닦다

The publishing company's editors are skilled at **polishing** manuscripts. 출판사의 편집자들은 원고를 다듬는 데 능숙하다.

---

### glossy
[glási]

**a** 윤이 나는, 반들반들한

**glossy** paper 광택지

The brochure has a **glossy** finish.
그 홍보용 소책자는 광택이 나는 마감재를 사용했다.

---

### patent
[pǽtənt] Am
[péitnt] Br

**n** 특허(권) **v** 특허를 취득하다

**patent** infringement 특허권 침해

They use a **patented** substance that resists rust.
그들은 녹이 슬지 않는 특허 받은 재료를 사용한다.

---

### overlook
[òuvərlúk]

**v** 내려다보다

Ms. Austin wants to buy a house **overlooking** a lake.
Austin 씨는 호수가 내려다보이는 집을 사고 싶어한다.

# Review Test

**A** 영어 단어의 알맞은 뜻을 찾아 연결하세요.

01. prominent        ⓐ 철저한
02. thorough         ⓑ 상당한
03. fragile          ⓒ 유명한
04. considerable     ⓓ 깨지기 쉬운

05. faculty          ⓔ 조사 결과
06. findings         ⓕ 나무 상자
07. crate            ⓖ 특허
08. patent           ⓗ 교직원

**B** 우리말 뜻에 맞게 빈칸에 알맞은 어휘를 찾아 넣으세요.

| ⓐ classified | ⓑ expedite | ⓒ polish |
| ⓓ moderate | ⓔ artificial | ⓕ transcript |

09. 성적 증명서를 제출하다         submit an academic _____
10. 기밀 정보                    _____ information
11. 인공 색소를 사용하다           use _____ colors
12. 바닥을 광이 나게 닦다          _____ the floor
13. 적당한 크기의 욕실             _____-sized bathroom
14. 제품 배송을 신속히 처리하다     _____ delivery of the product

정답  01 ⓒ  02 ⓐ  03 ⓓ  04 ⓑ  05 ⓗ  06 ⓔ  07 ⓕ  08 ⓖ  09 ⓕ  10 ⓐ  11 ⓔ  12 ⓒ  13 ⓓ  14 ⓑ

# Mini Test

**Select the best answer to complete the sentence.**

01. The teacher ------- students to a wide range of musical styles in her class.

    (A) exposes  (B) prohibits  (C) bothers  (D) urges

02. The city is looking for a company to maintain various ------- facilities.

    (A) periodical  (B) municipal  (C) objective  (D) constant

03. Our company ------- a strategy of diversifying our product line.

    (A) instructed  (B) customized  (C) adopted  (D) classified

04. Knowing how to use your time efficiently is a ------- skill.

    (A) prompt  (B) serious  (C) vital  (D) renowned

05. Too much noise in the library can be ------- to those who are trying to focus.

    (A) intriguing  (B) confused  (C) disappointed  (D) distracting

06. We will continue to ------- ourselves to providing you with the best chocolate.

    (A) devote  (B) solicit  (C) serve  (D) replace

07. Ms. Austin wants to buy a house ------- a lake.

    (A) overseeing  (B) overcharging  (C) overviewing  (D) overlooking

---

**정답** 01 (A)  02 (B)  03 (C)  04 (C)  05 (D)  06 (A)  07 (D)

**해석** 01 그 교사는 자신의 수업에서 학생들이 다양한 음악 양식을 경험하도록 한다.  02 시는 다양한 도시 시설을 유지 관리할 회사를 찾고 있다.  03 우리 회사는 제품군을 다양화하는 전략을 채택했다.  04 시간을 효율적으로 사용하는 방법을 아는 것은 매우 중요한 기술이다.  05 도서관 내의 지나친 소음은 집중하려는 사람들의 주의를 산만하게 할 수 있다.  06 여러분에게 최고의 초콜릿을 제공하기 위해 앞으로도 최선을 다하겠습니다.  07 Austin 씨는 호수가 내려다보이는 집을 사고 싶어한다.

## Level up | 정도를 나타내는 부사

- **rapidly** 빠르게, 급속히
- **significantly** 크게, 상당히
- **seriously** 대단히, 심하게
- **sharply** 급격하게, 날카롭게
- **tremendously** 엄청나게
- **substantially** 상당히

He worked **rapidly** in order to finish everything by the deadline.
그는 모든 일을 기한 내에 끝내기 위해 빠르게 일했다.

The sitcom is **tremendously** popular throughout the entire country.
그 시트콤은 전국적으로 엄청난 인기를 끌고 있다.

- **considerably** 상당히
- **remarkably** 현저히, 눈에 띄게
- **dramatically** 극적으로, 크게
- **noticeably** 두드러지게, 현저히

The computer system worked **dramatically** faster after it received an upgrade.
컴퓨터 시스템은 업그레이드가 된 후 엄청나게 빨라졌다.

The house looks **noticeably** better thanks to the paint job it received.
그 집은 페인트칠을 한 덕분에 눈에 띄게 더 좋아 보인다.

- **moderately** 적당히, 적절하게
- **steadily** 꾸준히, 지속적으로
- **adequately** 적절히, 충분히
- **gradually** 점차, 서서히

The weather should **moderately** improve in the coming days.
앞으로 며칠 동안은 날씨가 적당히 좋아질 것이다.

## random
[rǽndəm]

**ⓐ 무작위의**

at **random** 무작위로

The noises seem to occur at **random** intervals.
소음은 불규칙한 간격으로 발생하는 것 같다.

**randomly** ad. 무작위로

> **출제 POINT**
>
> randomly는 주로 동사 choose와 함께 쓰인다.
> At tonight's game, ten lucky fans will be (**randomly** / correctly) **chosen** to meet the players. 오늘 밤 경기에서는 10명의 행운의 팬들이 무작위로 뽑혀 선수들을 만나게 될 것입니다.

## raw
[rɔː]

**ⓐ 가공되지 않은, 날것의**

**raw** materials 원자재, 원재료

Vegetables which are served **raw** should be washed thoroughly.
익히지 않고 제공되는 야채는 깨끗이 씻어야 한다.

## scatter
[skǽtər]

**ⓥ 흐트러뜨리다, 흩뿌리다**

Some papers are **scattered** on the floor.
종이 몇 장이 바닥에 흩어져 있다.

## stuck
[stʌk]

**ⓐ 꼼짝 못하는, 갇힌**

The bus **got stuck in traffic** during rush hour.
버스는 혼잡한 시간대에 교통 체증에 갇혔다.

> **출제 POINT**
>
> be[get] stuck in traffic은 교통 체증 상황에서 자주 나오는 표현이다.
> Ms. Burns will be late to the staff meeting because she **is** (**stuck** / pulled) **in traffic**. Burns 씨는 교통 체증에 갇혀서 직원 회의에 늦을 것이다.

## giveaway
[gívəwèi]

**ⓝ (무료) 증정품**

promotional **giveaways** 판촉용 증정품

Steve's Deli will offer all kinds of free **giveaways** this coming Saturday. 오는 토요일 Steve's Deli에서 온갖 종류의 무료 증정품을 드립니다.

> **어휘 POINT**
>
> 동사구 give away는 '무료로 나눠 주다'라는 뜻이다.
> The radio station will **give away** two tickets to the upcoming Rock Festival. 라디오 방송국은 다가오는 록 페스티벌의 티켓 두 장을 무료로 나눠 줄 것이다.

## resign
[rizáin]

**ⓥ 사임하다, 물러나다**

He informed the board of his intention to **resign**.
그는 이사회에 자신의 사임 의사를 알렸다.

**resignation** n. 사임, 사직

> **어휘 POINT**
> re(다시)+sign(서명하다) → 입사할 때 계약서에 서명하고, 퇴사할 때 다시 서명하다 → 퇴사하다

## apprentice
[əpréntis]

**ⓝ 수습생, 견습생**

Ken Stone became an **apprentice** tailor when he was only 15 years old. Ken Stone은 고작 15살 때 견습 재단사가 되었다.

## archive
[á:rkaiv]

**ⓝ 기록 보관소, (웹 사이트의) 아카이브**

Subscribers to the magazine will gain access to its complete online **archives**.
잡지의 구독자들은 완전한 온라인 아카이브에 접근하게 될 것이다.

## utilize
[jú:təlàiz]

**ⓥ 이용하다, 활용하다**

I'd like to **utilize** social media in our ad campaigns.
저는 우리 광고 캠페인에 SNS를 활용하고 싶습니다.

## seam
[si:m]

**ⓝ 솔기, 이음매**

We need a better adhesive to reinforce the **seams** on our line of tents. 우리 텐트 제품의 이음매를 보강하기 위해 더 좋은 접착제가 필요합니다.

**seamless** a. 매끄러운, 문제 없는

> **어휘 POINT**
> seamless는 글자 그대로 해석하면 솔기나 이음매가 없이 하나로 연결되었다는 뜻이며, '끊김이 없는, 매끄러운'이라는 비유적인 의미로 쓰인다.
> She has made a **seamless** transition to her current position. 그녀는 자신의 현재의 지위로 원활하게 이동했다.

## cite
[sait]

**ⓥ 인용하다, 언급하다**

He **cited** recent market research conducted by the company.
그는 회사에서 실시한 최근의 시장 조사를 인용했다.

## rigorous
[rígərəs]

ⓐ 엄격한, 철저한

All technicians undergo **rigorous** training to help them become familiar with the company's products.
모든 기술자들은 회사의 제품에 익숙해질 수 있도록 엄격한 교육을 받는다.

**rigorously** ad. 엄격히, 엄밀히

> **출제 POINT**
> rigorous는 주로 training(훈련, 교육), test(테스트), procedure(과정), standard(기준) 등의 명사와 함께 쓰인다.
> Fenway Autos carries out (**rigorous** / feasible) **tests** on each vehicle's parts. Fenway 자동차는 각각의 차량 부품에 대해 엄격한 테스트를 실시한다.

## rural
[rúərəl]

ⓐ 시골의

**rural** area 시골 지역

The resort is located away from the city in a **rural** setting.
그 리조트는 도시에서 떨어진 시골에 위치해 있다.

## spill
[spil]

ⓥ 엎지르다, 흘리다   ⓝ 엎질러진 것

clean up **spills** 엎질러진 것을 닦다

I **spilled** some water on the report. 나는 보고서에 물을 약간 엎질렀다.

## dispute
[dispjú:t]

ⓝ 분쟁, 갈등

Lambda Lightning hopes to resolve its **dispute** with its supplier successfully.
Lambda Lightning은 공급 업체와의 분쟁을 성공적으로 해결하기를 희망한다.

## energetic
[ènərdʒétik]

ⓐ 활기찬, 활동적인

Applicants should be **energetic** and have strong interpersonal skills. 지원자들은 활동적이고 대인 관계 기술이 뛰어나야 합니다.

## venture
[véntʃər]

ⓝ (모험적) 사업, 벤처기업

**venture** capitalist 벤처 투자자

The two computer giants announced a joint **venture** in the Philippines. 두 컴퓨터 대기업은 필리핀에서의 합작 투자 사업을 발표했다.

## adverse
[ædvə́:rs]

**ⓐ 불리한**

**adverse** weather conditions 악천후, 불리한 기상 조건

The patient said that he had suffered some **adverse** effects from his medication.
환자는 약물 복용으로 인해 약간의 부작용을 겪었다고 말했다.

## contaminate
[kəntǽməneit]

**ⓥ 오염시키다**

The oil spill **contaminated** the water supply in the city.
기름 유출은 도시의 상수도를 오염시켰다.

## portrait
[pɔ́:rtrit, pɔ́:treit]

**ⓝ 초상화**

A woman is posing for a **portrait**.
여자가 초상화를 위해 포즈를 취하고 있다.

## exaggerate
[igzǽdʒərèit]

**ⓥ 과장하다**

Mr. Harris has a bad habit of **exaggerating** events.
Harris 씨는 사건을 과장하는 나쁜 버릇이 있다.

## strive
[straiv]

**ⓥ 노력하다, 애쓰다**

We always **strive** to improve our service.
우리는 항상 서비스 개선을 위해 노력합니다.

> **출제 POINT**
>
> 〈strive to V〉(~하기 위해 애쓰다)의 형태로 출제된다.
> Centennial Technology is (**striving** / ~~encouraging~~) **to** remain the market leader in software development. Centennial Technology는 소프트웨어 개발 시장의 선두 자리를 지키기 위해 노력하고 있다.

## faucet
[fɔ́:sit]

**ⓝ 수도꼭지**

turn on a **faucet** 수도꼭지를 틀다

This **faucet** has a leak. 이 수도꼭지는 물이 샌다.

## cargo
[ká:rgou]

**ⓝ 화물**

**cargo** space (자동차의) 화물 적재 공간

A forklift is loading **cargo** into a truck. 지게차가 화물을 트럭에 싣고 있다.

DAY 27

## panel
[pǽnəl]

**n** 1. 판, 판자  2. 패널, 전문가 집단

solar **panel** 태양 전지판

**panel** discussion 공개 토론회

A **panel** of five dentists will speak about their job.
5명의 치과 의사들로 구성된 패널이 그들의 직업에 대해 말할 것이다.

## yield
[ji:ld]

**v** (결과를) 내다, 산출하다

Tests on the engine for Rapier Motors' new SUV have **yielded** surprising results.
Rapier Motors의 신형 SUV 엔진 테스트에서 놀라운 결과가 나왔다.

> **출제 POINT**
>
> yield는 result(결과), feedback(의견), information(정보) 등을 목적어로 취한다.
> A survey (**yielded**/ ~~remarked~~) useful **feedback** about consumer preferences. 한 설문조사에서 소비자 선호도에 대한 유용한 의견이 나왔다.

## flash
[flæʃ]

**n** (카메라) 플래시  **v** 번쩍이다

**flashing** yellow light 번쩍이는 노란 불빛

Please do not use **flash** photography inside the exhibits.
전시장 내에서는 카메라의 플래시를 사용하지 마십시오.

## garment
[gáːrmənt]

**n** 옷, 의류

All **garments** in the women's and men's line must include the new label. 모든 여성 및 남성 의류 상품에는 새 라벨이 있어야 합니다.

> **어휘 POINT**
>
> 유의어로는 apparel, costume 등이 있다.

## persist
[pərsíst]

**v** 계속하다, 지속되다

If the problem **persists**, please contact our helpline.
문제가 지속되면 당사의 전화 상담 서비스에 연락하세요.

**persistent** a. 끈질긴, 집요한

## evenly
[íːvənli]

**ad** 균등하게, 고르게

The work tasks will be divided **evenly** among the team members. 업무는 팀원들 간에 균등하게 분배될 것이다.

## modify
[mάdəfài]

**v** 수정하다, 변경하다

**modify** a schedule 일정을 변경하다

The equipment has been **modified** to suit the requirements of Lawson, Inc. 장비는 Lawson 주식회사의 요구 사항에 맞게 개조되었다.

**modification** n. 수정

## manner
[mǽnər]

**n** 방식, 태도

Responsibilities include receiving complaints from customers and responding in a courteous **manner**.
고객들로부터 불만을 접수하고 정중한 태도로 대응하는 것이 직무에 포함됩니다.

> **어휘 POINT**
> in a manner는 '~한 방식으로'라는 뜻의 숙어 표현으로, manner 앞에 timely(시기적절한), businesslike(사무적인), relaxed(편안한, 느긋한) 등의 형용사를 넣어 의미를 보충한다.
> New deliveries should be unloaded in the warehouse **in a timely manner**. 새 배송품들은 적시에 창고에 하역되어야 한다.

## attribute
[ətríbju:t]

**v** ~의 덕분으로 여기다

The economic growth of Hopewell **is attributed to** the efforts of its mayor. Hopewell의 경제 성장은 시장의 노력에 기인한다.

> **어휘 POINT**
> ⟨attribute A to B⟩(A를 B의 탓으로 여기다) 또는 수동태인 ⟨A be attributed to B⟩(A는 B에 기인하다)의 형태로 쓰이며, B의 자리에는 감사의 대상이나 원인이 나온다.
> Ms. Garza (**attributes** / originates) her success **to** the support she received from her colleagues. Garza 씨는 자신의 성공을 동료들로부터 받은 지원 덕분으로 여긴다.

## ethic
[éθik]

**n** 윤리

I have a strong work **ethic** and am passionate about the work I do. 저는 직업 정신이 투철하고 제가 하는 일에 열정이 있습니다.

**ethics** n. 윤리(학)

## dispenser
[dispénsər]

**n** (물·종이컵 등의) 디스펜서

water **dispenser** 정수기

An employee is pressing a button on a drink **dispenser**.
직원이 음료수 디스펜서의 버튼을 누르고 있다.

## autograph
[ɔ́:təgræf]

**n** (유명인의) 사인  **v** 사인하다

**autographed** item 사인을 한 물품

The writer will **autograph** copies of his novel after the book reading ends.
작가는 도서 낭독이 끝난 후에 자신의 소설책들에 사인을 할 것이다.

> **어휘 POINT**
> '서류 등에 정식으로 서명을 하다'는 sign, 그리고 sign의 명사형은 signature이다.
> The purchase request form must include the **signature** of the department head. 구매 요청서에는 부서장의 서명이 포함되어야 한다.

## festive
[féstiv]

**a** 축제의, 축하하는

In honor of a retiring employee, a **festive** gathering will be held on Friday. 은퇴하는 직원을 축하하기 위해 금요일에 축하 모임이 열릴 것이다.

**festivity** n. 축제

## venue
[vénjuː]

**n** (행사) 장소

event **venue** 행사장

conference **venue** 회의장

Memorial Stadium has become a popular **venue** for concerts, conventions, and athletic competitions. Memorial 스타디움은 콘서트, 컨벤션, 그리고 체육대회 등의 인기 있는 장소가 되었다.

## in-person
[in pə́ːrsn]

**a** 직접의, 실제로 하는

Mr. Jackson is not available for an **in-person** meeting now.
Jackson 씨는 지금은 대면 회의에 참석하실 수 없습니다.

> **어휘 POINT**
> 하이픈이 없는 in person은 '직접'이라는 부사가 된다.
> He will attend the meeting **in person**. 그는 직접 회의에 참석할 것이다.

## invent
[invént]

**v** 발명하다

Dr. Lewis hopes to **invent** a device to help patients with heart problems.
Lewis 박사는 심장 질환을 앓고 있는 환자들을 돕는 장치를 발명하기를 희망한다.

**invention** n. 발명(품)

## circumstances
[sə́:rkəmstænsiz]

**n** 상황, 사정

**under** any **circumstances** 어떠한 경우에도

Due to **circumstances** beyond our control, this year's conference had to be canceled. 어쩔 수 없는 사정으로 인해 올해 회의는 취소되어야 했다.

> **출제 POINT**
>
> 주로 전치사 under와 함께 '~한 상황에서'라는 뜻으로 쓰인다.
> The manual explains the (**circumstances** / circumstantial) **under** which an employee can take time off. 매뉴얼은 직원이 휴가를 낼 수 있는 상황을 설명한다.

---

### civil - citizen

## civil
[sívəl]

**a** 시민의

She works in the **civil** service. 그녀는 공무원이다.

> **어휘 POINT**
>
> civil은 civil engineering(토목 공학), civil engineer(토목 기사)로 쓰이는데, 예전에 군대가 도맡아 하던 토목 공사를 전쟁 중에는 민간(시민)이 맡아서 하게 된 데서 유래되었다고 한다.

## citizen
[sítizən]

**n** 시민

This site is of interest to both tourists and local **citizens**. 이곳은 관광객들과 지역 시민들 모두에게 흥미로운 곳이다.

---

### premium - premier

## premium
[prí:miəm]

**a** 고급의

Henley Garage is offering a **premium** oil change service for just $19. Henley 자동차 정비소는 단돈 19달러에 최고급 오일 교환 서비스를 제공하고 있습니다.

## premier
[primíər]

**a** 최고의

**premier** facilities 최고의 시설

Many travelers are willing to pay more for a **premier** hotel. 많은 여행자들은 최고급 호텔에 더 많은 돈을 낼 용의가 있다.

---

## pending
[péndiŋ]

**a** 임박한, 곧 있을

Industry analysts expect the **pending** merger to be prohibited by the government. 업계 분석가들은 곧 있을 합병이 정부에 의해 금지될 것으로 예상하고 있다.

**DAY 27**

## compose
[kəmpóuz]

**v.** 1. 구성하다 2. 작곡하다

She has **composed** some music for many award-winning songs. 그녀는 많은 수상곡들을 작곡했다.

**composer** n. 작곡가

> **어휘 POINT**
> 주로 수동태인 be composed of의 형태로 '~으로 구성되다'라는 의미로 쓰인다.
> The shelf **is composed of** several wooden parts. 그 선반은 몇 개의 나무 부품으로 구성되어 있다.

---

### instant - instance

## instant
[ínstənt]

**a.** 즉시의, 즉각적인

Her recently published novel has become an **instant** bestseller.
그녀가 최근에 출판한 소설은 즉시 베스트셀러가 되었다.

**instantly** ad. 즉시

## instance
[ínstəns]

**n.** 예, 사례

The check-in process, for **instance**, was quick and easy.
예를 들어 체크인 프로세스는 빠르고 쉬웠습니다.

---

### interpreter - misinterpret

## interpreter
[intə́ːrpritər]

**n.** 통역사

I've hired a sign language **interpreter** for this week's sales conference. 나는 이번 주 영업 회의에 수화 통역사를 고용했다.

## misinterpret
[mìsintə́ːrprit]

**v.** 잘못 해석하다

I **misinterpreted** the driving directions and missed my exit.
운전 길 안내를 잘못 이해해서 출구를 놓쳤다.

---

## identical
[aidéntikəl]

**a.** 동일한, 똑같은

**Identical** training sessions will be conducted in two separate time slots. 동일한 교육이 별도의 두 시간대에 진행될 것입니다.

---

## weld
[weld]

**v.** 용접하다

Some hinges had to be **welded** in order for the door to work properly. 문이 제대로 작동하기 위해 경첩 몇 개를 용접해야 했다.

**welder** n. 용접공

## deserve
[dizə́:rv]

ⓥ ~을 받을 만하다

Ms. Farnsworth **deserves** a day off after working hard on the weekend. Farnsworth 씨는 주말에 열심히 일한 후에 하루 휴가를 낼 자격이 있다.

> 출제 POINT
>
> deserve는 holiday(휴가), award(상), credit(공적의 인정)과 같이 보상이나 포상을 뜻하는 명사를 목적어로 취한다.
>
> Mr. Leslie **deserves** the **credit** for securing contracts with three major clients. Leslie 씨는 세 명의 주요 고객과 계약을 체결한 공로를 인정 받을 만하다.

---

### intelligence - intellectual

## intelligence
[intélidʒəns]

ⓝ 1. 지능, 지성  2. 정보

artificial **intelligence** 인공 지능

Walker Research is the leading provider of market **intelligence** for small businesses.
Walker Research는 소기업들을 위한 시장 정보의 선도적인 제공자이다.

**intelligent** a. 지적인, 똑똑한

## intellectual
[ìntəléktʃuəl]

ⓐ 지적인

I'm looking forward to the seminar regarding **intellectual** property rights. 나는 지식재산권에 관한 세미나를 기대하고 있다.

## tremendous
[triméndəs]

ⓐ 엄청난, 굉장한

Mr. Newsom has played a **tremendous** role in the growth of Mega Dyne. Newsom 씨는 Mega Dyne 사의 성장에 굉장한 역할을 해 왔다.

---

### migrate - immigrate

## migrate
[máigreit]

ⓥ 1. 이주하다, 이동하다  2. (파일을) 이동시키다

**migrating** birds 철새들

The new computer network makes **migrating** customer records a simple process.
새 컴퓨터 네트워크는 고객 기록을 이동시키는 과정을 간단하게 만들어 준다.

## immigrate
[íməgrèit]

ⓥ 이민하다

He **immigrated** to the United States. 그는 미국으로 이민을 갔다.

---

## justify
[dʒʌ́stəfài]

ⓥ 정당화하다

Mr. Keller's success **justifies** the high salary that he receives.
Keller 씨의 성공은 그가 받는 높은 급여에 대한 정당한 사유가 된다.

# Review Test

**A** 영어 단어의 알맞은 뜻을 찾아 연결하세요.

01. tremendous     ⓐ 무작위의
02. dispute     ⓑ 엄청난
03. apprentice     ⓒ 분쟁
04. random     ⓓ 견습생

05. contaminate     ⓔ 지속되다
06. misinterpret     ⓕ 사임하다
07. persist     ⓖ 오염시키다
08. resign     ⓗ 잘못 해석하다

**B** 우리말 뜻에 맞게 빈칸에 알맞은 어휘를 찾아 넣으세요.

| ⓐ stuck | ⓑ circumstances | ⓒ adverse |
| ⓓ raw | ⓔ venue | ⓕ modify |

09. 악천후     _____ weather conditions
10. 일정을 변경하다     _____ a schedule
11. 어떠한 경우에도     under any _____
12. 행사장     event _____
13. 원자재     _____ materials
14. 교통 체증에 갇히다     get _____ in traffic

정답   01. ⓑ   02. ⓒ   03. ⓓ   04. ⓐ   05. ⓖ   06. ⓗ   07. ⓔ   08. ⓕ   09. ⓒ   10. ⓕ   11. ⓑ   12. ⓔ   13. ⓓ   14. ⓐ

# Mini Test

**Select the best answer to complete the sentence.**

01. Ms. Farnsworth ------- a day off after working hard on the weekend.

    (A) deserves    (B) achieves    (C) promotes    (D) utilizes

02. The work tasks will be divided ------- among the team members.

    (A) preferably    (B) personally    (C) originally    (D) evenly

03. The economic growth of Hopewell is ------- to the efforts of its mayor.

    (A) devoted    (B) charged    (C) attributed    (D) reported

04. Mr. Keller's success ------- the high salary that he receives.

    (A) captures    (B) justifies    (C) suspends    (D) detects

05. Tests on the engine for Rapier Motors' new SUV have ------- surprising results.

    (A) concluded    (B) invented    (C) yielded    (D) recommended

06. Industry analysts expect the ------- merger to be prohibited by the government.

    (A) pending    (B) outgoing    (C) leading    (D) missing

07. The resort is located away from the city in a ------- setting.

    (A) realistic    (B) chemical    (C) domestic    (D) rural

---

**정답** 01 (A)  02 (D)  03 (C)  04 (B)  05 (C)  06 (A)  07 (D)

**해석** 01 Farnsworth 씨는 주말에 열심히 일한 후에 하루 휴가를 낼 자격이 있다.  02 업무는 팀원들 간에 균등하게 분배될 것이다.  03 Hopewell의 경제 성장은 시장의 노력에 기인한다.  04 Keller 씨의 성공은 그가 받는 높은 급여에 대한 정당한 사유가 된다.  05 Rapier Motors의 신형 SUV 엔진 테스트에서 놀라운 결과가 나왔다.  06 업계 분석가들은 곧 있을 합병이 정부에 의해 금지될 것으로 예상하고 있다.  07 그 리조트는 도시에서 떨어진 시골에 위치해 있다.

# Level up — 필수 전치사

**among**
~ 중에

Please choose one item from **among** all of these prizes.
이 모든 상품들 중에서 한 가지 품목을 선택해 주세요.

**besides**
~ 외에

**Besides** a bigger office, is there anything else you would like? 더 큰 사무실 외에 다른 원하는 것이 있나요?

**beyond**
~을 넘어서, ~ 이상으로

Davis Supplies hopes to expand **beyond** the North American continent this year. Davis Supplies 사는 올해 북미 대륙을 넘어서 사세를 확장하기를 희망하고 있다.

**despite**
~에도 불구하고

Our company managed to win the contract **despite** being the smallest of all the competitors. 우리 회사는 모든 경쟁사들 중 가장 작은 회사임에도 불구하고 가까스로 계약을 따냈다.

**except**
~을 제외하고

Everyone **except** Ms. Bush attended the going-away party for Mr. Roth. Bush 씨를 제외한 전원이 Roth 씨의 송별회에 참석했다.

**including**
~을 포함하여(↔ excluding)

Employees are offered several benefits, **including** comprehensive health insurance.
직원들은 종합 건강보험을 포함한 몇 가지 혜택을 받는다.

**since**
~부터, ~ 이후로

We have not taken a break **since** lunchtime.
우리는 점심시간 이후로 쉬지 못했다.

**throughout**
~을 통틀어, ~동안 쭉

Presentations will be given **throughout** the convention center during the seminar. 세미나 기간 동안 컨벤션 센터 전체에 걸쳐 프레젠테이션이 진행될 예정입니다.

## pure
[pjuər]

**ⓐ** 순수한, 불순물이 없는

Our bedsheets are made from 100% **pure** cotton.
저희 침대 시트는 100% 순면 소재입니다.

## purify
[pjúərəfài]

**ⓥ** 정화하다, 깨끗이 하다

The device **purifies** the water by passing it through a series of filters. 그 장치는 일련의 필터를 통과시킴으로써 물을 정화한다.

**purifier** n. 정화 장치

## rare
[reər]

**ⓐ** 드문, 희귀한

Library patrons must get special permission to handle the **rare** books in the collection.
도서관 이용자들은 소장품 중 희귀한 도서들을 취급하려면 특별 허가를 받아야 한다.

## eliminate
[ilímənèit]

**ⓥ** 제거하다, 없애다

New contents were added to the employee manual to **eliminate** confusion.
혼란을 없애기 위해 직원 매뉴얼에 새로운 내용이 추가되었다.

> **출제 POINT**
> 〈eliminate A from B〉(B에서 A를 제거하다)의 형태로 출제된다.
> The supermarket is working to (**eliminate** / secure) plastic waste **from** its supply chain. 그 슈퍼마켓은 공급 과정에서 플라스틱 쓰레기를 제거하기 위해 노력하고 있다.

## fascinating
[fǽsənèitiŋ]

**ⓐ** 매력적인, 매혹적인

The author has written a **fascinating** book about his travels in Africa. 작가는 자신의 아프리카 여행에 관한 흥미진진한 책을 썼다.

## recover
[rikʌ́vər]

**ⓥ** 1. 회복하다  2. 되찾다

**recover** from an economic crisis 경제 위기에서 회복하다

Fortunately, the IT technician helped Mr. Frazier to **recover** his lost files.
다행히도 IT 기술자가 Frazier 씨가 잃어버린 파일을 복구하도록 도와주었다.

**recovery** n. 회복, 복구

### react
[riækt]

ⓥ 반응하다, 대응하다

The company failed because it did not **react** quickly enough to market changes.
그 회사는 시장 변화에 충분히 신속하게 대응하지 못했기 때문에 실패했다.

**reaction** n. 반응

> 출제 POINT
>
> react는 promptly(신속하게), favorably(호의적으로), unfavorably(부정적으로) 등과 같은 부사의 수식을 받는다.
> Most customers **reacted favorably** to the Web site's new checkout system. 대부분의 고객들은 웹 사이트의 새로운 결제 시스템에 호의적인 반응을 보였다.

---

### encounter
[inkáuntər]

ⓥ 직면하다, 맞닥뜨리다

**encounter** a problem 문제점에 직면하다

If you **encounter** any difficulties, please feel free to call us.
어려움에 직면하게 되면 언제든지 저희에게 전화하세요.

---

### recall
[rikɔ́ːl]

ⓥ 1. 기억하다  2. 리콜하다, 회수하다  ⓝ 리콜

**recall** one's name ~의 이름을 기억하다

Dayton Electronics **recalled** all models of the fan due to a fire safety issue.
Dayton Electronics는 화재 안전 문제 때문에 모든 선풍기 모델을 리콜했다.

---

### atmosphere
[ǽtməsfìər]

ⓝ 분위기, 환경

The restaurant has a friendly staff and a cheerful **atmosphere**.
그 음식점은 친절한 직원들과 밝은 분위기를 가지고 있다.

---

### atrium
[éitriəm]

ⓝ 중앙 홀

The convention center's central **atrium** gets natural light from its glass ceiling panels.
컨벤션 센터의 중앙 홀은 유리 천장 패널로부터 자연광을 받는다.

---

### endorse
[indɔ́ːrs]

ⓥ 지지하다, (유명인이 상품을) 홍보하다

A famous basketball player will **endorse** the new sneakers.
유명 농구 선수가 새 스니커즈의 광고 모델이 될 것이다.

## stitch
[stitʃ]

**n** 바늘땀  **v** 바느질하다, 꿰매다

Extra **stitching** is added to the bag's seams to ensure durability.
가방의 솔기에는 내구성을 보장하기 위해 여분의 바늘땀이 더해집니다.

## glitch
[glitʃ]

**n** 사소한 문제, 자그마한 결함

The error was caused by a **glitch** in our booking software.
그 오류는 우리 예약 소프트웨어의 경미한 결함으로 인해 발생했다.

## strain
[strein]

**n** (근육의) 긴장, 부담  **v** 긴장시키다, 혹사하다

cause eye **strain** 눈의 피로를 야기하다

You can avoid **straining** yourself by adjusting the position of your keyboard and screen.
키보드와 화면의 위치를 조정함으로써 몸을 긴장시키는 것을 피할 수 있습니다.

> **어휘 POINT**
> strain the budget은 '예산에 부담을 주다'라는 의미가 된다.
> The purchase of new furniture could (**strain** / refer) **the** department's **budget**. 새로운 가구의 구입은 부서의 예산에 부담을 줄 수 있다.

## attain
[ətéin]

**v** 달성하다, 이루다

The company will present special awards to employees who have **attained** ten years of service.
회사는 근속 10년을 달성한 직원들에게 특별상을 수여할 것이다.

## auction
[ɔ́:kʃən]

**n** 경매

An **auction** of the donated paintings will take place to raise money for the gallery.
미술관을 위한 기금을 모으기 위해 기증된 그림들의 경매가 열릴 것이다.

## pave
[peiv]

**v** (도로를) 포장하다

**pave** a driveway 진입로를 포장하다

A pathway is **paved** with stones. 오솔길이 돌로 포장되어 있다.

## affair
[əféər]

**n** 일, 사건

An experienced accountant can help you with your financial **affairs**. 경험이 풍부한 회계사가 여러분의 재정 업무를 도와드릴 수 있습니다.

## spread - widespread

**spread** [spred]
- ⓥ 퍼뜨리다, 퍼지다

Please **spread** the word so that more people can learn about our café. 더 많은 사람들이 저희 카페에 대해 알 수 있도록 입소문을 퍼뜨려 주시기 바랍니다.

**widespread** [wáidsprèd]
- ⓐ 광범위한, 널리 퍼진

The increase in fees attracted **widespread** criticism from the bank's customers. 수수료 인상은 은행 고객들의 광범위한 비난을 불러일으켰다.

**adjacent** [ədʒéisənt]
- ⓐ 인접한

The hotel that is **adjacent to** the airport gets a lot of business. 공항에 인접한 그 호텔은 영업이 아주 잘 된다.

> **출제 POINT**
> adjacent to(~에 인접한)의 형태로 쓰인다.
> The new apartment building will be (**adjacent** / available) **to** a popular city park. 새 아파트 건물은 인기 있는 도시 공원에 인접할 것이다.

**substance** [sʌ́bstəns]
- ⓝ 물질

All toxic **substances** produced by the laboratory must be disposed of safely. 실험실에서 발생하는 모든 독성 물질들은 안전하게 폐기되어야 한다.

**credential** [kridénʃəl]
- ⓝ 1. 자격 2. 증명서

The job candidate's **credentials** were impressive, so he was hired. 그 입사 지원자는 자격이 인상적이어서 채용되었다.

**dairy** [déəri]
- ⓐ 낙농업의

**dairy** products 유제품, 낙농 제품
Participants on the **dairy** farm tour will learn how milk is produced. 낙농장 견학 참가자들은 우유가 어떻게 생산되는지 배울 것이다.

**soil** [sɔil]
- ⓝ 흙

rake the **soil** 흙을 갈퀴질하다
Plant the flowers deep in the **soil**. 꽃들을 땅속 깊이 심으세요.

## scheme
[ski:m]

**ⓝ 계획, 체계**

The advertisement's color **scheme** included bold colors to grab people's attention. 그 광고의 색채 설계에는 사람들의 관심을 사로잡기 위한 강렬한 색상들이 포함되어 있었다.

## backup
[bǽkʌ̀p]

**ⓐ 예비의, 백업의**

Ms. Rowan made a **backup** copy of the file.
Rowan 씨는 그 파일의 백업 사본을 만들었다.

> **어휘 POINT**
> 동사구 back up은 '~을 백업하다, ~을 뒷받침하다, 지원하다' 등의 의미로 쓰인다.
> You should **back** your computer **up** regularly.
> 컴퓨터를 정기적으로 백업해야 합니다.
> Do you have evidence to **back up** your claim?
> 당신 주장을 뒷받침할 만한 증거가 있습니까?

## sizeable
[sáizəbl]

**ⓐ 상당한**

draw a **sizeable** crowd 상당한 군중을 끌어모으다

Myna Finance has captured a **sizable** portion of the market in Europe. Myna Finance는 유럽 시장의 상당 부분을 장악했다.

## wage
[weidʒ]

**ⓝ 임금, 급여**

hourly **wages** 시급

The position offers competitive **wages** as well as a generous cash bonus. 그 자리는 후한 현금 보너스는 물론 경쟁력 있는 급여를 제공한다.

## crucial
[krúːʃəl]

**ⓐ 중요한, 결정적인**

Knowing what the other party wants is a **crucial** part of successful negotiations.
상대방이 무엇을 원하는지 아는 것은 성공적인 협상에 매우 중요하다.

> **어휘 POINT**
> crucial to(~에 매우 중요한)의 형태로 쓰인다.
> Meeting with customers face to face is (**crucial** / secure) **to** building long-term business relationships. 고객과 직접 만나는 것은 장기적인 비즈니스 관계를 구축하는 데 매우 중요하다.

## struggle
[strʌ́gl]

**v** 애쓰다, 고전하다

Avenue Delivery Service is **struggling** to find drivers who can work on holidays.
Avenue 배달 서비스는 휴일에 일할 수 있는 기사들을 찾기 위해 애쓰고 있다.

---

## tear
[teər]

**n** 찢어진 곳  **v** 찢다, 찢어지다

**torn** fabric 찢어진 천

The tenant will be charged for damage, excluding normal **wear and tear**.
세입자에게 일반적인 마모와 파손을 제외한 손상에 대한 비용이 청구될 것이다.

> **어휘 POINT**
> wear and tear는 '오랫동안 사용하여 발생하는 손상 또는 마모'라는 뜻으로, wear와 tear는 모두 명사이다.

---

## batch
[bætʃ]

**n** 무리, 1회분

The last **batch** of olive oil had to be thrown away because it was contaminated. 마지막 올리브유는 오염되었기 때문에 버려야만 했다.

---

## species
[spíːʃiːz]

**n** (생물의) 종

endangered **species** 멸종 위기종

The national park is home to over two hundred **species** of birds. 그 국립공원은 200종이 넘는 새들의 서식지이다.

---

## currency
[kə́ːrənsi]

**n** 통화

foreign **currency** 외화

The payment should be made in the local **currency**.
현지 통화로만 지불해야 한다.

---

## situate
[sítʃuèit]

**v** 놓다, 위치시키다

The Phillips Hotel **is** conveniently **situated near** the main bus terminal. Phillips 호텔은 중앙 버스 터미널 근처에 편리하게 위치해 있습니다.

> **어휘 POINT**
> situate는 be located처럼 주로 수동형인 be situated로 쓰이며, 뒤에 in, on, near 등의 전치사를 동반한다.

## alumni
[əlʌ́mnai]

**n** 졸업생들, 동창생들

The university's **alumni** association is raising money for a library expansion project.
그 대학의 동문회는 도서관 확장 사업을 위한 기금을 모으고 있다.

---

## carpentry
[káːrpəntri]

**n** 목수일, 목공

**carpentry** tools 목공 도구

The workshop will help you improve your **carpentry** skills.
워크숍은 당신의 목공 기술을 향상시키는 데 도움을 줄 것이다.

**carpenter** n. 목수

---

## bite
[bait]

**n** 한 입  **v** 물다

grab a **bite** to eat 간단히 먹다

You will taste the difference as soon as you **bite** into our chocolate. 여러분은 우리의 초콜릿을 입에 무는 순간 차이를 맛보게 될 겁니다.

**어휘 POINT**
grab a bite to eat은 먹을(to eat) 한 입 거리의 음식(a bite)을 움켜쥐다(grab)라는 뜻이 된다. 햄버거나 샌드위치 등으로 간단히 식사를 해결할 때 쓰는 표현이다.

---

## deduct
[didʌ́kt]

**v** 공제하다, 빼다

A restocking fee of $25 will be **deducted** from your total refund. 총 환불 금액에서 25달러의 재입고 수수료가 공제될 것입니다.

**deduction** n. 공제

---

## stripe
[straip]

**n** 줄무늬  **v** 줄무늬를 넣다

shirts with vertical **stripes** 세로 줄무늬가 있는 셔츠

The uniforms consist of blue and white **striped** shirts and blue trousers. 유니폼은 청색과 흰색 줄무늬 셔츠와 청색 바지로 구성되어 있다.

---

## anchor
[ǽŋkər]

**n** 1. 닻 2. (뉴스) 앵커, 아나운서

lower a ship's **anchor** into the water 선박의 닻을 물속에 내리다

Ruth Edwards was selected as the new **anchor** for Channel 3's evening news program.
Ruth Edwards는 채널 3의 저녁 뉴스 프로그램의 새 앵커로 선정되었다.

## stroll
[stroul]

**ⓥ** 거닐다, 산책하다  **ⓝ** 산책

take an evening **stroll** 저녁 산책을 하다

You can **stroll** along the beach and enjoy the sound of the waves. 여러분은 해변을 따라 거닐며 파도 소리를 즐길 수 있습니다.

**stroller** n. 유모차

---

## archaeological
[à:rkiəládʒikəl]

**ⓐ** 고고학의

The museum's new exhibit features ancient items found at a nearby **archaeological** site. 그 박물관의 새로운 전시회는 인근 고고학 유적지에서 발견된 고대 유물들을 특별히 선보인다.

**archaeologist** n. 고고학자

---

## aspire
[əspáiər]

**ⓥ** 열망하다, 염원하다

The director **aspires** to make films that help to educate the public. 그 감독은 대중을 교육시키는 데 도움이 되는 영화들을 만들고 싶어한다.

**aspiration** n. 열망, 염원

> **출제 POINT**
> 〈aspire to V〉(~하기를 열망하다)의 형태로 쓰인다.
> Many people (**aspire** / contend) **to** have political power, but few achieve it. 많은 사람들이 정치 권력을 갖기를 열망하지만, 그것을 성취하는 사람은 거의 없다.

---

## competence
[kámpitəns]

**ⓝ** 능력, 역량

Mr. Cooper has a great attitude, but he lacks the necessary professional **competence**.
Cooper 씨는 태도는 훌륭하지만, 필요한 전문 역량이 부족하다.

**competent** a. 유능한

---

## complement
[kámpləmənt]

**ⓥ** 보완하다, 완전하게 하다

The plain curtains **complement** the elegant style of the room. 단색의 커튼이 그 방의 우아한 스타일과 잘 어울린다.

**complementary** a. 보완적인

> **어휘 POINT**
> compliment(칭찬하다, 칭찬)와 철자 및 의미 차이를 구별하자.

**DAY 28**

## coincide
[kòuinsáid]

**v** 동시에 일어나다, 일치하다

We scheduled the grand opening to **coincide with** the town's annual festival. 우리는 개업식 일정을 마을의 연례 축제에 맞춰 잡았다.

> **출제 POINT**
> 〈A coincide with B〉(A와 B가 동시에 일어나다)의 형태로 쓰인다.
> Ms. Sutton cannot attend the training session because it (**coincides** / ~~associates~~) **with** her business trip. Sutton 씨는 출장과 겹쳐서 교육에 참석할 수 없다.

## conscious
[kánʃəs]

**a** 알고 있는, 의식하는

health-**conscious** 건강을 의식하는

Many consumers today want to support companies that are environmentally **conscious**.
오늘날의 많은 소비자들은 환경에 관심이 있는 기업을 지원하고 싶어한다.

## cubicle
[kjú:bikl]

**n** 큐비클, 파티션으로 구분된 근무 공간

Each new employee will be assigned a **cubicle** on the third floor.
각각의 신입 직원들에게는 3층에 파티션으로 구분된 근무 공간이 배정될 것이다.

## tropical
[trápikəl]

**a** 열대의

The charity aims to protect **tropical** forests.
그 자선단체는 열대 우림을 보호하는 것을 목표로 한다.

## deck
[dek]

**n** (선박·비행기 등의) 층

Passengers moved to the ferry's top **deck** to see the view of the city's skyline.
승객들은 도시의 스카이라인을 보기 위해 여객선의 맨 위층으로 이동했다.

## compatible
[kəmpǽtəbl]

**a** 호환되는, 양립하는

This application is **compatible with** all smartphone models.
이 애플리케이션은 모든 스마트폰 모델과 호환된다.

> **출제 POINT**
> compatible with(~와 호환되는, ~와 양립하는)의 형태로 쓰인다.
> These cameras are (**compatible** / ~~conclusive~~) **with** the building's current security system. 이 카메라들은 건물의 현행 보안 시스템과 호환된다.

## stub
[stʌb]

**n** 티켓 등의 일부를 떼고 남은 부분

Show your ticket **stub** at the gift shop to get a 10% discount.
10% 할인을 받으려면 선물 상점에서 티켓의 일부분을 보여 주세요.

edge - cutting-edge

## edge
[edʒ]

**n** 가장자리

There is a fence running along the **edge** of the walkway.
산책로의 가장자리를 따라 울타리가 세워져 있다.

## cutting-edge
[kʌ́tiŋ edʒ]

**a** 최첨단의

**cutting-edge** products 최첨단 제품들

BC Tech provides **cutting-edge** solutions for companies' Web site security.
BC Tech는 기업의 웹 사이트 보안을 위한 최첨단 솔루션을 제공합니다.

## conform
[kənfɔ́ːrm]

**v** 따르다, 부합하다

If the product does not **conform to** the specifications, the client will reject it. 제품이 사양에 맞지 않을 경우 고객은 제품을 거부할 것이다.

> **출제 POINT**
>
> conform to의 형태로 쓰이며, 뒤에는 expectations(기대), standards(기준), requirements(요구) 등이 목적어로 온다.
>
> We were pleased that the Web site design (**conformed** / originated) **to** all of our **requirements**. 우리는 웹 사이트 디자인이 우리의 모든 요구 사항에 부합했기 때문에 만족했다.

## demolish
[dimáliʃ]

**v** 철거하다, 허물다

The city will **demolish** the outdated building and construct a new one in its place.
시는 낡은 건물을 철거하고 그 자리에 새 건물을 지을 것이다.

**demolition** n. 철거

## depot
[díːpou] Am
[dépou] Br

**n** 역, 정류장

train **depot** 기차역

Items remaining on the bus will be taken to the **depot**'s Lost and Found Office.
버스에 남아 있는 물품들은 정류장의 분실물 보관소로 옮겨질 것이다.

# Review Test

**A** 영어 단어의 알맞은 뜻을 찾아 연결하세요.

01. aspire — ⓐ 제거하다
02. complement — ⓑ 열망하다
03. eliminate — ⓒ 애쓰다
04. struggle — ⓓ 보완하다

05. crucial — ⓔ 최첨단의
06. cutting-edge — ⓕ 역량
07. widespread — ⓖ 중요한
08. competence — ⓗ 광범위한

**B** 우리말 뜻에 맞게 빈칸에 알맞은 어휘를 찾아 넣으세요.

> ⓐ sizeable   ⓑ bite   ⓒ substances
> ⓓ encounter   ⓔ recover   ⓕ dairy

09. 문제점에 직면하다 — _____ a problem
10. 간단히 먹다 — grab a(n) _____ to eat
11. 유제품 — _____ products
12. 독성 물질 — toxic _____
13. 상당한 군중을 끌어모으다 — draw a(n) _____ crowd
14. 경제 위기에서 회복하다 — _____ from an economic crisis

정답  01 ⓑ  02 ⓓ  03 ⓐ  04 ⓒ  05 ⓖ  06 ⓔ  07 ⓗ  08 ⓕ  09 ⓓ  10 ⓑ  11 ⓕ  12 ⓒ  13 ⓐ  14 ⓔ

# Mini Test

**Select the best answer to complete the sentence.**

01. This application is ------- with all smartphone models.

    (A) equipped   (B) agreeable   (C) replaced   (D) compatible

02. If the product does not ------- to the specifications, the client will reject it.

    (A) belong   (B) conform   (C) lead   (D) upgrade

03. The hotel that is ------- to the airport gets a lot of business.

    (A) according   (B) prior   (C) adjacent   (D) due

04. A restocking fee of $25 will be ------- from your total refund.

    (A) deducted   (B) demolished   (C) added   (D) divided

05. The device ------- the water by passing it through a series of filters.

    (A) stretches   (B) qualifies   (C) identifies   (D) purifies

06. The author has written a ------- book about his travels in Africa.

    (A) secure   (B) fascinating   (C) competent   (D) conscious

07. Most customers ------- favorably to the Web site's new checkout system.

    (A) reacted   (B) rotated   (C) encountered   (D) reserved

---

**정답** 01 (D)  02 (B)  03 (C)  04 (A)  05 (D)  06 (B)  07 (A)

**해석** 01 이 애플리케이션은 모든 스마트폰 모델과 호환된다.   02 제품이 사양에 맞지 않을 경우 고객은 제품을 거부할 것이다.   03 공항에 인접한 그 호텔은 영업이 아주 잘 된다.   04 총 환불 금액에서 25달러의 재입고 수수료가 공제될 것입니다.   05 그 장치는 일련의 필터를 통과시킴으로써 물을 정화한다.   06 작가는 자신의 아프리카 여행에 관한 흥미진진한 책을 썼다.   07 대부분의 고객들은 웹 사이트의 새로운 결제 시스템에 호의적인 반응을 보였다.

# Level up  구전치사 ①

**2단어 구전치사**

| | |
|---|---|
| **as of**<br>~일 자로, ~ 현재로 | **As of** this Friday, Mr. Willis will be the office manager.<br>이번 주 금요일 자로 Willis 씨는 사무실장이 될 것이다. |
| **apart from**<br>~을 제외하고, ~ 이외에 | **Apart from** a short trip to Jamaica, Ms. Hamels has never left the United States.<br>Hamels 씨는 자메이카로의 짧은 여행을 제외하고는 미국을 떠난 적이 없다. |
| **along with**<br>~와 함께, ~에 덧붙여 | Submit a copy of your driver's license **along with** your completed application.<br>작성된 신청서와 함께 운전면허증 사본을 제출하세요. |
| **ahead of**<br>~보다 빨리 | We hope to finish the budget report one day **ahead of** schedule. 우리는 예산 보고서를 예정보다 하루 빨리 마치기를 희망한다. |
| **due to**<br>**owing to**<br>~ 때문에 | **Due to** the loss of power from the storm, the factory was shut down for twelve hours.<br>폭풍으로 인한 전력 손실로 인해 공장은 12시간 동안 문을 닫았다. |
| **instead of**<br>~ 대신에 | Would you prefer something cold to drink **instead of** hot coffee? 뜨거운 커피 대신에 차가운 마실 것을 드릴까요? |
| **prior to**<br>~에 앞서, ~의 이전에 | Reservations must be canceled at least twenty-four hours **prior to** the appointment time.<br>예약은 약속 시간 최소 24시간 전에 취소해야 합니다. |
| **rather than**<br>~보다는 | I would prefer to vacation at the beach **rather than** go to the national forest.<br>나는 국유림에 가기보다는 해변에서 휴가를 보내고 싶다. |

RANKING 1681~1740

DAY 29

영어단어

## optical
[áptikəl]

- ⓐ 광학의, 시각의
- **optical** scanner 광 스캐너
- You will need an **optical** device such as a telescope to view the star. 별을 보기 위해서는 망원경과 같은 광학 기기가 필요할 겁니다.

## miniature
[míniətʃər]

- ⓐ 소형의, 축소된　ⓝ 축소 모형, 미니어처
- A **miniature** version of the museum is on display in the lobby. 박물관의 축소판이 로비에 전시되어 있다.

## poll
[poul]

- ⓝ 여론조사
- take a **poll** 여론조사를 하다
- The candidates for mayor are highly interested in the **poll** results. 시장 후보자들은 여론조사 결과에 큰 관심이 있다.

## reunion
[riːjúːnjən]

- ⓝ 상봉, 재회, 동창회
- family **reunion** 가족 상봉
- Ms. Marshall enjoyed seeing her old friends at the class **reunion**. Marshall 씨는 학급 동창회에서 옛 친구들을 만나는 것을 즐겼다.

## acute
[əkjúːt]

- ⓐ 극심한
- **acute** shortage of supplies 극심한 물자 부족
- The doctor tried to figure out the reason for Ms. Johnson's **acute** pain. 의사는 Johnson 씨의 극심한 통증의 원인을 알아내려고 노력했다.

## infer
[infə́ːr]

- ⓥ 추론하다, 추측하다
- Based on his spending habits, we **inferred** that he is wealthy. 우리는 그의 소비 습관을 근거로 그가 부유하다고 추측했다.

## bargain
[báːrgin]

- ⓝ 특가품, 싸게 사는 물건
- be a real **bargain** 엄청나게 싸다
- The farmers' market offers great **bargains** on fruits and vegetables. 그 농산물 시장은 과일과 채소를 아주 싸게 판다.

## hygiene
[háidʒiːn]

🄝 위생

practice good **hygiene** 위생 관리를 잘하다

The restaurant updated its **hygiene** policy to ensure that food is handled safely.
그 식당은 음식을 안전하게 취급할 수 있도록 위생 방침을 개선했다.

**hygienist** n. (치과) 위생사

## component
[kəmpóunənt]

🄝 부품

key **component** 핵심 부품

The warranty covers repairs on all **components** of the machine.
보증은 기계의 모든 부품에 대한 수리를 포함한다.

## inflate
[infléit]

🅥 부풀리다

Some businesses **inflate** their prices during the peak season.
일부 업체들은 성수기에 가격을 부풀린다.

insist - insistent

## insist
[insíst]

🅥 주장하다, 고집하다

The manager **insists** that we clean the workspace thoroughly before leaving for the day.
관리자는 우리가 퇴근 전에 업무 공간을 철저히 청소할 것을 주장한다.

> **출제 POINT**
> 〈insist on V-ing〉의 형태로 출제된다.
> The supervisor (**insists** / **demands**) **on** checking all reports himself before forwarding them. 그 관리자는 모든 보고서를 발송하기 전에 자신이 직접 확인하는 것을 고집한다.

## insistent
[insístənt]

🄐 주장하는, 고집하는

The driver was **insistent** that the package was delivered even though the customer said it was not. 운전기사는 고객이 소포가 배송되지 않았다고 말했는데도 불구하고 계속 그것이 배송되었다고 주장했다.

## mural
[mjúːərəl]

🄝 벽화

A colorful **mural** was painted on the exterior wall of the community center.
지역 문화 센터의 외벽에는 형형색색의 벽화가 그려져 있었다.

## integrate
[íntəgrèit]

**ⓥ 통합하다**

We must **integrate** our filing system **into** the parent company's system. 우리는 서류 정리 시스템을 모기업의 시스템에 통합해야 한다.

**integration** n. 통합

> **출제 POINT**
>
> 〈be integrated into/with〉(~에 통합되다)의 형태로 출제된다.
> The local newspaper will **be integrated** (**into** / of) a larger national media company. 그 지역 신문은 규모가 더 큰 국영 미디어 회사에 통합될 것이다.

## integrity
[intégrəti]

**ⓝ 고결함, 성실성**

We need someone with honesty and **integrity** to deal with these confidential files.
우리는 이 기밀 파일들을 취급할 정직하고 성실한 사람이 필요하다.

> **어휘 POINT**
>
> 정직, 성실, 좋은 성격 등 긍정적인 여러 요소들이 통합된(integrated) 것이 integrity라고 연상 암기하자.

## mop
[mɑp]

**ⓝ 대걸레  ⓥ 대걸레로 닦다**

**mop** the floor 바닥을 대걸레로 닦다

He got a **mop** and bucket to clean up the mess.
그는 난장판을 치우기 위해 걸레와 양동이를 구해 왔다.

## glue
[glu:]

**ⓝ 접착제, 풀  ⓥ 접착제로 붙이다**

strong **glue** 강력 접착제

He **glued** the carpet to the floor so that it stayed in place.
그는 카펫이 제자리에 있도록 접착제로 카펫을 마루에 붙였다.

## besides
[bisáidz]

**ad 게다가, 뿐만 아니라**

We don't have time to make any changes. **Besides**, the first draft is good enough.
우리는 변경할 시간이 없습니다. 게다가 초안도 충분히 괜찮습니다.

## mature
[mətʃúər]

**ⓐ 성숙한, 다 자란**

Many buyers prefer older neighborhoods because of the **mature** trees and classic building styles. 많은 구매자들은 다 자란 나무들과 고전적인 건물 스타일 때문에 오래된 동네를 선호한다.

## prematurely
[prì:mətʃúərli]

**ad 조급하게, 너무 이르게**

The outdoor festival ended **prematurely** due to the heavy rain. 야외 축제는 폭우로 인해 너무 일찍 끝났다.

## philosophy
[filásəfi]

**ⓝ 철학**

We offer one free session to show customers our **philosophy** of career coaching. 우리는 한 번의 무료 체험을 제공하여 커리어 코칭에 대한 우리의 철학을 고객에게 보여 드립니다.

## particle
[pá:rtikl]

**ⓝ (아주 작은) 입자**

This air filter system removes ninety-nine percent of dust **particles** from the air.
이 공기 필터 시스템은 공기 중 99%의 먼지 입자를 제거한다.

## ministry
[mínistri]

**ⓝ (정부의) 부서**

The **Ministry** of Internal Affairs deals with assisting the public in emergency situations.
내무부는 위급한 상황에 처한 국민을 돕는 일을 담당한다.

## compromise
[kámprəmàiz]

**ⓝ 타협(안) ⓥ 타협하다**

reach a **compromise** 타협에 이르다

We tried to reach an agreement, but the other side would not **compromise**.
우리는 합의에 도달하려고 노력했지만, 상대방은 타협하려 들지 않았다.

> **어휘 POINT**
>
> compromise on(~에 대해 타협하다, 절충하다), compromise with(~와 타협하다)의 형태로 쓰인다.
> The party planning committee had to **compromise on** the location to stay within the budget. 파티 기획 위원회는 예산을 벗어나지 않기 위해 장소를 절충해야 했다.

DAY 29

### obvious
[άbviəs]

**ⓐ 분명한, 명백한**

Stacking items in front of the fire exit is an **obvious** safety hazard. 화재용 비상구 앞에 물건을 쌓는 것은 명백한 안전상의 위험이다.

**obviously** ad. 명백하게

---

**inhabit - habitat**

### inhabit
[inhǽbit]

**ⓥ 거주하다, 서식하다**

Many rare animals **inhabit** the nature reserve.
많은 희귀 동물들이 자연보호구역에 서식한다.

**inhabitant** n. 거주자, 주민

> **출제 POINT**
> be inhabited by(~가 거주하다)의 형태로 출제된다.
> This tropical island **is** (**inhabited** / existed) **by** only about two hundred people. 이 열대 섬에는 200명 정도의 사람들만 살고 있다.

### habitat
[hǽbitæt]

**ⓝ 서식지**

natural **habitat** 천연 서식지

The national park provides a **habitat** for a variety of rare species. 그 국립공원은 다양한 희귀종들을 위한 서식지를 제공한다.

---

### judge
[dʒʌdʒ]

**ⓥ 심사하다, 평가하다  ⓝ 심판**

serve as a **judge** 심판 역할을 하다

Several art experts will **judge** the paintings and select a winner.
몇 명의 미술 전문가들이 그림들을 심사해서 우승자를 선정할 것이다.

---

### utmost
[ʌ́tmòust]

**ⓝ 최선, 최대한도  ⓐ 극도의, 최대한의**

do one's **utmost** 최선을 다하다

Mr. Wagner has the **utmost** confidence in his assistant.
Wagner 씨는 그의 비서에 대해 엄청난 신뢰를 가지고 있다.

---

### withstand
[wiðstǽnd]

**ⓥ 견디다**

**withstand** extreme temperatures 극한의 온도를 견디다

Our outdoor furniture can **withstand** any type of weather.
우리의 실외 가구는 어떠한 날씨도 견딜 수 있습니다.

## implicate
[ímplikèit]

**v** 연루되었음을 드러내다

The CEO was **implicated** in the insurance fraud scandal.
그 최고경영자는 보험 사기 사건에 연루된 것으로 밝혀졌다.

## segment
[ségmənt]

**n** 1. 부분  2. (방송의) 한 프로

market **segment** 시장 세분화, 세분 시장

The author's book started selling well as soon as the news **segment** aired. 그 작가의 책은 뉴스 프로가 방영되자마자 잘 팔리기 시작했다.

## owe
[ou]

**v** 빚지다, 신세 지다

Mr. Johnson asked how much he **owed** the bank for his mortgage.
Johnson 씨는 주택 담보 대출로 그가 은행에 얼마의 빚을 지고 있는지 물었다.

> **출제 POINT**
>
> 〈owe 사람 사물〉(~에게 …을 빚지다) 또는 〈owe 사물 to 사람〉의 형태로 출제된다.
> Mr. Davis still (**owes** / ~~charges~~) $25 **to** the utility company because he paid the wrong amount. Davis 씨는 금액을 잘못 지불했기 때문에 아직도 25달러의 공과금을 더 내야 한다.

## pause
[pɔːz]

**v** 잠시 멈추다  **n** 멈춤, 중지

**pause** delivery service 배달 서비스를 잠시 중단하다

Try to avoid having too many long **pauses** during your speech.
연설하는 동안 너무 자주 오래 멈추지 않도록 하세요.

---

ordinary - extraordinary

## ordinary
[ɔ́ːrdənèri]

**a** 평범한

His non-fiction book is about the real lives of **ordinary** people.
그의 논픽션 책은 평범한 사람들의 실제 삶에 관한 것이다.

## extraordinary
[ikstrɔ́ːrdənèri]

**a** 비범한, 특별한

The restaurant is popular because of its delicious food and **extraordinary** service.
그 음식점은 맛있는 음식과 특별한 서비스 때문에 인기가 있다.

DAY 29

## anonymous
[ənánəməs]

ⓐ 익명의

The museum received $10,000 from an **anonymous** donor.
박물관은 익명의 기증자로부터 1만 달러를 받았다.

## terrific
[tərífik]

ⓐ 아주 좋은, 훌륭한

**terrific** news 아주 좋은 소식

She is pleased that the team did such a **terrific** job on the presentation. 그녀는 그 팀이 프레젠테이션을 아주 훌륭하게 해내서 기쁘다.

## workflow
[wə́:rkflòu]

ⓝ 작업 흐름, 업무 흐름

improve office **workflow** 사무실의 업무 흐름을 개선하다

This software will help you to track your **workflow** patterns.
이 소프트웨어는 여러분의 작업 흐름의 패턴을 추적하는 데 도움이 될 겁니다.

## perspective
[pərspéktiv]

ⓝ 견해, 관점

Recent graduates can offer a unique **perspective** on industry trends. 최근의 졸업생들은 업계 동향에 대한 독특한 관점을 제공할 수 있다.

> **어휘 POINT**
>
> 1. get a fresh perspective on(~에 대한 새로운 관점을 얻다)라는 표현을 알아 두자. The author spent several months traveling to **get a fresh perspective on** his work. 작가는 자신의 작품에 대한 새로운 관점을 얻기 위해 여행을 하며 몇 달을 보냈다.
> 2. prospective(장래의, 잠재적인)와의 철자 및 의미 차이를 확인하자.

## retrieve
[ritrí:v]

ⓥ 회수하다, 되찾다

**retrieve** a package 소포를 회수하다

Mr. Dixon went to the client's office to **retrieve** some documents. Dixon 씨는 몇 가지 서류를 되찾으러 고객의 사무실로 갔다.

## sophisticated
[səfístəkèitid]

ⓐ 정교한, 세련된

**sophisticated** equipment 정교한 기기

This smartphone uses **sophisticated** technology.
이 스마트폰은 정교한 기술을 사용한다.

## unanimously
[juːnǽnəməsli]

**ad** 만장일치로

The board members **unanimously** passed the annual budget for the company. 이사진은 회사의 연간 예산안을 만장일치로 통과시켰다.

> **출제 POINT**
> vote unanimously(만장일치로 가결하다)의 형태로 출제된다.
> The hiring committee **voted** (**unanimously** / numerously) to offer the senior accountant position to Mr. Lopez. 채용 위원회는 Lopez 씨에게 수석 회계사 자리를 제안할 것을 만장일치로 가결했다.

## prosperous
[prάspərəs]

**a** 번영하는, 성공하고 있는

**prosperous** future 번영하는 미래

Many small businesses are benefitting from the **prosperous** economy. 많은 소기업들이 경제 번영으로 이득을 보고 있다.

## radius
[réidiəs]

**n** 반경

within a five-kilometer **radius** 반경 5킬로미터 이내에

Kimball Couriers makes deliveries within a twenty-mile **radius** of the city. Kimball 택배는 도시의 반경 20마일 이내에서 배송을 한다.

## rectangular
[rektǽŋgjulər]

**a** 직사각형의

**rectangular** shape 직사각형

I prefer **rectangular** windows to square ones. 나는 정사각형 창문보다 직사각형 창문을 선호한다.

## appraisal
[əpréizəl]

**n** 평가

performance **appraisal** 성과 평가

We need an expert to offer an **appraisal** of the situation. 우리는 상황에 대한 평가를 해 줄 전문가가 필요하다.

## statue
[stǽtʃuː]

**n** 조각상

erect a **statue** 조각상을 세우다

A marble **statue** was put up in the city's main plaza. 시의 주요 광장에 대리석 조각상이 세워졌다.

> **어휘 POINT**
> 유의어로는 sculpture가 있다.

## premiere
[primíər]

**n** (영화의) 개봉, (연극의) 초연

world **premiere** 세계 초연

Tickets to the movie **premiere** were sold out.
개봉 첫 회의 영화 표가 매진되었다.

---

## split
[split]

**v** 나누다, 분할하다

**split** the costs 비용을 분할하다

We'll **split** the participants **into** three groups.
우리는 참가자들을 세 개의 그룹으로 나눌 것입니다.

> **어휘 POINT**
> 〈split A into B〉(A를 B로 나누다)의 형태로 자주 쓰인다.

---

## superb
[supə́:rb]

**a** 최고의, 최상의

**superb** quality 최상의 품질

Rainbow Garden Center has a **superb** selection of plants for sale. Rainbow Garden Center는 엄선된 최상의 판매용 식물들을 갖추고 있다.

---

## undertake
[ʌ̀ndərtéik]

**v** 착수하다, 떠맡다

**undertake** a difficult task 어려운 과제를 떠맡다

We do not have enough employees to **undertake** this project.
우리는 이 프로젝트에 착수할 직원이 부족하다.

> **어휘 POINT**
> 동사구 take on도 '떠맡다'라는 뜻으로 쓰인다.
> Mr. Adkins does not have enough time to **take on** a project of this size.
> Adkins 씨는 이 정도 규모의 프로젝트를 떠맡을 충분한 시간이 없다.

---

## detour
[díːtuər]

**n** 우회로

follow the **detour** signs 우회로 표지판을 따라가다

Ms. Fletcher was late because she had to take an unexpected **detour** while driving.
Fletcher 씨는 운전 중에 예상치 못한 우회로를 택해야 했기 때문에 늦었다.

---

## abandon
[əbǽndən]

**v** 1. 버리다 2. 포기하다, 그만두다

**abandoned** building 버려진 건물

We had to **abandon** the project because it was too expensive.
우리는 비용이 너무 많이 들어서 그 프로젝트를 포기해야만 했다.

## unveil
[ʌnvéil]

ⓥ 발표하다, 선보이다

**unveil** a new model 신모델을 발표하다

The chef will **unveil** his new dishes this weekend.
그 요리사는 이번 주말에 새로운 요리를 선보일 것이다.

> **어휘 POINT**
> 우리말에서 '베일에 가려져 있다'라고 말하는데, 베일(veil)은 얇은 천이나 면사포를 의미하며, unveil은 물체를 덮고 있는 베일을 들추거나 벗기는 것을 의미한다.

## neglect
[niglékt]

ⓥ 등한시하다, 방치하다

The Botsford Theater was **neglected** for decades.
Botsford 극장은 수십 년 동안 방치되었다.

## acquaint
[əkwéint]

ⓥ 알다, 익숙해지다

New employees need time to **acquaint** themselves **with** the office procedures. 신입 직원들은 사무 절차에 익숙해질 시간이 필요하다.

**acquaintance** n. 지인, 아는 사람

> **어휘 POINT**
> 〈get acquainted with〉(~을 알게 되다), 〈acquaint A with B〉(A에게 B를 숙지시키다) 등의 형태로 쓰인다.
> This manual **acquaints** users **with** the machine's main features.
> 이 사용 설명서를 통해 사용자들은 기계의 주요 기능을 숙지할 수 있다.

## grab
[græb]

ⓥ 붙잡다, 움켜쥐다

The electrician **grabbed** some tools from his truck.
전기 기사는 자신의 트럭에서 몇 가지 공구를 챙겼다.

## monument
[mánjəmənt]

ⓝ 기념물

This **monument** was erected to honor the founders of our town.
이 기념물은 우리 시의 설립자들을 기리기 위해 세워졌다.

## rigid
[rídʒid]

ⓐ 경직된, 융통성 없는

We cannot add more activities because of the **rigid** schedule.
우리는 엄격한 일정 때문에 더 많은 활동을 추가할 수 없다.

# Review Test

**A** 영어 단어의 알맞은 뜻을 찾아 연결하세요.

01. mature        ⓐ 비범한
02. superb        ⓑ 익명의
03. extraordinary ⓒ 최상의
04. anonymous     ⓓ 성숙한

05. integrity     ⓔ 재회
06. particle      ⓕ 성실성
07. reunion       ⓖ 입자
08. hygiene       ⓗ 위생

**B** 우리말 뜻에 맞게 빈칸에 알맞은 어휘를 찾아 넣으세요

| ⓐ unveil | ⓑ poll | ⓒ undertake |
| ⓓ acute | ⓔ compromise | ⓕ withstand |

09. 극심한 물자 부족        _____ shortage of supplies
10. 타협에 이르다           reach a(n) _____
11. 극한의 온도를 견디다     _____ extreme temperatures
12. 여론조사를 하다         take a(n) _____
13. 어려운 과제를 떠맡다     _____ a difficult task
14. 신모델을 발표하다       _____ a new model

정답  01. ⓓ  02. ⓒ  03. ⓐ  04. ⓑ  05. ⓕ  06. ⓖ  07. ⓔ  08. ⓗ  09. ⓓ  10. ⓔ  11. ⓕ  12. ⓑ  13. ⓒ  14. ⓐ

# Mini Test

**Select the best answer to complete the sentence.**

01. We must ------- our filing system into the parent company's system.

    (A) mix           (B) replace        (C) provide        (D) integrate

02. Recent graduates can offer a unique ------- on industry trends.

    (A) avenue        (B) compliance     (C) perspective    (D) promise

03. The board members ------- passed the annual budget for the company.

    (A) possibly      (B) unanimously    (C) mainly         (D) manually

04. Mr. Dixon went to the client's office to ------- some documents.

    (A) retrieve      (B) owe            (C) neglect        (D) abandon

05. The warranty covers repairs on all ------- of the machine.

    (A) components    (B) miniatures     (C) ingredients    (D) particles

06. This manual ------- users with the machine's main features.

    (A) acquires      (B) enables        (C) allows         (D) acquaints

07. The electrician ------- some tools from his truck.

    (A) poured        (B) mounted        (C) grabbed        (D) consisted

---

**정답** 01 (D)  02 (C)  03 (B)  04 (A)  05 (A)  06 (D)  07 (C)

**해석** 01 우리는 서류 정리 시스템을 모기업의 시스템에 통합해야 한다.  02 최근의 졸업생들은 업계 동향에 대한 독특한 관점을 제공할 수 있다.  03 이사진은 회사의 연간 예산안을 만장일치로 통과시켰다.  04 Dixon 씨는 몇 가지 서류를 되찾으러 고객의 사무실로 갔다.  05 보증은 기계의 모든 부품에 대한 수리를 포함한다.  06 이 사용 설명서를 통해 사용자들은 기계의 주요 기능을 숙지할 수 있다.  07 전기 기사는 자신의 트럭에서 몇 가지 공구를 챙겼다.

# Level up  구전치사 ②

## 3단어 구전치사

**as well as**
~뿐만 아니라

The restaurant offers outdoor dining **as well as** indoor tables during summer.
그 음식점은 여름철에는 실내 테이블뿐만 아니라 야외 식사도 제공한다.

**in accordance with**
~에 따라

The work must be completed **in accordance with** all government regulations.
작업은 모든 정부 규정에 따라 완료되어야 한다.

**in addition to**
~뿐만 아니라, ~에 더하여

Mr. Gilbert believes that **in addition to** arriving early, employees must be prepared for all staff meetings.
Gilbert 씨는 직원들이 일찍 도착하는 것뿐만 아니라 모든 직원 회의에도 준비가 되어 있어야 한다고 생각한다.

**in advance of**
~보다 앞서

Employees should request time off at least three days **in advance of** their intended vacation days. 직원들은 그들이 계획하는 휴가일로부터 최소 3일 전에 휴가를 요청해야 한다.

**in case of**
~의 경우에는

**In case of** fire, please listen to the instructions given by your supervisor.
화재가 발생할 경우 상사의 지시를 잘 들으시기 바랍니다.

**in celebration of**
~을 축하하여

The city is holding a festival **in celebration of** the arrival of spring. 시에서는 봄의 도래를 축하하는 축제를 열고 있다.

**in charge of**
~을 담당하는

Because Ms. Foss is **in charge of** the department, only she is allowed to approve large purchases. Foss 씨가 그 부서를 담당하고 있기 때문에 그녀만이 대량 구매를 승인할 수 있다.

**in compliance with**
~에 따라

The inspector verified that the construction of the home was done **in compliance with** all safety regulations.
조사관은 주택 건설이 모든 안전 수칙에 따라 이루어졌음을 확인했다.

RANKING 1741~1800

## exhausted
[igzɔ́ːstid]

ⓐ 기진맥진한, 몹시 지친

All the employees felt **exhausted** at the end of the peak season. 성수기의 막바지에는 모든 직원들이 기진맥진했다.

---

### allocate - allot

## allocate
[ǽləkèit]

ⓥ 배분하다, 할당하다

**allocate** resources 자원을 배분하다

The city council voted to **allocate** more funding **to** parks.
시의회는 공원에 더 많은 자금을 할당하기로 의결했다.

> **어휘 POINT**
> 〈allocate 목적어 to 대상〉(~에게 …을 할당하다) 또는 〈allocate 목적어 for 목적〉(~을 위해 …을 할당하다)의 형태로 나온다.
> The company **allocated** $10,000 **for** language classes for its staff. 그 회사는 직원들을 위한 어학 수업에 1만 달러를 할당했다.

## allot
[əlát]

ⓥ 할당하다, 할애하다

**allotted** time 할당된 시간

The supervisor **allots** one hour a day to answering e-mails.
그 관리자는 이메일에 답장을 쓰는 데 하루에 한 시간을 할애한다.

## debit
[débit]

ⓥ (계좌의 돈을) 인출하다

**debit** card 직불 카드, 현금 카드

We may not **debit** your account until a few days after the purchase.
저희는 구매 후 며칠이 지나야 당신의 계좌에서 돈을 인출할 수 있습니다.

## formulate
[fɔ́ːrmjulèit]

ⓥ 만들어 내다, 고안하다

**formulate** a plan 계획을 세우다

We need to **formulate** an appropriate response to the client's complaint. 우리는 고객의 불만 사항에 대한 적절한 답변을 고안할 필요가 있다.

## infect
[infékt]

ⓥ 감염시키다

**infect** a computer 컴퓨터를 (바이러스에) 감염시키다

If you have a cold, be careful not to **infect** others.
감기에 걸렸다면, 다른 사람들을 감염시키지 않도록 주의하세요.

**infection** n. 감염

## attire
[ətáiər]

**n** 의복, 복장

formal **attire** 정장

Employees can wear casual clothing on Fridays instead of business **attire**.
직원들은 금요일에는 비즈니스 복장 대신 평상복을 입을 수 있다.

> **어휘 POINT**
> 유의어로는 clothes, apparel, costume, garment 등이 있다.

---

## custodial
[kʌstóudiəl]

**a** 관리의, 보호의

The **custodial** staff makes sure the building is kept clean at all times. 관리 직원은 건물이 항상 청결하게 유지되도록 한다.

---

## luxury
[lʌ́kʃəri, lʌ́gʒəri]

**a** 호화로운, 고급의

**luxury** hotel 고급 호텔

The rent for the **luxury** apartments on Macon Lane is too expensive for most people.
Macon 가의 호화 아파트 임대료는 대부분의 사람들에게 너무 비싸다.

---

## magnificent
[mægnífisənt]

**a** 웅장한, 장엄한, 멋진

**magnificent** view 장엄한 광경

We are thrilled to have our headquarters in this **magnificent** city. 우리는 이 멋진 도시에 우리의 본사를 두게 되어 매우 기쁩니다.

---

## broaden
[brɔ́:dən]

**v** 넓히다

**broaden** one's horizons 시야를 넓히다

This course will help you **broaden** your understanding of tax law. 이 과정은 세법에 대한 당신의 이해를 넓히는 데 도움이 될 것입니다.

> **어휘 POINT**
> 유의어로는 widen이 있다.

---

## define
[difáin]

**v** 정의하다, 뜻을 밝히다

You must clearly **define** the terms of the agreement in advance.
사전에 계약 조건을 명확히 규정해야 합니다.

**definition** n. 1. 정의  2. (렌즈) 해상도

## continually
[kəntínjuəli]

**ad** 끊임없이, 계속해서

Companies need to adapt to the **continually** changing market.
기업들은 끊임없이 변화하는 시장에 적응해야 한다.

---

## genuine
[dʒénjuin]

**a** 진실된, 진짜의

**genuine** interest in ~에 대한 진정한 관심

If you make a **genuine** effort, you will probably succeed.
진정으로 노력한다면 아마도 성공할 것입니다.

---

## defer
[difə́ːr]

**v** 연기하다, 미루다

**defer** a decision 결정을 미루다

We must **defer** the purchase of a new copy machine until next year. 우리는 새 복사기의 구매를 내년까지 연기해야 한다.

---

## intense
[inténs]

**a** 강렬한, 열렬한

under **intense** pressure 극심한 압박을 받는

The artist's paintings drew **intense** interest from critics.
그 화가의 그림들은 비평가들의 열렬한 관심을 끌었다.

---

## obey
[oubéi]

**v** 준수하다, 따르다

**obey** the rules 규칙을 따르다

Drivers must **obey** the speed limit at all times.
운전자는 항상 제한속도를 준수해야 합니다.

---

## interim
[íntərim]

**a** 임시의, 잠정적인

Ms. Bauman will act as the **interim** director until the position is filled. Bauman 씨는 그 자리가 채워질 때까지 임시 책임자로 활동할 것이다.

> **어휘 POINT**
> 직급 명칭 앞에 나오며 인사 변동이나 구인 광고 상황에서 쓰인다.

---

## pledge
[pledʒ]

**n** 맹세, 약속　**v** 맹세하다, 약속하다

make a **pledge** 맹세하다

The manager **pledged** to find the source of the problem.
관리자는 문제의 원인을 찾겠다고 약속했다.

## consecutive
[kənsékjətiv]

**ⓐ 연속적인**

win three **consecutive** games 세 게임을 연속으로 이기다

This is the third **consecutive** year that the company has won the award. 올해 그 회사는 3년 연속으로 상을 받았다.

## extent
[ikstént]

**ⓝ 규모, 정도**

They traveled the area to determine the **extent** of the storm damage. 그들은 그 지역을 돌며 폭풍우로 인한 피해 규모를 파악했다.

> **어휘 POINT**
> 〈to such an extent that절〉은 '~할 정도까지'의 의미로서, 이 표현 앞뒤의 절은 인과관계가 성립한다.
> The vehicle was damaged **to such an extent that** it could not be repaired. 그 차량은 수리할 수 없을 정도로 파손되었다.

## counterpart
[káuntərpà:rt]

**ⓝ (대등한 지위의) 상대**

After the merger, you may share duties with your **counterpart** in the New York office.
여러분은 합병 후에 뉴욕 사무소 담당자들과 업무를 분담할 수 있습니다.

## evolve
[iválv]

**ⓥ 발전하다, 발달하다**

The small town has **evolved** into a popular tourist destination.
그 작은 마을은 인기 있는 관광지로 발전했다.

> **어휘 POINT**
> revolve(회전하다)와의 철자 및 의미 차이를 구별하자.

## outgoing
[áutgòuiŋ]

**ⓐ 1. 외향적인, 사교적인  2. 퇴임하는, 물러나는**

**outgoing** prime minister 퇴임하는 수상

Salespeople should be **outgoing** and friendly.
영업 사원들은 사교적이고 친절해야 합니다.

## influx
[ínflʌks]

**ⓝ 유입, 밀어닥침**

There was an **influx** of tourists after the new stadium opened.
새 경기장이 문을 연 후 관광객들이 밀어닥쳤다.

## ample
[ǽmpl]

**ⓐ 충분한, 넉넉한**

**ample** storage 넉넉한 수납

The new apartment complex has **ample** parking for tenants.
새 아파트 단지는 세입자들을 위한 충분한 주차 공간이 있다.

> **어휘 POINT**
> 유의어로는 enough, sufficient 등이 있다.

---

## delicacy
[déləkəsi]

**ⓝ 진미, 별미**

Travelers enjoy trying the local **delicacies** of this small village.
여행자들은 이 작은 마을의 향토 별미를 맛보는 것을 즐긴다.

---

## harsh
[hɑːrʃ]

**ⓐ 1. 혹독한 2. 독한, 강력한**

**harsh** environment 혹독한 환경

Our cleaning products do not contain any **harsh** chemicals.
저희의 청소 제품에는 독한 화학물질이 포함되어 있지 않습니다.

> **어휘 POINT**
> '혹독한'이라는 의미의 유의어로는 severe가 있다.

---

## resemble
[rizémbl]

**ⓥ ~을 닮다, ~와 유사하다**

The new phone **resembles** the existing models but has more features. 새 전화기는 기존 모델들과 유사하지만 기능은 더 많다.

---

## shrink
[ʃriŋk]

**ⓥ (옷이) 줄어들다**

This shirt will **shrink** in hot water, so always use the cold setting. 이 셔츠는 뜨거운 물에서는 줄어드니 항상 찬물 설정을 사용하세요.

---

## amend
[əménd]

**ⓥ 수정하다, 개정하다**

**amend** a file 파일을 수정하다

We can **amend** the terms of the contract only if both parties agree. 우리는 양측이 모두 동의하는 경우에만 계약 조건을 수정할 수 있다.

> **어휘 POINT**
> 유의어로는 revise가 있다.

## demographic
[dèməgrǽfik]

ⓐ 인구 통계의  ⓝ 인구 집단

**demographic** shift 인구 통계학적 변화

These athletic shoes will appeal to a younger **demographic**.
이 운동화는 젊은 연령층의 흥미를 끌 것이다.

> **어휘 POINT**
> demo(사람들 = people)+graph(그림, 도표)의 구조로 이루어진 어휘이다.

## reverse
[rivə́ːrs]

ⓐ 1. 반대의  2. 뒷면의

in **reverse** order 역순으로

Instructions for using the device are on the **reverse** side of this card. 기기의 사용 설명서는 이 카드의 뒷면에 있습니다.

**irreversible** a. 되돌릴 수 없는

## drain
[drein]

ⓝ 배수관, 하수구  ⓥ 소모시키다

clogged **drain** 막힌 하수구

**drain** one's energy 진을 빼다, 에너지를 고갈시키다

Watching videos on your phone will **drain** the battery quickly.
휴대폰으로 동영상을 보면 배터리가 빨리 소모된다.

**drainpipe** n. 배수관

## exponentially
[èkspounénʃəli]

ⓐⓓ 기하급수적으로

Attendance at the conference has increased **exponentially** in recent years. 그 학회의 참석자는 최근 몇 년간 기하급수적으로 증가했다.

> **출제 POINT**
> exponentially는 increase(증가하다), rise(증가하다), grow(성장하다), spread(확산하다) 등과 함께 쓰인다.
> Investors expect the market to **grow exponentially** in the next few years. 투자자들은 시장이 향후 몇 년 안에 기하급수적으로 성장할 것으로 기대한다.

## intuitive
[intjúːitiv]

ⓐ 직관적인, 사용하거나 이해하기 쉬운

New accountants appreciate that the software is **intuitive** and user-friendly. 신입 경리 직원들은 그 소프트웨어가 직관적이고 사용하기 편리하다는 것을 인정한다.

## divert
[divə́ːrt] Am
[daivə́ːrt] Br

**v** 1. (교통을) 우회시키다  2. (자금을) 전용하다

**divert** funds 자금을 전용하다

Officials **diverted** traffic away from Harrison Road because of a car accident. 자동차 사고로 인해 경찰들이 Harrison 가에서 차량들을 우회시켰다.

## pertain
[pəːrtéin]

**v** 관련되다, 적용되다

The job posting should explain the main duties that **pertain to** the position. 채용 공고는 직책과 관련된 주요 임무에 대해 설명해야 한다.

> **어휘 POINT**
> 동사로는 pertain to의 형태로 쓰이며, pertaining to는 '~와 관련된'이란 뜻의 전치사구이다.
> The employee handbook has information **pertaining to** the vacation policy. 직원 안내서에는 휴가 정책과 관련된 정보가 있다.

## impose
[impóuz]

**v** 부과하다

**impose** restrictions 제약을 가하다

The city will **impose** fines for illegal parking.
시에서는 불법 주차에 대해 벌금을 부과할 것이다.

## suspect
[səspékt]

**v** 의심하다, ~이 아닐까 하고 생각하다

We **suspect** that the problem was caused by a computer error.
우리는 그 문제가 컴퓨터 오류로 인해 발생한 것이 아닐까 생각한다.

## consent
[kənsént]

**n** 동의   **v** 동의하다

without one's **consent** ~의 동의 없이

The board members must **consent to** the proposed change.
이사진은 제안된 변경안에 동의해야 한다.

> **어휘 POINT**
> consent는 자동사이므로 전치사 to를 동반해서 목적어를 취한다.

## flaw
[flɔː]

**n** 결점, 결함

The problem was caused by a **flaw** in the software.
그 문제는 소프트웨어의 결함으로 인해 발생했다.

> **어휘 POINT**
> 유의어로는 defect, fault 등이 있다.

## vicinity
[visínəti]

**n** 근처, 부근

in the immediate **vicinity** 바로 근처에

The front desk staff can advise guests about amenities within the hotel's **vicinity**. 프런트 데스크 직원은 호텔 근처의 편의 시설에 대해 투숙객들에게 조언을 줄 수 있다.

## spoil
[spɔil]

**v** 1. 망치다, 못쓰게 만들다  2. 상하다

**spoil** one's plans 계획을 망치다

The food **spoiled** because the chef forgot to put it in the refrigerator. 요리사가 음식을 냉장고에 넣는 것을 잊어버려서 음식이 상했다.

## proprietary
[prəpráiətèri]

**a** 독점적인, 전매특허의

**proprietary** software 독점 소프트웨어

Employees are not allowed to share **proprietary** data with anyone outside of the company.
직원들은 사외의 누구와도 독점적인 데이터를 공유해서는 안 된다.

## protocol
[próutəkɔ̀:l]

**n** 1. 관례, 관습  2. 통신 규약, 프로토콜

international business **protocols** 국제 업무 관례

If there is a problem with the Internet **protocol** network, your message may not go through. 인터넷 프로토콜 네트워크에 문제가 있는 경우 메시지가 전달되지 않을 수 있습니다.

## reinforce
[rì:infɔ́:rs]

**v** 강화하다, 보강하다

**reinforce** an idea 아이디어를 보강하다

The designers **reinforced** the car's frame to make it stronger. 디자이너들은 차체를 강화해서 더 튼튼하게 만들었다.

> **어휘 POINT**
> 유의어로는 strengthen이 있다.

## violate
[váiəlèit]

**v** 위반하다, 어기다

**violate** an agreement 계약을 위반하다

People who **violate** the parking policy have to pay a fine. 주차 방침을 위반하는 사람들은 벌금을 내야 한다.

## accelerate
[əksélərèit]

ⓥ 가속화하다

**accelerate** production 생산을 가속화하다

Foreign investment has **accelerated** economic growth in the area. 외국인의 투자는 그 지역의 경제 성장을 가속화시켰다.

> **어휘 POINT**
> 유의어로 quicken, speed up이 있고 반의어로 slow down이 있다.

## outlook
[áutlùk]

ⓝ 전망

long-term **outlook** 장기 전망

The business **outlook** for the next quarter seems bright.
다음 분기의 사업 전망은 밝아 보인다.

> **어휘 POINT**
> 유의어로는 prospect가 있다.

## enormous
[inɔ́ːrməs]

ⓐ 엄청난, 거대한

under **enormous** pressure 엄청난 압박을 받는

Unfortunately, the project took an **enormous** amount of time. 안타깝게도, 그 프로젝트는 엄청난 시간이 걸렸다.

> **어휘 POINT**
> 유의어로는 huge, vast 등이 있다.

## shed
[ʃed]

ⓝ 창고, 헛간

The lawnmower is stored in the **shed** in the backyard.
잔디 깎는 기계는 뒷마당의 헛간에 보관되어 있다.

## simultaneously
[sàiməltéiniəsli] Am
[sìməltéiniəsli] Br

ⓐⓓ 동시에, 일제히

broadcast **simultaneously** 동시에 방송하다, 이원 생중계하다

You can download multiple files **simultaneously** to save time.
다수의 파일을 동시에 다운로드하여 시간을 절약할 수 있습니다.

## sturdy
[stə́ːrdi]

ⓐ 튼튼한, 견고한

Please wear **sturdy** boots for the hike because the trail is rough.
등산로가 험하니까 튼튼한 등산화를 신으세요.

## turnout
[tə́ːrnàut]

ⓝ 참가자의 숫자

There was a great **turnout** for the parade despite the bad weather. 악천후에도 불구하고 퍼레이드에 참가한 사람들의 숫자가 많았다.

> **어휘 POINT**
> 동사구 turn out은 '~으로 판명되다, 나타나다'라는 뜻이다.
> It **turned out** that the job candidates were not qualified. 그 구직자들은 자격이 없는 것으로 드러났다.

## respective
[rispéktiv]

ⓐ 각자의, 각각의

Our presenters are experts in their **respective** industries. 우리 발표자들은 각자의 업계에서 전문가들입니다.

**respectively** ad. 각각, 각자

> **어휘 POINT**
> 형태가 비슷한 형용사 respectable(존경받을 만한), respectful(존경하는, 공손한)의 의미와 구별하자.

## robust
[roubʌ́st]

ⓐ 튼튼한, 견실한

**robust** economy 튼튼한 경제

The company experienced **robust** growth thanks to Mr. Roe's leadership. 그 회사는 Roe 씨의 리더십 덕분에 견실한 성장을 이루었다.

## subsidy
[sʌ́bsidi]

ⓝ 보조금, 장려금

government **subsidy** 정부 보조금

The city offers **subsidies** and tax incentives to attract new businesses. 시에서는 신규 기업 유치를 위해 보조금과 세제 혜택을 제공한다.

**subsidize** v. 보조금을 주다

## subsidiary
[səbsídièri]

ⓝ 자회사 ⓐ 자회사의

**subsidiary** company 자회사

CT Footwear became a **subsidiary** of Worldmax Fashions after the purchase was finalized. CT Footwear는 기업 인수가 마무리된 후 Worldmax Fashions의 자회사가 되었다.

## diminish
[dimíniʃ]

ⓥ 감소하다, 줄어들다

Air pollution will start to **diminish** if these factories are closed. 이 공장들이 문을 닫으면 대기오염이 감소하기 시작할 것이다.

# Review Test

**A** 영어 단어의 알맞은 뜻을 찾아 연결하세요.

01. ample            ⓐ 진실된
02. genuine          ⓑ 웅장한
03. robust           ⓒ 충분한
04. magnificent      ⓓ 튼튼한

05. delicacy         ⓔ 유입
06. influx           ⓕ 보조금
07. subsidy          ⓖ 전망
08. outlook          ⓗ 별미

**B** 우리말 뜻에 맞게 빈칸에 알맞은 어휘를 찾아 넣으세요

| ⓐ broaden | ⓑ allocate | ⓒ vicinity |
| ⓓ reverse | ⓔ intense | ⓕ consecutive |

09. 극심한 압박을 받는          under _____ pressure
10. 세 게임을 연속으로 이기다    win three _____ games
11. 시야를 넓히다                _____ one's horizons
12. 바로 근처에                  in the immediate _____
13. 자원을 배분하다              _____ resources
14. 역순으로                     in _____ order

정답  01. ⓒ  02. ⓐ  03. ⓓ  04. ⓑ  05. ⓗ  06. ⓔ  07. ⓕ  08. ⓖ  09. ⓔ  10. ⓕ  11. ⓐ  12. ⓒ  13. ⓑ  14. ⓓ

# Mini Test

**Select the best answer to complete the sentence.**

01. There was a great ------- for the parade despite the bad weather.

    (A) attendee   (B) turnout   (C) recognition   (D) participant

02. We can ------- the terms of the contract only if both parties agree.

    (A) amend   (B) consent   (C) accelerate   (D) divert

03. The city will ------- fines for illegal parking.

    (A) evolve   (B) pertain   (C) violate   (D) impose

04. Ms. Bauman will act as the ------- director until the position is filled.

    (A) promising   (B) permanent   (C) interim   (D) genuine

05. They traveled the area to determine the ------- of the storm damage.

    (A) expansion   (B) extend   (C) extension   (D) extent

06. We must ------- the purchase of a new copy machine until next year.

    (A) defer   (B) discontinue   (C) differ   (D) disconnect

07. Attendance at the conference has increased ------- in recent years.

    (A) exponentially   (B) prematurely   (C) respectively   (D) simultaneously

**정답** 01 (B)  02 (A)  03 (D)  04 (C)  05 (D)  06 (A)  07 (A)

**해석** 01 악천후에도 불구하고 퍼레이드에 참가한 사람들의 숫자가 많았다.  02 우리는 양측이 모두 동의하는 경우에만 계약 조건을 수정할 수 있다.  03 시에서는 불법 주차에 대해 벌금을 부과할 것이다.  04 Bauman 씨는 그 자리가 채워질 때까지 임시 책임자로 활동할 것이다.  05 그들은 그 지역을 돌며 폭풍우로 인한 피해 규모를 파악했다.  06 우리는 새 복사기의 구매를 내년까지 연기해야 한다.  07 그 학회의 참석자는 최근 몇 년간 기하급수적으로 증가했다.

ENERGY

잘 시작하는 것은 중요합니다.
잘 마무리하는 것은 더 중요합니다.

― 조정민, 『인생은 선물이다』, 두란노

# INDEX

## A

| | |
|---|---|
| abandon | 474 |
| ability | 173 |
| aboard | 61 |
| abroad | 369 |
| absence | 337 |
| absolutely | 296 |
| accelerate | 488 |
| accept | 96 |
| access | 86 |
| accessible | 86 |
| accidentally | 368 |
| acclaimed | 256 |
| accommodate | 201 |
| accompany | 323 |
| accomplish | 283 |
| accomplished | 283 |
| accordingly | 34 |
| according to | 34 |
| account | 41 |
| accredited | 118 |
| accurate | 257 |
| achieve | 283 |
| acknowledge | 209 |
| acquaint | 475 |
| acquire | 280 |
| activate | 220 |
| active | 220 |
| acute | 466 |
| adapt | 380 |
| addition | 95 |
| additional | 95 |
| address | 60 |
| adequate | 398 |
| adhere | 380 |
| adjacent | 455 |
| adjust | 174 |
| administer | 210 |
| administration | 210 |
| admire | 363 |
| admission | 268 |
| admit | 268 |
| adopt | 428 |
| advance | 138 |
| advanced | 138 |
| advantage | 205 |
| adverse | 441 |
| advertise | 28 |
| advertisement | 28 |
| advise | 104 |
| advisory | 104 |
| advocate | 399 |
| affair | 454 |
| affect | 239 |
| afford | 240 |
| affordable | 240 |
| agency | 72 |
| agenda | 155 |
| agree | 62 |
| agreeable | 62 |
| agriculture | 291 |
| aid | 410 |
| aim | 297 |
| air | 411 |
| aisle | 257 |
| alert | 297 |
| allocate | 480 |
| allot | 480 |
| allow | 92 |
| allowance | 92 |
| alter | 338 |
| alternate | 275 |
| alternative | 275 |
| alumni | 458 |
| amazed | 381 |
| amazing | 381 |
| ambitious | 411 |
| amend | 484 |
| amenity | 349 |
| amount | 190 |
| ample | 484 |
| analytical | 205 |
| analyze | 205 |
| anchor | 458 |
| anniversary | 227 |
| announce | 41 |
| annual | 81 |
| anonymous | 472 |
| anticipate | 266 |
| antique | 424 |
| apologize | 134 |
| apparel | 272 |
| apparent | 416 |
| appeal | 339 |
| appear | 204 |
| appliance | 25 |
| application | 25 |
| apply | 25 |
| appoint | 79 |
| appointment | 79 |
| appraisal | 473 |
| appreciate | 124 |
| apprentice | 439 |
| approach | 275 |
| appropriate | 266 |
| approve | 87 |
| approximately | 319 |
| aquarium | 413 |
| archaeological | 459 |
| architect | 141 |
| archive | 439 |
| area | 27 |
| arena | 349 |
| argue | 424 |
| arise | 167 |
| arrange | 75 |
| article | 58 |
| artificial | 426 |
| aspect | 322 |
| aspire | 459 |
| assemble | 195 |
| assess | 426 |

| | |
|---|---|
| asset | 413 |
| assign | 120 |
| assist | 60 |
| associate | 144 |
| assortment | 306 |
| assume | 349 |
| assure | 96 |
| athlete | 259 |
| athletic | 259 |
| atmosphere | 453 |
| atrium | 453 |
| attach | 107 |
| attain | 454 |
| attempt | 313 |
| attend | 27 |
| attendant | 27 |
| attention | 161 |
| attentive | 161 |
| attire | 481 |
| attitude | 188 |
| attorney | 412 |
| attract | 140 |
| attractive | 140 |
| attribute | 443 |
| auction | 454 |
| audience | 206 |
| audit | 368 |
| auditorium | 298 |
| authentic | 387 |
| author | 142 |
| authority | 142 |
| authorize | 142 |
| autobiography | 400 |
| autograph | 444 |
| automate | 241 |
| automatic | 241 |
| automobile | 194 |
| automotive | 194 |
| availability | 21 |
| available | 21 |
| avenue | 204 |
| average | 218 |
| avoid | 241 |
| await | 399 |
| award | 55 |
| aware | 225 |

### B

| | |
|---|---|
| backup | 456 |
| baggage | 222 |
| balance | 339 |
| ballroom | 287 |
| banner | 428 |
| banquet | 265 |
| bargain | 466 |
| base | 102 |
| basis | 102 |
| batch | 457 |
| beforehand | 417 |
| belong | 127 |
| belongings | 127 |
| bend | 387 |
| benefit | 109 |
| besides | 468 |
| beverage | 168 |
| beyond | 316 |
| bid | 280 |
| bill | 126 |
| bin | 389 |
| biography | 400 |
| bistro | 281 |
| bite | 458 |
| blanket | 404 |
| blend | 381 |
| blueprint | 401 |
| board | 61 |
| book | 52 |
| bookkeeping | 52 |
| boost | 363 |
| botanical | 412 |
| bother | 429 |
| boulevard | 388 |
| brainstorm | 403 |
| branch | 135 |
| brand | 188 |
| brand-new | 188 |
| brew | 368 |
| brief | 250 |
| broad | 369 |
| broadcast | 138 |
| broaden | 481 |
| brochure | 155 |
| browse | 364 |
| budget | 70 |
| bulb | 316 |
| bulk | 312 |
| bulletin board | 346 |
| bureau | 427 |
| business | 16 |

### C

| | |
|---|---|
| calculate | 313 |
| cancel | 90 |
| candidate | 150 |
| capable | 284 |
| capacity | 284 |
| capital | 338 |
| capture | 369 |
| career | 172 |
| cargo | 441 |
| carpentry | 458 |
| carrier | 202 |
| carry | 202 |
| carry-on | 202 |
| cartridge | 412 |
| cash | 174 |
| casual | 369 |
| catalog | 195 |
| cater | 158 |
| cause | 172 |
| caution | 328 |
| celebrate | 113 |
| celebrity | 113 |
| centennial | 363 |
| century | 363 |
| ceremony | 223 |

495

| | | | | | | | |
|---|---|---|---|---|---|---|---|
| certificate | 144 | comfort | 169 | confidential | 207 |
| certify | 144 | comfortable | 169 | confirm | 88 |
| chairperson | 412 | commence | 413 | conflict | 370 |
| challenge | 216 | commend | 80 | conform | 461 |
| channel | 364 | comment | 169 | confusing | 312 |
| character | 370 | commentary | 169 | congestion | 378 |
| characteristic | 370 | commerce | 141 | congratulate | 317 |
| charge | 74 | commercial | 141 | connect | 145 |
| charity | 272 | commission | 120 | connection | 145 |
| chat | 223 | commit | 120 | conscious | 460 |
| check | 39 | committee | 120 | consecutive | 483 |
| check-in | 39 | common | 259 | consent | 486 |
| checkout | 39 | communicate | 156 | consequently | 287 |
| chef | 157 | community | 87 | conserve | 286 |
| chemical | 413 | commute | 226 | consider | 93 |
| chief | 170 | compare | 248 | considerable | 429 |
| choir | 389 | compatible | 460 | considerate | 93 |
| circuit | 381 | compensation | 384 | consist | 338 |
| circulate | 381 | compete | 90 | consistently | 273 |
| circumstances | 445 | competence | 459 | constant | 415 |
| cite | 439 | competitive | 90 | construct | 55 |
| citizen | 445 | compile | 402 | consult | 73 |
| civil | 445 | complain | 126 | consume | 226 |
| claim | 256 | complement | 459 | consumer | 226 |
| clarify | 143 | complete | 34 | contact | 24 |
| classified | 428 | completely | 34 | contain | 144 |
| classify | 428 | complex | 239 | contaminate | 441 |
| clear | 143 | complicated | 379 | contemporary | 388 |
| clearance | 143 | compliment | 191 | content | 283 |
| clerk | 364 | complimentary | 191 | context | 111 |
| client | 24 | comply | 273 | continent | 431 |
| climate | 414 | component | 467 | continually | 482 |
| clinic | 236 | compose | 446 | continue | 94 |
| closely | 316 | comprehensive | 414 | contract | 63 |
| closet | 303 | compromise | 469 | contribute | 223 |
| closure | 354 | concept | 388 | convenience | 121 |
| coast | 414 | concern | 93 | convention | 137 |
| code | 123 | concerning | 93 | convert | 364 |
| coincide | 460 | conclude | 269 | convey | 403 |
| collaborate | 192 | condition | 150 | convince | 386 |
| colleague | 92 | condominium | 350 | cooperation | 328 |
| collect | 187 | conduct | 122 | coordinate | 226 |
| column | 372 | conference | 24 | copy | 73 |
| combine | 268 | confident | 207 | copyright | 73 |

| | | | | | | | |
|---|---|---|---|---|---|---|---|
| cord | 312 | customize | 19 | depot | 461 |
| corporate | 119 | cutting-edge | 461 | describe | 97 |
| correct | 94 | | | deserve | 447 |
| correlate | 193 | | | designate | 350 |
| cosmetics | 429 | | | destination | 285 |
| cost | 46 | | | detach | 107 |
| costly | 46 | **D** | | detail | 86 |
| costume | 415 | dairy | 455 | detect | 389 |
| council | 219 | damage | 156 | detergent | 401 |
| counselor | 350 | date | 18 | determine | 255 |
| count | 47 | deadline | 119 | detour | 474 |
| counter | 221 | deal | 159 | develop | 57 |
| counterpart | 483 | debate | 415 | device | 170 |
| countertop | 221 | debit | 480 | devote | 430 |
| countless | 47 | debut | 355 | diet | 339 |
| court | 354 | decade | 289 | dig | 401 |
| courteous | 354 | deck | 460 | digit | 428 |
| courtesy | 354 | decline | 272 | dimension | 373 |
| cover | 80 | decor | 166 | diminish | 489 |
| coverage | 80 | decorate | 166 | dine | 166 |
| coworker | 220 | decrease | 46 | direct | 35 |
| crack | 416 | dedicated | 251 | direction | 35 |
| craft | 264 | deduct | 458 | director | 35 |
| crate | 427 | deface | 274 | directory | 339 |
| creative | 248 | defect | 334 | disagree | 62 |
| credential | 455 | defer | 482 | disappear | 204 |
| credit | 118 | define | 481 | disappointed | 317 |
| crew | 288 | definitely | 253 | disassemble | 195 |
| criteria | 400 | degree | 158 | discard | 382 |
| critic | 218 | delay | 91 | disclose | 415 |
| critical | 218 | delicacy | 484 | disconnect | 145 |
| criticize | 218 | deliver | 40 | discontinue | 94 |
| crop | 416 | deluxe | 424 | discount | 47 |
| cross | 339 | demand | 232 | discourage | 112 |
| crowded | 216 | demanding | 232 | discover | 80 |
| crucial | 456 | demographic | 485 | dispenser | 443 |
| cubicle | 460 | demolish | 461 | display | 87 |
| cuisine | 300 | demonstrate | 150 | dispose | 346 |
| culinary | 300 | dental | 227 | dispute | 440 |
| currency | 457 | depart | 208 | disruption | 350 |
| current | 56 | department | 38 | distinct | 334 |
| custodial | 481 | dependent | 235 | distinguish | 334 |
| custom | 19 | depend on | 235 | distinguished | 334 |
| customer - | 19 | deposit | 208 | distracting | 430 |

| | | |
|---|---|---|
| distribute | 126 | |
| district | 242 | |
| diverse | 335 | |
| diversify | 335 | |
| divert | 486 | |
| divide | 254 | |
| dividend | 254 | |
| division | 254 | |
| dock | 338 | |
| document | 76 | |
| domestic | 417 | |
| donate | 122 | |
| double | 269 | |
| doubt | 402 | |
| download | 110 | |
| downtown | 201 | |
| draft | 371 | |
| drain | 485 | |
| draw | 170 | |
| drawer | 170 | |
| drill | 353 | |
| drop | 252 | |
| due | 104 | |
| due to | 104 | |
| durable | 249 | |
| duration | 249 | |
| dust | 413 | |
| duty | 316 | |

## E

| | |
|---|---|
| eager | 285 |
| earn | 221 |
| ease | 430 |
| economic | 233 |
| economical | 233 |
| economy | 233 |
| edge | 461 |
| edit | 122 |
| edition | 122 |
| effect | 127 |
| effective | 127 |
| efficient | 166 |
| effort | 193 |
| election | 312 |
| electric | 134 |
| electronic | 90 |
| electronically | 90 |
| element | 413 |
| eligible | 273 |
| eliminate | 452 |
| emergency | 395 |
| emphasize | 273 |
| employ | 17 |
| employee | 17 |
| empty | 318 |
| enable | 173 |
| enclose | 257 |
| encounter | 453 |
| encourage | 112 |
| endorse | 453 |
| endure | 433 |
| energetic | 440 |
| enforce | 298 |
| engage | 313 |
| engaging | 313 |
| engrave | 405 |
| enhance | 333 |
| enormous | 488 |
| enroll | 303 |
| ensure | 96 |
| entail | 403 |
| enter | 64 |
| enterprise | 251 |
| entertain | 225 |
| enthusiasm | 329 |
| enthusiast | 329 |
| enthusiastic | 329 |
| entire | 184 |
| entirety | 184 |
| entitle | 248 |
| entrepreneur | 251 |
| entry | 64 |
| envelope | 382 |
| environment | 160 |
| episode | 371 |
| equal | 382 |
| equip | 43 |
| equipment | 43 |
| especially | 189 |
| essential | 297 |
| establish | 202 |
| established | 202 |
| establishment | 202 |
| estimate | 134 |
| ethic | 443 |
| evaluate | 240 |
| evenly | 442 |
| eventually | 382 |
| evident | 403 |
| evolve | 483 |
| exact | 209 |
| exaggerate | 441 |
| examine | 283 |
| exceed | 267 |
| excel | 410 |
| except (for) | 189 |
| exception | 189 |
| exceptional | 189 |
| excess | 267 |
| excited | 205 |
| exciting | 205 |
| exclude | 29 |
| exclusive | 29 |
| execute | 168 |
| executive | 168 |
| exhausted | 480 |
| exhibit | 123 |
| exist | 274 |
| existing | 274 |
| exit | 269 |
| expand | 71 |
| expect | 53 |
| expectation | 53 |
| expedite | 428 |
| expense | 112 |
| experience | 53 |
| experiment | 371 |
| expert | 123 |
| expertise | 123 |

| | |
|---|---|
| expire | 233 |
| explain | 88 |
| explore | 300 |
| exponentially | 485 |
| export | 200 |
| expose | 431 |
| exposition | 289 |
| express | 126 |
| extend | 89 |
| extension | 89 |
| extensive | 89 |
| extent | 483 |
| exterior | 416 |
| external | 288 |
| extra | 105 |
| extraordinary | 471 |
| extremely | 299 |

## F

| | |
|---|---|
| fabric | 220 |
| face | 274 |
| facilitate | 350 |
| facility | 108 |
| factor | 403 |
| faculty | 429 |
| fair | 118 |
| fairly | 118 |
| fall | 242 |
| fare | 317 |
| fascinating | 452 |
| fasten | 431 |
| faucet | 441 |
| fault | 414 |
| faulty | 414 |
| favor | 186 |
| favorable | 186 |
| favorite | 186 |
| feature | 61 |
| fee | 71 |
| fellow | 415 |
| ferry | 370 |
| fertilizer | 395 |
| festive | 444 |
| fiber | 417 |
| field | 177 |
| figure | 255 |
| figure out | 255 |
| file | 121 |
| fill | 175 |
| finalize | 184 |
| finance | 59 |
| financial | 59 |
| findings | 429 |
| firm | 75 |
| firsthand | 417 |
| fiscal | 395 |
| fit | 71 |
| fitness | 71 |
| fix | 108 |
| fixture | 108 |
| flash | 442 |
| flat | 299 |
| flavor | 232 |
| flaw | 486 |
| fleet | 365 |
| flexible | 236 |
| flight | 81 |
| flood | 105 |
| floral | 314 |
| fluent | 107 |
| flyer | 233 |
| focus | 145 |
| fold | 236 |
| folder | 236 |
| folk | 382 |
| follow | 135 |
| following | 135 |
| follow-up | 135 |
| footstep | 139 |
| force | 298 |
| forecast | 138 |
| form | 40 |
| formal | 40 |
| former | 237 |
| formula | 397 |
| formulate | 480 |
| forward | 107 |
| found | 159 |
| foundation | 159 |
| fountain | 275 |
| fragile | 432 |
| frame | 206 |
| freelance | 364 |
| freezer | 238 |
| freight | 383 |
| frequency | 191 |
| frequent | 191 |
| frustrated | 394 |
| fuel | 303 |
| fulfill | 317 |
| function | 221 |
| fund | 63 |
| fundraiser | 63 |
| furnished | 288 |
| furnishings | 288 |
| further | 234 |

## G

| | |
|---|---|
| gain | 298 |
| garage | 242 |
| garment | 442 |
| gas | 272 |
| gather | 210 |
| gear | 373 |
| general | 187 |
| generate | 264 |
| generation | 264 |
| generous | 329 |
| genuine | 482 |
| giveaway | 438 |
| glitch | 454 |
| global | 224 |
| globe | 224 |
| glossy | 433 |
| glue | 468 |
| goods | 207 |

**499**

| government | 237 |
| --- | --- |
| grab | 475 |
| grade | 137 |
| graduate | 283 |
| grain | 416 |
| grant | 237 |
| grateful | 396 |
| gratitude | 396 |
| greet | 313 |
| grocery | 217 |
| growth | 220 |
| guarantee | 265 |
| gym | 267 |

## H

| habitat | 470 |
| --- | --- |
| half | 243 |
| halfway | 243 |
| hall | 126 |
| hand | 224 |
| handcrafted | 264 |
| handle | 174 |
| hands-on | 224 |
| handy | 224 |
| harsh | 484 |
| harvest | 328 |
| head | 237 |
| headquarter | 175 |
| headquarters | 175 |
| health | 81 |
| hesitant | 365 |
| hesitate | 365 |
| highlight | 217 |
| highly | 206 |
| hiking | 285 |
| hire | 39 |
| honor | 210 |
| hospitality | 417 |
| host | 120 |
| house | 317 |
| hygiene | 467 |

## I

| ideal | 303 |
| --- | --- |
| identical | 446 |
| identify | 128 |
| identity | 128 |
| illustrate | 371 |
| immediate | 185 |
| immediately | 185 |
| immigrate | 447 |
| impact | 364 |
| implement | 264 |
| implicate | 471 |
| imply | 186 |
| import | 200 |
| impose | 486 |
| impressed | 154 |
| impression | 154 |
| impressive | 154 |
| improve | 91 |
| inactive | 220 |
| incentive | 334 |
| include | 29 |
| income | 402 |
| inconvenience | 121 |
| incorporate | 119 |
| increase | 46 |
| increasingly | 46 |
| incredible | 394 |
| incur | 395 |
| independent | 235 |
| indicate | 42 |
| indicator | 42 |
| individual | 224 |
| industry | 62 |
| infect | 480 |
| infer | 466 |
| inflate | 467 |
| influence | 366 |
| influx | 483 |
| inform | 20 |
| information | 20 |
| informative | 20 |
| infrastructure | 371 |

| ingredient | 252 |
| --- | --- |
| inhabit | 470 |
| initial | 153 |
| initiate | 153 |
| initiative | 153 |
| innovation | 211 |
| innovative | 211 |
| in-person | 444 |
| input | 351 |
| inquire | 184 |
| insert | 431 |
| insight | 321 |
| insist | 467 |
| insistent | 467 |
| inspect | 79 |
| inspire | 320 |
| install | 62 |
| installment | 62 |
| instance | 446 |
| instant | 446 |
| instead | 135 |
| instead of | 135 |
| institute | 207 |
| instruct | 72 |
| instruction | 72 |
| instrument | 299 |
| instrumental | 299 |
| insulate | 432 |
| insurance | 96 |
| integrate | 468 |
| integrity | 468 |
| intellectual | 447 |
| intelligence | 447 |
| intend | 160 |
| intense | 482 |
| intent | 160 |
| interaction | 314 |
| interactive | 314 |
| interest | 65 |
| interim | 482 |
| intermission | 410 |
| internal | 288 |
| international | 89 |
| interpreter | 446 |

| | | | | | | | |
|---|---|---|---|---|---|---|---|
| interrupt | 418 | | labor | 192 | | logistics | 371 |
| intersection | 155 | | laboratory | 177 | | loose | 418 |
| interview | 57 | | lack | 330 | | lower | 302 |
| intrigue | 430 | | ladder | 383 | | loyal | 249 |
| introduce | 91 | | landlord | 250 | | luggage | 222 |
| introductory | 91 | | landmark | 319 | | luncheon | 307 |
| intuitive | 485 | | landscape | 201 | | luxury | 481 |
| invent | 444 | | lane | 248 | | | |
| inventory | 173 | | language | 240 | | | |
| invest | 121 | | largely | 417 | | | |
| investigate | 372 | | last | 24 | | **M** | |
| invoice | 172 | | launch | 104 | | | |
| involve | 249 | | laundry | 365 | | magnetic | 430 |
| issue | 79 | | lawn | 356 | | magnificent | 481 |
| item | 24 | | lay | 222 | | main | 60 |
| itinerary | 289 | | layer | 222 | | mainstream | 362 |
| | | | layout | 222 | | maintain | 77 |
| | | | lead | 57 | | maintenance | 77 |
| | | | leading | 57 | | major | 188 |
| **J** | | | leak | 329 | | majority | 188 |
| | | | lean | 328 | | malfunction | 221 |
| jewel | 259 | | lease | 203 | | manage | 21 |
| job | 22 | | leave | 45 | | manager | 21 |
| join | 154 | | lecture | 238 | | mandate | 318 |
| joint | 154 | | legal | 227 | | mandatory | 318 |
| journal | 184 | | less | 159 | | manner | 443 |
| judge | 470 | | lessen | 159 | | manual | 145 |
| junior | 217 | | license | 191 | | manually | 145 |
| justify | 447 | | lift | 306 | | manufacture | 81 |
| | | | lightweight | 254 | | marble | 396 |
| | | | limit | 105 | | mark | 319 |
| | | | limited | 105 | | market | 16 |
| | | | line | 94 | | match | 203 |
| **K** | | | linen | 396 | | material | 70 |
| | | | link | 318 | | matter | 241 |
| keynote | 280 | | literacy | 365 | | mature | 469 |
| kiosk | 351 | | load | 110 | | maximize | 355 |
| kneel | 201 | | loan | 266 | | maximum | 355 |
| knowledge | 209 | | local | 44 | | measure | 227 |
| | | | locate | 22 | | mechanic | 267 |
| | | | location | 22 | | media | 119 |
| **L** | | | lock | 205 | | medical | 109 |
| | | | lodge | 383 | | medication | 109 |
| label | 203 | | log | 209 | | medicine | 109 |

| | |
|---|---|
| medium | 119 |
| mention | 81 |
| mentor | 241 |
| merchandise | 203 |
| merchant | 203 |
| merge | 166 |
| method | 270 |
| microwave | 363 |
| migrate | 447 |
| mill | 351 |
| mind | 219 |
| miniature | 466 |
| minimize | 251 |
| minimum | 251 |
| ministry | 469 |
| minor | 188 |
| misconception | 388 |
| misinterpret | 446 |
| misplace | 26 |
| miss | 124 |
| missing | 124 |
| mission | 383 |
| mistake | 236 |
| mix | 271 |
| mobile | 93 |
| moderate | 430 |
| modest | 404 |
| modify | 443 |
| moment | 300 |
| momentarily | 300 |
| monitor | 232 |
| monument | 475 |
| mop | 468 |
| motion | 419 |
| motivate | 301 |
| motor | 318 |
| mount | 356 |
| mover | 404 |
| multiple | 206 |
| multiply | 206 |
| municipal | 433 |
| mural | 467 |
| mutually | 433 |

### N

| | |
|---|---|
| narrow | 372 |
| native | 418 |
| navigation | 352 |
| nearby | 194 |
| nearly | 355 |
| necessarily | 177 |
| necessary | 177 |
| necessity | 177 |
| negative | 238 |
| neglect | 475 |
| negotiate | 210 |
| neighborhood | 211 |
| nervous | 394 |
| newsletter | 290 |
| nominate | 304 |
| nominee | 304 |
| nonprofit | 172 |
| norm | 280 |
| normal | 280 |
| notable | 75 |
| note | 75 |
| notice | 45 |
| notify | 45 |
| numerous | 395 |
| nursery | 412 |
| nutrition | 289 |
| nutritious | 289 |

### O

| | |
|---|---|
| obey | 482 |
| object | 290 |
| objective | 290 |
| obligation | 367 |
| observe | 330 |
| obtain | 207 |
| obvious | 470 |
| occasion | 305 |
| occasional | 305 |
| occupancy | 258 |

| | |
|---|---|
| occupation | 258 |
| occupy | 258 |
| occur | 383 |
| offer | 20 |
| official | 137 |
| ongoing | 269 |
| online | 40 |
| on the contrary | 432 |
| opening | 125 |
| operate | 78 |
| opinion | 232 |
| opponent | 304 |
| opportunity | 86 |
| oppose | 304 |
| opposite | 304 |
| optical | 466 |
| option | 75 |
| orchard | 397 |
| order | 16 |
| ordinary | 471 |
| organic | 356 |
| organization | 58 |
| organize | 58 |
| origin | 128 |
| original | 128 |
| originate | 128 |
| outage | 372 |
| outcome | 402 |
| outdated | 18 |
| outgoing | 483 |
| outlet | 289 |
| outline | 336 |
| outlook | 488 |
| output | 351 |
| outreach | 143 |
| outsource | 265 |
| outstanding | 156 |
| overall | 290 |
| overcharge | 74 |
| overdue | 104 |
| overhead | 394 |
| overlook | 433 |
| overnight | 383 |
| overseas | 304 |

| | | |
|---|---|---|
| oversee | 330 | |
| oversight | 321 | |
| overtime | 331 | |
| overview | 108 | |
| overwhelming | 415 | |
| owe | 471 | |
| own | 113 | |

### P

| | |
|---|---|
| pace | 397 |
| pack | 54 |
| package | 54 |
| packet | 54 |
| pair | 250 |
| panel | 442 |
| paperwork | 257 |
| partial | 394 |
| participant | 59 |
| participate | 59 |
| particle | 469 |
| particular | 211 |
| partner | 125 |
| party | 109 |
| pass | 106 |
| passenger | 106 |
| patent | 433 |
| path | 315 |
| patient | 123 |
| patio | 335 |
| patron | 255 |
| patronize | 255 |
| pause | 471 |
| pave | 454 |
| pay | 38 |
| payable | 38 |
| payroll | 38 |
| peak | 357 |
| pedestrian | 418 |
| penalty | 425 |
| pending | 445 |
| perform | 56 |
| performance | 56 |
| period | 195 |
| periodical | 195 |
| permanent | 384 |
| permit | 142 |
| persist | 442 |
| personal | 129 |
| personalize | 129 |
| personnel | 255 |
| perspective | 472 |
| persuade | 418 |
| pertain | 486 |
| pharmaceutical | 252 |
| pharmacy | 252 |
| phase | 419 |
| philosophy | 469 |
| photocopy | 73 |
| physical | 314 |
| physician | 314 |
| pile | 384 |
| place | 26 |
| plant | 77 |
| plate | 281 |
| platform | 300 |
| plaza | 384 |
| pleased | 106 |
| pleasure | 106 |
| pledge | 482 |
| plenty of | 286 |
| plot | 372 |
| plug | 253 |
| plumber | 282 |
| plus | 243 |
| podium | 431 |
| point | 113 |
| policy | 60 |
| polish | 433 |
| politician | 346 |
| poll | 466 |
| pollution | 418 |
| popular | 95 |
| port | 200 |
| portable | 419 |
| portal | 356 |
| portfolio | 398 |
| portrait | 441 |
| position | 38 |
| positive | 238 |
| possess | 419 |
| possible | 103 |
| possibly | 103 |
| post | 44 |
| postpone | 219 |
| pot | 274 |
| potential | 152 |
| pottery | 274 |
| pour | 367 |
| power | 186 |
| practical | 151 |
| practice | 151 |
| praise | 335 |
| precaution | 328 |
| precise | 404 |
| predict | 319 |
| prefer | 92 |
| preferably | 92 |
| preliminary | 356 |
| prematurely | 469 |
| premier | 445 |
| premiere | 474 |
| premises | 410 |
| premium | 445 |
| prepare | 34 |
| prescription | 351 |
| presence | 43 |
| present | 43 |
| presentation | 43 |
| preserve | 286 |
| president | 97 |
| press | 142 |
| prestigious | 419 |
| pretend | 432 |
| prevent | 385 |
| preview | 108 |
| previous | 129 |
| primary | 315 |
| prior | 152 |
| priority | 152 |

| | |
|---|---|
| prior to | 152 |
| privacy | 200 |
| private | 200 |
| procedure | 58 |
| proceed | 282 |
| proceeds | 282 |
| process | 58 |
| produce | 16 |
| product | 16 |
| productivity | 267 |
| profession | 77 |
| professional | 77 |
| proficient | 416 |
| profile | 281 |
| profit | 172 |
| progress | 330 |
| prohibit | 424 |
| project | 25 |
| projection | 25 |
| prominent | 431 |
| promising | 386 |
| promote | 55 |
| promotion | 55 |
| prompt | 266 |
| proofread | 270 |
| prop | 432 |
| properly | 252 |
| property | 92 |
| propose | 89 |
| proprietary | 487 |
| prospect | 320 |
| prospective | 320 |
| prosperous | 473 |
| protect | 176 |
| protocol | 487 |
| prototype | 234 |
| prove | 270 |
| provide | 37 |
| provided (that) | 37 |
| psychology | 425 |
| public | 70 |
| publicity | 70 |
| publicize | 70 |
| publish | 94 |
| punctual | 432 |
| purchase | 36 |
| pure | 452 |
| purify | 452 |
| purpose | 72 |
| pursue | 366 |

### Q

| | |
|---|---|
| qualification | 151 |
| qualify | 151 |
| quality | 78 |
| quantity | 78 |
| quarter | 127 |
| questionnaire | 352 |
| quote | 352 |

### R

| | |
|---|---|
| rack | 347 |
| radius | 473 |
| raffle | 432 |
| railing | 405 |
| raise | 167 |
| random | 438 |
| range | 243 |
| rapid | 315 |
| rare | 452 |
| rate | 118 |
| raw | 438 |
| reach | 143 |
| react | 453 |
| real estate | 157 |
| realize | 307 |
| rear | 425 |
| reasonable | 141 |
| rebate | 411 |
| recall | 453 |
| receipt | 76 |
| recent | 28 |
| reception | 76 |
| recipe | 218 |
| recipient | 76 |
| recognize | 171 |
| recommend | 80 |
| record | 107 |
| recover | 452 |
| recreation | 305 |
| recruit | 192 |
| rectangular | 473 |
| recycle | 248 |
| redeem | 398 |
| reduce | 139 |
| refer | 161 |
| reference | 161 |
| referral | 161 |
| reflect | 305 |
| refresh | 176 |
| refreshments | 176 |
| refrigerate | 238 |
| refrigerator | 238 |
| refund | 63 |
| refurbish | 400 |
| refuse | 307 |
| regard | 136 |
| regarding | 136 |
| regardless of | 136 |
| region | 140 |
| register | 65 |
| regret | 366 |
| regular | 140 |
| regulate | 201 |
| rehearsal | 397 |
| reimburse | 189 |
| reinforce | 487 |
| reject | 320 |
| related | 193 |
| relation | 193 |
| relatively | 305 |
| relax | 372 |
| release | 152 |
| relevant | 362 |
| reliable | 234 |
| relieved | 331 |

| | | | | | | | |
|---|---|---|---|---|---|---|---|
| relocate | 22 | restore | 232 | satisfy | 157 |
| rely on | 234 | restrict | 331 | scale | 366 |
| remain | 204 | restructure | 253 | scan | 331 |
| remark | 379 | result | 86 | scatter | 438 |
| remarkable | 379 | resume | 171 | scene | 332 |
| remind | 136 | résumé | 171 | scenic | 332 |
| remodel | 286 | retail | 150 | scent | 414 |
| remote | 281 | retain | 305 | schedule | 19 |
| remotely | 281 | retire | 121 | scheme | 456 |
| remove | 174 | retreat | 338 | screen | 153 |
| renew | 208 | retrieve | 472 | screw | 388 |
| renovate | 91 | reunion | 466 | script | 319 |
| renowned | 425 | reveal | 347 | sculpture | 357 |
| rent | 52 | revenue | 291 | seam | 439 |
| repair | 47 | reverse | 485 | search | 194 |
| repeatedly | 331 | review | 41 | seat | 97 |
| replace | 78 | revise | 103 | seating | 97 |
| replacement | 78 | revitalization | 427 | secondhand | 417 |
| reply | 265 | reward | 55 | section | 155 |
| report | 37 | rigid | 475 | sector | 155 |
| reportedly | 37 | rigorous | 440 | secure | 74 |
| represent | 102 | rise | 167 | security | 74 |
| representative | 102 | roast | 397 | seek | 185 |
| repurpose | 72 | robust | 489 | segment | 471 |
| reputation | 367 | role | 239 | select | 79 |
| request | 28 | rotate | 397 | senior | 217 |
| require | 54 | rough | 398 | sense | 270 |
| research | 76 | route | 137 | sensitive | 270 |
| resemble | 484 | routine | 137 | separate | 271 |
| reservation | 52 | row | 284 | separately | 271 |
| reserve | 52 | rural | 440 | serious | 424 |
| reset | 216 | rush | 332 | serve | 17 |
| residence | 97 | | | service | 17 |
| resident | 97 | | | session | 63 |
| resign | 439 | | | setting | 216 |
| resist | 384 | **S** | | settle | 316 |
| resistant | 384 | | | setup | 378 |
| resolve | 110 | safe | 110 | several | 54 |
| resource | 102 | salary | 160 | sew | 362 |
| respect | 336 | sale | 23 | shade | 323 |
| respective | 489 | sample | 105 | shape | 315 |
| respond | 136 | satellite | 385 | share | 87 |
| responsible | 153 | satisfaction | 157 | shed | 488 |
| rest | 250 | satisfactory | 157 | sheet | 167 |

**505**

| | | | | | | | |
|---|---|---|---|---|---|---|---|
| shelf | 154 | souvenir | 398 | store | 18 |
| shift | 175 | spacious | 348 | straight | 352 |
| ship | 36 | spare | 426 | straightforward | 352 |
| shipping | 36 | special | 125 | strain | 454 |
| shoot | 348 | specialize | 125 | strategy | 139 |
| short | 150 | specialty | 125 | stream | 362 |
| shortly | 301 | species | 457 | streamline | 362 |
| show | 26 | specific | 111 | stress | 338 |
| showcase | 26 | specification | 111 | stretch | 410 |
| shrink | 484 | specify | 111 | strict | 378 |
| shut | 357 | speech | 190 | stripe | 458 |
| shuttle | 270 | spend | 168 | strive | 441 |
| sightseeing | 321 | spill | 440 | stroll | 459 |
| sign | 36 | split | 474 | structure | 253 |
| signal | 426 | spoil | 487 | struggle | 457 |
| signature | 36 | spokesperson | 306 | stub | 461 |
| significant | 223 | sponsor | 193 | stuck | 438 |
| sign-up | 396 | sporting | 353 | sturdy | 488 |
| similar | 219 | spot | 282 | subject | 35 |
| simplify | 336 | spotlight | 282 | submission | 64 |
| simply | 336 | spray | 349 | submit | 64 |
| simultaneously | 488 | spread | 455 | subscribe | 175 |
| single | 357 | square | 268 | subsequent | 287 |
| single-handedly | 357 | stable | 385 | subsidiary | 489 |
| site | 22 | stack | 271 | subsidy | 489 |
| situate | 457 | staff | 23 | substance | 455 |
| situation | 301 | stage | 167 | substantial | 346 |
| sizeable | 456 | stain | 286 | substitute | 378 |
| skilled | 103 | stairs | 217 | suburb | 424 |
| sleeve | 386 | stand | 156 | succeed | 71 |
| slight | 385 | standard | 242 | success | 71 |
| slot | 379 | startup | 316 | sufficient | 347 |
| smoothly | 284 | state | 141 | suggest | 27 |
| social | 124 | state-of-the-art | 367 | suit | 158 |
| socialize | 124 | statue | 473 | suitable | 158 |
| society | 124 | status | 287 | suitcase | 158 |
| soil | 455 | steady | 335 | suite | 353 |
| solar | 211 | steel | 388 | summary | 291 |
| solicit | 425 | step | 139 | superb | 474 |
| solid | 385 | step-by-step | 139 | superior | 386 |
| solve | 110 | stick | 306 | supervise | 113 |
| sophisticated | 472 | stitch | 454 | supplement | 412 |
| sort | 306 | stock | 152 | supply | 44 |
| source | 265 | storage | 18 | support | 87 |

| | |
|---|---|
| suppose | 176 |
| surcharge | 74 |
| surface | 318 |
| surpass | 106 |
| surplus | 243 |
| surprisingly | 151 |
| surrounding | 290 |
| survey | 88 |
| suspect | 486 |
| suspend | 380 |
| sustain | 271 |
| sweep | 411 |
| swipe | 401 |
| switch | 291 |

### T

| | |
|---|---|
| tablet | 268 |
| tag | 284 |
| tailor | 318 |
| talented | 322 |
| target | 303 |
| task | 174 |
| tax | 253 |
| tear | 457 |
| technical | 42 |
| technique | 42 |
| technology | 42 |
| telecommute | 226 |
| temperature | 332 |
| template | 387 |
| temporary | 171 |
| tenant | 250 |
| tend | 404 |
| tentative | 404 |
| term | 216 |
| terrific | 472 |
| testimonial | 367 |
| text | 111 |
| textile | 333 |
| theme | 380 |
| therapy | 368 |

| | |
|---|---|
| thorough | 425 |
| thrilled | 387 |
| thus | 356 |
| tie | 337 |
| tight | 353 |
| tightly | 353 |
| timeline | 256 |
| timely | 400 |
| timetable | 256 |
| tip | 239 |
| toll | 347 |
| total | 185 |
| track | 208 |
| trade | 140 |
| traditional | 332 |
| trail | 256 |
| transaction | 347 |
| transcript | 426 |
| transfer | 272 |
| transform | 40 |
| transit | 296 |
| transition | 296 |
| translate | 204 |
| transport | 95 |
| transportation | 95 |
| tray | 354 |
| treat | 258 |
| treatment | 258 |
| tremendous | 447 |
| trial | 332 |
| trim | 387 |
| tropical | 460 |
| troubleshooting | 348 |
| trust | 321 |
| trustee | 321 |
| tuition | 389 |
| tune | 379 |
| turnout | 489 |
| tutorial | 411 |
| type | 234 |
| typical | 348 |

### U

| | |
|---|---|
| ultimate | 427 |
| unanimously | 473 |
| unaware | 225 |
| underestimate | 134 |
| undergo | 269 |
| understaffed | 23 |
| undertake | 474 |
| underway | 426 |
| undoubtedly | 402 |
| unexpected | 53 |
| unique | 236 |
| unit | 61 |
| unpredictable | 319 |
| unusual | 194 |
| unveil | 475 |
| upcoming | 112 |
| update | 18 |
| upgrade | 137 |
| upstairs | 217 |
| urge | 301 |
| urgent | 301 |
| usual | 194 |
| utensil | 411 |
| utility | 285 |
| utilize | 439 |
| utmost | 470 |

### V

| | |
|---|---|
| vacant | 322 |
| vacate | 322 |
| vacuum | 401 |
| valid | 302 |
| validate | 302 |
| valuable | 187 |
| value | 187 |
| van | 362 |
| variable | 190 |
| variety | 167 |
| various | 190 |

| | |
|---|---|
| vary | 190 |
| vegetable | 192 |
| vegetarian | 192 |
| vehicle | 88 |
| vendor | 173 |
| vent | 389 |
| venture | 440 |
| venue | 444 |
| verify | 275 |
| version | 239 |
| via | 348 |
| vibrant | 399 |
| vibrate | 399 |
| vicinity | 487 |
| view | 108 |
| violate | 487 |
| visible | 337 |
| vision | 337 |
| visual | 337 |
| vital | 427 |
| volume | 296 |
| voluntary | 129 |
| volunteer | 129 |
| vote | 333 |
| voucher | 299 |

## W

| | |
|---|---|
| wage | 456 |
| waive | 399 |
| walkway | 322 |
| ware | 168 |
| warehouse | 168 |
| warn | 302 |
| warrant | 169 |
| warranty | 169 |
| waste | 370 |
| weigh | 254 |
| weight | 254 |
| weld | 446 |
| wheel | 333 |
| wheelbarrow | 333 |

| | |
|---|---|
| whereas | 312 |
| whole | 322 |
| wholesale | 23 |
| widely | 355 |
| widespread | 455 |
| willing | 285 |
| wing | 302 |
| wipe | 401 |
| wire | 225 |
| wireless | 225 |
| withdraw | 170 |
| withstand | 470 |
| wonder | 259 |
| workflow | 472 |
| workforce | 298 |
| workout | 410 |
| workplace | 235 |
| workstation | 235 |
| worth | 297 |
| worthwhile | 297 |
| wrap | 349 |

## Y

| | |
|---|---|
| yield | 442 |

## Z

| | |
|---|---|
| zip | 368 |
| zone | 368 |

ENERGY

내가 꿈을 이루면
나는 누군가의 꿈이 된다.

- 이도준

## 에듀윌 토익 기출 VOCA

| | |
|---|---|
| 발 행 일 | 2022년 3월 14일 초판 |
| 편 저 자 | 에듀윌 어학연구소 |
| 펴 낸 이 | 이중현 |
| 펴 낸 곳 | (주)에듀윌 |
| 등록번호 | 제25100-2002-000052호 |
| 주 소 | 08378 서울특별시 구로구 디지털로34길 55 코오롱싸이언스밸리 2차 3층 |

* 이 책의 무단 인용 · 전재 · 복제를 금합니다.

ISBN 979-11-360-1568-6 (13740)

### www.eduwill.net
대표전화 1600-6700

여러분의 작은 소리
에듀윌은 크게 듣겠습니다.

본 교재에 대한 여러분의 목소리를 들려주세요.
공부하시면서 어려웠던 점, 궁금한 점,
칭찬하고 싶은 점, 개선할 점, 어떤 것이라도 좋습니다.

에듀윌은 여러분께서 나누어 주신 의견을
통해 끊임없이 발전하고 있습니다.

**에듀윌 도서몰 book.eduwill.net**
- 부가학습자료 및 정오표: 에듀윌 도서몰 → 도서자료실
- 교재 문의: 에듀윌 도서몰 → 문의하기 → 교재(내용, 출간) / 주문 및 배송

# 꿈을 현실로 만드는
# 에듀윌

DREAM

## 공무원 교육
- 선호도 1위, 신뢰도 1위!
  브랜드만족도 1위!
- 합격자 수 2,100% 폭등시킨
  독한 커리큘럼

## 자격증 교육
- 7년간 아무도 깨지 못한 기록
  합격자 수 1위
- 가장 많은 합격자를 배출한
  최고의 합격 시스템

## 직영학원
- 직영학원 수 1위, 수강생 규모 1위!
- 표준화된 커리큘럼과 호텔급 시설
  자랑하는 전국 51개 학원

## 종합출판
- 4대 온라인서점 베스트셀러 1위!
- 출제위원급 전문 교수진이
  직접 집필한 합격 교재

## 어학 교육
- 토익 베스트셀러 1위
- 토익 동영상 강의 무료 제공
- 업계 최초 '토익 공식' 추천 AI 앱 서비스

## 콘텐츠 제휴 · B2B 교육
- 고객 맞춤형 위탁 교육 서비스 제공
- 기업, 기관, 대학 등 각 단체에 최적화된
  고객 맞춤형 교육 및 제휴 서비스

## 부동산 아카데미
- 부동산 실무 교육 1위!
- 상위 1% 고소득 창업/취업 비법
- 부동산 실전 재테크 성공 비법

## 공기업·대기업 취업 교육
- 취업 교육 1위!
- 공기업 NCS, 대기업 직무적성,
  자소서, 면접

## 학점은행제
- 99%의 과목이수율
- 15년 연속 교육부 평가 인정 기관 선정

## 대학 편입
- 편입 교육 1위!
- 업계 유일 500% 환급 상품 서비스

## 국비무료 교육
- '5년우수훈련기관' 선정
- K-디지털, 4차 산업 등 특화 훈련과정

---

**에듀윌 교육서비스** **공무원 교육** 9급공무원/7급공무원/경찰공무원/소방공무원/계리직공무원/기술직공무원/군무원 **자격증 교육** 공인중개사/주택관리사/전기기사/경비지도사/검정고시/소방설비기사/소방시설관리사/사회복지사1급/건축기사/토목기사/직업상담사/전기기능사/산업안전기사/위험물산업기사/위험물기능사/도로교통사고감정사/유통관리사/물류관리사/행정사/한국사능력검정/한경TESAT/매경TEST/KBS한국어능력시험/실용글쓰기/ITQ자격증/국제무역사/무역영어 **어학 교육** 토익 교재/토익 동영상 강의/인공지능 토익 앱 **세무/회계** 회계사/세무사/전산세무회계/ERP정보관리사/재경관리사 **대학 편입** 편입 교재/편입 영어·수학/경찰대/의치대/편입 컨설팅·면접 **공기업·대기업 취업 교육** 공기업 NCS·전공·상식/대기업 직무적성/자소서·면접 **직영학원** 공무원학원/경찰학원/소방학원/군간부학원/공인중개사 학원/주택관리사 학원/전기기사학원/세무사·회계사 학원/편입학원/취업아카데미 **종합출판** 공무원·자격증 수험교재 및 단행본/월간지(시사상식) **학점은행제** 교육부 평가인정기관 원격평생교육원(사회복지사2급/경영학/CPA)/교육부 평가인정기관 원격 사회교육원(사회복지사 2급/심리학) **콘텐츠 제휴·B2B 교육** 교육 콘텐츠 제휴/기업 맞춤 자격증 교육/대학 취업역량 강화 교육 **부동산 아카데미** 부동산 창업CEO과정/실전 경매 과정/디벨로퍼과정 **국비무료 교육(국비교육원)** 전기기능사/전기(산업)기사/소방설비(산업)기사/IT(빅데이터/자바프로그램/파이썬)/게임그래픽/3D프린터/실내건축디자인/웹퍼블리셔/그래픽디자인/영상편집(유튜브)디자인/온라인 쇼핑몰광고 및 제작(쿠팡, 스마트스토어)/전산세무회계/컴퓨터활용능력/ITQ/GTQ/직업상담사

**교육 문의** **1600-6700** www.eduwill.net

· 2022 소비자가 선택한 최고의 브랜드 공무원·자격증 교육 1위 (조선일보) · 2023 대한민국 브랜드만족도 공무원·자격증·취업·편입·부동산 실무 교육 1위 (한경비즈니스)
· 2017/2022 에듀윌 공무원 과정 최종 환급자 수 기준 · 2022년 공인중개사 기준 · YES24 공인중개사 부문, 2023 에듀윌 공인중개사 1차 단원별 기출문제집 (2023년 8월 월별 베스트) 그 외 다수 · 교보문고 취업/수험서 부문, 2020 에듀윌/수험서 부문, 2020 에듀윌 농협은행 6급 NCS 직무능력평가+실전모의고사 4회 (2020년 1월 27일~2월 5일, 인터넷 주간 베스트) 그 외 다수 · 알라딘 월간 이슈&상식 부문, 월간최신 취업에 강한 에듀윌 시사상식 (2017년 8월~2023년 7월 월간 베스트) 그 외 다수 · 인터파크 자격사/수험서 부문, 에듀윌 한국사능력검정시험 2주끝장 심화 (1, 2, 3급) (2020년 6~8월 월간 베스트) 그 외 다수 · YES24 국어 외국어내려 영어 토익/TOEIC 기출문제/모의고사 분야 베스트 셀러 1위 에듀윌 토익 READING RC 4주끝장 리딩 종합서, 2022년 9월 4주 주별 베스트) · 에듀윌 토익 교재 입문~실전 인강 무료 제공 (2022년 최신 강좌 기준/109강) · 2022년 종강반 중 모든 평가항목 정상 참여자 과목 기준, 99% (평생교육원, 사회교육원 기준) · 2008년~2022년까지 약 206만 누적수강학점으로 과목 운영 (평생교육원 기준) · A사, B사 최대 200% 환급 서비스 (2022년 6월 기준) · 에듀윌 국비교육원 구로센터 고용노동부 지정 "5년우수훈련기관" 선정(2023~2027) · KRI 한국기록원 2016, 2017, 2019년 공인중개사 최다 합격자 수 배출 공식 인증 (2023년 현재까지 업계 최고 기록)

# 업계 최초 대통령상 3관왕, 정부기관상 19관왕 달성!

2010 대통령상  2019 대통령상  2019 대통령상

대한민국 브랜드대상 국무총리상  / 국무총리상 / 문화체육관광부 장관상 / 농림축산식품부 장관상 / 과학기술정보통신부 장관상 / 여성가족부장관상

서울특별시장상 / 과학기술부장관상 / 정보통신부장관상 / 산업자원부장관상 / 고용노동부장관상 / 미래창조과학부장관상 / 법무부장관상

**2004**
서울특별시장상 우수벤처기업 대상

**2006**
부총리 겸 과학기술부장관 표창 국가 과학 기술 발전 유공

**2007**
정보통신부장관상 디지털콘텐츠 대상
산업자원부장관 표창 대한민국 e비즈니스대상

**2010**
대통령 표창 대한민국 IT 이노베이션 대상

**2013**
고용노동부장관 표창 일자리 창출 공로

**2014**
미래창조과학부장관 표창 ICT Innovation 대상

**2015**
법무부장관 표창 사회공헌 유공

**2017**
여성가족부장관상 사회공헌 유공
2016 합격자 수 최고 기록 KRI 한국기록원 공식 인증

**2018**
2017 합격자 수 최고 기록 KRI 한국기록원 공식 인증

**2019**
대통령 표창 범죄예방대상
대통령 표창 일자리 창출 유공
과학기술정보통신부장관상 대한민국 ICT 대상

**2020**
국무총리상 대한민국 브랜드대상
2019 합격자 수 최고 기록 KRI 한국기록원 공식 인증

**2021**
고용노동부장관상 일·생활 균형 우수 기업 공모전 대상
문화체육관광부장관 표창 근로자휴가지원사업 우수 참여 기업
농림축산식품부장관상 대한민국 사회공헌 대상
문화체육관광부장관 표창 여가친화기업 인증 우수 기업

**2022**
국무총리 표창 일자리 창출 유공
농림축산식품부장관상 대한민국 ESG 대상